H. Weitzel

Behinderungen im Kindesalter: Praxis der Vorsorge

Behinderungen im Kindesalter: Praxis der Vorsorge

Ein Leitfaden der Stiftung für das behinderte Kind zur Förderung von Früherkennung und Vorsorge

---

Herausgegeben von H. Weitzel, Berlin

mit einem Geleitwort des Präsidenten der Bundesärztekammer K. Vilmar, Köln

Mit Beiträgen von:

D. Berg (Amberg)
W. Dahlmann (Frankfurt)
J. W. Dudenhausen (Berlin)
E. Effer (Köln)
W. Fuhrmann (Gießen)
A. Giebel (München)
E. Harms (Münster)
K. Hartung (Frankfurt)
R. Heyer (Hannover)
W. Holzgreve (Münster)
G. Kewitz (Berlin)
W. Künzer (Freiburg)
J. Kunze (Berlin)
D. H. A. Maas (Hannover)
J. Murken (München)
D. Neubert (Berlin)
G. Neuhäuser (Gießen)
F. Niethard (Heidelberg)
E. E. Petersen (Freiburg)
H. Remschmidt (Marburg)
B. Renner (München)
C. Rosendahl (München)
W. D. Schäfer (Würzburg)
R. Stahlmann (Berlin)
B. Stück (Berlin)
N. Veelken (Hamburg)
H. Weitzel (Berlin)

U&M Umwelt & Medizin Verlagsgesellschaft
Frankfurt/Main

CIP-Titelaufnahme der Deutschen Bibliothek

Praxis der Vorsorge: [Behinderungen im Kindesalter; ein Leitfaden der Stiftung für das Behinderte Kind zur Förderung von Vorsorge und Früherkennung] / hrsg. von H. Weitzel. Mit e. Geleitw. d. Präsidenten ... K. Vilmar. Mit Beitr. von: D. Berg ... – Frankfurt/Main: Umwelt-&-Medizin-Verl.-Ges., 1990.
ISBN 3-921324-15-7
NE: Weitzel, Hans [Hrsg.]; Berg, Detlef [Mitverf.]; Stiftung für das Behinderte Kind zur Förderung von Vorsorge und Früherkennung

ISBN 3-921324-15-7 DIM

Umwelt & Medizin Verlagsgesellschaft mbH – Frankfurt/Main 1990 – Printed in Germany

Druck: Kempkes, Offset- + Buchdruck GmbH, 3554 Gladenbach

Anschrift des Herausgebers:
Prof. Dr. med. H. Weitzel, Geschäftsf. Direktor der Frauenklinik und Poliklinik im Universitätsklinikum Steglitz der Freien Universität, Hindenburgdamm 10, 1000 Berlin 54

Gefördert durch die Bundeszentrale für gesundheitliche Aufklärung im Auftrag des Bundesministers für Jugend, Familie und Gesundheit.

Zum Geleit

Sprunghafte Fortschritte der Medizin und ein enormer Zuwachs wissenschaftlicher Erkenntnisse und technischer Möglichkeiten lassen oft vergessen, daß es von jeher auch Aufgabe der Ärzte gewesen ist, die Gesundheit zu schützen und nicht erst dann tätig zu werden, wenn die Gesundheit gestört ist und wiederhergestellt werden muß. Dies gilt in besonderem Maße für die Mutterschaftsvorsorge und die Vorsorge im frühen Kindesalter, Probleme, mit denen sich wiederholt auch Deutsche Ärztetage befaßt haben. So war der Ausbau von Vorsorgeuntersuchungen beim Kind im Vorschulalter Schwerpunktthema des Deutschen Ärztetages 1966 in Essen. Seine Arbeitsergebnisse bewirkten die am 1. Juli 1971 eingeführten Krankheitsfrüherkennungsprogramme im Rahmen der gesetzlichen Krankenversicherung für Kinder. In den »Gesundheits- und sozialpolitischen Vorstellungen der deutschen Ärzteschaft« wird der Erforschung von Ursachen und den Bemühungen um Senkung der perinatalen Säuglingssterblichkeit wie auch der perinatal verursachten Folgekrankheiten besonderer Wert beigemessen und eine Verbesserung der humangenetischen Beratung sowie ein Ausbau entsprechender Beratungsstellen gefordert.

In dem zum 1. Januar 1989 in Kraft getretenen Sozialgesetzbuch V hat der Gesetzgeber nunmehr den Leistungen der gesetzlichen Krankenversicherung zur Förderung der Gesundheit und zur Verhütung von Krankheiten einen eigenen Abschnitt gewidmet ebenso wie den Leistungen zur Früherkennung von Krankheiten. Der Anspruch versicherter Kinder auf Untersuchung zur Früherkennung von Krankheiten, die ihre körperliche oder geistige Entwicklung in nicht geringfügigem Maße gefährden, ist bis zur Vollendung des 6. Lebensjahres erweitert worden. Damit wurde eine bislang noch bestehende Lücke geschlossen.

Obwohl die gesetzliche Grundlage für Untersuchungen zur Vorsorge und Früherkennung als krankenkassenübliche Leistungen, die seit Jahren zur täglichen Routine der ärztlichen Praxis gehören, verbreitert wurde, bleibt dennoch auf diesem Feld vieles zu tun. Neue wissenschaftliche Erkenntnisse müssen für die weitere Verbesserung der Prävention genutzt werden; ebenso wichtig ist, immer wieder auf längst erwiesene, aber immer noch verkannte oder verdrängte Zusammenhänge zwischen bestimmten Verhaltensweisen und späteren Erkrankungen hinzuweisen, um zu verhindern, daß die Erfolge moderner Medizin durch selbstschädigendes Verhalten zunichte gemacht werden. Durch konsequente Vorsorge und Früherkennung lassen sich gerade bei Kindern viele Behinderungen oder Spätschäden vermeiden. Dies entlastet nicht nur die Solidargemeinschaft der gesetzlich Krankenversicherten von erheblichen Kosten, weit bedeutsamer ist vielmehr die Verhütung der mit lebenslanger körperlicher und geistiger Behinderung verbundenen seelischen Belastungen für das heranwachsende Kind und seine Familienangehörigen.

Die Stiftung für das behinderte Kind bemüht sich seit ihrer Gründung im Jahre 1969 um die Förderung von Früherkennung, Vorsorge und Frührehabilitation. Die Einführung der allgemeinen Vorsorgeuntersuchung im Kindesalter und der Ausbau genetischer Beratungsstellen in der Bundesrepublik Deutschland zählen mit zu den Erfolgen ihrer Arbeit. Unter der Federführung ihres langjährigen Vorsitzenden *G. G. Wendt* wurde 1983 mit dem Leitfaden »Praxis der Vorsorge« ein zusammenfassender Überblick über die vielfältigen Möglichkeiten der Vorsorge in den einzelnen Gebieten der Medizin erarbeitet. Seitdem konnten durch neue wissenschaftliche Erkenntnisse die Möglichkeiten der Vorsorge während der Schwangerschaft und im Kindesalter sowie die Impfprophylaxe weiter verbessert werden. Andererseits sind neue, früher unbekannte Risiken z. B. durch HIV-Infektionen für Mütter und Kinder entstanden. Deshalb ist eine grundlegende Neubearbeitung durch *H. Weitzel,* Berlin, und eine große Zahl namhafter Autoren vorgenommen worden.

Die nunmehr vorliegende, neue medizinisch-wissenschaftliche Erkenntnisse ebenso wie die erweiterten rechtlichen Grundlagen zur Förderung von Vorsorge und Früherkennung berücksichtigende Schrift sollte ihren Platz auf dem Schreibtisch aller Ärzte finden, die diese für die Gesundheit der nachfolgenden Generation wichtigen Beratungen und Untersuchungen durchführen.

Die Stiftung für das behinderte Kind leistet damit einen wichtigen Beitrag, die ärztlichen Bemühungen um Vorsorge und Früherkennung ständig weiter zu verbessern und noch effektiver zu gestalten. So wichtig dies schon für erwachsene mündige Bürger ist, so sehr muß bei dem Bemühen um Verbesserung der pränatalen und postnatalen Prävention zur Vermeidung oft lebenslanger Behinderungen bedacht werden, daß es dabei um die Vermeidung von Gesundheitsgefährdungen dritter Personen, also des noch Ungeborenen, des Säuglings oder des Kleinkindes geht, für deren Gesundheit allein andere die Verantwortung tragen. Dieser besonderen Verantwortung gerecht zu werden, gebietet die Ehrfurcht vor dem Leben.

Köln, im Januar 1990

Dr. med. *Karsten Vilmar*
Präsident der Bundesärztekammer
und des Deutschen Ärztetages

Vorwort

Nach einer Schätzung des Bundesministeriums für Arbeit und Sozialordnung werden in der Bundesrepublik Deutschland über 30.000 Kinder mit bleibenden Behinderungen geboren. Diese Zahl entspricht etwa 100 Kindern am Tag. Ein Teil dieser Behinderungen ist genetisch bedingt (z. B. Chromosomopathien), ein anderer Teil wird durch Schwangerschaftskomplikationen induziert (z. B. Röteln-Embryopathie; Alkohol-Embryopathie). Schließlich können Behinderungen auch durch geburtshilfliche Komplikationen verursacht werden (z. B. schwere intrauterine Asphyxien mit ihren Folgen): aus geburtshilflichen Erfahrungen wissen wir, daß schwere Zerebralparesen aufgrund besonderer geburtshilflicher Situationen in einer Frequenz von 1:1000 zu erwarten sind.

Die jährliche Inzidenz an bleibenden Behinderungen beträgt 5 %. Darunter summieren sich 3 % aller Neugeborenen mit körperlichen Behinderungen, 2 % mit schweren geistigen und körperlichen und 0,6 % mit chromosomal bedingten Behinderungen. Etwa 19.000 Neugeborene pro Jahr weisen in der Bundesrepublik genetisch bedingte Defekte auf[1].

»Behinderung« umfaßt eine Vielzahl von Krankheiten mit unterschiedlichen Ursachen. Eine einheitliche Definition mit klarer Trennschärfe kann nicht gegeben werden. Was bedeutet »Behinderung im Kindesalter?« Ist die Fehlstellung eines Fußes oder auch die korrigierbare harmlose »Syndaktylie« oder der schwere »Neuralrohrdefekt« eine »Behinderung«?

Das Bundessozialhilfegesetz legt fest, daß alle Personen, die körperliche Handicaps aufweisen, als »behindert« zu gelten haben. Im einzelnen wird darunter eine wesentliche Beeinträchtigung der Sehfähigkeit, der Hör- und Sprachfähigkeit, der Bewegungsfähigkeit und auch der Spaltbildungen des Gesichtes und des Rumpfes verstanden. Ferner zählen dazu körperliche Behinderungen aufgrund der Erkrankung innerer Organe, wie Herz-Kreislaufsystem, Nieren oder endokrine Organsysteme. Ebenfalls eingeschlossen sind geistige Beeinträchtigungen einschließlich Minderung der Intelligenz. Die Katalogisierung wird ergänzt durch eine Graduierung, die als wesentliche Behinderung jene Störungen einstuft, die die Gefahr einer gesellschaftlichen Ausgliederung in sich bergen.

Diese Definitionen des Gesetzes können weder aus praktischen Gründen, noch aus theoretischen Überlegungen befriedigen. Sie sind wenig hilfreich für die ärztliche Verantwortung beim Umgang mit den betroffenen Kindern und deren Angehörigen, sie mögen bestenfalls als Grundlage für eine ärztliche Begutachtung dienen.

Definitorische Unschärfe, graduelle Unterschiede, transitorische Befunde und unterschiedlichen Erfahrungen der Ärzte erschweren eine Vergleichbarkeit. Dennoch haben sich die Resultate geburtshilflicher und neonatologischer Vorsorge qualitativ ständig gebessert. Die dabei erhobenen Befunde bedürfen aber stets weiterführender Beobachtung und zusätzlicher spezieller Diagnostik. So ist z. B. die Diagnose »zerebrale Bewegungsstörung« in einer deutschen Kohortenstudie 300 bis 500 mal bei 10.000 untersuchten Neugeborenen gestellt worden, während international mit 10 bis 50 Fällen bleibender zerebraler Bewegungsstörungen auf 10.000 untersuchten Kinder gerechnet wird[2].

Es soll damit betont werden, daß alle Zahlen, die sich mit dieser Problematik auseinandersetzen, mit Vorsicht zu bewerten sind und nicht herausgelöst aus den Studienbedingungen, unter denen sie ermittelt wurden, betrachtet werden dürfen.

Die Auswirkung einer Behinderung – gleich welcher Ursache und welcher Art – auf die betroffenen Kinder, auch im Verlaufe ihrer späteren Entwicklung, ist schwer analysierbar und für Außenstehende nicht nachvollziehbar. Ein Kind mit einem »Down-Syndrom« wird die eigene Behinderung weniger oder nicht empfinden, wo hingegen ein Kind mit einer behandelten Spina-bifida aperta einem hohen Leidensdruck ausgesetzt sein kann. Auch die Akzeptanz einer Behinderung durch die Angehörigen kann sehr unterschiedlich sein: einerseits werden behinderte Kinder in die Familien integriert und erzogen, andererseits Kinder mit der gleichen Behinderung in Heimen aufgezogen. Auch die gesellschaftliche Integration behinderter Kinder ist höchst unterschiedlich.

Vielfältige Unterstützungen von privater, institutioneller und staatlicher Seite im Interesse der Behinderten haben deren Betreuung in der Bundesrepublik auf einen hohen Stand angehoben. Neue therapeutische und pädagogische Möglichkeiten werden genutzt: sie führen, wenn auch nicht zur Heilung, so doch oft zu einer deutlichen Erleichterung des individuellen Schicksals. Die Folge ist eine auch weiterhin steigende Lebenserwartung der meisten Behinderten – und damit eine weitere Zunahme der Zahl der Behinderten.

Ein möglicher Weg, dieser Entwicklung entgegenzuwirken, ist die »primäre Prävention«. Primäre Prävention bedeutet die Vermeidung der Geburt von behinderten Kindern oder die Optimierung der Behandlungschancen durch frühzeitige medizinische Versorgung.

Die spektakulären Erfolge präventivmedizinischer Maßnahmen sind bereits unbewußt zur Selbstverständlichkeit geworden; so die Verdopplung der mittleren Lebenserwartung, die Senkung der Säuglings- und Neugeborenensterblichkeit. Die in naher Zukunft noch weiter erreichbaren Fortschritte lassen sich vielleicht weniger an Zahlen als vielmehr qualitativ messen – sie zielen auf eine Verbesserung der Lebensqualität ab.

Die Möglichkeiten medizinischer Prävention sind in den letzten zwei Dezennien entwickelt, erprobt und in immer größerem Umfang in die Versorgung integriert worden. Sie betreffen einmal die genetische Beratung, die vor Realisierung eines Kinderwunsches in Anspruch genommen oder auch während einer frühen Schwangerschaft von Risikopatienten genutzt werden kann. Zum anderen steht im Risikofall die pränatale Diagnostik zur Verfügung. Ganz allgemein aber begleitet heute die Schwangerenvorsorge mit ihren Routine- und Spezialuntersuchungsprogrammen die natürliche und gesunde Entwicklung des Kindes. Schließlich kommt den Vorsorgeuntersuchungen im Kindesalter eine große Bedeutung zu, da durch Früherkennungsmaßnahmen die normale körperliche und geistige Entwicklung der Kinder in besonderem Maße überwacht, im Verdachtsfall eine weiterführende Diagnostik und damit frühzeitig eine medizinische Behandlung eingeleitet werden kann.

Die Akzeptanz dieser präventivmedizinischen Möglichkeiten wird von Patienten und Ärzten unterschiedlich – aber in immer stärkerem Maße genutzt. Sie läßt auf der Seite der Eltern oft zu wünschen übrig, wie an naheliegenden Beispielen wie der Einstellung gegenüber einem Verzicht auf Rauchen oder Trinken während der Schwangerschaft oder auch in der Motivation zur Wahl der Entbindungsklinik deutlich werden mag. Andererseits bestehen über viele Einzelheiten der Möglichkeiten zur Frühdiagnose und Frühförderung Informationsdefizite, zumal häufig verschiedene ärztliche Disziplinen von der Problematik einer Behinderung im Kindesalter berührt werden. Der vorliegende Band soll Anleitungen und praktische Hilfe für Ärzte sein. Seine interdisziplinäre Konzeption folgt dem Beispiel seines Vorgängers[3]. Er ist entsprechend seiner Intention dreigegliedert und behandelt auch die Möglichkeiten zur Vorsorge und Früherkennung von Behinderungen, die

- vor Eintritt in die Schwangerschaft
- während einer Schwangerschaft
- im frühen Kindesalter

bestehen.

Viele fachkundige Ärzte haben zu diesem Nachschlagewerk beigetragen, das einerseits die Vorgaben der Mutterschafts- und Kinder-Vorsorgerichtlinien berücksichtigt, aber andererseits darüberhinausgehende sinnvolle Maßnahmen mit einschließt.

Möge der vorliegende Band helfen, die Vorsorge von Behinderungen im Kindesalter noch effektiver werden zu lassen. Es ist dies auch das zentrale Anliegen der Stiftung für das behinderte Kind, die das Buch in Konzeption, Realisation und Verbreitung in den Mittelpunkt ihrer Bemühungen um Information gestellt hat. Dafür gebührt ihr Dank und Anerkennung.

Berlin, im Januar 1990 *Hans Weitzel*

[1]*Kunze, H.:* Pers. Mitt. 1989
[2]*Michaelis, R.:* Früherkennung neurologischer Ausfälle und psychomotorischer Retardierungen bei Kindern, in *Spranger, J.* (Ed.): Früherkennung und Verhütung von Behinderungen im Kindesalter. Ein Leitfaden der Stiftung für das behinderte Kind. Frankfurt/Main 1988
[3]*Wendt, G. G.* (Ed.): Praxis der Vorsorge, Ein Leitfaden der Stiftung für das behinderte Kind Marburg 1984

Autoren

Berg, D., Prof. Dr. med.,
Chefarzt der Frauenklinik, Städt. Marienkrankenhaus,
8450 Amberg/Opf.

Dahlmann, W., Dr. med.,
Kurmainzer Straße 6, 6230 Frankfurt am Main 80

Dudenhausen, J. W., Prof. Dr. med.,
Abteilung für Geburtsmedizin im Universitätsklinikum Rudolf Virchow
der Freien Universität Berlin,
Pulsstraße 4, 1000 Berlin 19

Effer, E., Dr. med.,
Geschäftsführender Arzt der Kassenärztlichen Bundesvereinigung,
Herbert-Lewin-Straße 3, 5000 Köln 41

Fuhrmann, W., Prof. Dr. med.,
Leiter des Institutes für Humangenetik,
Schlangenzahl 14, 6300 Gießen

Giebel, A., Dr. med.,
Institut für Soziale Pädiatrie und Jugendmedizin der Universität München,
Heiglhofstraße 63, 8000 München 70

Harms, E., Prof. Dr. med.,
Klinik und Poliklinik für Kinderheilkunde – Allgemeine Kinderheilkunde –
Albert-Schweitzer-Straße 33, 4400 Münster

Hartung, K., Prof. Dr. med.,
Eleonore-Sterling-Straße 7, 6000 Frankfurt am Main 50

Heyer, R., Dr. med.,
Zentrum Kinderheilkunde und Humangenetik/Arbeitsbereich Neuropädiatrie
der Medizinischen Hochschule Hannover,
Postfach 610180, 3000 Hannover 61

Holzgreve, W., PD., Dr. med.,
Zentrum für Frauenheilkunde der Westfälischen Wilhelms-Universität Münster,
Domagkstraße 11, 4400 Münster

Kewitz, Gabriele, Dr. med.,
Frauenklinik und Poliklinik, Universitätsklinikum Steglitz
der Freien Universität Berlin,
Hindenburgdamm 30, 1000 Berlin 45

Künzer, W., Prof. Dr. med.,
em. Geschäftsf. Direktor der Universitäts-Kinderklinik,
Klinikum der Albert-Ludwigs-Universität,
Mathildenstraße 1, 7800 Freiburg

Kunze, J., Prof. Dr. med.,
Kinderklinik (Kaiserin-Auguste-Viktoria-Haus) und Institut für Humangenetik der Freien Universität,
Heubnerweg 6, 1000 Berlin 19

Maas, D. H. A., Prof. Dr. med.,
Frauenklinik der Medizinischen Hochschule Hannover,
Podbielskistraße 380, 3000 Hannover 51

Murken, J., Prof. Dr. med.,
Abteilung für pädiatrische Genetik der Kinderpoliklinik,
Genetische Beratungsstelle,
Goethestraße 29, 8000 München 2

Neubert, D., Prof. Dr. med.,
Institut für Toxikologie und Embryopharmakologie der Freien Universität,
Garystraße 5, 1000 Berlin 33

Neuhäuser, G., Prof. Dr. med.,
Abteilung Neuropädiatrie Universitäts-Kinderklinik,
Feulgenstraße 12, 6300 Gießen

Niethard, F., Prof. Dr. med.,
Orthopädische Klinik und Poliklinik der Ruprecht-Karls-Universität,
Schlierbacher Landstraße 200a, 6900 Heidelberg-Schlierbach

Petersen, E. E., Prof. Dr. med.,
Frauenklinik im Klinikum der Albert-Ludwigs-Universität,
Hugstetter Straße 55, 7800 Freiburg

Remschmidt, H., Prof. Dr. med.,
Universitätsklinik für Kinder- und Jugend-Psychiatrie,
Hans-Sachs-Straße 6, 3550 Marburg

Renner, Barbara, Dr. med.,
Institut für Soziale Pädiatrie und Jugendmedizin der Universität München,
Heiglhofstraße 63, 8000 München 70

Rosendahl, Carla, Dr. med., Dipl.-Volkswirt,
Immundefekt-Ambulanz der Universitäts-Kinderkliniken,
Lindwurmstraße 4, 8000 München 2

Schäfer, W. D., Prof. Dr. med.,
Augenklinik und Poliklinik der Bayerischen Julius-Maximilians-Universität,
Josef-Schneider-Straße 11, 8700 Würzburg

Stahlmann, R., Dr. med.,
Institut für Toxikologie und Embryopharmakologie,
Garystraße 5, 1000 Berlin 33

Stück, B., Prof. Dr. med.,
Kinderklinik im Universitätsklinikum Rudolf Virchow,
Reinickendorfer Straße 61, 1000 Berlin 65

Veelken, N., Dr. med.,
Universitätskrankenhaus Eppendorf/Kinderklinik,
Martinistraße 52, 2000 Hamburg 20

Weitzel, H., Prof. Dr. med.,
Geschäftsf. Direktor der Frauenklinik und Poliklinik im Universitätsklinikum Steglitz der Freien Universität,
Hindenburgdamm 10, 1000 Berlin 54

Inhalt

Einleitung

Häufigkeit und Ursachen von Behinderungen im Kindesalter 21
N. Veelken

I. Möglichkeiten der Vorsorge vor einer Schwangerschaft

Genetische Prävention 27
J. Murken

Genetische Beratung und pränatale Diagnostik 40
W. Fuhrmann

Genetische Beratung und Prävention aus der Sicht der Mutterschafts-Richtlinien 53

Risikofaktoren vor einer Schwangerschaft 55
D. Berg

Risikofaktoren vor einer Schwangerschaft aus der Sicht der »Sonstige Hilfen«-Richtlinien 68

II. Möglichkeiten der Vorsorge während der Schwangerschaft

Mutterschaftsvorsorge in der Praxis 71
H. Weitzel

Blutgruppenunverträglichkeit 84
D. H. A. Maas

Blutgruppenunverträglichkeit aus der Sicht der Mutterschafts-Richtlinien 97

Infektionen während der Schwangerschaft: Systemische Infektionen 98
E. E. Petersen

Infektionen während der Schwangerschaft: Lokale Infektionen 107
J. W. Dudenhausen

Infektionen
aus der Sicht der Mutterschafts-Richtlinien 115

Ultraschalldiagnostik als Schwangerenvorsorge 117
W. Holzgreve

Mutagene und Teratogene 140
J. Kunze

Medikamente und Schwangerschaft 147
R. Stahlmann, D. Neubert

III. Möglichkeiten der Vorsorge im Kindesalter

Erstversorgung des Neugeborenen 165
G. Kewitz

Erkrankungen des Bewegungsapparates 176
F. U. Niethard

Erkrankung des Bewegungsapparates
aus der Sicht der Kinder-Richtlinien 187

Neurologische Erkrankungen 188
R. Heyer

Neurologische Funktionsdiagnostik 198
G. Neuhäuser

Neurologische Erkrankungen
aus der Sicht der Kinder-Richtlinien 207

Stoffwechselerkrankungen 208
E. Harms

Blutgerinnungsstörungen 215
W. Künzer

Blutgerinnungsstörungen
aus der Sicht der Kinder-Richtlinien 227

Hörbehinderungen und Sprachentwicklungsstörungen 228
B. Renner, A. Giebel

Hörbehinderungen
aus der Sicht der Kinder-Richtlinien 240

Erkrankungen des Auges 241
W. D. Schäfer

Erkrankungen des Auges
aus der Sicht der Kinder-Richtlinien 253

Psychische Störungen 254
H. Remschmidt

Psychische Störungen aus der Sicht der Kinder-Richtlinien 270

HIV-Infektionen bei Kindern von HIV-positiven Müttern 271
C. Rosendahl

HIV-Infektionen bei Kindern von HIV-positiven Müttern aus der Sicht der Mutterschafts-Richtlinien 278

IV. Infektionsprophylaxe

Empfehlungen zur Schutzimpfung im Kindesalter 281
W. Dahlmann

Impfungen bei Risikokindern 285
B. Stück

V. Anhang

Mutterschafts-Richtlinien 297

Richtlinien zu Krankheitsfrüherkennungsuntersuchungen für Kinder (»Kinder-Richtlinien«) 309

Vermittlung von Sozialhilfen für behinderte Kinder 319
K. Hartung

VI. Verzeichnisse

Behindertenorganisationen 329

Genetische Beratungsstellen 331

Pädaudiologische Zentren 334

Kinder- und jugendpsychiatrische Einrichtungen 337

Sachregister 343

Häufigkeit und Ursachen von Behinderungen im Kindesalter

N. Veelken

Unter einer Behinderung ist »die Auswirkung einer nicht nur vorübergehenden Funktionsbeeinträchtigung, die auf einem regelwidrigen körperlichen, geistigen oder seelischen Zustand beruht« (§ 3 [1] S. 1 Schwerbehindertengesetz), zu verstehen. Diese bedeutet für die betreffende Person eine vom sozialen Kontext zunächst unabhängige Einschränkung im täglichen Leben, sei es in bezug auf die Lebensqualität, die berufliche Tätigkeit oder den privaten alltäglichen Lebensbereich. Andererseits können die Lebensumstände einer behinderten Person durch gesellschaftliche Faktoren, z. B. Akzeptanz in der Bevölkerung, behindertenangepaßte Umgebung, wesentlich beeinflußt werden. Die im Rahmen der Vorsorgeuntersuchungen bei Kindern angesprochenen Kontrollen sollen zu Behinderung führende Funktionseinschränkungen und Krankheiten, bei denen in jedem Fall oder bei mangelhafter Therapie eine Funktionseinschränkung zu erwarten ist, frühzeitig erkennbar machen und so eine drohende Behinderung verhindern oder zumindest so weit wie möglich begrenzen.

Beispiele für Erkrankungen und klinische Syndrome, die in der Regel mit einer verschieden schwerwiegenden Behinderung einhergehen, sind:

- Chromosomenanomalien (Trisomien)
- Myelomeningozelen
- Zerebralparesen und andere psychoneurologische Restschadenssyndrome
- Arthrogryposis multiplex
- Schwere Chondrodysplasien
- Angeborene Schwerhörigkeit
- Schwere Sehfehler mit Beteiligung der hinteren Augenabschnitte
- Bestimmte neuromuskuläre Erkrankungen
- Zerebrodegenerative und zerebrale Stoffwechselerkrankungen.

Zu den Erkrankungen, in deren Verlauf es zu einer Behinderung unabhängig von therapeutischen Maßnahmen kommen kann, zählen unter anderem neurokutane Dysplasien und intrauterine Infektionen.

Bestimmte Stoffwechselerkrankungen, wie die Hypothyreose und Phenylketonurie, führen nur noch bei unzureichender Therapie zu regelhaften Behinderungen.

Für den Arzt, der die Kontrolluntersuchungen im Rahmen der Vorsorgeuntersuchungen bei Kindern durchführt, erscheint es wichtig, einen Überblick über die Häufigkeit zu erwartender Auffälligkeiten und Krankheiten sowie über ihre Ursachen zu haben, um Befunde besser einschätzen zu können.

Neurologische Störungen

Zerebralparesen

Unter dem Begriff der Zerebralparesen werden nicht fortschreitende, angeborene oder in der frühen Kindheit erworbene motorische Störungen verstanden, deren Erscheinungsbild zwar eine große Variabilität aufweist, aber klassifizierbar ist, deren

Ursachen hingegen mannigfaltiger Art sind. Folgende Erscheinungsbilder werden international akzeptiert[1]:

Spastische Hemiplegie: Einseitige spastische Lähmung mit häufiger Betonung des betreffenden Armes. Die Ursachen liegen häufig pränatal[9] und in der späteren Säuglingszeit/Kleinkinderzeit. Die Häufigkeit einer Hemiplegie wird mit ca. 0,6 auf 1000 Lebendgeborene angegeben[4].

Spastische Diplegie: Doppelseitige spastische Lähmung aller Extremitäten, bei der jedoch die Beine stärker als die Arme in ihrer Funktion beeinträchtigt sind. Die spastische Diplegie ist das typische neurologische Restschadenssyndrom bei Frühgeborenen und kommt z. B. bei Kindern mit einem Geburtsgewicht unter 1500 g zu ca. 10 bis 15 % vor[11]. Eine schwerwiegende mentale Beeinträchtigung besteht bei dieser Gruppe in der Regel nicht, im Gegensatz zu reifen Neugeborenen mit einer spastischen Diplegie[10]. Diese Form der Zerebralparese tritt in einer Häufigkeit von ca. 0,8 auf 1000 Lebendgeborene auf[4].

Spastische Tetraplegie: Doppelseitige spastische Lähmung aller Extremitäten, gleichförmige Funktionseinschränkung aller Extremitäten. Meist kombiniert mit deutlicher mentaler Retardation und Epilepsie. Diese schwere Zerebralparese führt praktisch immer zu einer lebenslangen Bettlägerigkeit und Pflegebedürftigkeit. Als Ursachen kommen schwere zerebrale Fehlbildungen, schwere perinatale hypoxische Zustände, vor allem bei reifen Neugeborenen, schwer verlaufende ZNS-Infektionen vor. Nur in Ausnahmefällen gibt es dieses Erscheinungsbild einer Zerebralparese nach extremer Frühgeburt. Hier scheint es die Kinder mit schwersten Hirnblutungen und gegebenenfalls expansivem, shuntpflichtigem Hydrozephalus sowie ausgedehnten periventrikulären Leukomalazien zu betreffen[3]. Die Häufigkeit wird mit ca. 0,2 auf 1000 Lebendgeborene angegeben.

Konnatale Ataxie: Hierbei handelt es sich um sehr selten auftretende, reine, nicht progressive Ataxien, deren Ursache in der Regel pränatal zu suchen ist (z. B. zerebrale Fehlbildungen) oder unbekannt bleibt.

Dyskinesien: Zwei Verlaufsformen lassen sich klinisch unterscheiden: die Choreoathetose und die dystone Zerebralparese. Erstere ist in den letzten Jahrzehnten durch die Verhinderung des sogenannten Kernikterus sehr selten geworden, wird aber als mögliche Folge von relativen Hyperbilirubinämien bei belastenden Zuständen wie Frühgeburt, Anämie, Hypothermie etc. diskutiert. Die zweite Verlaufsform ist eine typische Folge schwerster perinataler Hypoxien. Beide Formen stellen eine Schädigung der Basalganglien dar[7].

Generell wird die Inzidenz einer Zerebralparese mit ca. 2 auf 1000 Lebendgeborene angegeben.

Mentale Retardation

Unter einer mentalen Retardierung wird allgemein eine geistige Funktionseinschränkung verstanden, die heute – noch – mit dem Intelligenzquotienten (IQ) quantifiziert wird. Hierbei wird für eine leichte mentale Retardation (*minor mental retardation,* MMR) eine IQ-Grenze von 50 bis 70 und für eine schwere mentale Retardation (*severe mental retardation,* SMR) eine solche von unter 50 angegeben. Nach schwedischen Angaben[5] liegt eine Prävalenz für eine SMR mit 2,8 bis 3,8/1000 und für eine MMR mit 3 bis 5/1000 Lebendgeborene vor.

Neben Kindern mit offensichtlichem fetalen Alkoholsyndrom kommen in der Gruppe der Kinder mit einer MMR auch noch solche mit multiplen diskreten dysplastischen Stigmata vor, bei denen man zwar zerebrale Fehlbildungen oder Entwicklungsstörun-

Tab. 1 Mit leichter und schwerer mentaler Retardation assoziierte Behinderungen

	Leichte mentale Retardation (%)	**Schwere mentale Retardation (%)**
Zerebralparese	8	20
Epilepsie	15	35
Hydrozephalus	2	5
Schwerhörigkeit	5	7
Sehstörungen	5	15
ein oder mehrere assoziierte neurologische Auffälligkeiten	25 bis 30	40 bis 50

Tab. 2 Ätiologie der leichten und schweren mentalen Retardation

	Leichte mentale Retardation (%)	**Schwere mentale Retardation (%)**
Pränatal	23 (10 % FAS)	55 (30 % M. Down)
Perinatal	18	15
Postnatal (Trauma, *battered child,* ZNS-Infektion)	2	11

FAS = Fetales Alkoholsyndrom

gen vermuten, jedoch nicht sicherstellen kann. Stoffwechselerkrankungen sind sehr selten (<1 %) Ursache einer MMR, auch bei der schweren Mentalretardation spielen sie heute eine untergeordnete Rolle (5 %).

Minimale zerebrale Funktionsstörungen

Neben diesen Gruppen relativ leicht zu erfassender schwerer nicht-progressiver zerebraler Störungen müssen auch leichtere Störungen wie auffällige Ungeschicklichkeit, Konzentrationsstörungen, Hyperaktivität erwähnt werden. Über einzelne sogenannte Teilleistungsstörungen liegen keine einigermaßen verläßliche Zahlen vor. Zum Vorkommen solcher minimaler Störungen werden Zahlen von 1 bis 2 % aller gleichaltrigen Kinder angegeben[6]. Die Höhe dieser Zahlen hängt wesentlich von der Definition des »Normalen« und dem Untersuchungsinstrumentarium ab.

Ursächlich lassen sich nur zum Teil Hinweise auf z. B. eine perinatal erworbene Hirnschädigung finden. Auch bei apparativ gefundenen Abweichungen (Zerebrale Computer-Tomographie [CCP]: leichte Erweiterung der Hirnseitenventrikel, äußere Hirnatrophie; Elektroenzephalogramm [EEG]: leichte Allgemeinveränderungen) lassen sich diese nur bedingt in einen Zusammenhang mit der Klinik bringen.

Spina bifida

Neben den bisher genannten Krankheitsbildern machen Kinder mit Neuralrohrdefekten einen größeren Anteil der behinderten Kinder aus. Die Zahlen zum Vorkommen dieses Defektes schwanken allerdings von Land zu Land beträchtlich. So rechnet man in Schweden mit 8 Fällen auf 10 000 Lebendgeborene, während es in Großbritannien 20 auf 10 000 Lebendgeborene sind[8]. Für die Bundesrepublik Deutschland liegen keine gesicherten Zahlen vor.

Hörstörungen

Bei den Hörstörungen werden je nach dem Schweregrad leichte, mittelgradige und schwere Hörstörungen unterschieden. Leichte Hörstörungen (bis 40 dB), die überwiegend schalleitungsbedingt sind, kommen in 3 bis 4 % bis zur Beendigung des Schulalters vor[2]. Der Anteil mittelgradiger Hörstörungen (40 bis 70 dB), die überwiegend Schallempfindungsschwerhörigkeiten sind, wird auf 0,5 bis 1 % geschätzt. Hochgradige Schallempfindungsstörungen kommen in 0,03 bis 0,04 % vor.

Als ursächliche Faktoren spielen bei auftretenden Hörstörungen eine Rolle:

- Pränatal: Angeborene, genetisch bedingte Hörstörung; Fehlbildungen oder -syndrome, vor allem im Kopfbereich; Infektionen, vor allem Röteln
- Perinatal: Extreme Frühgeburt, schwere Asphyxie
- Postnatal: Meningitis, Masern, Pertussis, Mumps, chronische rezidivierende Otitis media, Labyrinthitis, traumatische Genese.

Häufigste Faktoren sind eine familiäre Disposition, die Rötelnembryopathie sowie Fehlbildungen im Kopfbereich. Die anderen Ursachen sind zum Teil wesentlich seltener.

Sehstörungen

Verläßliche Daten zum Vorkommen von Sehstörungen liegen im Bereich der Bundesrepublik Deutschland nicht vor. Daher können nur Daten der Vorsorgeuntersuchungen herangezogen werden[12]. Danach wird im Alter von 4 Jahren (U 8) bei 4 bis 6/1000 untersuchte Kinder ein Schielfehler dokumentiert. Eine Amaurose kommt etwa zehnmal seltener vor. Neben genetisch bedingten Erkrankungen und familiärer Disposition vor allem für Strabismus und Refraktionsanomalien muß hier die Frühgeborenenretinopathie erwähnt werden, die bei seit kurzem deutlich ansteigender Überlebensrate auch extrem kleiner Frühgeborener wieder häufiger erwartet werden kann (vor der kontinuierlichen Kontrolle des O_2-Partialdrucks war diese Erkrankung bei Frühgeborenen wesentlich häufiger).

Literatur

[1] *Bax, M.:* Terminology and classification of cerebral palsy. Dev. Med. Child. Neurol. *6:* 295 (1964).

[2] *Biesalski, P.:* Das hörgeschädigte Kind. Symposium-Vorträge, Mainz 1984.

[3] *Edebol-Tysk, K.:* Epidemiology of spastic tetraplegic cerebral palsy in Sweden. I. Impairments and disabilities. Neuropediatrics (im Druck).

[4] *Hagberg, B.:* Epidemiological and Preventive Aspects of Cerebral Palsy and Severe Mental Retardation in Sweden. Eur. J. Pediat. *130:* 71 (1979).

[5] *Hagberg, B., M. Kyllerman:* Epidemiology of Mental Retardation – A Swedish Survey. Brain & Development *5:* 441 (1983).

[6] *Köhler, L.:* Physical examination of four-year-old children. Acta Paediat. Scand. *62:* 181 (1973).

[7] *Kyllerman, M.:* Dyskinetic cerebral palsy. An analysis of 115 Swedish cases. Neuropediatrics 8 (Suppl.): 528 (1977).

[8] *Lorber, J., I. Sjögren:* Barnet med spina bifida. Småskrift nr. 16, Riksförbundet för rörelsehindrade barn och ungdomar. Stockholm 1973.

[9] *Michaelis, R., B. R. Rooschütz, R. Dopfer:* Prenatal origin of congenital spastic hemiparesis. Early Human Developm. 4/3: 243 (1980a).

[10] *Veelken, N., B. Hagberg, G. Hagberg, I. Olow:* Diplegic Cerebral Palsy in Swedish Term and Preterm Children. Neuropediatrics *14:* 20 (1983).

[11] *Veelken, N., K. Stollhoff, M. Claussen, F. J. Schulte:* Neurologische Prognose von Kindern mit einem Geburtsgewicht unter 1500 g in Abhängigkeit von prä-, peri- und neonatalen Risikofaktoren; Eine regional repräsentative Studie von 252 Kindern. In: *Dudenhausen, J. W., E. Saling:* Perinatale Medizin, Band XII, p. 102. Stuttgart 1988.

[12] Gesetzliche Krankheits-Früherkennungsmaßnahmen. Dokumentation der Untersuchungsergebnisse 1986 – Kinder. Kassenärztliche Bundesvereinigung 1988.

I. Möglichkeiten der Vorsorge vor einer Schwangerschaft

Genetische Prävention

J. Murken

Entwicklung und Wachstum, Gesundheit und Krankheit werden von Erb- und Umwelteinflüssen geprägt. Genetische Prävention versucht, den erblichen Anteil an der Entstehung von Krankheiten so früh wie möglich zu erkennen, damit einem betroffenen Menschen eine adäquate Lebensplanung möglich wird. Die genetische Prävention hat zwei Schwerpunkte:

- *die genetische Familienplanung* mit ihrem Spezialbereich der pränatalen Diagnostik im ersten und zweiten Schwangerschaftsdrittel und
- *die individuelle genetische Vorsorge,* die das Individuum in seiner Ganzheit erfaßt und aufgrund der Früherkennung genetischer Risikofaktoren ein breites Spektrum therapeutischer Ansätze ermöglicht.

Die genetische Prävention betrifft also die Familienplanung und die individuelle Vorsorge. Sie distanziert sich mit Entschiedenheit von eugenischen Gedanken: Sie hat nicht das »Ausmerzen« schädlicher Gene mit dem Ziel einer »Verbesserung der Volksgesundheit« zum Ziel. Die genetische Prävention ist individuell, sie ist niemals direktiv. Sie will persönliche Hilfen geben, indem sie betroffene Ratsuchende aufklärt, ihnen hilft, ihr Risiko zu erkennen, so daß Personen mit genetischem Risiko aus eigener Einsicht verantwortungsbewußt Entscheidungen fällen können.

Genetische Familienberatung

Das praktische Vorgehen des Arztes bei der genetischen Beratung unterscheidet sich nicht grundsätzlich von der üblichen Anamneseerhebung, die jeder klinischen Untersuchung vorausgehen sollte. Besonderer Wert ist jedoch auf die Familienvorgeschichte zu legen: wesentlich ist also die genaue Aufstellung des Stammbaums, der mindestens drei Generationen umfassen muß. Daraus ergeben sich die Indikationen zur genetischen Familienberatung (Abb. 1).

Die entscheidende Voraussetzung für jede Beratung ist die präzise Diagnose des fraglichen Leidens. Es gibt keine allgemeine genetische Belastung, es gibt immer nur das Risiko für ein spezielles genetisch bedingtes Leiden. Die genaue klinische Untersuchung des Kranken ist ein wesentlicher Baustein für die Erstellung der Diagnose; es wird sich in manchen Fällen eine Chromosomenanalyse anschließen, damit zytogenetische Ursachen einer Behinderung oder Fehlbildung erkannt werden, und es besteht seit neuestem die Möglichkeit, mit gentechnologischen Methoden eine molekulargenetische Diagnostik auf der Ebene der DNA zu stellen.

Pränatale Diagnostik

In speziellen Fällen kann die pränatale genetische Diagnostik außerordentlich hilfreich sein. Als Methoden stehen die Techniken der Amnionzellkultur, die eine Diagnose von der 16. Schwangerschaftswoche ab ermöglicht und die Chorionzellkultur, die eine Diagnose etwa in der 10. Schwangerschaftswoche ermöglicht, zur Verfügung.

Bei der Amniozentese werden nach transabdominaler Punktion der Fruchtblase unter Ultraschallkontrolle in der 16. Schwangerschaftswoche etwa 20 ml Fruchtwasser gewonnen und die darin schwimmenden kindlichen Zellen angezüchtet (Abb. 2). Chromosomensatz und Stoffwechselleistungen dieser Zellen entsprechen denen des Kindes in utero.

Es können also mit dieser Methode Aussagen über die Chromosomenkonstitution und damit auch über das Geschlecht des Kindes gemacht werden; biochemische Tests erlauben die pränatale Diagnose bestimmter genetischer Stoffwechseldefekte; die Konzentration des α_1-Fetoproteins (AFP) im Fruchtwasser gibt Aufschluß über das Vorliegen eines Neuralrohrverschlußdefekts.

Im Gegensatz zur Amniozentese wird bei der Chorionzottenaspiration transzervikal ein Katheter eingeführt. Die Fruchthöhle wird dabei nicht punktiert. Wie die Amniozentese wird auch die Chorionzottenentnahme unter Ultraschallkontrolle durchgeführt. Zur Chromosomenanalyse sind Gewebsmengen ab 3 mg ausreichend.

Chorionzotten bestehen aus fetalem Gewebe und bilden die äußere Fruchhülle. Die erste Entwicklung der Zotten beginnt in der 4. Schwangerschaftswoche. In der 6. Schwangerschaftswoche ist das ganze Chorion von Zotten bedeckt. An der Stelle der

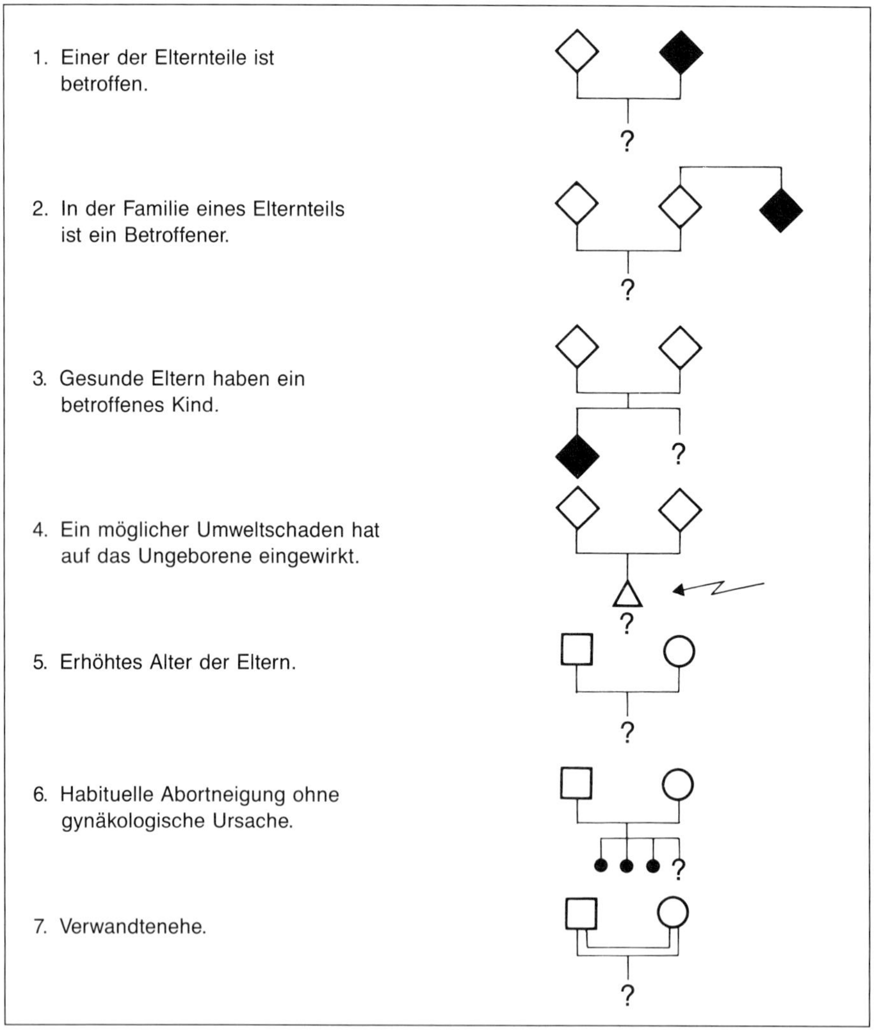

Abb. 1 Indikationen zur genetischen Familienberatung

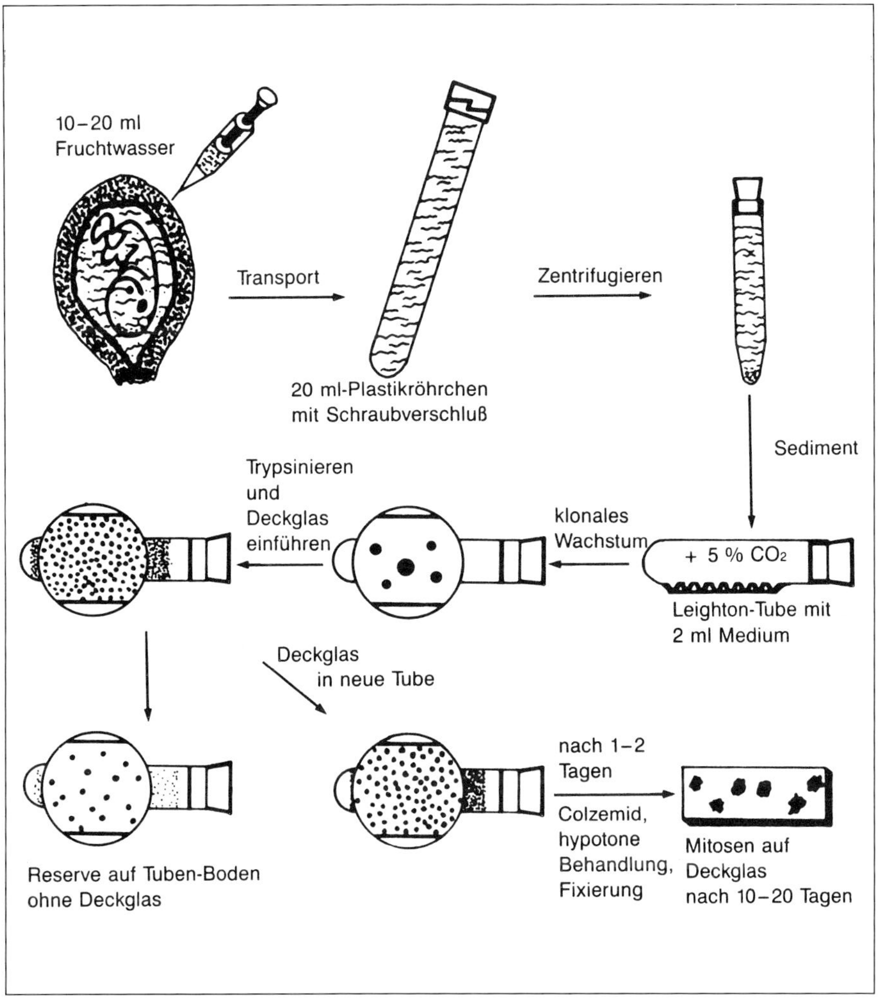

Abb. 2 Schema der Chromosomenpräparation aus Amnionzellen

Einnistung wachsen die Zotten stärker voran (Chorion frondosum) und bilden die spätere Plazenta (14. Schwangerschaftswoche). Bis dahin haben sich auf der restlichen Fruchthülle die Zotten zurückgebildet (Chorion leve). Aus der Zeit des Auftretens und des Verschwindens der Zotten ergibt sich als bester Zeitraum für die Gewebsentnahme die 8. bis 11. Schwangerschaftswoche und als bester Entnahmeort die Stelle, an der das Chorion frondosum gebildet wird (Abb. 3).

Chromosomen können aus Chorionzottengewebe durch zwei Techniken gewonnen werden: durch Direktpräparation und durch Inkubation (24-Stunden-Kultivierung).

Die Direktpräparation hat den Vorteil, daß eine Kontamination mit mütterlichem Gewebe keine Rolle spielt; außerdem liegt die Diagnose nach wenigen Stunden vor. Ein Nachteil ist, daß relativ mehr Zottengewebe (ca. 5 mg) benötigt wird und daß die Bandendarstellung der Chromosomen unzureichend ist.

Bei der Inkubation müssen die Zotten restlos von mütterlichem Gewebe getrennt werden. Die Vorteile der Kultur bestehen u. a. darin, daß man mit wenig Gewebe auskommt (ca. 3 mg) und daß die Qualität der Chromosomendarstellung besser ist als bei der Direktpräparation.

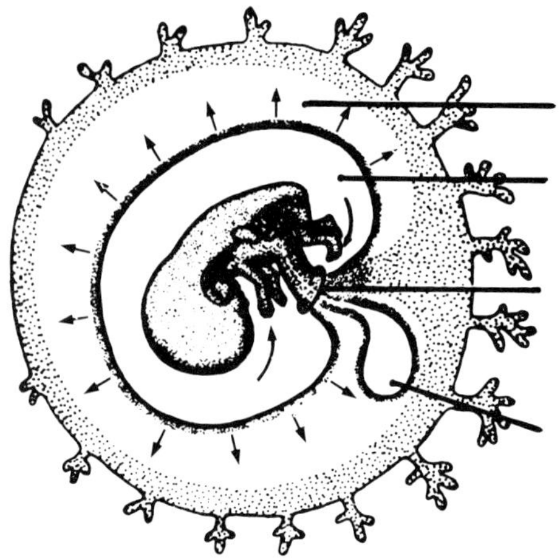

Abb. 3 Schematische Darstellung des Feten und der Eihüllen in der 10. Schwangerschaftswoche[2]

Gegenüber der Amniozentese bietet die Methode der Chorionzottenbiopsie Vorteile:

- Die pränatale Diagnostik kann etwa 8 Wochen früher als bisher abgeschlossen werden,
- wenn eine Direktpräparation möglich ist, liegt der Befund innerhalb von 1 bis 2 Tagen vor,
- ist bei einem pathologischen Befund die Indikation zum Schwangerschaftsabbruch gegeben, so kann dieser wesentlich früher als bisher und damit weniger gefährlich und weniger belastend für die Schwangere durchgeführt werden,
- die Amnionhöhle wird nicht tangiert.

Allerdings wirft die Technik der Chorionzottenbiopsie auch Probleme auf:

- Über die Einschätzung des Risikos des Eingriffs für die Schwangerschaft liegen noch keine ausreichenden Erfahrungen vor, insbesondere kann bisher die Zahl der durch den Eingriff induzierten Aborte nicht exakt von der im ersten Schwangerschaftsdrittel relativ hohen Anzahl der Spontanaborte abgegrenzt werden. Derzeit liegt die Zahl der induzierten Aborte bei etwa 3 %.
- In seltenen Fällen (etwa 5 %) kann kein Gewebe gewonnen werden.
- Bei der zytogenetischen Auswertung sind einige Probleme noch nicht endgültig gelöst:
  - mütterliche Kontamination in der Kultur,
  - unzureichende Bandendarstellung bei der Direktpräparation,
  - Schwierigkeiten bei der Interpretation von Mosaiken (da ein Mosaik in der Eihülle nicht auch im Feten vorliegen muß).

Indikationen zur pränatalen Chromosomendiagnostik

Die pränatale Chromosomendiagnostik aus Amnion- oder Chorionzellkulturen ist bei drei Indikationsgruppen angezeigt:

1. *Erhöhtes Alter der Eltern:* Auf der Basis aller beobachteten neu entstandenen Chromosomenaberrationen wurden vorläufige Risikoschätzungen durchgeführt, die für die genetische Beratung herangezogen werden können. Die Befunde für den Zeitpunkt der Untersuchung in der 16. Schwangerschaftswoche aus den Ergebnissen des Schwerpunktprogramms der Deutschen Forschungsgemeinschaft »Pränatale Diagnostik genetisch bedingter Defekte« sind zusammengefaßt dargestellt (Tab. 1), die Befunde bei der Untersuchung in der 9. SSW zeigen 2,5- bis 3mal häufiger ein pathologisches Ergebnis.

   Für Mütter, die jünger sind als 34 Jahre, können derzeit keine Risikoschätzungen gemacht werden, eine Interpolation der Häufigkeitskurve läßt eine Größenordnung von etwa 0,5 % spontaner neuentstandener Chromosomenstörungen bei Müttern ab dem 30. Lebensjahr bei der Diagnostik in der 16. Schwangerschaftswoche erwarten.

   Ob ein Alterseffekt auch für Väter besteht, ist noch nicht restlos geklärt. Es wird empfohlen, unabhängig vom Mutteralter, die pränatale Diagnose für alle Paare, bei denen der Vater älter ist als 44 Jahre, zu diskutieren.

2. *Vorangegangenes Kind mit einer Chromosomenaberration:* Nach der Geburt eines Kindes mit einer freien Trisomie ist empirisch das Risiko für das Wiederauftreten einer Chromosomenaberration bei jedem weiteren Kind gegenüber gleichaltrigen unbelasteten Eltern um etwa das Zehnfache erhöht. Wir finden in dieser Indikationsgruppe bei der Untersuchung in der 16. Woche etwas mehr als 1 % chromosomenkranke Kinder, bei Untersuchungen in der 8. bis 10. Schwangerschaftswoche mehr als 4 % chromosomenkranke Kinder.

3. *Ein Elternteil ist Träger einer balancierten Chromosomentranslokation:* Wir müssen hier zwei Typen von Translokationen unterscheiden, die Translokation zweier telozentrischer Chromosomen, z. B. der des Chromosoms 21 auf ein Chromosom 15 oder 14 (Abb. 4), die nach dem Erstbeschreiber *Robertson*sche Translokationen bezeichnet werden, und die sog. reziproken Translokationen, bei denen Chromosomenstücke balanciert ausgetauscht sind.

Auf der Ebene der Chromosomenanalyse wird derzeit auch noch die pränatale Diagnostik einer Reihe von X-chromosomal-rezessiven Leiden durchgeführt. Ist die Mutter Konduktorin für ein X-chromosomal-rezessives Erbleiden, das sich biochemisch nicht diagnostizieren läßt, so bestand bisher nur die Möglichkeit, das fetale Ge-

Tab. 1 Beobachtete de novo-Aberrationen/Anzahl pränataler Diagnosen und Risikozahlen (%) in 4 Mutteralters- und 3 Vateraltersklassen

Vater-alter (J.)	Mutteralter (J.) 35–37	%	38–40	%	41–43	%	> 44	%	Total	%
≦ 40	18/1635	1,1	30/1652	1,8	14/336	4,2	1/39	2,6	63/3662	1,7
41–43	8/256	3,1	12/640	1,9	12/230	5,2	2/14	14,3	34/1140	3,0
≧ 44	9/244	3,7	17/595	2,9	24/432	5,6	12/112	10,7	62/1383	4,5
Total	35/2135	1,6	59/2887	2,0	50/998	5,0	15/165	9,1	159/6185	2,6

Vater	Mutter	Kind	Diagnose	Beratung
a  21 normal	 21 normal	 21 trisom	**Freie Trisomie 21** (Neumutation)	*Wiederholungsrisiko* theoretisch: 0 % empirisch bei Müttern unter 38 J.: ca. 1 % bei Müttern über 38 J.: 2–5 % *pränatale Diagnostik empfohlen*
b 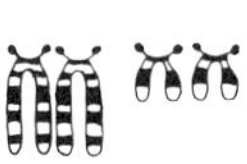 14 21 normal	 14 21 normal	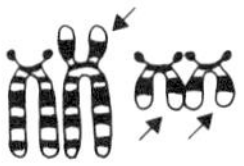 14 21 unbalancierte Translokation t(14q21q)	**Trans-lokations-trisomie 21** (Neumutation)	*Wiederholungsrisiko* theoretisch: 0 % empirisch: ? *Pränatale Diagnostik empfohlen*
c 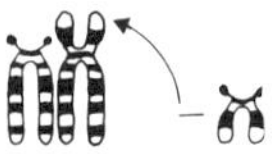 14 21 balancierte Translokation t(14q21q)	 14 21 normal	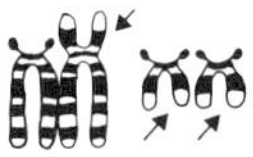 14 21 unbalancierte Translokation t(14q21q)	**Trans-lokations-trisomie 21** (vererbt)	*Wiederholungsrisiko* theoretisch: 25 % empirisch Vater Carrier: ca. 4 % Mutter Carrier: ca. 10 % *Pränatale Diagnostik empfohlen*
d  21 normal	 21 balancierte Translokation t(21q21q)	 21 unbalancierte Translokation t(21q21q)	**Trans-lokations-trisomie 21** (vererbt)	*Wiederholungsrisiko* theoretisch: 50 % empirisch: ca. 50 % Da die übrigen 50 % der Nachkommen eine Monosomie 21 haben werden, *ist von Fort-pflanzung des Carriers abzuraten*
e  21 normal	 21 balancierte perizentrische Inversion inv(21)(p11;q22)	 21 unbalancierte Strukturaberra-tion durch Crossing over in der Inver-sionsschleife	**partielle Trisomie 21** (vererbt)	*Wiederholungsrisiko* theoretisch: 25 % empirisch: ? *Pränatale Diagnostik empfohlen*

Abb. 4 Zytogenetische Aberrationstypen und deren Bedeutung für die Familienplanung am Beispiel der Trisomie 21 (Down-Syndrom)[3]

schlecht zu bestimmen. Bei einer Knabenschwangerschaft beträgt das Erkrankungsrisiko 50 %. War bisher aufgrund der Nichtzumutbarkeit des Austragens der Schwangerschaft bei schwerwiegenden Leiden wie der Muskeldystrophie Duchenne oder

der Bluterkrankheit die Indikation gegeben, einen Antrag auf Schwangerschaftsabbruch zu befürworten, so gelingt es jetzt, durch die Methoden der Gentechnologie einwandfrei gesunde und kranke Knaben zu erkennen und zu unterscheiden. Bei der Muskeldystrophie Duchenne oder der Hämophilie A und B haben die gentechnologischen Methoden so die Möglichkeit geschaffen, die Zahl der Schwangerschaftsabbrüche aufgrund der Genomanalyse auf die Hälfte zu senken.

Pränatale Stoffwechseldiagnostik

Sind die Eltern heterozygote Anlageträger für einen rezessiv vererbten Stoffwechseldefekt, können durch biochemische Untersuchungen der Amnionzellkultur etwa 50 Stoffwechselleiden pränatal diagnostiziert werden (Tab. 2). Formal beträgt bei autosomal-rezessiven Leiden das Erkrankungsrisiko für Kinder heterozygoter Eltern 25 %, bei X-chromosomal-rezessiven Leiden 50 % für die Söhne von Konduktorinnen.

Pränatale Diagnostik bei Verdacht auf Neuralrohrdefekt

Das empirische Wiederholungsrisiko bei Neuralrohrdefekten (Spina bifida aperta, Meningomyelozele oder Anenzephalus), diesen multifaktoriell bedingten Leiden, be-

Tab. 2 Genetische Erkrankungen, die in der Frühschwangerschaft entdeckt werden können

Kohlenhydratstoffwechsel	*Lipidosen*
Galaktosämie (Galaktose-1-PhU-Mangel)	GM1-Gangliosidose (Typ 1–4)
Galaktokinase-Mangel	GM2-Gangliosidose (Typ 1–3)
Glykogenose II (M. Pompe)	Sphingomyelin-Lipidose (M. Niemann-Pick)
Glykogenose III (M. Cori)	Glukosyl-Zeramid-Lipidose (M. Gaucher)
Glykogenose IV (M. Anderson)	Galaktosyl-Zeramid-Lipidose (M. Krabbe)
Glukose-6-PD-Mangel	Zeramid-Trihexidose (M. Fabry)*
Pyruvat-Decarboxylase-Mangel	Metachromatische Leukodystrophie
alpha-Fucosidase-Mangel	M. Refsum
alpha-Mannosidase-Mangel	M. Wolman
	Phytansäure-Hydroxylase-Mangel
Mukopolysaccharidosen und Mukolipidosen	*Aminosäure-Stoffwechsel*
MPS-Typ I/V (M. Hurler)	Argininsuccin-Azidurie
MPS-Typ II (M. Hunter)*	Zitrullinämie
MPS-Typ III A+B (M. Sanfilippo)	Hyperammonämie II
MPS-Typ V/I (M. Schleie)	Ahornsirupkrankheit
MPS-Typ VI (M. Maroteaux-Lamy)	Hypervalinämie
MPS-Typ VII (Glucuronidase-Mangel)	Propionazidämie
Mukolipidose II und III	Methylmalonazidämie (Typ 1–47)
Andere Stoffwechselerkrankungen	Homocystinurie
Adrenogenitales Syndrom	Cystathionurie
Lesch-Nyhan-Syndrom*	Zystinose
Xeroderma pigmentosum	Hyperlysinämie
Mangel der lysosomalen sauren Phosphatase	Histidinämie
beta-Thalassämie	
alpha$_1$-Antitrypsin-Mangel	
kombinierter Immundefekt	

* X-gebundener Erbgang, alle anderen sind autosomal rezessive Erkrankungen

trägt nach der Geburt eines kranken Kindes 5 %, es steigt auf mehr als 10 %, wenn ein Elternpaar zwei betroffene Kinder hat. Durch die Bestimmung des α_1-Fetoproteins (AFP), eines physiologischen Glykoproteins, das durch die Fehlbildung aus dem Liquor ins Fruchtwasser übertritt, gelingt es mit hoher Treffsicherheit, das Krankheitsbild pränatal zu diagnostizieren. Die Normwerte des AFP im Fruchtwasser und die Werte bei pathologischen Befunden zeigt die Abb. 5. Diese Methode ist nur bei der Amniozentese anwendbar.

Die wichtigste Ergänzung dieser Untersuchung auf Neuralrohrdefekt ist der Nachweis der ZNS-spezifischen Acetyl-Cholinesterase in der gleichen Probe des Fruchtwassers (ACHE-Test).

Weitere Möglichkeiten der pränatalen Diagnostik im 2. Schwangerschaftsdrittel sind durch die Fetoskopie gegeben, mit der es gelingt, Teile des Feten unmittelbar zu betrachten. So können genetisch bedingte fetale Fehlbildungen (z. B. die Hexadaktylie beim autosomal-rezessiv vererbten *Ellis-van-Creveld-Syndrom*) diagnostiziert werden.

Die sogenannte »kindliche« Indikation

Die Möglichkeiten der pränatalen Diagnostik kann Eltern mit genetischer Belastung ermutigen, Schwangerschaften zu planen, die von ihnen ohne diese neue Methode als zu hohes Risiko empfunden würden. Darüber hinaus können Schwangerschaften, die von einem hohen genetischen Risiko bedroht sind und bei denen von den

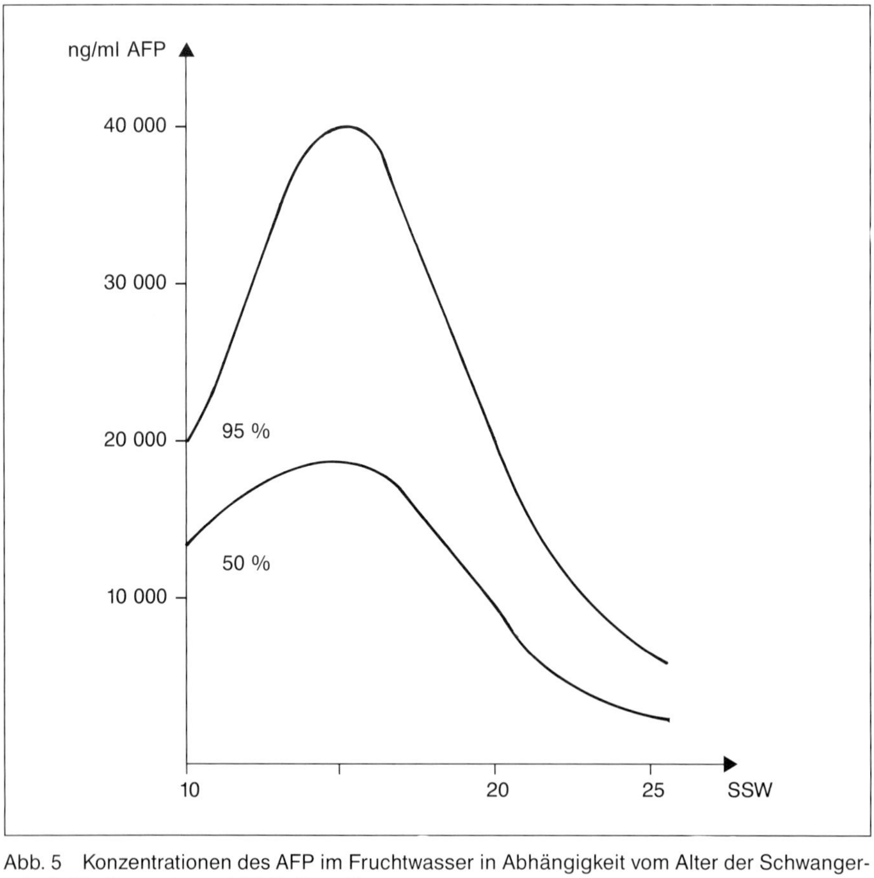

Abb. 5 Konzentrationen des AFP im Fruchtwasser in Abhängigkeit vom Alter der Schwangerschaft. Medianwerte und 95 % Quantile

Eltern der Abbruch erwogen wird, aufgrund der exakten Diagnosemöglichkeiten bei Ausschluß des fraglichen Leidens ausgetragen werden. Dieser Aspekt der pränatalen genetischen Diagnostik ist uneingeschränkt positiv zu werten.

Die Kehrseite dieses Aspekts ist die Möglichkeit des Abbruchs der Schwangerschaft bei der Diagnose der befürchteten Krankheit. Seitdem der Schwangerschaftsabbruch nach Paragraph 218 a nicht strafbar ist, wenn »dringende Gründe für die Annahme sprechen, daß das Kind infolge einer Erbanlage oder schädlicher Einflüsse vor der Geburt an einer nicht behebbaren Schädigung des Gesundheitszustandes leiden würde, die so schwer wiegt, daß von der Schwangeren die Fortsetzung der Schwangerschaft nicht verlangt werden kann«, haben Ärzte, Juristen, Philosophen und Theologen immer wieder versucht, zu definieren, was hier im Ernstfall gemeint sei.

Ganz eindeutig darf keinesfalls der »Lebenswert« des Ungeborenen als Kriterium gewählt werden – diskutiert werden kann nur die »Zumutbarkeit« für der Mutter. *Eibach* hat 1981 angesprochen, daß es sich »trotz aller ethischen Bedenken als hilfreich oder sogar als notwendig erweisen könnte, Richtlinien und ungefähre Grenzbestimmungen darüber einzuführen, welche genetischen und embryonalen Erkrankungen nach vorhandener Kenntnis ein solches Maß an Leiden verursachen, daß es Menschen in der Regel nicht zuzumuten ist, bzw. welche Anomalien nach diesem ethischen Grundsatz wirklich keine Indikation zur Abtreibung darstellen«.

Es sind verschiedene Klassifizierungen untersucht worden, so eine Vierergruppierung, bei der

in der 1. Gruppe die genetischen Krankheiten enthalten sind, von denen man nach heutiger Erkenntnis mit Sicherheit weiß, daß die davon Betroffenen auch intrauterin nicht überleben können. Bestimmte autosomale Trisomien wie die Trisomie 7 gehören hierher.

Die 2. Gruppe umfaßt die Krankheiten, speziell auch die Chromosomenkrankheiten, bei denen postnatales Überleben praktisch nicht möglich ist. Beispiele sind die Trisomie 13 oder 18.

In der 3. Gruppe können solche Behinderungen aufgelistet sein, die eine schwere körperliche und geistige Beeinträchtigung des Lebens bedeuten, wo aber dennoch in geeigneter Umgebung, die zu schaffen eine ganz erhebliche Belastung für die betroffenen Familienangehörigen ist, eine sinnvolle Lebensführung möglich ist. Dies wäre dann genau wieder die Gruppe, wo die Frage der Belastbarkeit im Einzelfall zu diskutieren wäre. Hier wäre die Trisomie 21 zu nennen.

Eine 4. Gruppe würde solche genetischen Auffälligkeiten zum Inhalt haben, die nur eine sehr geringfügige postnatale Beeinträchtigung bedeuten. Chromosomenaberrationen wie die XYY-Konstitution oder andere gonosomale Aberrationen gehören hierhin, weiterhin aber auch körperliche Anomalien wie die Lippen-Kiefer-Gaumenspalte oder die Syndaktylie, Krankheiten, die sicherlich in jene von *Eibach* genannte Gruppe gehörten, in der nach ethischen Grundsätzen keine Indikation zum Abbruch einer Schwangerschaft vorliegt.

Solch ein Normenkatalog kann scheinbar eine erhebliche Entlastung sowohl für den Berater wie auch für die Schwangere bedeuten. Es bleibt aber gerade bei den hier in der Gruppe 3 aufzulistenden Krankheiten die gleiche Problematik, vielleicht etwas eingeengt, in jedem Einzelfall zu diskutieren, ob die Fortsetzung der Schwangerschaft zumutbar ist oder nicht. *Schröder-Kurth* (1985) hat aus diesen Überlegungen »Erste sehr allgemeine Grundsätze« für die Handhabung der pränatalen Diagnostik abgeleitet, die mit dem ärztlichen Vorgehen in den genetischen Beratungsstellen in der Bundesrepublik in großen Zügen übereinstimmen:

1. Die Entscheidung für oder gegen pränatale Diagnostik und die Entscheidung über Fortbestand oder Abbruch der Schwangerschaft muß in jedem einzelnen Fall als individuelle Entscheidung von der Schwangeren und dem Berater erarbeitet werden. Daraus folgt:
2. Pränatale Diagnostik ist nur nach individueller, ausführlicher genetischer Beratung vertretbar.
3. Humangenetiker, genetische Berater und Frauenärzte als diejenigen, die die Methode für pränatale Diagnostik bereitstellen und Beratungen durchführen, tragen die Verantwortung dafür, daß sich keine Automatismen und keine Handlungsmuster oder Handlungszwänge entwickeln.

Individuelle genetische Prävention

Die individuelle, persönliche genetische Prävention kann einem betroffenen Menschen helfen, daß trotz einer genetischen Disposition ein Krankheitsbild nicht zum Ausbruch kommt oder daß sein Verlauf gemildert wird.

Auch hier steht wieder die genaue Diagnose im Vordergrund. Es muß gesichert sein, ob es sich um ein monogenes Leiden handelt, ob eine Chromosomenkrankheit zugrundeliegt oder ob das Zusammenspiel von Genen und Umweltfaktoren, also eine multifaktorielle Belastung, besteht.

Ein Beispiel individueller genetischer Prävention *bei monogener Belastung* (vgl. Tab. 3) bietet eine Form der Polyposis intestini. Bei diesem Leiden bestehen multiple Rektum- und Kolonpolypen mit starker Tendenz zur malignen Entartung. Die Prognose ist sehr schlecht, wenn es zu dieser Malignität gekommen ist. Werden die Polypen, die an sich zunächst keine Beschwerden machen, jedoch aufgrund der genetischen Risikoabschätzung durch die Stammbaumanalyse bei einem betroffenen Individuum früh erkannt, so ist die Prognose nach operativer Entfernung des befallenen Darmabschnittes absolut gut.

Tab. 3 Beispiele für autosomal-dominante Erbleiden mit häufiger Tumorbildung

Erbleiden	Häufigste Tumoren
multiple kartilaginäre Exostosen	Osteosarkome
Basalzell-Nävus-Syndrom (Gorlin-Goltz-Syndrom)	Multiple Basalzellkarzinome und Medulloblastome
Angiomatosis retinocerebellosa von Hippel-Lindau-Syndrom	Angioblastome des Kleinhirns Angiomatosis retinae Hypernephrome
Retinoblastom	Retinoblastome
Neurofibromatose	Sarkome, Akustikusneurinome, Phäochromozytome
Polyposis intestinalis III (Gardner-Syndrom)	Adenokarzinome des Kolon
Keratosis palmaris et plantaris	Ösophaguskarzinome
testikuläre Feminisierung	Seminome
Aniridie	Wilms-Tumor

Ein zweites Beispiel ist die Phenylketonurie. Sie wird im allgemeinen durch das Neugeborenenscreening unabhängig von Stammbaumanalyse und Familienvorgeschichte entdeckt, und die entsprechende Umweltänderung durch Substratrestriktion, also phenylalaninarme Diät, läßt die Betroffenen ein praktisch uneingeschränktes Leben führen. Hatte man bisher geglaubt, etwa mit dem 14. oder 15. Lebensjahr die strikte Diät etwas lockern zu können, so hat sich gezeigt, daß Kinder von Müttern mit dem homozygoten Gendefekt ein hohes Embryopathierisiko haben, wenn die Diät nicht fortgesetzt wurde. Kinder unbehandelter Mütter wiesen eine geistige Behinderung, in fast 90 % Mikrozephalie, in 75 % eine intrauterine Wachstumsverzögerung auf. Unsere Prävention solcher Embryopathie muß darin liegen, daß die phenylalaninarme Diät bis zum Ende des fortpflanzungsfähigen Alters fortgesetzt wird.

Ein drittes Beispiel: Das autosomal-rezessive Xeroderma pigmentosum ist klinisch recht einheitlich durch erhöhte Empfindlichkeit der Haut gegenüber UV-Strahlen charakterisiert. Diese Störung beruht auf einer Hemmung der DNA-Reparatur, welche in normalen Zellen mittels Exzision strahleninduziert mutierter DNA-Anteile erfolgt. Ist dieser Reparaturmechanismus defekt, so kann es bis hin zur Entstehung bösartiger Hauttumoren kommen. Daneben finden sich weitere autosomal-rezessive Erbkrankheiten mit erhöhtem Tumorrisiko und Chromosomenbrüchigkeit (Tab. 4).

Auch *bei Chromosomenkrankheiten* kann die individuelle genetische Vorsorge hervorragende Erfolge erzielen. Dazu zwei klinische Beispiele:

Tab. 4 Beispiele für autosomal-rezessive Erbkrankheiten mit erhöhter Chromosomenbrüchigkeit

Erbleiden	Häufigste Tumoren
Fanconi-Anämie	Leukämie
Bloom-Syndrom	Akute Leukämien, Karzinome
Ataxia teleangiectatica (Louis-Bar-Syndrom)	Maligne Lymphome
Xeroderma pigmentosum	Bösartige Hauttumoren

Tab. 5 Intelligenzquotient beim Down-Syndrom[4]

	Institutionalisiert		Zu Hause (Loeffler, Smith, 1964)	
IQ	Brousseau, Brainerd, 1928 n = 206	Malzberg, 1950 n = 880	bis 3 Jahre n = 47*	3–9 Jahre n = 34**
0–24	37,8 %	24,5 %	0 %	9 %
25–49	61,2 %	71,6 %	30 %	62 %
50–69	1,0 %	3,8 %	47 %	29 %
über 70	0 %	0 %	23 %	0 %

* Psyche-Cattell Infant Intelligence Scale ** Stanford-Binet Intelligence Scale

Bei der Trisomie 21 (*Down*-Syndrom) muß die Frühförderung ganz im Vordergrund stehen. Mit ihrer Hilfe läßt sich der Intelligenzquotient der Betroffenen deutlich heben (Tab. 5).

Für das Klinefelter-Syndrom gilt ähnliches, hier speziell im Hinblick auf die Affektlabilität der betroffenen Jungen oder jungen Männer mit Schwierigkeiten bei der sozialen Adaptation. Vor allem bei Jugendlichen ist eine psychagogische Betreuung indiziert. Als hilfreich gegen die vorzeitige Osteoporose hat sich eine Hormonbehandlung erwiesen.

Ethische Probleme der genetischen Prävention

Genetische Untersuchungen am ungeborenen Kind oder an ratsuchenden Probanden geben weitreichende Aufschlüsse über die betroffene Person und ermöglichen Voraussagen auch über spezielle Bereiche der zukünftigen Entwicklung. Wie sollen wir uns hier mit der Aufklärung verhalten? Zum einen bei Befunden, die zwar im genetischen Bereich auffällig sind, nicht aber in ihrer Auswirkung auf den Phänotyp, z. B. bei der Triplo-X-Konstitution, oder bei denen die Wirksamkeit des pathologischen Gens erst spät im Leben eintritt, wie z. B. der Chorea Huntington?

Grundsätzlich gilt für die genetische Beratung, daß es das »therapeutische Privileg« nicht gibt. Bei einem Kind erhobene Befunde müssen den Eltern mitgeteilt werden, auch wenn ihre Relevanz so geringfügig ist, daß Eltern sie an ihrem Kind vielleicht zeitlebens nicht bemerken würden. Ein Triplo-X-Syndrom ist ein besonders eindrucksvolles Beispiel. Die postnatale Entwicklung solcher Mädchen ist praktisch unauffällig; der pränatale Chromosomenbefund stürzt die Eltern jedoch in tiefgreifende Konflikte. Zumeist gelingt es in der genetischen Beratung, die Situation so darzustellen, daß die allenfalls möglichen Belastungen für die Eltern zumutbar werden.

Noch gravierender ist die Situation vielleicht bei jenen Leiden, bei denen das veränderte pathologische Gen zu einem Zeitpunkt gentechnologisch nachweisbar ist, wo sich das hierdurch verursachte Krankheitsbild noch nicht darstellt. Die Chorea Huntington ist hier das eindrucksvollste Beispiel: Wir erleben immer wieder Beratungssituationen, in denen junge Eltern zwischen 20 und 30 kommen und nach dem Risiko für ihre eigenen Kinder fragen, nachdem ein eigenes Elternteil von einem von ihnen an der Chorea erkrankt ist. Die pränatale Diagnostik am ungeborenen Kind würde beim Nachweis des Gens natürlich auch bedeuten, daß das im Risiko stehende Elternteil das Gen trägt und einem 10 oder 20 Jahre in der Zukunft liegenden schlimmen Schicksal entgegensieht.

Ein »Recht auf Nicht-Wissen« ist in diesem Zusammenhang immer wieder besprochen worden, ein Recht, das sicherlich hier diskutiert werden muß.

Problematisch wird die individuelle genetische Untersuchung dann, wenn sie nicht nur zur persönlichen Prävention genutzt wird, sondern als Mittel zu einer Diskriminierung des Betroffenen dienen kann. Genomanalysen als Voraussetzung der Prüfung für die Eignung für einen bestimmten Arbeitsplatz sind hier zu nennen.

Präventive genetische Untersuchungen dürfen nur als ärztliche Maßnahmen zum Wohle einer Familie oder des einzelnen Ratsuchenden durchgeführt werden. Immer ist die persönliche Zustimmung nach umfassender Aufklärung zu fordern.

Literatur

[1]*Eibach, U.:* Ziele und Entscheidungsfindung bei der genetischen Beratung und der vorgeburtlichen Diagnostik – ethische Überlegungen. In »Kindliche Indikationen zum Schwangerschaftsabbruch«, Bamberger Symposion. *Boland, P., H. A. Krone, R. A. Pfeiffer* (Eds.), Friedrichsdorf 1981.
[2]*Moore, K. L.:* The developing human, Philadelphia, London, Toronto 1973.
[3]*Murken, J., H. Cleve:* Humangenetik. Stuttgart 1984.
[4]*Rost, J.:* Partielle Trisomie 21 q und Down-Syndrom. Dissertation, München 1980.
[5]*Schroeder-Kurth, T.:* Kann ich wirklich selbst entscheiden? Pränatale Diagnostik zwischen Angebot und Verantwortung. In: Schöpfer Mensch? *Wehowsky, St.* (Ed.), Gütersloh 1985.
[6]*Simoni, G.* et al.: Hum. Genet. *63:* 349 (1983).
[7]*Wexler, N. S.:* Genetisches »Russisches Roulett«: Die Erfahrung potentieller Anlageträger der Chorea Huntington zu sein. In: *Kessler, S.* (Ed.): Psychologische Aspekte der genetischen Beratung, Stuttgart 1984.

Genetische Beratung und pränatale Diagnostik

W. Fuhrmann

Humangenetik und neue diagnostische Methoden machen es in vielen Fällen möglich, eine besondere Gefährdung von Nachkommen eines Paares frühzeitig zu erkennen oder auszuschließen. Die humangenetische Beratung vermittelt die Anwendung dieser Erkenntnisse für den Einzelfall und gibt dem Ratsuchenden die notwendigen Informationen und Wissensgrundlagen für eine verantwortliche eigene Entscheidung. Sie dient dem Abbau unbegründeter Ängste oder aber der Nutzbarmachung spezieller Untersuchungsmethoden zur Früherkennung und Verhütung von Erbleiden, Chromosomenanomalien und Entwicklungsstörungen und kann günstigenfalls auch Wege zur Frühbehandlung weisen.

Da für eine konkrete Beurteilung häufig die Abgrenzung genetisch bedingter Anomalien von exogen, z. B. durch Infektion, Medikamente, Chemikalien oder Strahlenbelastung bedingten Entwicklungsstörungen notwendig ist, können auch diese Gegenstand einer genetischen Beratung sein. Schließlich hat die Entwicklung der pränatalen Diagnostik die Möglichkeiten, aber auch die Probleme der genetischen Beratung wesentlich erweitert.

Genetische Beratung

Vorrangiges Ziel und Richtschnur der humangenetischen Beratung ist die Hilfe für den Ratsuchenden und dessen Familie. Der Berater hat aber auch die sittliche Verpflichtung, das Wohl und die Interessen der Nachkommen oder, bei bereits bestehender Schwangerschaft, des Feten zu wahren. Er kann auch der oft gestellten Frage, ob denn die Weitergabe ungünstiger Gene durch klinisch gesunde Genträger (Heterozygote) im Einzelfall verantwortbar ist, genausowenig ausweichen wie der allgemeineren Frage nach der langfristigen Auswirkung einer umfassenden genetischen Beratung auf die Häufigkeit von Erbleiden. Von der »Eugenik« vergangener Zeiten grenzt sich diese Überlegung dadurch ab, daß sie die Auswirkungen persönlicher Einzelentscheidungen bedenkt, während in den klassischen eugenischen Utopien und den Ansätzen zu ihrer Realisierung stets die Fremdentscheidung durch übergeordnete Instanzen eine entscheidende Rolle spielte.

Prüft man die humangenetische Beratung, wie sie heute allgemein vertreten wird, hinsichtlich ihrer Auswirkung auf die Häufigkeit ungünstiger Gene in künftigen Generationen, so ist es offensichtlich, daß sie, von wenigen Ausnahmen abgesehen, entweder keine oder nur sehr geringe Frequenzänderungen ergeben kann. Diese Änderungen können sowohl zu einer Verminderung als auch zu einer Zunahme der Zahl ungünstiger Gene führen.

Zwei Beispiele mögen das illustrieren: eine spürbare Abnahme kann sich theoretisch ergeben, wenn fertile Genträger eines dominant vererbten Leidens aufgrund der Beratung auf Nachkommen verzichten. Eine Zunahme ungünstiger Gene muß erwartet werden, wenn z. B. Ehepaare, die beide Genträger für ein autosomal-rezessives Leiden sind, durch die pränatale Diagnostik homozygot kranker Nachkommen und Abbruch dieser Schwangerschaften die Möglichkeit erhalten, ihre gewünschte Kinderzahl durch weitere, dann aber zum Teil heterozygote, klinisch gesunde Nachkommen zu erreichen. Hier würde der Selektionsdruck gegen das Gen in dieser Familie aufgehoben. Von der Gesamtbevölkerung her gesehen, wäre der Effekt aber gering, da die große Mehrzahl ungünstiger, autosomal-rezessiver Gene von klinisch gesunden Genträgern weitergegeben wird, die von ihrer Genträgerschaft nichts wissen. Ein stärkerer Effekt wäre allenfalls zu erwarten, wenn in einer Bevölkerung mit erheblicher Häufigkeit eines bestimmten Gens ein allgemeines Screening auf solche Genträgerschaft durchgeführt wird, wie das z. B. bei der Tay-Sachs-Krankheit bei einer bestimmten Population in den USA geschieht. Ob es dann zu einer Zunahme oder Abnahme der Genfrequenz kommt, hängt vom Fortpflanzungsverhalten der Betroffenen ab, nämlich davon, ob betroffene Paare ihre Kinderzahl einschränken oder pränatal diagnostizierte kranke Nachkommen »ersetzen«.

Indikationen zur genetischen Beratung

Der Versuch, jedes Paar mit Kinderwunsch einer genetischen Beratung zuzuführen, wäre unergiebig und würde die Kapazität geeigneter Berater oder Beratungsstellen weit überfordern. Die von jedem Arzt zu erhebende Familienanamnese, die persönliche Anamnese und eventuell die Diagnose lassen jedoch Konstellationen abgrenzen, die eine klare Indikation zur spezialisierten humangenetischen Beratung darstellen und gegebenenfalls zur Überweisung an einen hierfür qualifizierten Arzt oder eine Beratungsstelle führen sollten (Tab. 1).

Tab. 1 Indikationen zur humangenetischen Beratung

Erbleiden oder möglicherweise erbliche Krankheiten oder Entwicklungsstörungen, einschließlich von Chromosomenanomalien, bei Ratsuchenden oder in der Familie, besonders bei näheren Verwandten
Mit Einschränkungen: Verwandtenehe
Zwei oder mehr Fehl- oder Totgeburten ohne erkennbare gynäkologische Ursache
Kinderwunsch oder Schwangerschaft bei erhöhtem Alter, insbesondere der Frau über 35 Jahre, mit Einschränkung auch bei Alter des Vaters über 45 Jahre
Exposition gegenüber ionisierenden Strahlen, möglicherweise teratogenen oder mutagenen Medikamenten oder Chemikalien
In der Schwangerschaft zusätzlich:
Virusinfektion (bzw. Exposition)
Auffälliger Befund bei geburtshilflicher Ultraschalluntersuchung (Polyhydramnion, Oligohydramnion, Wachstumsretardierung, auffälliges fetales Bewegungsmuster)
Erhöhte oder stark verminderte α_1-Fetoprotein-Konzentration im mütterlichen Serum in der 16. bis 18. (14. bis 20.) Schwangerschaftswoche

Für die genetische Beurteilung sind vor allem Erkrankungen bei näheren Verwandten bis zu solchen dritten Grades (Urgroßeltern, Vettern und Cousinen) wichtig, selten sind Erkrankungen bei weiter entfernten Verwandten von Bedeutung.

Der offensichtliche Hinweis auf eine Vererbung ist das mehrfache Auftreten der gleichen Erkrankung in der Familie. Viel häufiger finden sich aber auch einfach erbliche Krankheiten nur bei einem einzelnen Familienmitglied. In diesem Fall gestattet die Diagnose des Einzelfalls die richtige Einordnung.

Häufig fragen Eltern von Kindern mit einer angeborenen Krankheit oder Chromosomenanomalie nach dem Wiederholungsrisiko für weitere Kinder. Mitunter wird auch eine strukturelle Chromosomenanomalie durch gesunde Träger in einer Familie weitergegeben (balancierte Translokation). Dann ist für deren Nachweis oder Ausschluß die Chromosomenanalyse bei dem jeweiligen Elternteil erforderlich, und eine pränatale zytogenetische Untersuchung des Feten kann indiziert sein.

Ist der Ratsuchende selbst möglicher Genträger oder bereits erkrankt, so betrifft die Beratung vordringlich seine eigene Prognose und das Wiederholungsrisiko für Nachkommen. Über die mögliche Genträgerschaft lassen sich aufgrund der klassischen Genetik manchmal sehr genaue, oft aber nur Wahrscheinlichkeitsaussagen machen. Diese können bei einigen Krankheiten durch zusätzliche Untersuchungen präzisiert werden.

In jüngerer Zeit haben die Methoden der Genanalyse (DNA-Analyse) die diagnostischen Möglichkeiten für eine steigende Zahl von Krankheiten wesentlich erweitert. Das gilt für die Feststellung oder den Ausschluß der Genträgerschaft bei rezessiven Krankheiten (klinisch gesunde Heterozygote) wie für die frühzeitige Klärung der Genträgerschaft für eine erst später manifest werdende Krankheit.

Das bekannteste Beispiel für diese »prädiktive« DNA-Diagnostik ist die Chorea Huntington. Diese schwere autosomal-dominant vererbte Krankheit tritt bei Genträgern meist erst zwischen dem 35. und 65. Lebensjahr klinisch in Erscheinung, das mittlere Manifestationsalter liegt bei 40 Jahren. Aus dem Erbgang ergibt sich für Verwandte ersten Grades von Kranken ein Risiko von 50 %, Genträger zu sein und zu erkranken. Wenn ausreichende Familieninformationen vorliegen und DNA (Blut) von erkrankten Verwandten verfügbar ist, kann aufgrund der Genanalyse nach dem heutigen Stand bei etwa drei von vier Ratsuchenden das Risiko wesentlich genauer angegeben werden. Ähnliches gilt für eine Reihe weiterer Krankheiten.

Eine solche Präzisierung des Risikos bringt aber auch besondere Probleme, denn während für die einen das Ergebnis entlastend wirkt, wird für andere aus einem Risiko, das Hoffnung läßt, eine nahezu volle Gewißheit, später diese bisher kaum beeinflußbare Krankheit zu entwickeln.

Dieses Beispiel zeigt besonders deutlich, welche großen Probleme mit einer genetischen Beratung verbunden sein können und gibt der Forderung Nachdruck, daß eine solche prädiktive Diagnostik nicht ohne eine sorgfältige vorbereitende genetische Beratung und begleitende psychologische Unterstützung durchgeführt werden darf. Dies gilt auch für die mögliche pränatale Diagnostik der Chorea Huntington.

Eine Verwandtenehe erhöht die Wahrscheinlichkeit, daß beide Ehepartner von Vorfahren die gleichen (mitunter ungünstigen) Gene ererbt haben. Dadurch besteht generell ein etwas erhöhtes Risiko für autosomal-rezessiv vererbte Krankheiten. Deshalb ist in dieser Situation eine besonders sorgfältige Prüfung der Familienanamnese angebracht. Auch bei leerer Anamnese verbleibt ein etwas erhöhtes Risiko für die Nachkommen einer solchen Ehe, das aber gering ist, besonders wenn es sich bei den Partnern um Vettern zweiten Grades oder entferntere Verwandte handelt.

Wiederholte Fehl- und Totgeburten ohne erkennbare medizinische Ursache sollten Anlaß zu einer zytogenetischen Untersuchung der Partner sein. In 4 bis 6 % der Fälle findet sich eine Chromosomenanomalie bei einem Partner, die bei weiteren Schwangerschaften Anlaß zu einer pränatalen Diagnostik sein kann.

Bei Fehl- und vor allem Totgeburten sollten stets die Diagnose oder jedenfalls die Befunde gesichert werden, da nur dann später eine korrekte Beratung möglich ist. Besonders bei einem morphologisch auffälligen Feten oder einem verstorbenen Kind ist eine pathologisch-anatomische Untersuchung einschließlich der Plazenta anzustreben. Auf jeden Fall sollten die klinischen Befunde registriert und eine Röntgenganzaufnahme (Babygramm) sollte angefertigt werden. Fotos des ganzen Kindes und gesonderter wichtiger Details können für die spätere richtige Bewertung entscheidend sein. Eine Fibroblastenkultur für die zytogenetische und bei entsprechendem Verdacht unter Umständen auch eine biochemische Untersuchung gelingt bei kühler Lagerung bis zu 48 Stunden nach dem Tod. Die Gewebsprobe (z. B. Achillessehne) soll möglichst unkontaminiert entnommen und darf nicht fixiert werden. Für den Versand genügt Ringerlösung oder ähnliches, um die Austrocknung zu verhindern.

Chromosomenfehlverteilungen beim Kind nehmen mit dem Alter der Frau zu. Frauen sollte etwa vom 35. Lebensjahr an eine pränatale Diagnostik angeboten werden. Grundlage dieser »Altersgrenze« ist eine Abwägung zwischen der Wahrscheinlichkeit, daß ein Kind mit einer schweren chromosomal bedingten Entwicklungsstörung geboren wird, und dem Risiko der Amniozentese. Für eine 35jährige Schwangere sind beide Risiken mit etwa 0,5 % gleich hoch. Auch die verfügbare Laborkapazität kann limitierend sein.

Ob auch ein erhöhtes Alter des Vaters mit einer Zunahme von Chromosomenanomalien beim Kind einhergeht, ist noch Gegenstand einer kontroversen Diskussion. Verschiedentlich wird im erhöhten Alter des Vaters eine Indikation zur pränatalen Diagnostik gesehen. Die Entscheidung sollte stets individuell und nicht schematisch getroffen werden. Die genetische Beratung soll in diesem Fall klären, ob sonstige Risiken bestehen, und soll auch die ethischen Probleme ansprechen, die mit einer solchen Untersuchung stets verbunden sind. Ziel der Beratung ist es, der Frau die Grundlage für ihre eigene verantwortliche Entscheidung zu geben.

Die Gefahren, die von Röntgenstrahlen- oder Medikamentenexposition vor oder in der Schwangerschaft ausgehen, werden vielfach überschätzt. Im Einzelfall ist hier eine sorgfältige Prüfung von Art, Dosis und Zeitpunkt der Exposition notwendig. Vollständige Angaben sollten den Ratsuchenden mitgegeben oder, besser noch, der Beratungsstelle vor dem vereinbarten Gespräch zugesandt werden. Eine solche Prüfung kann sowohl vor der Schwangerschaft, z. B. hinsichtlich der Gefährdung oder notwendiger Karenzzeiten, als auch in der Schwangerschaft sinnvoll sein. Dabei ergibt sich in den seltensten Fällen eine Indikation für einen Schwangerschaftsabbruch. Die Ansprüche an eine vollständige Aufklärung haben dazu geführt, daß die den Medikamenten beigepackten Informationen und auch die »Rote Liste« für viele Medikamente auf mögliche Gefahren oder Anwendung in der Schwangerschaft hinweisen, bei denen eine Gefährdung zwar möglich, aber nicht erwiesen und oft nicht einmal wahrscheinlich ist. Sofern das nur zu einer strikten Indikationsstellung führt, ist es sicher begrüßenswert. Solche Hinweise führen aber oft zu einer erheblichen Verunsicherung der Schwangeren, die das Medikament in Unkenntnis der Schwangerschaft erhalten hat, und oft auch zur Verunsicherung ihres Arztes. Auch hier kann die genetische Beratung unbegründete Ängste beheben und überschießende Reaktionen vermeiden helfen.

Eine Virusinfektion in der Schwangerschaft ist nur insofern Gegenstand der humangenetischen Beratung, als der Humangenetiker sich auch mit teratologischen Fragen zu befassen hat. Wiederum sind Art und Zeitpunkt der Infektion entscheidend. Im Vordergrund stehen hier die frische Infektion mit Röteln (Rubella) und Cytomegalie-Virus besonders in der Frühschwangerschaft. Von geringerer Bedeutung sind das Herpes simplex-Virus, das Varizellen-Zoster-Virus und das Parvovirus der Ringelröteln. Eine neue Problematik brachte das HI-Virus (HIV, HTLV-III, AIDS). Eine zentrale Rolle für die Prognose und Beratung spielt der Nachweis erregerspezifischer IgM-, IgA- und IgG-Antikörper zur Feststellung und Beurteilung einer akuten Infektion der Schwangeren und zur Sicherung der pränatal erfolgten Infektion des Feten.

Auffällige Befunde bei der Ultraschalluntersuchung in der Frühschwangerschaft können auf Entwicklungsstörungen des Feten hinweisen, zu deren Klärung und Beurteilung der Geburtshelfer sowohl den Humangenetiker wie den Pädiater zuziehen kann. Sie sind häufig auch Indikation zur pränatalen Chromosomenuntersuchung, zur Bestimmung des α_1-Fetoproteins (AFP) und der Acetylcholinesterase (ACHE) im Fruchwasser.

Die Bestimmung von α_1-Fetoprotein im Serum der Mutter wird in zunehmendem Maße als Suchtest zur Erfassung von Neuralrohrdefekten (Spina bifida, Anenzephalie) beim Feten eingesetzt. Sie kann zusätzlich Hinweise auf andere Fehlbildungen oder, bei besonders niedriger Konzentration, auch auf eine Trisomie 21 geben. In solchen Fällen ist eine genetische Beratung zur Klärung des weiteren Vorgehens indiziert.

Unabhängig von einer objektiven Indikation zur humangenetischen Beratung ist eine subjektive Indikation zur spezialisierten Beratung stets gegeben, wenn Sorgen und Ängste vor einer genetisch bedingten Störung auftreten und der behandelnde Arzt die Fragen nicht ausreichend sicher und für den Patienten überzeugend beantworten oder Ängste zerstreuen kann.

Bei gegebener Indikation soll eine humangenetische Beratung möglichst frühzeitig erfolgen, jedenfalls möglichst schon bevor eine bereits bestehende Schwangerschaft den Handlungsspielraum einengt und die Zeit knapp wird. Dies ist vor allem dann wichtig, wenn zum Beispiel für die pränatale Diagnostik von Stoffwechselleiden oder für die DNA-Analyse zusätzliche Untersuchungen an weiteren Verwandten erforderlich werden können.

Die im allgemeinen wichtigste Grundlage der humangenetischen Beratung ist eine sorgfältige Familienanamnese mit der Bildung eines Stammbaumes, der im allgemeinen bis zu Verwandten dritten Grades (Vettern und Basen ersten Grades) reichen soll, mitunter aber auch wesentlich umfangreicher sein muß. Wichtige Krankheitsdiagnosen sollen möglichst durch Arztberichte, eventuell auch Rückfragen bei behandelnden Ärzten, gesichert werden. Oftmals sind ergänzende Untersuchungen notwendig, um z. B. genetisch wichtige Unterformen innerhalb einer heterogenen Krankheitsgruppe abzugrenzen.

Aus diesen Grunddaten muß der Berater das spezielle Risiko der Ratsuchenden und ihrer Nachkommen ermitteln. Nicht minder wichtig und mitunter schwierig ist die für den Ratsuchenden verständliche Übermittlung dieser Information. Dabei müssen auch die Konsequenzen besprochen werden und Hinweise auf Behandlungsmöglichkeiten oder z. B. eine pränatale Diagnostik erfolgen. Die Entscheidung bleibt dem Ratsuchenden überlassen. Es darf kein Druck ausgeübt werden. In diesem Sinne muß die genetische Beratung »neutral« sein. Der Berater soll sich aber nicht scheuen, eine Entscheidungshilfe zu geben, wo diese erbeten wird.

Das Ergebnis der genetischen Beratung und eventueller Zusatzuntersuchungen wird im allgemeinen in einem abschließenden Brief zusammengefaßt, der in der Regel dem Ratsuchenden selbst und mit seinem Einverständnis seinem Arzt zugesandt wird. Die ärztliche Schweigepflicht muß gerade im Bereich der genetischen Beratung sehr sorgfältig beachtet werden. Nicht zuletzt zu seiner eigenen Kontrolle ist jeder Berater dankbar, wenn er Mitteilungen über den weiteren Verlauf und den Ausgang einer Schwangerschaft über Wohlergehen oder Krankheit weiterer Kinder erhält.

Die humangenetische Beratung steht auch im Leistungskatalog der GOÄ und der gesetzlichen Krankenkassen (EBM/EGO, Mutterschaftsrichtlinien). Neben den Beratungsstellen der humangenetischen Institute der Universitäten und einigen Beratungsstellen bei größeren Krankenhäusern gibt es zunehmend auch niedergelassene Ärzte mit einer speziellen Ausbildung, die die Zusatzbezeichnung »Medizinische Genetik« führen. Da eine humangenetische Beratung längere Zeit in Anspruch nimmt, ist in der Regel eine Terminvereinbarung erforderlich. Vielfach bestehen längere Wartezeiten, so daß gegebenenfalls auf besondere Dringlichkeit, z. B. bei bestehender Schwangerschaft, hingewiesen werden sollte.

In der genetischen Beratung soll das Wissen der Humangenetik nach dem jeweils neuesten Stand dem Einzelnen für seine Planung und seine Entscheidung verfügbar gemacht werden. Sie ist ein Angebot, das bekanntgemacht, aber niemandem aufgedrängt werden soll. Wenn im Einzelfall ein Befund die Information weiterer Familienangehöriger angezeigt sein läßt, wird deshalb der genetische Berater, wenn irgend möglich, den Beratenen selbst bitten, die Angehörigen entsprechend zu informieren, oder er wird den Weg über den Hausarzt suchen.

Pränatale Diagnostik

Der Begriff »pränatale Diagnose« umfaßt eigentlich die *gesamte* Diagnostik vor der Geburt. Sie kann hier zur Beurteilung des Entwicklungs- und Reifezustandes des Kindes oder einer möglichen intrauterinen Therapie – zum Beispiel bei der Rhesus-Inkompatibilität – dienen. Im engeren Wortgebrauch wird unter pränataler Diagnostik die Diagnostik im ersten und zweiten Trimenon verstanden. Auch hier erfolgt die Untersuchung im Hinblick auf die Prognose und mitunter auch schon mit der Aussicht auf eine wirksame intrauterine Therapie. In der Mehrzahl der Fälle aber geht es um die Erkennung oder den Ausschluß schwerer, nicht erfolgversprechend behandelbarer Entwicklungsdefekte oder Krankheiten des Feten in einem Zeitraum, in dem ein Abbruch der Schwangerschaft medizinisch vertretbar und nach dem Gesetz zulässig ist.

Nach der Festlegung des Paragraphen 218a, Abs. 2.1, ist der Abbruch der Schwangerschaft durch einen Arzt nicht strafbar, wenn, neben der Erfüllung anderer Voraussetzungen, »dringende Gründe für die Annahme sprechen, daß das Kind infolge einer Erbanlage oder schädlicher Einflüsse vor der Geburt an einer nicht behebbaren Schädigung seines Gesundheitszustandes leiden würde, die so schwer wiegt, daß von der Schwangeren die Fortsetzung der Schwangerschaft nicht verlangt werden kann« und seit der Empfängnis nicht mehr als 22 Wochen verstrichen sind.

Für die Festlegung dieser Frist war maßgebend, daß, jedenfalls zur Zeit der Formulierung des Gesetzes, ein Fet vor diesem Termin außerhalb des Mutterleibs nicht lebensfähig war und daß andererseits diese Frist erforderlich war und ausreichte, um eine pränatale Diagnostik aus dem Fruchtwasser zu stellen.

Seit 1968 zum ersten Mal ein *Down*-Syndrom aus Zellen des Fruchtwassers pränatal diagnostiziert wurde, hat die ethische Kontroverse um den Schwangerschaftsabbruch die pränatale Diagnostik begleitet. Jede Schwangere und jedes Paar, das eine pränatale Diagnostik wünscht, muß sich mit der Frage auseinandersetzen, ob es notfalls bei einer entsprechenden Diagnose einen Abbruch der Schwangerschaft wünschen würde. Neben der rein medizinischen Erörterung der Indikation und der zur Wahl stehenden Techniken, deren diagnostischer Sicherheit und eventuellen Risiken ist diese Ethik-Frage zentraler Punkt der vor einer solchen Diagnostik geforderten genetischen Beratung.

Rechtfertigungsgrund der Diagnostik und gegebenenfalls des Abbruchs einer Schwangerschaft ist die voraussehbare Notlage der Schwangeren, von der deshalb »die Fortsetzung der Schwangerschaft nicht verlangt werden kann«, und nicht ein irgendwie zu definierendes »unwertes Leben« des Kindes. Das schließt nicht aus, daß auch das erwartete Leiden des Kindes in die Überlegung einbezogen werden kann und muß; es geht aber nicht um Wertung und Selektion, sondern um Abwendung einer Notlage.

Die Frage, ob dazu ein Schwangerschaftsabbruch ein zu rechtfertigendes Mittel ist, wird in der Bevölkerung nicht einheitlich beurteilt. Immerhin finden aber wegen oft viel weniger überzeugender Gründe in der Bundesrepublik jährlich etwa 200.000 Schwangerschaftsabbrüche statt. Nur in einem verschwindenden Bruchteil davon (etwa 1 %) ist eine erwartete Fehlbildung oder Krankheit des Kindes der Grund für den Eingriff.

Die überwiegende Zustimmung der Bevölkerung zur pränatalen Diagnostik kommt darin zum Ausdruck, daß schon jetzt etwa die Hälfte aller Schwangeren über 35 Jahren diese Untersuchung in Anspruch nimmt. Bei rechtzeitiger und voller Aufklärung wären es vermutlich mehr, in Dänemark sind es zum Beispiel über 75 %.

Gerichte haben wiederholt das Recht einer von erhöhtem Risiko belasteten Schwangeren auf rechtzeitige Information über die Möglichkeit und eventuelle Ratsamkeit einer pränatalen Diagnostik festgestellt.

1966 gelang erstmals die Kultur von Zellen aus dem Fruchtwasser und die Darstellung der Chromosomen aus so gewonnenen Zellteilungsfiguren (Mitosen). 1968 wurde das erste Stoffwechselleiden (die Galaktosämie) auf diese Weise diagnostiziert, und seit 1972 wird die Bestimmung von α_1-Fetoprotein im Fruchtwasser zum Nachweis oder Ausschluß eines Neuralrohrdefekts des Feten eingesetzt. Mit vielen Verbesserungen und Ergänzungen sind diese Techniken heute noch die Grundpfeiler der pränatalen Diagnostik. Der wichtigste neuere methodische Beitrag der Humangenetik ist der Einsatz molekulargenetischer Methoden (der DNA-Analyse) zum direkten oder indirekten Nachweis bestimmter Gene.

Als Hilfe bei der Probengewinnung, aber ebenso als selbständige Methode zur morphologischen Beurteilung des Feten ohne Strahlenrisiko hat die Ultraschalldiagnostik eine hervorragende Bedeutung erlangt.

Fruchtwasserdiagnostik

Grundlage der Fruchtwasserdiagnostik ist die Entnahme von 10 bis 20 ml Fruchtwasser durch transabdominale Amniozentese (Einstich mit einer dünnen Kanüle durch die Bauchdecke). Der Eingriff wird unter Ultraschallkontrolle vorgenommen. Bevorzugt wird die 16. bis 17. Schwangerschaftswoche, in der die Fruchtwassermenge insgesamt etwa 250 ml beträgt.

Die Risiken sind gering, etwa in einem von 200 Fällen tritt eine Fehlgeburt auf, die wahrscheinlich dem Eingriff selbst anzulasten ist. Andere Schädigungen der Mutter oder des Feten sind praktisch nicht zu befürchten, wenn der Eingriff durch einen erfahrenen Arzt mit moderner Ausstattung vorgenommen wird. Seltene Ausnahmen von diesem Erfahrungswert stammen fast ausschließlich aus der Frühzeit der Entwicklung dieser Technik. Kinder, die nach einer Amniozentese geboren wurden, zeigten in mehreren umfangreichen Studien im Vergleich zu entsprechenden Kontrollgruppen keine Unterschiede ihres Gesundheitszustandes.

Neben dem relativ geringen Risiko des Eingriffs ist die Sicherheit der Diagnostik als Vorteil dieser Methode hervorzuheben. Die zur Untersuchung gelangenden Zellen stammen von abgeschilferten Schleimhautzellen aus Harn- und Atemwegen des Feten, d. h. aus fetalem Gewebe. Die Gefahr der unerkannten Kontamination mit mütterlichen Zellen ist gering, nachträglich in der Kultur entstandene Besonderheiten sind selten und meist erkennbar. Die Qualität der Chromosomendarstellung ist in der Regel sehr gut.

Neben der zytogenetischen Untersuchung und der Ultraschalluntersuchung während des Eingriffs bietet die Bestimmung des α_1-Fetoproteins und eventuell der Acetylcholinesterase im Fruchtwasser die Möglichkeit einer sehr zuverlässigen Erfassung bzw. des Ausschlusses von bestimmten Fehlbildungen des zentralen Nervensystems, genauer gesagt von Anenzephalus und offener Spina bifida, sowie einiger weiterer schwerer Fehlbildungen, wie zum Beispiel von Bauchwanddefekten.

Der Nachteil der Methode ist, daß sie erst spät angewandt werden kann. Vor der 15. Schwangerschaftswoche ist das Risiko des Eingriffs deutlich erhöht und der Erfolg der Zellzüchtung weniger sicher. Zellkultur und Auswertung benötigen unter Praxisbedingungen zwei bis vier, im Mittel drei Wochen, das heißt, daß zytogenetische Ergebnisse erst in etwa der 20. Schwangerschaftswoche vorliegen. Ein so später Abbruch einer Schwangerschaft ist psychologisch für die Mutter, aber auch für das medizinische Personal sehr belastend und hat auch ein höheres medizinisches Risiko als ein Schwangerschaftsabbruch zum Beispiel in der 12. Schwangerschaftswoche.

Diagnostik aus Choriongewebe

Mit der Diagnostik aus Choriongewebe, der Chorionzottenbiopsie (CVS), gelingt es, die zytogenetische Untersuchung in die 9. bis 11. Schwangerschaftswoche vorzuverlegen. Untersucht werden die sich rasch teilenden Zellen des Gewebes (Chorion), aus dem später der Mutterkuchen (Plazenta) entsteht. Die Entnahme erfolgt bisher meist mit einem Plastikkatheter oder einer schlanken Biopsiezange durch Scheide und Muttermund. Um eine Keimverschleppung nach Möglichkeit zu vermeiden, wird von einigen Zentren der transabdominale Weg, d. h. die Entnahme mit Hilfe einer dünnen Kanüle durch die Bauchwand, bevorzugt. Der Vorgang entspricht dann weitgehend dem der Amniozentese. Dieser Zugang ist auch noch etwas später (etwa in der 12. bis 14. Schwangerschaftswoche) möglich.

Der entscheidende Vorteil der Chorionzottenbiopsie gegenüber der Amniozentese ist der Zeitgewinn. Die direkte Aufarbeitung der Zellen oder die Auswertung nach Kurzinkubation über Nacht führt in wenigen Tagen zum zytogenetischen Befund, unter Praxisbedingungen steht er etwa in einer Woche zur Verfügung. Zusätzlich zum frühen Zeitpunkt des Eingriffs verkürzt sich also die Wartezeit, und ein eventuell notwendiger Eingriff wird leichter akzeptabel und medizinisch komplikationsärmer.

Die bei der Chorionzottenbiopsie gewonnene Gewebsprobe kann auch für die molekulargenetische Untersuchung (DNA-Analyse) oder für biochemische Untersuchungen verwendet werden, die in der Regel mehr Zeit benötigen, so daß der frühe Probengewinn besonders wichtig ist.

Die Methode hat aber einige Nachteile, die noch nicht sicher beurteilbar sind:

Das Fehlgeburtenrisiko ist etwas höher als nach der Amniozentese in der 16. bis 18. Schwangerschaftswoche. Exakte Werte sind schwer zu erhalten, da der Eingriff in einer früheren Phase der Schwangerschaft stattfindet, in der auch spontane Fehlgeburten häufiger sind. Auch die Auswahl der Patientinnen spielt eine Rolle, da zum Beispiel spontane Aborte mit dem Alter der Schwangeren häufiger werden. Die transabdominale Biopsie scheint etwas risikoärmer zu sein als das transzervikale Vorgehen.

In einer Gemeinschaftsstudie von sieben Zentren in den USA an 2.278 Frauen mit transzervikaler Chorionzottenbiopsie und 671 Frauen mit Amniozentese in der 16. Schwangerschaftswoche ergab sich nach Korrektur für Unterschiede in den Kollektiven für mütterliches Alter und Gestationsalter nach Chorionzottenbiopsie ein um 0,8 % höheres Risiko für fetale Verluste als nach Amniozentese. In einer kanadischen Gemeinschaftsstudie, in der 2.787 Frauen über 35 Jahren nach einer Zufallsverteilung mittels Amniozentese oder transzervikaler CVS untersucht wurden, war die Differenz 0,6 %.

Für eine endgültige Bewertung sind diese Zahlen noch zu klein. Auch dürfen sie nicht ohne Einschränkung auf andere Gruppen übertragen werden. Gerade bei dieser Untersuchungstechnik ist Erfahrung wichtig. Die vorläufigen Zahlen anderer Zentren sind häufig weniger günstig. In der Bundesrepublik wird zur Zeit mit Förderung des Bundesministeriums für Forschung und Technologie eine umfangreiche Gemeinschaftsstudie zur Klärung dieser Fragen durchgeführt.

Das untersuchte Gewebe ist gleichen Ursprungs wie der Fet, hat aber bis zur Untersuchung eine andere Geschichte: Nur ein kleiner Teil (5 bis 10 %) der Zellen einer Blastozyste entwickelt sich zum Embryo, der Rest zu den metaembryonalen Geweben, zu denen das Chorion gehört. Im Chorion und in der Plazenta scheinen abweichende Zellinien (»Mosaike«) häufiger aufzutreten. Nicht immer ist Übereinstimmung zwischen dem Chromosomenbestand der Chorionzellen und des Feten gegeben. Es gibt falsch-positive (Gewebsprobe zytogenetisch auffällig, Fet normal) und falsch-negative Befunde (Gewebsprobe normal, Fet chromosomal auffällig).

Solche irreführenden Befunde sind selten, können aber Ursache von Fehlbeurteilungen sein. Sie sind mit Hilfe einer zusätzlichen Langzeitkultur meist zu erkennen, die deshalb heute in der Regel parallel angelegt wird. Auch einschließlich dieser Zeit (zwei bis drei Wochen) ist die Diagnose immer noch früher möglich als aus dem Fruchtwasser. Bei unbefriedigendem Ergebnis der Chorionzottenbiopsie oder bei fraglichen Befunden kann die Amniozentese in der 16. bis 18. Schwangerschaftswoche auch noch zusätzlich eingesetzt werden.

Eine pränatale Diagnostik von Neuralrohrdefekten (Anenzephalus, Spina bifida) ist bei der CVS nicht möglich. Daher wird zusätzlich die α_1-Fetoprotein-Bestimmung im mütterlichen Serum in der 16. bis 18. Schwangerschaftswoche als Suchtest empfohlen.

Zytogenetische Untersuchung nach Plazentapunktion

Nach neueren Erfahrungen ist die transabdominale Gewinnung von Plazentagewebe durch Aspiration mit der gleichen oder einer ähnlichen Kanüle, wie sie bei der Amniozentese benutzt wird, mit geringem Risiko möglich und für die schnelle zytogenetische Diagnose aus diesem Gewebe geeignet. Damit läßt sich bei spät gestellter Indikation noch eine rechtzeitige Diagnose erreichen oder bei bestehendem Verdacht auf eine Chromosomenanomalie die Diagnostik im zweiten Trimenon zu einem schnelleren Ergebnis führen.

Es ist auch möglich, die Plazentapunktion mit der Fruchtwasserentnahme zu verbinden. Die Indikation hierzu ergibt sich hauptsächlich aus auffälligen Beobachtungen bei der Ultraschalluntersuchung der Schwangeren. Diese parallele Untersuchung bedeutet für das zytogenetische Laboratorium eine doppelte Belastung und engt damit auch dessen Kapazität ein. Auch kann noch nicht endgültig beurteilt werden, ob die gleichzeitig mit der Amniozentese ausgeführte Plazentapunktion das Fehlgeburtsrisiko etwas erhöht. Sie ist deshalb einstweilen nur bedingt für die Routine geeignet.

Fetoskopie

Als Methode zur optischen Betrachtung des Feten ist die Fetoskopie großenteils durch die Ultraschalluntersuchung ersetzt worden. Zur Entnahme einer Hauptbiopsie beim Feten bei Verdacht auf ein schweres, früh erkennbares Hautleiden oder eventuell zur Überwachung intrauteriner therapeutischer Eingriffe wird sie noch heute eingesetzt.

Untersuchung fetalen Bluts

Nachdem viele der früher nur aus fetalem Blut möglichen Diagnosen heute mit molekulargenetischer Methodik aus den Zellen des Chorions oder des Fruchtwassers gestellt werden können, bleibt die Entnahme fetalen Blutes besonderen Indikationen vorbehalten. Sie wird unter anderem auch zur serologischen Diagnostik bei Verdacht auf virale Infekte des Feten eingesetzt. Die Blutentnahme erfolgt meist durch Punktion der Nabelschnurgefäße nahe dem Ansatz der Nabelschnur an der Plazenta. Sie wurde früher vorwiegend unter fetoskopischer Kontrolle durchgeführt. Heute geschieht das risikoärmer unter Ultraschallkontrolle.

Indikation zur pränatalen Diagnostik

Die Indikation zur pränatalen Diagnostik sollte im Rahmen einer genetischen Beratung gestellt werden.

Altersindikation: Die häufigste Indikation zur pränatalen Diagnostik ist das Alter der Schwangeren. Chromosomenfehlverteilungen, insbesondere Trisomien, werden mit steigendem Alter der Mutter häufiger (Tab. 2).

Die Indikation zur invasiven Diagnostik stützt sich auf die Abwägung des statistisch ermittelten altersabhängigen Risikos für eine schwerwiegende Chromosomenanomalie des Kindes und des mit der Methodik der pränatalen Diagnostik zusammenhängenden Risikos. Sie muß aber auch die persönlichen Verhältnisse der Schwangeren berücksichtigen. Schließlich ist auch die verfügbare Laborkapazität ein limitierender Faktor. Die meisten Institute orientieren sich heute an einer Altersgrenze von etwa 35 Jahren.

Die Bedeutung des Alters des Vaters wird nicht einheitlich beurteilt. Sie wird meist als unerheblich, zumindest aber als gering eingeschätzt.

Chromosomenanomalien in der Familie: Eine klassische, aber relativ seltene Indikation ist das Vorliegen einer balancierten Chromosomentranslokation bei einem El-

Tab. 2 Häufigkeit (in %) von Chromosomenanomalien bei Neugeborenen und Feten in Abhängigkeit vom Alter der Mutter

Alter der Mutter, Jahre	Häufigkeit der Trisomie 21		Chromosomenanomalien insgesamt	
	bei Neugeborenen[9]	bei Feten im 2. Trimenon[7]	bei Neugeborenen[9]	bei Feten im 2. Trimenon[7]
20	0,05 – 0,07		0,19	
30	0,09 – 0,12		0,26	
33	0,14 – 0,19		0,35	
35	0,25 – 0,39	0,35	0,56	0,91
38	0,52 – 0,81	0,81	0,95	1,39
40	0,85 – 1,37	1,23	1,58	2,13
43	1,76 – 3,06	3,24	3,26	5,02

ternteil. Darunter versteht man die Verlagerung von Chromosomenstücken innerhalb des Genoms in der Weise, daß kein Genmaterial fehlt oder überschüssig vorhanden ist. Der Träger einer solchen Anomalie ist selbst klinisch gesund, bei der Keimzellbildung kann es aber zu einer unausgewogenen Verteilung des Chromosomenmaterials und damit der Erbanlagen kommen. Bei größeren Defekten führt das meist zum Abort, es können aber auch Kinder mit mehr oder weniger ausgeprägten Entwicklungsstörungen geboren werden. Im Falle multipler, nicht anderweitig erklärbarer Aborte ist deshalb eine Chromosomenanalyse beider Partner angezeigt.

Wird bei einem fehlgebildeten Kind eine solche Translokation entdeckt, ist die Untersuchung beider Eltern auf eine balancierte Translokation notwendig. Gegebenenfalls sind weitere Verwandte eines Trägers in die Untersuchung einzubeziehen.

Mitunter wird eine balancierte Translokation beim Feten entdeckt, wenn eine pränatale Diagnostik aus anderen Gründen durchgeführt wird. Auch hier ist zur sicheren Beurteilung die Untersuchung der Chromosomen beider Eltern erforderlich. Zeigt einer der beiden Elternteile dieselbe balancierte Translokation, bestätigt dies, daß mit einer normalen Entwicklung des Kindes gerechnet werden kann. Bei einer neu aufgetretenen Translokation kann diese Voraussage immer nur mit gewissen Einschränkungen gemacht werden.

Da nach mehreren großen Untersuchungen auch nach der Geburt eines Kindes mit einer freien Trisomie 21 ein leicht erhöhtes Risiko für das Auftreten weiterer Kinder mit einer Trisomie besteht, ist auch in solchen Fällen zur pränatalen Diagnostik zu raten.

Pränatale Geschlechtsdiagnostik: Eine pränatale Geschlechtsbestimmung nur zum Zweck einer wunschgemäßen Familienplanung wird von allen deutschen Laboratorien abgelehnt. Bei einem hohen Risiko für eine schwere, geschlechtsgebunden (X-chromosomal) vererbte Krankheit kann im Einzelfall – wenn der Fet männlichen Geschlechts ist – der Abbruch einer Schwangerschaft in Betracht kommen. In zunehmendem Maß ist es aber möglich, durch zusätzliche Methoden festzustellen, ob der Fet tatsächlich betroffen ist oder nicht.

Erkennung von Neuralrohrdefekten: Neuralrohrdefekte (Spina bifida, Anenzephalie) und andere Fehlbildungen (insbesondere Bauchwanddefekte) können in über 90 % der Fälle durch Bestimmung der α_1-Fetoprotein-Konzentration und der Acetylcholinesterase im Fruchtwasser erkannt oder ausgeschlossen werden. Zur genauen Lokalisation des Defekts dient die Ultraschalluntersuchung.

Molekulargenetische Methoden (DNA-Diagnostik): Die Entwicklung molekulargenetischer Methoden (DNA-Analyse) gestattet bei einer wachsenden Zahl von Erbleiden eine in vielen Fällen sehr zuverlässige pränatale Feststellung oder den Ausschluß. Während bei der indirekten Diagnostik Einschränkungen durch mögliche Rekombinationen zu beachten sind, wächst die Zahl der Krankheiten, bei denen ein direkter Gennachweis möglich ist. Wegen der raschen Entwicklung auf diesem Gebiet wird auf die Wiedergabe von Listen bereits erkennbarer Krankheiten verzichtet. Hier sollte in jedem Einzelfall fachlicher Rat eingeholt werden.

Eine molekulargenetische Untersuchung erfordert in jedem Fall eine sorgfältige genetische Beratung und Planung. In der Regel ist die Untersuchung weiterer Familienangehöriger notwendig. Die Durchführung solcher Untersuchungen muß Instituten mit Erfahrungen auf molekulargenetischem und humangenetischem Gebiet vorbehalten bleiben. Wegen der oft notwendigen Familienuntersuchung sollte schon *vor* einer geplanten Schwangerschaft ein möglichst frühzeitiger Kontakt gesucht werden. Als Untersuchungsmaterial bevorzugt werden mittels Chorionbiopsie gewonnene Gewebsproben.

Erbliche Stoffwechselstörungen: Zur pränatalen Diagnostik erblicher Stoffwechselkrankheiten können sowohl die Zellkulturen aus dem Fruchtwasser wie Gewebe oder Zellkulturen des Chorions eingesetzt werden. Die Untersuchung setzt voraus, daß ein besonderes familiäres Risiko für eine spezielle Krankheit bekannt ist. Ein allgemeiner Suchtest ist nicht möglich.

Choriongewebe hat gegenüber Zellen des Fruchtwassers den Vorteil, daß die Untersuchung wesentlich früher durchgeführt werden kann. Prinzipiell können alle Untersuchungen, die an Zellen des Fruchtwassers möglich sind, auch an Chorionzellen vorgenommen werden, es muß aber geklärt sein, daß die entsprechenden Erbmerkmale, d. h. meist die Enzymaktivität an diesem Zelltyp und in dem entsprechenden Entwicklungsstadium, exprimiert werden. Auch bei Stoffwechselleiden sind meist Untersuchungen weiterer Familienangehöriger notwendig; daher sollte eine frühzeitige Überweisung zur genetischen Beratung erfolgen. Schwangerschaften sollten möglichst geplant und vorbereitet werden.

Für den Einsatz der pränatalen zytogenetischen Untersuchung als Vorsorgemaßnahme zur Erkennung von Chromosomenanomalien ist die Begrenzung auf Frauen von 35 Jahren und mehr ein unbefriedigender Kompromiß. Die Situation ist vor allem deshalb unbefriedigend, weil mehr als zwei Drittel aller Kinder mit Down-Syndrom von Frauen unter 35 Jahren geboren werden. Es wird daher nach Kriterien oder nicht-invasiven Verfahren gesucht, die es gestatten, Schwangerschaften mit höherer Wahrscheinlichkeit für ein *Down*-Syndrom des Feten unabhängig vom Alter der Mutter zu erfassen.

Solche Verfahren sind in der klinischen Erprobung. Als Indikatoren verwendbar sind eine stark erniedrigte Konzentration des α_1-Fetoproteins (AFP) im mütterlichen Serum, eine erniedrigte Konzentration des unkonjugierten Östrogens, eine Erhöhung des Choriongonadotropins (HCG) und eine Erhöhung des Schwangerschaftsproteins (SP1).

Auch aus der heute schon in die allgemeine Vorsorge aufgenommenen Ultraschalldiagnostik in der Schwangerschaft können sich Hinweise ergeben, die eine invasive pränatale Diagnostik nahelegen. Die AFP-Bestimmung im mütterlichen Blut zur Erkennung oder zum Ausschluß von Neuralrohrdefekten ist in einigen Ländern generell in die Schwangerenbetreuung aufgenommen worden. Sie ist in der Bundesrepublik bisher nicht in den Mutterschaftsrichtlinien enthalten, sondern der individuellen Vorsorge und Diagnostik überlassen.

Literatur

Humangenetische Beratung

[1]*Connor, J. M., M. A. Ferguson-Smith:* Leitfaden der medizinischen Genetik. Darmstadt 1987.
[2]*Emery, A. E. H., D. L. Rimoin* (Eds.): Principles and Practice of Medical Genetics. Edinburgh 1983.
[3]*Fuhrmann, W., F. Vogel:* Genetische Familienberatung. Berlin 1982[3].
[4]*Harper, P.:* Practical Genetic Counselling. Bristol 1984[3].
[5]*Kevles, D. J.:* In the Name of Eugenics. Penguin Books. Harmondsworth, England, 1985.
[6]*Klein, D.:* Genetik in der medizinischen Praxis. Stuttgart 1988.
[7]*Lenz, W.:* Medizinische Genetik. Stuttgart 1983.
[8]*McKusick, V. A.:* Mendelian Inheritance in Man. Baltimore 1988[8].
[9]*Murken, J., H. Cleve:* Humangenetik. Stuttgart 1988[4].
[10]*Murken, J.* (Ed.) Pränatale Diagnostik. Stuttgart 1987.
[11]*Schinzel, A.:* Catalogue of Unbalanced Chromosome Aberrations in Man. Berlin 1984.
[12]*Witkowsky, R., O. Prokop:* Genetik erblicher Syndrome und Mißbildungen – Wörterbuch für die Familienberatung. Stuttgart 1983.
[13]*Weingart, P., J. Kroll, Z. K. Bayer:* Rasse, Blut und Gene. Geschichte der Eugenik und Rassenhygiene in Deutschland. Frankfurt 1988.

Pränatale Diagnostik

[1]*Bartels, I., A. Lindemann:* Maternal levels of pregnancy-specific β_1-glycoprotein (SP-1) are elevated in pregnancies affected by Down's syndrome. Hum. Genet. *80:* 46 (1988).
[2]*Brambati, B., A. Oldrini, A. Lanzani, E. Ferrazzi:* Chorionic villus sampling: an obstetrical overview. Contrib. Gynecol. Obstet. *15:* 1 (1986).
[3]*Brambati, B., A. Lanzani, A. Oldrini:* Transabdominal chorionic villus sampling: clinical experience of 1159 cases. Prenat. Diagn. *8:* 609 (1988).
[4]Canadian Collaborative CVS-Amniocentesis Clinical Trial Group: Multicentre randomised clinical trial of chorion villus sampling and amniocentesis: First report. Lancet *I:* 1 (1989).
[5]*Cross, P. K., E. B. Hook:* An analysis of paternal age and 47,+21 in 35.000 new prenatal cytogenetic diagnosis data from the New York State Chromosome Registry: no significant effect. Hum. Genet. *77:* 307 (1987).
[6]*Cuckle, H. S., N. J. Wald, G. Barkai, W. Fuhrmann, K. Altland, B. Brambati, G. Knight, G. Palomaki, J. E. Haddow, J. Canick:* First trimester biochemical screening for Down's syndrome. Lancet *II:* 851 (1988).
[7]*Ferguson-Smith, M. A., J. R. W. Yates:* Maternal age specific rates for chromosome aberrations and factors influencing them: Report of a collaborative European study on 52965 amniocenteses. Prenat. Diagn. *4:* 5 (1985).
[8]*Fuhrmann, W.:* Die genetische Beratung und die Indikationen zur pränatalen Diagnostik. Gynäkologe *21:* 89 (1988).
[9]*Hook, E. B.:* Rates of chromosome abnormalities at different maternal ages. Obstet. Gynecol. *58:* 282 (1981).
[10]*Hook, E. B.:* Issues in analysis of data on paternal age and 47,+21: implications for genetic counseling for Down's syndrome. Hum. Genet. *77:* 303 (1987).
[11]*Murken, J.:* Pränatale Diagnostik und Therapie. Stuttgart 1987.
[12]*Rhoads, G. G., L. G. Jackson, S. E. Schlesselman* et al.: The safety and efficacy of chorionic villus sampling for early prenatal diagnosis of cytogenetic abnormalities. New Engl. J. Med. *320:* 609 (1989).
[13]*Stene, J., E. Stene, S. Stengel-Rutkowski, J. Murken:* Paternal age and Down's syndrome. Data from prenatal diagnosis (DFG). Hum. Genet. *59:* 119 (1981).
[14]*Stene, J., E. Stene, M. Mikkelsen:* Risk for chromosomal abnormality at amniocentesis following a child with a non-inherited chromosome aberration. Prenat. Diagn. *5:* 81 (1984).
[15]*Stene, E., J. Stene, S. Stengel-Rutkowski:* A reanalysis of the New York State prenatal diagnosis data on Down's syndrome and paternal age effects. Hum. Genet. *4:* 299 (1987).

Genetische Beratung und Prävention aus der Sicht der Mutterschafts-Richtlinien

Die Richtlinien des Bundesausschusses der Ärzte und Krankenkassen sehen die Möglichkeit einer genetischen Beratung sowohl vor der Schwangerschaft als auch in der Schwangerschaft vor. In den Richtlinien über ärztliche Maßnahmen zur Empfängnisregelung, Sterilisation und zum Schwangerschaftsabbruch, den sog. »Sonstige-Hilfen-Richtlinien«, wird die ärztliche Beratung als Maßnahme zur Empfängnisregelung verstanden. Die in der gesetzlichen Krankenversicherung Versicherten haben danach einen Rechtsanspruch auf die ärztliche Beratung, die alle Fragen der Empfängnisregelung umfassen soll. Sie erfaßt dabei sowohl die Hilfen, die geeignet sind, eine Schwangerschaft zu ermöglichen, als auch solche, die dazu dienen, eine Schwangerschaft zu verhüten. Es handelt sich also in der Regel um Gespräche, zu denen eine Frau im gebärfähigen Alter oft auch in Begleitung ihres Partners den Arzt aufsucht, um mit ihm Fragen einer verantwortungsbewußten Familienplanung zu erörtern.

Sollte sich aus diesen Gesprächen der begründete Verdacht auf ein genetisches Risiko ergeben, so soll der Frauenarzt, der zu solchen Gesprächen in der Regel zuerst aufgesucht wird, eine humangenetische Beratung empfehlen. Da diese Beratung vom konkreten Verdacht auf ein genetisches Risiko ausgeht, bedarf es dazu besonderer Fachkenntnisse. In der kassenärztlichen Versorgung sind deshalb zu solchen Beratungen nur Ärzte berechtigt, die die Voraussetzungen zur Führung der Zusatzbezeichnung »medizinische Genetik« nach den jeweiligen Bestimmungen der Weiterbildungsordnung erfüllen. Selbstverständlich obliegt diesen Ärzten auch die Durchführung humangenetischer Untersuchungen, falls diese aus den Beratungsgesprächen und den anamnestischen Daten indiziert sind.

Im Einzelfall ist zu prüfen, ob sich die Information auf die statistische Verteilung eines genetischen Risikos beschränken kann oder ob eine auf den Einzelfall abgestellte und durch anamnestische Daten des Betroffenen begründete humangenetische Beratung notwendig ist. Die Beratung auf allgemeinstatistischen Grundlagen wird in der Regel von Gynäkologen durchgeführt werden können.

Sowohl die humangenetischen Beratungen und Begutachtungen als auch die humangenetischen Untersuchungen und die ggf. notwendigen Chromosomen-Analysen gehören in den Leistungskatalog der gesetzlichen Krankenversicherung und sind als ärztliche Leistungen im Kapitel B X »Grundleistungen« der Vertragsgebührenordnungen BMÄ und E-GO aufgeführt.

Schwangere, die in der gesetzlichen Krankenversicherung versichert sind, haben Anspruch auf ärztliche Betreuung während der Schwangerschaft und nach der Entbindung gemäß den Mutterschafts-Richtlinien des Bundesausschusses der Ärzte und Krankenkassen. Die ärztliche Betreuung richtet sich hier im wesentlichen auf das frühzeitige Erkennen von Schwangerschaftsrisiken, insbesondere solcher, die sich auch zu einem Risiko für die Geburt entwickeln können. Ergeben sich im Rahmen der Mutterschaftsvorsorge Anhaltspunkte für ein genetisch bedingtes Risiko, so ist auch hier der Arzt gehalten, die Schwangere über die Möglichkeiten einer human-

genetischen Beratung und/oder humangenetischen Untersuchung aufzuklären. Die Durchführung dieser Beratung oder ggf. Untersuchung richtet sich nach den bereits dargestellten Grundsätzen. Es ist allgemein festzustellen, daß es immer noch Engpässe auf dem Gebiet einer fachkundigen humangenetischen Betreuung sowohl vor als auch in der Schwangerschaft gibt.

E. Effer

Risikofaktoren vor einer Schwangerschaft

D. Berg

Der Bedarf an einer Beratung vor einer zunächst geplanten Schwangerschaft ist mit 15 bis 20 % aller Schwangerschaften größer, als es den Anschein hat. Offenbar besteht in diesem Bereich eine beträchtliche Informationslücke. Viele der erst in einer Schwangerschaft »plötzlich« auftretenden Probleme könnten vorher erkannt und oft eliminiert werden.

Ärztliche Ansprechpartner für die noch nicht schwangere Patientin sind zunächst Hausarzt und Frauenarzt. In manchen Fällen werden sie die Patientin zum Arzt für Genetik bzw. zu einem Spezialisten eines anderen oder des eigenen Fachgebietes überweisen. Hier ist eine Kooperation zwischen behandelndem Arzt, Genetiker und eventuell dem weiterhin zugezogenen Spezialisten eine unabdingbare Voraussetzung für eine optimale Beratung der Patientin vor einer geplanten Schwangerschaft.

Die Diskrepanz zwischen tatsächlich stattfindenden prägraviden Beratungen und dem wahren Beratungsbedarf ist groß, diesen zu ermitteln ist jedoch schwierig. Dies zeigt ein Versuch, aufzuzeigen, in welchen Fällen einer Patientin mit Kinderwunsch eine Risikoberatung vor der Schwangerschaft zu empfehlen ist (Tab. 1). Dabei wird der Risiko-Katalog A des Mutterpasses zugrundegelegt, es werden jedoch davon abweichend und ergänzend vornehmlich Indikationen zur prägraviden Beratung berücksichtigt. Mehrfach-Nennungen sind häufig, so daß die Prozentangaben nicht einfach zur Ermittlung des Beratungsbedarfs addiert werden dürfen. Aber es ist evident, wie häufig Situationen bei Frauen im gebärfähigen Alter beobachtet werden können, die den Arzt auf die Notwendigkeit einer Beratung der Patientin – für die eine Schwangerschaft zu diesem Zeitpunkt eventuell gar nicht erwünscht ist – hinweisen. Ich schätze den Beratungsbedarf auf etwa 15 bis 20 % der Frauen mit (späterem) Kinderwunsch – eine erstaunlich große Zahl, die überwiegend auf der Häufigkeit von Frauen über 35 Jahren beruht (etwa 10 %).

Genetische Fragestellungen

In vielen Fällen wird die Beratung vor der geplanten Schwangerschaft vom Hausarzt oder Frauenarzt an den Genetiker abgegeben werden müssen, zum Beispiel bei einem Alter der Patientin über 35 Jahren, bei einer belasteten Familien- oder Eigenanamnese (Mißbildungen, gehäufte Aborte und intrauterine Fruchttode), bei Verwandtenehen etc. Bei unüberwindbarer Angst des Elternpaares vor einem mißgebildeten Kind ist als Ansprechpartner auch der Psychologe zu erwähnen. Dem primär behandelnden Arzt fällt jedoch die verantwortungsvolle Aufgabe zu, die Weichen zu stellen. Zur Unterstützung kann der Patientin eine Checkliste zur Erfassung eventueller familiär bedingter Fehlbildungen (Tab. 2) in die Hand gegeben werden.

Vermutete Umweltbelastung

Viele Fragen nach der Gefahr für eine geplante Schwangerschaft stammen heute – in einer Zeit der künstlich erzeugten Ängste – aus der Arbeitsumgebung der Patientin. Eine Auflistung aller schädlichen Noxen, die eine berufstätige Frau ebenso tref-

Tab. 1 Ermittlung des Bedarfs an Risikoberatungen vor Eintritt der Schwangerschaft (Häufigkeitsangaben nach der Bayerischen Perinatalerhebung 1987)

Familiäre Krankheits-Belastung	2,5 %
(z. B. Diabetes, Hypertonie, Mißbildungen, neurol. u. psych. Erkrankungen)	
Krankheiten der Patientin	
eigene frühere schwere Erkrankung	2,6 %
behandlungsbedürftige Erkrankung	0,6 %
Dauermedikation	0,4 %
z. B. Corticosteroide (Rheumatismus), Antiepileptika (Epilepsie), Cumarine (thrombotische Erkrankungen), Thyreostatika, Hormone (Schilddrüsenerkrankungen),	
Blutungs-/Thromboseneigung	1,1 %
Rh-Inkompatibilität	0,4 %
Hypertonie	etwa 2,0 %
Diabetes	0,3 %
Skelettanomalien	0,5 %
Geburtshilfliche Anamnese	
Zustand nach mehr als 2 Aborten/Abbrüchen	3,8 %
totes/geschädigtes Kind in der Anamnese	2,0 %
Vielgebärende	1,1 %
Lebensbedingungen der Patientin	
Alter <18 Jahre	0,8 %
Alter >35–39 Jahre	7,8 %
Alter >39 Jahre	1,4 %
besondere psych. Belastung	1,5 %
besondere soziale Belastung (nach eig. Angabe)	1,0 %
(nach Sozialstatus)	2,3 %
Lebensgewohnheiten der Patientin	
Adipositas	3,7 %
Abusus (Alkohol, Drogen)	3,2 %
Rauchen (>10 Zigaretten tgl.)	3,5 %

fen können wie eine Hausfrau, entspräche einem Horrorkatalog, auf den bewußt verzichtet wird. Für die Beratung sind folgende Hinweise wichtig:

- Eine Unzahl von Substanzen kann in überhöhter Dosierung schädlich sein. Das gilt nicht nur für echte Schadstoffe, sondern auch für die meisten Medikamente und viele Genußmittel (Kaffee, Nikotin, Süßigkeiten etc.). Im Alltag und bei normalem Umgang mit diesen Substanzen besteht jedoch keine auch nur annäherungsweise quantifizierbare Gefahr.
- Fehlbildungen entstehen zudem vorwiegend multifaktoriell. Kaum jemals kann eine einzelne Noxe angeschuldigt werden, einen Fetalschaden verursacht zu haben. Im Einzelfall dürfte es daher schwierig und problematisch sein, ein Medikament, ein »Umweltgift« (was immer das sein mag) oder eine andere definierte Substanz einer bestimmten Schädigung kausal zuzuordnen.

Die Deutsche Forschungsgemeinschaft (DFG) gibt jährlich »Maximale Arbeitsplatzkonzentrationen und Biologische Arbeitsstofftoleranzwerte« (MAK- und BAT-Werte) bekannt. Nach der dort gegebenen Definition ist der »MAK-Wert die höchstzulässige Konzentration eines Arbeitsstoffes als Gas, Dampf oder Schwebstoff in der Luft am Arbeitsplatz, die nach dem gegenwärtigen Stand der Kenntnis ..im allgemeinen die Gesundheit der Beschäftigten nicht beeinträchtigt . .«.

Tab. 2 Checkliste zur Feststellung spezieller Belastungen aus der Familienanamnese

Fehlbildungen des Kopfes, des Gesichts, des Mundes, der Augen oder der Ohren
Fehlbildungen des Rumpfes oder der Extremitäten, Deformitäten der Wirbelsäule oder der Gelenke
Fehlbildungen des Herzens oder der großen Gefäße
Störungen des Haarwuchses oder der Pigmentierung, Hauttumoren
Fehlbildungen am Genitale, Störungen der geschlechtlichen Differenzierung
Erhebliche Schwerhörigkeit, Taubheit Erhebliche Sehstörung, Blindheit
chronische Nierenleiden, insbesondere Nierenzysten
Allergien, Heuschnupfen, Asthma
Lähmungen oder Muskelschwäche
Krampfanfälle
Geisteskrankheiten, Depressionen
Minderbegabung, Schwachsinn
Erhebliche Entwicklungsverzögerung: Laufen, Sprechen, Sauberkeit, Lesen und Schreiben
unklare Totgeburten, Todesfälle im Säuglings- und Kleinkindesalter
Mehrfache Fehlgeburten
Blutsverwandtschaft der Eheleute
Anämien, besonders bei Ausländern (Mittelmeer-Raum)

Allerdings ist die vorbehaltlose Übernahme von MAK- und BAT-Werten auf den Zustand der Schwangerschaft nicht möglich, weil ihre Einhaltung den sicheren Schutz des ungeborenen Kindes vor fruchtschädigenden Wirkungen von Arbeitsstoffen nicht in jedem Fall gewährleistet. Aus den vorliegenden tierexperimentellen Prüfungen ist ein Risiko der Fruchtschädigung für den Menschen weder sicher zu begründen noch zu quantifizieren. So wird es für eine Vielzahl von Arbeitsstoffen vorerst nicht möglich sein, eine Aussage zum Risiko der Fruchtschädigung zu machen.

Die Stoffe, die in der Liste der DFG als möglicherweise fruchtschädigend diskutiert werden, lassen sich nur auszugsweise wiedergeben (Tab. 3). Aber auch aus einer beschränkten Übersicht wird deutlich, daß

- von nur wenigen Stoffen eine tatsächliche Gefährdung der Frucht nachgewiesen ist
- diese Maximalwerte im Alltag des Haushalts, des Arbeitsplatzes und der sonstigen Umwelt nur extrem selten erreicht werden
- die größte und gefährlichste Umweltverschmutzung auf psychischem Gebiet liegt – induziert durch das Geschäft mit der Angst, das einige gesellschaftliche Gruppen und einige Massenmedien betreiben.

Nichtionisierende elektromagnetische Wellen

Kurzwellen, Mikrowellen: Sie erzeugen Wärme in Geweben. Spezifische Organschäden durch Hyperthermie sind bekannt. Andererseits erzeugen die in Medizin und

Tab. 3 Maximale Arbeitsplatz-Konzentrationen (MAK) für Stoffe in bezug auf fruchtschädigende Wirkung

Stoff	**MAK** ml/m³	mg/m³	**Schwangerschaft**
Blei		0,1	B
2-Butanon	200	590	D
2-Butoxyethanol	20	100	C
2-Butoxyethylacetat	20	135	C
n-Butylacrylat	10	55	D
Chlorbenzol	50	230	C
1-Chlor-1,3-butadien	110	36	D
Chlorierte Biphenyle	0,1	1	B
Chlorwasserstoff	5	7	C
Diazinon		1	C
1,2-Dichlorbenzol	50	300	C
1,4-Dichlorbenzol	75	450	C
Dichlordifluormethan	1000	5000	C
1,2-Dichlorethan	20	80	C
1,1-Dichlorethan	2	8	C
Dichlorvos	0,1	1	C
Dimethylformamid	20	60	C
2-Ethoxyethanol	20	75	B
2-Ethoxyethylacetat	20	110	B
Ethylformiat	100	300	D
Kohlendisulfid	10	30	B
Kohlenmonoxid	30	33	B
Malathion		15	C
Methanol	200	260	D
2-Methoxyethanol	5	15	B
2-Methoxyethylacetat	5	25	B
2-Methoxypropylacetat-1	20	110	B
Methylacetat	200	610	D
Methylformiat	100	250	D
Methylmethacrylat	50	210	C
Methylquecksilber		0,01	A
Monochloridfluormethan	500	1800	C
Parathion		0,1	C
Styrol	20	85	C
Tetrachlorethan	50	345	C
Thiram	5		D
Toluol	100	380	D
1,1,1-Trichlorethan	200	1080	C
Trichlorethen	50	270	C
Xylol	100	440	D

A: Ein Risiko der Fruchschädigung ist sicher nachgewiesen. Bei Exposition Schwangerer kann auch bei Einhaltung des MAK-Wertes und des BAT-Wertes eine Schädigung der Leibesfrucht auftreten.

B: Nach dem vorliegenden Informationsmaterial muß ein Risiko der Fruchtschädigung als wahrscheinlich unterstellt werden. Bei Exposition Schwangerer kann eine solche Schädigung auch bei Einhaltung des MAK-Wertes und des BAT-Wertes nicht ausgeschlossen werden.

C: Ein Risiko der Fruchschädigung braucht bei Einhaltung des MAK-Wertes und des BAT-Wertes nicht befürchtet zu werden.

D: Eine Einstufung in eine der Gruppen A bis C ist noch nicht möglich, weil die vorliegenden Daten wohl einen Trend erkennen lassen, aber für eine abschließende Bewertung nicht ausreichen.

Haushalt verwendeten Diathermie-, Kurz- und Mikrowellengeräte Strahlen von so geringer Gewebepenetration, daß der Fetus nicht erreicht wird. In aller Regel sind daher Schäden durch die Anwendung elektromagnetischer Wellen nicht zu befürchten[56] (vgl. Tab. 4).

UV-Licht: UV-Licht mit einer Wellenlänge unter 300 nm wird von Geweben leicht resorbiert und kann mutagen wirken. Andererseits ist die Gewebepenetration so minimal, daß fetale Schäden nicht zu befürchten sind[56].

Ionisierende Strahlen sind generell mutagen, teratogen und karzinogen. Das Risiko ist vor allem abhängig

- von der Art des Strahlers
- von der Art der Applikation
- von der applizierten Dosis
- von Strahlencharakteristika
- vom Alter des Embryo/Fetus.

Eine exakte Abschätzung eines in Frage stehenden Strahlenschadens ist nur bei Kenntnis dieser Variablen möglich[41]. In aller Regel ist mit einer statistisch meßbaren Vermehrung embryonaler oder fetaler Schädigungen erst oberhalb einer applizierten Dosis von 10 rd zu rechnen. Die Verdopplungsrate von Punktmutationen wird erst bei 200 rd erreicht. Es ist allerdings zu beachten, daß es einen echten Schwellenwert nicht gibt.

Darüber hinaus ist zu bedenken, daß Mißbildungen häufig multifaktoriell bedingt sind und die Strahlenbelastung nur eine zusätzliche, auslösende Noxe zu sein braucht.

Ultraschallwellen: Sie können durch direkte (Bildung freier Radikale) und indirekte (Hyperthermie, Kavitation) Einflüsse Schäden in biologischen Geweben hervorrufen. Andererseits sind Schädigungen durch handelsübliche diagnostische Geräte, die im Bereich zwischen 900 kHz und 6 MHz arbeiten, nicht zu erwarten. Die medizinische Ultraschalldiagnostik gilt als sicher.

Tab. 4 Typ und Wirkungsweise von Strahlen

Typ	Ionisierung	Wellenlänge	Biolog. Wirkung
elektromagnetische Wellen			
• Kurzwellen	nein	10^9 nm	Wärmeproduktion
• Mikrowellen	nein	$10^5 - 10^9$ nm	Wärmeproduktion
• UV-Licht	ja	300–380 nm 3–300 nm	Erregung von Elektronen
• Gamma-Strahlen	ja	1 nm	mutagen, teratogen, karzinogen
Partikelstrahlung			
• alpha (Helium) • beta (Neutronen)	ja ja		mutagen, teratogen, karzinogen

Serologische Infektionsdiagnostik vor der Schwangerschaft

Bei einer Reihe von Infektionskrankheiten besteht in der Schwangerschaft die Gefahr einer vertikalen Transmission und damit die einer Fetalerkrankung (vgl. Tab. 5). Es ist naheliegend, dieses Risiko vorher zu überprüfen:

Röteln

Die größte Gefährdung der Frucht geht von einer Rötelnerkrankung aus. Die prägravide Untersuchung auf Röteln-Antikörper wird als Kassenleistung anerkannt. Bei ausreichend hohem HAH-Titer (> 1:16) bzw. dem Nachweis spezifischer Röteln-Antikörper (z. B. enzymimmunologische Tests) ist Immunität anzunehmen. Bei negativem Titer muß die Patientin geimpft werden. Eine Schwangerschaft sollte für die folgenden drei Monate durch ausreichend sichere Kontrazeption vermieden werden. Im Falle einer unerwartet früh eingetretenen Schwangerschaft ist nach allen bisherigen Erfahrungen jedoch nicht mit einer Röteln-Embryopathie zu rechnen, eine Abruptio daher nicht indiziert. Der Impferfolg sollte bis etwa 6 bis 8 Wochen nach der Impfung kontrolliert werden. Nicht selten sind Wiederholungsimpfungen notwendig. Gelegentlich bleibt der Impferfolg ganz aus.

HIV-Infektion

Frauen mit HIV-Infektion ist wegen der hohen Übertragungsgefahr auf den Feten generell von einer Schwangerschaft abzuraten. Aus diesem Grunde ist es ratsam, Frauen aus dem gefährdeten Personenkreis (insbesondere Drogenabhängige, Prostituierte, Angehörige von HIV-infizierten Männern) vor der Schwangerschaft auf eine HIV-Infektion zu testen.

Toxoplasmose

Im Falle der Toxoplasmose ist nur die primäre akute Infektion in der Schwangerschaft mit einer Gefahr für den Feten verbunden. Die Häufigkeit der Erstinfektion der Mutter liegt bei 1 %, die der nachfolgenden fetalen Infektion bei 30 bis 50 %. Bleibende Fetalerkrankungen sind selten (0,5 bis 1 %). Da aber die eine akute Infektion anzeigenden IgM-Antikörper lange persistieren können, entstehen gelegentlich in der Schwangerschaft ernste Probleme für die Schwangere und die behandelnden Ärzte in Form aufwendiger serologischer Folgeuntersuchungen, der eventuell notwendigen Langzeit-Antibiose und der psychischen Belastung der Patientin. Durch eine einmalige Titerbestimmung (SFT) mit positivem Ergebnis (Durchseuchungsgrad deutscher Frauen 60 bis 80 %!) ist das Problem gelöst, weitere Kontrollen sind nicht mehr erforderlich.

Tab. 5 Vermutete und begründete Einflüsse auf die Entwicklung des Kindes während der Schwangerschaft

	schädlicher Einfluß auf die Schwangerschaft
Umweltbelastung am Arbeitsplatz	–
Ionisierende Strahlen	–
Ultraschall	–
Mikrowellen	–
UV-Licht	–
Infektionen	+
Genußgifte (Alkohol, Nikotin)	+
Uterusfehlbildungen	–/+
Myome	–
habitueller Abort	+
Organtransplantationen	+/–
Therapiertes Karzinom	–

Bei negativem Titer muß die Patientin, da es eine aktive Schutzimpfung nicht gibt, auf andere prophylaktische Maßnahmen aufmerksam gemacht werden: Verzicht auf den Genuß von rohem Fleisch, Verzicht auf den Umgang mit Katzen. Katzenbesitzerinnen sind jedoch im allgemeinen längst seropositiv.

Cytomegalie

Auch bei Infektion mit dem Cytomegalievirus (CMV) ist nur die akute primäre Infektion für den Feten eventuell gefährlich. Bei einer reaktivierten CMV-Infektion liegt dagegen das fetale Risiko weit unter 1 %. Die Titerbestimmung vor der Schwangerschaft ist daher sinnvoll, besonders wenn man berücksichtigt, daß die CMV-Infektion die häufigste pränatale Erkrankung ist.

Schwangerschaft bei Uterusmißbildungen und -erkrankungen

Uterusfehlbildungen

Uterine Fehlbildungen finden sich in 1 bis 2,5 % der Bevölkerung. Die Folge sind Sterilitäten in 20 bis 50 % der Betroffenen[47]. Bei Schwangerschaft ist in hohem Maße mit Komplikationen zu rechnen: Aborte in 24 bis 69 %[25, 30, 37], Frühgeburten in 16 %, Beckenendlagen in 15 bis 50 %, Querlagen in 6 %, perinatale Mortalität 13 % und Sectiorate 18 bis 64 %[6, 30, 47]. Das Ausmaß der Fehlbildung (Uterus duplex, bicornis, septatus etc.) steht offenbar in keiner gesicherten Beziehung zur Fertilität und zum Schwangerschaftsausgang[47].

Nach operativer Korrektur der Uterusfehlbildung bzw. Modifikation wurden jedoch 85 bis 93 % ausgetragene Schwangerschaften und nur 12 bis 22 % Aborte beobachtet[24, 34, 59]. Zur Wahl des Operationsverfahrens muß auf die Lehrbücher sowie die Literatur verwiesen werden[1, 2, 13, 24, 34, 35, 46]. Allerdings sind auch ausgetragene Schwangerschaften ohne vorherige operative Korrektur der Fehlbildung beschrieben worden[62].

Im allgemeinen ist die Uterusfehlbildung vor einer Schwangerschaft nicht bekannt, eine Operationsindikation ergibt sich somit meistens erst nach einem oder mehreren unglücklichen Schwangerschaftsausgängen bzw. nach unerwarteten Komplikationen sub partu und post partum[8] sowie nach einer entsprechenden sonographischen und radiologischen Diagnostik.

Nach einer ausgedehnten Metroplastik sollte eine Schwangerschaft durch Sectio beendet werden.

Andere Genitalfehlbildungen, wie z. B. Atresien und Aplasien, verhindern naturgemäß eine Schwangerschaft überhaupt. Allerdings ist eine Schwangerschaft nach Vereinigung der Müllerschen Gänge und Rekonstruktion des fehlenden Uterus und der Vagina beschrieben worden[57]. Die nicht seltenen Hymenal-Stenosen und Vaginalsepten können als – geringfügiges – Geburtshindernis gewertet werden.

Myome

Frauen mit Myomen sind in etwa 25 % der Fälle steril. Ursache ist sicherlich zunächst das meist höhere Lebensalter, zum anderen sind aber auch Nidationsschwierigkeiten in Anbetracht der Cavum-Deformierung für die Sterilität verantwortlich zu machen. Auch eine koinzidente Tubenendometriose wird diskutiert[40]. Die Rate an Fehl- und Frühgeburten ist mit 30 % stark erhöht[18]. Größere Myomknoten sollten vor einer Schwangerschaft exstirpiert werden, kleinere können belassen werden. Sie können bedarfsweise und bei strenger Indikation (Schmerzen durch Nekrose, Erweichung oder Stieldrehung, Kapselruptur) auch in der Schwangerschaft unter Erhaltung der Frucht entfernt werden.

Das Myom kann infolge der Cavum-Deformation zur Lageanomalien führen oder als Geburtshindernis wirken und so zur Sectio Anlaß geben. Auch andere Komplikationen sind häufiger (Plazentalösungsstörungen, und -retentionen, Atonien).

Schwangerschaft nach habituellen Aborten

Während die Wahrscheinlichkeit, nach einer einzigen Fehlgeburt Schwangerschaften mit normaler Tragzeit auszutragen, noch 70 bis 80 % beträgt[21, 45, 52], sinkt sie bei habituellen Aborten deutlich ab und beträgt nach drei aufeinanderfolgenden Aborten nur noch 40 bis 50 %[22]. Die Ursachen des habituellen Aborts sind vielfältig[22, 26, 27]:

- Corpus-luteum-Insuffizienz (9 bis 35 %)
- Uterusanomalien und Myome (7 bis 27 %)
- Chromosomenaberrationen (6 bis 8 % bzw. in 15 % der Paare)
- Stoffwechselkrankheiten, z. B. Diabetes, Schilddrüsenerkrankungen[64] (5 %)
- genitale Infektionen (Mykoplasmen, Chlamydien, Herpes) sowie generalisierte Infektionen (Toxoplasmose, Röteln, Masern etc.)
- immunologische Faktoren
- pathologische Spermiogramme
- psychologische Faktoren.

In einer neueren Übersicht[27] wird die Bedeutung infektiöser und stoffwechselbedingter Ursachen deutlich gegenüber immunologischen zurückgestuft. In der Diskussion über die immunologische Genese des habituellen Abortes wird angeführt[4, 32, 42, 61], daß eine weitreichende HLA-Kompatibilität zwischen den Partnern eine Maskierung der fetalen Antigene durch die mütterlichen Antikörper verhindere und dadurch der Trophoblast abgestoßen werde. Durch eine Transfusion von Leukozyten des Vaters kann die hohe HLA-Kompatibilität des Paares verringert und die Schwangere in die Lage versetzt werden, HLA-Antikörper zu bilden, die diese Abstoßungsreaktion unterdrückt. Erste erfolgreiche Versuche scheinen diese These zu stützen, aber unsere Kenntnis der theoretischen Grundlagen ist noch sehr lückenhaft[54]. Die weitere Entwicklung bleibt abzuwarten, aber bei begründetem Verdacht auf eine immunologische Ursache des habituellen Aborts sollte doch der Kontakt zu einem immunologischen Institut gesucht werden. Die Beratung und Behandlung wird diese Ursachen berücksichtigen. Besonders wichtig erscheint der Hinweis auf die psychologischen Faktoren. In einer kleinen, aber randomisierten Studie[22] wurde die Häufigkeit des Abortrezidivs durch die Psychotherapie auf 16 % gesenkt (vs. 74 % in der nicht-therapierten Gruppe).

Schwangerschaft nach Organtransplantationen

Durch die rasch fortschreitende Entwicklung auf dem Gebiet der Organtransplantationen wird auch die Frage nach zukünftigen Schwangerschaften häufiger gestellt werden. Ob einer Patientin, die ein vital wichtiges Organ erhalten hat, zu einer Schwangerschaft geraten werden kann, hängt vom Einzelfall ebenso ab wie von der Auffassung des behandelnden Arztes und der Risikofreudigkeit der Patientin.

In der Literatur werden zahlreiche Fälle von Schwangerschaft nach Nierentransplantation beschrieben. Auch während einer Schwangerschaft sind offenbar Nierentransplantationen möglich – mit gutem Resultat für Mutter und Kind[12]. In einer Studie wird über 38 Schwangerschaften bei 21 Patientinnen nach Nierentransplantation berichtet[44]. 22 Schwangerschaften endeten mit Lebendgeburten (darunter 2 Zwillingspaaren), 9 mit Spontanaborten, 6 durch therapeutische Abruptio, eine mit einer Totgeburt. 7 Neugeborene starben neonatal (darunter beide Zwillingspaare) auf Grund ihrer Unreife, eines an einer Mißbildung. Bei 5 Frauen verschlechterte sich die

Nierenfunktion und bei zwei von diesen mußte das Transplantat entfernt werden. Die Ergebnisse waren günstiger bei geringerer Medikation von Warfarin und Immunsuppressiva und verbesserten sich in den letzten Jahren deutlich. Eine Schwangerschaft könne nur empfohlen werden bei stabiler Nierenfunktion, optimaler Kooperation der Patientin und geringem Bedarf an Immunsuppressiva. Warfarin sollte vermieden werden[44]. Neuere Arbeiten berichten dagegen von guter Verträglichkeit der Immunsuppression durch Cyclosporin A[11, 16, 25]. Häufige Komplikationen sind Frühgeburtlichkeit, fetale Wachstumsretardierung, Hypertension der Mutter, Sectio, Nephrostomie, rezidivierende Abstoßungsreaktionen, Nierenversagen[28].

Auch über Schwangerschaften nach der Transplantation anderer Organe wie Leber[43], Herz[33, 36, 43] wurde berichtet.

Schwangerschaft nach Karzinomen

Nicht selten müssen junge Frauen mit einem Karzinom über die Möglichkeit weiterer Schwangerschaften beraten werden. Im allgemeinen handelt es sich um Mammakarzinome. In einer Fallkontrollstudie wird über 68 Frauen nach Behandlung eines Brustkrebses, von denen 27 (therapeutisch) abortierten und 41 austrugen, berichtet[38]. Die 10-Jahres-Überlebensraten der Frauen mit ausgetragener Schwangerschaft sowie mit Abruptio waren identisch mit denjenigen einer gesunden Kontrollgruppe. Auch das Intervall zwischen Karzinom-Behandlung und Schwangerschaft war ohne Bedeutung für die Heilungsquote. Ausschlaggebend war allein die spezifische Prognose der Karzinomerkrankung. Diese Ergebnisse wurden bestätigt[48].

In einer weiteren Studie wurden die Heilungschancen von 106 Frauen mit einseitigem Ovarialkarzinom, deren gesundes Ovar belassen wurde, mit einer Kontrollgruppe gleicher Karzinomausbreitung, die radikal operiert wurde, verglichen[39]. Die mittlere Überlebenszeit war im Untersuchungskollektiv geringfügig, aber nicht signifikant kürzer. 16 Frauen erlebten 27 Schwangerschaften. Interrumpiert wurde nur während der Chemotherapie. 18 gesunde Kinder wurden ausgetragen. Diese Resultate wurden in weiteren Studien bestätigt[3, 10]; es wurde jedoch darauf hingewiesen[10], daß bei 6 von 13 konservierend operierten Fällen später eine Relaparotomie wegen Rezidivverdachts erforderlich wurde. In 2 Fällen wurde ein Rezidiv bestätigt.

Für andere Karzinome liegen Einzelbeobachtungen vor, die für gezielte Fragen mit Literaturangabe aufgelistet sind. Die Ergebnisse sind vorwiegend ermutigend, generelle Empfehlungen sind hier natürlich nicht möglich (Tab. 6).

Tab. 6 Schwangerschaften nach therapierten Karzinomen

Chorionkarzinom[29, 50, 55, 58, 60]
Prolactinom[23, 49, 51, 53]
Zervixkarzinom[9]
malignes Melanom[7]
M. Hodgkin[31]
Aplastische Anämie[14]
Hyperparathyreoidismus[15]

Konsequenzen aus der prägraviden Beratung

Die überwiegende Mehrzahl der unter ein erhöhtes Risiko fallenden Merkmale (Tab. 1) steht einer Schwangerschaft nicht zwingend entgegen. Es werden lediglich besondere ärztliche und eventuell auch soziale Betreuungsmaßnahmen erforderlich.

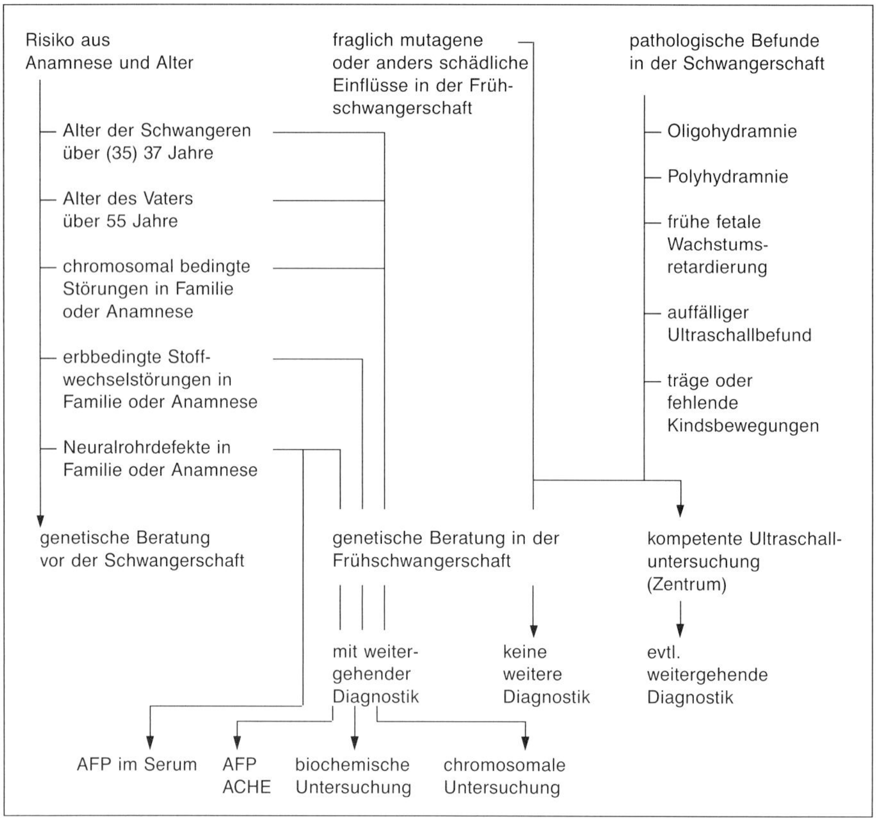

Abb. 1 Indikationen zur genetischen Beratung und Untersuchung[5]

Bei rechtzeitiger Erfassung und Behandlung dieser Risikofaktoren wird in der Regel eine Schwangerschaft befürwortet werden können, eventuell unter Hinweis auf besondere Untersuchungs- und Behandlungsnotwendigkeiten. Neben dem Arzt werden oft Staat und Gesellschaft aufgerufen, die zukünftige Schwangere zu schützen und zu betreuen.

Ergibt sich beim Beratungsgespräch vor der geplanten Schwangerschaft die Notwendigkeit, zu klären, ob im speziellen Fall wegen einer unvermeidbaren oder bisher üblichen Exposition (Arbeitsplatz, Medikamente, Genußmittel- und anderer Abusus etc.) eine Gefährdung der Frucht zu befürchten ist, fällt dem beratenden Arzt die Aufgabe zu, in Kenntnis der betreffenden Substanz oder Strahlung und durch Hinzuziehung eines Spezialisten das Ausmaß der Gefährdung abzuklären. Gesprächspartner sind in erster Linie Toxikologen (Universitäts-Institute), Gift-Beratungsstellen der Universitätskliniken, aber auch Arbeitsmediziner (Betriebsärzte, Gesundheitsämter, Gewerbeaufsichtsämter), Pharmakologen, Radiologen, Physiker und Genetiker.

Wenn eine Beratung eine erhöhte Gefährdung des Feten aufdeckt, kann ein Indikationen-Schema als Leitschnur für das weitere Vorgehen vor und in der Schwangerschaft herausgezogen werden (Abb. 1).

Im Falle vorbestehender ernster innerer und gynäkologischer Erkrankungen ist ein individuelles Vorgehen zu empfehlen, damit die Patientin mit Kinderwunsch ausreichend voruntersucht und beraten werden kann.

Literatur

[1]*Ansbacher, R.:* Uterine anomalies and future pregnancies. Clin. Perinat. *10:* 295 (1983).
[2]*Audebert, A. J., E. Cittadini, M. Cognat:* Habitual abortion and uterine malformations. Acta Eur. Fertil. *14:* 273 (1983).
[3]*Bakri, Y. N., F. T. Given:* Normal pregnancy and delivery following conservative surgery and chemotherapy for ovarian endodermal sinus tumor. Gynecol. Oncol. *19:* 222 (1984).
[4]*Beer, A. E., J. F. Quebbeman, J. W. T. Ayers, R. F. Hainis:* Major histocompatibility complex antigens, maternal and paternal immune responses and chronic habitual abortions in humans. Am. J. Obstet. Gynec. *14:* 987 (1981).
[5]*Berg, D.:* Schwangerschaftsberatung und Perinatologie. Stuttgart 1988[3].
[6]*Blum, M.:* Complications obstetricales dues à des malformations de l'uterus. Obstetric complications due to malformations of the uterus. Rev. Franç. Gynéc. Obstét. *79:* 461 (1984).
[7]*Bork, K., W. Braeuninger, B. M. Czarnetzki, B. Addicks, E. Paul, M. Glitsch, C. Noack:* Schwangerschaft nach malignem Melanom. Verlaufsbeobachtung bei 23 Patientinnen. Dtsch. Med. Wschr. *110:* 1323 (1985).
[8]*Brandt, M., H. Behling, H. Peterseim:* Schwangerschafts-, Geburts- und Wochenbettverlauf bei Frauen mit Genitalmißbildungen. Zbl. Gynäkol. *104:* 1440 (1982).
[9]*Browdes, S., M. Friedman, M. Nissenbaum:* Pregnancy after radiation therapy for carcinoma of the cervix. Eur. J. Gynaecol. Oncol. *7:* 63 (1986).
[10]*Buchholz, K., P. Richter, W. Lotze:* Zur Problematik der alleinigen konservativen Operation bei malignen Ovarialtumoren des Stadium I a (T[1a] Nsub 0Msub 0). Zbl. Gynäkol. *107:* 179 (1985).
[11]*Burrows, D. A., T. J. O'Neil, T. L. Sorrells:* Successful twin pregnancy after renal transplant maintained on cyclosporine A immunosuppression. Obstet. Gynecol. *72:* 459 (1988).
[12]*Cabero, L., R. Sola, J. A. Ballarin, J. Esteban-Altirriba:* Renal transplantation during pregnancy – a case report. J. Perinat. Med. *16:* 149 (1988).
[13]*Campo, R. L., H. W. Schlosser:* Kongenitale und erworbene Organveränderungen des Uterus und habituelle Aborte. Gynäkologe *21:* 237 (1988).
[14]*Card, R. T., I. H. Holmes, R. G. Sugarmann, R. Storb, E. D. Thomas:* Successful pregnancy after high dose chemotherapy and marrow transplantation for treatment of aplastic anemia. Exp. Hematol. *8:* 57 (1980).
[15]*Delmonico, F. L., R. M. Neer, A. B. Cosimi, A. B. Barnes, P. S. Russell:* Hyperparathyroidism during pregnancy. Am. J. Surg. *131:* 328 (1976).
[16]*Derfler, K., A. Schaller, C. Herold, P. Balcke, C. Nowotny, R. Walter, H. Kopsa, M. Endler, F. Stockenhuber, K. Kletter:* Successful outcome of a complicated pregnancy in a renal transplant recipient taking cyclosporine A. Clin. Nephrol. *29:* 96 (1988).
[17]Deutsche Forschungsgemeinschaft, Senatskommission zur Prüfung gesundheitsschädlicher Arbeitsstoffe: Maximale Arbeitsplatzkonzentrationen und Biologische Arbeitsstofftoleranzwerte. Weinheim 1988.
[18]*Etterich, M.:* Myom und Schwangerschaft. Gynaecologia *139:* 303 (1955).
[19]*Ferguson-Smith, M. A., J. R. W. Yates:* Maternal age specific rates for chromosome aberrations and factors influencing them: Report of a collaborative European study on 52 965 amniocenteses. Perinat. Diagn. *4:* 5 (1984).
[20]*Fitzsimmons, J., R. J. Wapner, L. G. Jackson:* Repeated pregnancy loss. Obstet. Gynec. Survey *39:* 192 (1984).
[21]*Floyd, W. S.:* Cervical dilatation in the mid-trimester of pregnancy. Obstet. Gynecol. *18:* 380 (1961).
[22]*Gerhard, I., A. Wendt, T. Holst, B. Runnebaum:* Zur Diagnostik und Therapie des habituellen Aborts in der Praxis des Frauenarztes. Geburtsh. Frauenheilk. *41:* 797 (1981).
[23]*Goodman, L. A., R. J. Chang:* Pregnancy after bromocriptine-induced reduction of an extrasellar prolactin-secreting pituitary macroadenoma. Obstet. Gynecol. *64:* 2S (1984).
[24]*Grischke, E., M. Kaufmann, K. Dreikorn, O. Linderkamp, F. Kubli:* Erfolgreiche Schwangerschaft bei Nierentransplantation und Cyclosporin A. Geburtsh. Frauenheilk. *46:* 176 (1986).
[25]*Granjon, A., A. M. Beau:* Malformations uterines et fonction de reproduction. Presse therm. clim. *97:* 129 (1960).
[26]*Harger, J. H., D. F. Archer, S. G. Marchese:* Etiology of recurrent pregnancy losses and outcome of subsequent pregnancies. Obstet. Gynec. *62:* 574 (1983).
[27]*Heine, O., G. Müller-Eckhardt, J. Neppert:* Diagnostik bei Patientinnen mit habituellen Aborten. Geburtsh. Frauenheilkd. *2:* 141 (1989).
[28]*Hopsa, H., P. Schmidt, W. R. Mayr, J. Zazgornik, R. Kotzaurek, P. Pils, E. Golob, F. Friedrich, F. Piza, O. Wagner, M. Kux:* Abstoßung des Nierentransplantats nach Schwangerschaft und Geburt. Schweiz. Med. Wschr. *106:* 58 (1976).

[29]*Hsieh, F. J., T. C. Chen, Y. T. Cheng, S. C. Huang, C. Y. Hsieh, P. C. Ouyang:* The outcome of pregnancy after chemotherapy for gestational trophoblastic disease. Biol. Res. Pregnancy Perinatol. *6:* 177 (1985).
[30]*Käser, O., H. J. Pallaske:* Normale Geburt. In: *Käser, O., V. Friedberg, K. G. Ober, K. Thomsen, J. Zander:* Gynäkologie und Geburtshilfe, Bd. II. Stuttgart 1967.
[31]*Kofler, E., K. Philipp:* Schwangerschaft nach Konisation wegen atypischer Epithelprozesse der Cervix uteri. Geburtsh. Frauenheilkd. *37:* 942 (1977).
[32]*Komlos, L., R. Canur, H. Joshua, J. Halbrecht:* Common HLA antigens in couples with repeated abortions. Clin. Immunol. Immunopathol. *7:* 330 (1977).
[33]*Kossoy, L. R., C. M. Herbert, A. C. Wentz:* Management of heart transplant recipients: Guidelines for the Obstetrician-Gynecologist. Am J. Obstet. Gynecol. *159:* 490 (1988).
[34]*Kusuda, M.:* Infertility and metroplasty. Acta Obstet. Gynecol. Scand. *61:* 407 (1982).
[35]*Lecoutour, X., P. Bourgeot, C. Segard* et al.: L'avenir obstétrical des utérus malformés. Etude de 155 grossesses. Rev. Franç. Gynécol. Obstét. *81:* 357 (1986).
[36]*Loewenstein, B. R., N. W. Vain, S. V. Perrone, D. R. Wright, F. J. Boullon, R. G. Favaloro:* Successful pregnancy and vaginal delivery after heart transplantation. Am. J. Obstet. Gynecol. *158:* 589 (1988).
[37]*Louros, N., D. Kaskarelis:* Sur les rapports des malformations utérines avec la stérilité et l'avortement. Gynec. prat. *8:* 299 (1957).
[38]*Mignot, L., F. Morvan, J. Berdah, D. Querleu, J. C. Laurent, M. Verhaeghe, F. Fontaine, J. L. Marin, A. Gorins, M. Marty:* Grossesses après cancer du sein traité. Résultats d'une étude casttemoins (Pregnancy after treated breast cancer. Results of a case-control study). Presse Méd. *15:* 1961 (1986).
[39]*Miyazaki, T., Y. Tomoda, M. Ohta, T. Kano, K. Mizuno, K. Sakakibara:* Preservation of ovarian function and reproductive ability in patients with malignant ovarian tumors. Gynecol. Oncol. *30:* 329 (1988).
[40]*Möbius, W.:* Klinik der Myome. Münch. Med. Wschr. *103:* 73 (1961).
[41]*Mossman, K. L., L. T. Hill:* Radiation risk in pregnancy. Obstet. Gynecol. *60:* 237 (1982).
[42]*Neumeyer, H., W. Kuhn, O. Götze, B. Hinney:* Zur Prävention habitueller Aborte durch Buffy-coat-Transfusionen. Z. Geburtsh. Perinat. *189:* 197 (1985).
[43]*Newton, E. R., N. Turksoy, M. Kaplan, R. Reinhold:* Pregnancy and liver transplantation. Obstet. Gynecol. *71:* 499 (1988).
[44]*O'Donell, D., H. Sevitz, J. L. Seggie, A. M. Meyers, J. R. Botha, J. A. Myburgh:* Pregnancy after renal transplantation. Aust. N.Z. J. Med. *15:* 320 (1985).
[45]*Parikh, M. N., A. C. Mehta:* Internal cervical os during the second half of pregnancy. J. Obstet. Gynaec. Brit. Cwlth. *68:* 818 (1961).
[46]*Patton, P. E., M. J. Novy:* Reproductive potential of the anomalous uterus. Sem. Reprod. Endocrinol. *6:* 217 (1988).
[47]*Pusch, H., R. Winter, H. Kessler, M. Ahousen:* Schwangerschaftsanamnese und Geburten bei Frauen mit Fehlbildungen des inneren Genitale. Geburtsh. Frauenheilkd. *46:* 725 (1986).
[48]*Querleu, D., J. C. Laurent, M. Verhaeghe:* Grossesses après cancer du sein opéré (Pregnancies following operations for cancer of the breast). J. Gynécol. Obstét. Biol. de la Reproduction *15:* 633 (1986).
[49]*Richards, A. M., M. R. Bullock, G. M. Teasdale, J. A. Thomson, M. I. Khan:* Fertility and pregnancy after operation for a prolactinoma. Brit. J. Obstet. Gynaecol. *93:* 495 (1986).
[50]*Rustin, G. J., M. Booth, J. Dent, S. Salt, F. Rustin, K. D. Bagshawe:* Pregnancy after cytotoxic chemotherapy for gestational trophoblastic tumours. Brit. Med. J. (Clin. Res.) *288:* 103 (1984).
[51]*Samaan, N. A., P. N. Schultz, T. A. Leavens, M. E. Leavens, Y. Y. Lee:* Pregnancy after treatment in patients with prolactinoma: operations versus bromocriptine. Am. J. Obstet. Gynecol. *155:* 1300 (1986).
[52]*Schaffner, F., S. Schanzer:* Cervical dilatation in the early trimester. Obstet. Gynec. *27:* 130 (1966).
[53]*Scherrer, H., G. Turpin, Y. Darbois, J. Metzger, J. L. de Gennes:* Grossesse et hyperprolactinémie. Révision des modalités thérapeutiques à propos d'une série de 35 patientes (Pregnancy and hyperprolactinemia. Review of therapeutic measures à propos of a series of 35 patients). Ann. Méd. interne (Paris) *137:* 621 (1986).
[54]*Scott, J. R., N. S. Rote, D. W. Branch:* Immunologic aspects of recurrent abortion and fetal death. Obstet. Gynecol. *70:* 645 (1987).
[55]*Sevitz, H.:* Term pregnancy after three trophoblastic disease events. Gynecol. Oncol. *29:* 255 (1988).
[56]*Simpson, J. L., M. S. Golbus, A. O. Martin, G. E. Sarto:* Genetics in Obstetrics and Gynecology. New York 1982.

[57]*Singh, J., Y. L. Devi:* Pregnancy following surgical correction of nonfused mullerian bulbs and absent vagina. Obstet. Gynecol. *61:* 267 (1983).
[58]*Sivanesaratnam, V., D. K. Sen:* Normal pregnancy after successful treatment of choriocarcinoma with cerebral metastases. A case report. J. Reprod. Med. *33:* 402 (1988).
[59]*Spirtos, N. J., T. N. Evans, D. M. Magyar, K. S. Moghissi:* The reproductive performance of women before and after metroplasty. Int. J. Fertil. *32:* 46 (1987).
[60]*Tacchi, D., H. W. Loose:* Successful pregnancy after selective embolization of a post-molar vascular malformation. Case report. Brit. J. Obstet. Gynaecol. *95:* 814 (1988).
[61]*Taylor, C., P. W. Faulk:* Prevention of recurrent abortion with leukocyte transfusions. Lancet *II:* 68 (1982).
[62]*Wahren, J., E. Harms:* Schwangerschaft und Geburt bei Uterus duplex. Z. Geburtsh. Perinatol. *191:* 166 (1987).
[63]*Wendt, G. G.* (Ed.): Praxis der Vorsorge. Marburg 1984.
[64]*Winikoff, D., M. Malinek:* The predictive value of thyroid profiles in habitual abortions. Brit. J. Obstet. Gynaecol. *82:* 760 (1975).

Risikofaktoren vor einer Schwangerschaft aus der Sicht der »Sonstige Hilfen«-Richtlinien

Der Bundesausschuß der Ärzte und Krankenkassen hat im Rahmen der »Sonstige-Hilfen-Richtlinien« in Teil B »Empfängnisregelung« die Maßnahmen geregelt, die zu Lasten der Krankenversicherung im Zusammenhang mit einer konkreten Schwangerschaftsplanung durchführbar sind. Dabei handelt es sich um Maßnahmen, die eine Schwangerschaft sowohl ermöglichen als auch verhüten sollen. Allgemeine Aufklärungsgespräche zur Sexualität oder Sexualberatungen fallen nicht unter die Leistungspflicht der gesetzlichen Krankenversicherung. Wird die Schwangerschaftsplanung aufgrund konkreter Hinweise auf ein genetisch bedingtes Schwangerschaftsrisiko angesprochen, sind die in diesem Zusammenhang notwendigen genetischen Beratungen und/oder Untersuchungen in der Regel nur durch dafür besonders qualifizierte Ärzte zu leisten, die berechtigt sind, die Zusatzbezeichnung »medizinische Genetik« zu führen.

E. Effer

II. Möglichkeiten der Vorsorge während der Schwangerschaft

Mutterschaftsvorsorge in der Praxis

H. Weitzel

Die Mutterschaftsvorsorge zeichnet sich durch ärztliche Untersuchungen an der Schwangeren aus, obwohl primär keine Krankheit im versicherungsrechtlichen Sinne vorliegt. Die Schwangerenvorsorge selbst ist verankert in den Mutterschaftsrichtlinien. Die ärztliche Betreuung während der Schwangerschaft und nach der Entbindung soll mögliche Gefahren für Leben und Gesundheit von Mutter und Kind abwenden sowie Gesundheitsstörungen rechtzeitig erkennen und einer Behandlung zuführen.

Der Schwangerenvorsorge kommt in dieser Hinsicht also ein präventiver Charakter zu. Ziel ist die Erfassung der durch geburtshilfliche Risiken belasteten Schwangerschaften mit der rechtzeitigen Einleitung von Maßnahmen zur Verbesserung der perinatalen Mortalität und Morbidität und um damit die Ausgangschancen für Mutter und Kind zu optimieren. Im internationalen Vergleich hat die Bundesrepublik Deutschland inzwischen sowohl in der perinatalen Sterblichkeit (Abb. 1) wie auch in der Säuglingssterblichkeit (Abb. 2) einen beachtenswerten Platz erreicht. Dies kann als Erfolg der heute geübten Schwangerenvorsorgen und der klinischen Geburtshilfe gewertet werden.

Wert und Effizienz der Schwangerenvorsorge wird beeinflußt von Verhaltensweisen, Ausbildungsstand und Strukturen der medizinischen Versorgungssysteme, aber auch von sozialen Rahmenbedingungen und Verhaltensweisen der Schwangeren selbst. Die Zusammenhänge zwischen Frühzeitigkeit der Erstuntersuchung bzw. der zahlenmäßigen Inanspruchnahme der Schwangerschaftsvorsorgeuntersuchungen und dem Ausgang der Schwangerschaft lassen sich gut belegen[10]. Danach muß in bezug auf die Frequenz der Untersuchungen und den Zeitpunkt der Erstuntersuchungen der Schwangerenvorsorge eine besondere Bedeutung beigemessen werden.

Die Zielsetzung der Schwangerenvorsorge dient der Risikoerkennung, der Abschätzung, wie sich das erkannte Risiko entwickelt, der Überwachung und der Einleitung einer adäquaten Therapie (Abb. 3). Es muß als Leitsatz der Schwangerenvorsorge gelten, daß nach risikofreiem Schwangerschaftsverlauf auch das perinatale Morbiditäts- und Mortalitätsrisiko gering ist und umgekehrt mit einem hohen Risiko die Schwangerschaft belastet wird, sobald anamnestische, befundete oder im Verlauf der Schwangerschaft entstehende Risiken erkennbar sind oder sich entwickeln.

Bereits die Erkennung eines einzigen befundeten Schwangerschaftsrisikos hebt die perinatale Sterblichkeit um das Fünffache gegenüber risikofreien Schwangerschaften an, und das Vorliegen von zwei Befundrisiken steigert das Sterblichkeitsrisiko um den Faktor 12. Mehr als die Hälfte aller Schwangerschaften sind aber durch anamnestische oder befundete Risiken belastet. Völlig ohne jedes Risiko endet überhaupt nur jede 20. Schwangerschaft.

Eine sinnvolle präventive Risikominimierung setzt eine Risikoerkennung voraus. 90 % aller Risiken sind bei entsprechender Aufmerksamkeit während der Schwangerschaft bemerkbar. Etwa 1/3 aller vermeidbaren perinatalen Todesfälle entwickeln während der Schwangerschaft erkennbare Risiken. So erhöht sich allein durch den Verzicht auf die präventiven Maßnahmen der Schwangerenvorsorge das Sterblichkeitsrisiko für die sich entwickelnde Schwangerschaft um den Faktor 2 bis 8[13].

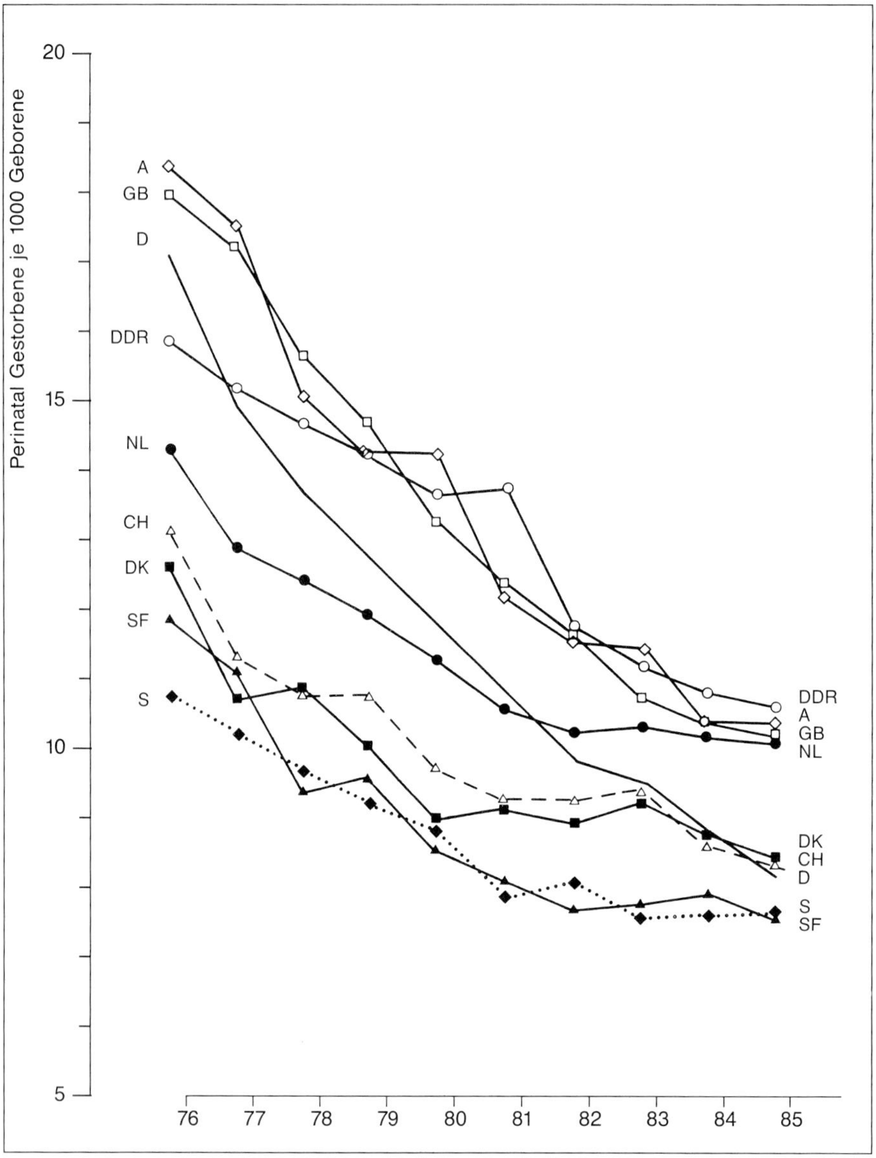

Abb. 1 Perinatale Sterblichkeit im Vergleich europäischer Länder 1976 bis 1985

Allgemein trifft das größere Sterblichkeitsrisiko die Frühgeburten und untergewichtig geborenen Kinder, die über die Hälfte der gesamten perinatalen Sterblichkeit ausmachen. Gerade diese Schwangerschaften sind allerdings durch eine intensive Betreuung und angepaßte Vorsorgehäufigkeit frühzeitig erkennbar. Mit Recht werden deshalb die Raten an Frühgeborenen auch als Maßstab für die Qualität der Schwangerenvorsorge angesehen[7].

Umgekehrt kann durch die rechtzeitige Intensivierung der Überwachung gefährdeter Schwangerschaften eine Frühgeburt verhindert bzw. das Frühgeburtsrisiko gemindert werden. Ebenso ermöglicht eine zielgerichtete Erfassung und Betreuung der Schwangeren das Risiko der intrauterinen Mangelentwicklung. Frühgeburtsbestrebungen und Mangelentwicklungen sollten heute durch geeignete Maßnahmen frühzeitig einer geeigneten Behandlung zuführbar sein.

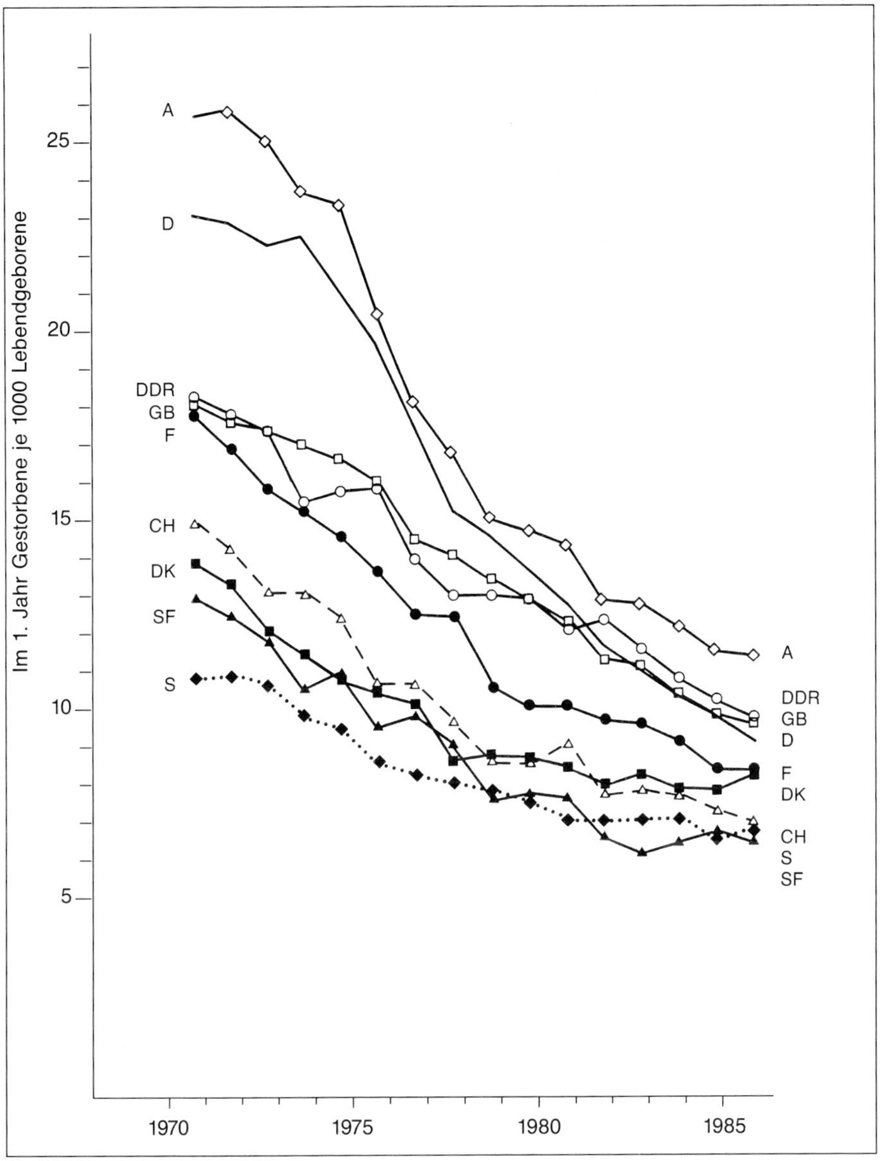

Abb. 2 Säuglingssterblichkeit im Vergleich europäischer Länder 1970 bis 1985

Bedenkt man, daß die Rechtzeitigkeit der Inanspruchnahme der Schwangerenvorsorge von der Patientin bestimmt wird, so wird deutlich, daß erst nach der ersten Konsultation die zeitliche Abfolge aller weiteren Untersuchungen durch einen Arzt mit festgelegt werden kann.

Mutterschaftsrichtlinien

Basis der Schwangerenvorsorge sind die Mutterschaftsrichtlinien in der Neufassung vom 10. Dezember 1985, wie diese im Deutschen Ärzteblatt am 14. März 1986 veröffentlicht wurden. Die Mutterschaftsrichtlinien werden ständig überarbeitet.

Danach hat Anspruch auf ärztliche Hilfe jede Frau zur Feststellung der Gravidität und Untersuchung, Beratung und Einleitung von Maßnahmen sowie zur Erkennung und besonderen Überwachung der Risikoschwangerschaften. Somit kommt der Beratung und Untersuchung eine besondere Bedeutung im bezug auf die Früherkennung einer Risikogravidität zu.

Aus den Ergebnissen unterschiedlicher Studien wissen wir, daß die sozio-ökonomischen Rahmenbedingungen den Hintergrund für die Akzeptanz oder Ablehnung der Schwangerenvorsorgeuntersuchungen bilden[7, 9, 12]. Vor allen Dingen Angehörige der sozialen Grundschicht und Randgruppen, Ledige, Ausländerinnen, jugendliche Schwangere machen seltener von den Möglichkeiten einer guten Schwangerschaftsüberwachung Gebrauch. Die Zusammenhänge zwischen diesen sozio-ökonomischen Rahmenbedingungen und dem Ausgang der Schwangerschaft gelten heute als erwiesen.

Die derzeitig zugrunde gelegten Checklisten des Mutterpasses zur Überprüfung der anamnestischen Risiken und allgemeiner Befunde, die eine Gefährdung signalisieren könnten, können heute als Leitlinie dienen. Sie werden ergänzt durch die während der Schwangerschaft feststellbaren Befundrisiken. Die Kontrolle durch den Mutterpaß kann gleichzeitig als Leitlinie für den Arzt gelten. Die Analyse der Risikofaktoren und die ständige Interpretation der Befunde führt zu 3 Gefährdungsgruppen[4]:

- Risikofaktoren anamnestischer Art durch Erkrankungen, die bereits vor der Schwangerschaft bestanden,
- schwangerschaftsbedingte Risikofaktoren aufgrund von Befunden, die durch die Schwangerenvorsorgeuntersuchung entdeckt werden, und
- Risikofaktoren für die Schwangerschaft, die durch Erkrankungen auftreten, die während der Schwangerschaft entstehen, aber nicht durch die Schwangerschaft hervorgerufen werden.

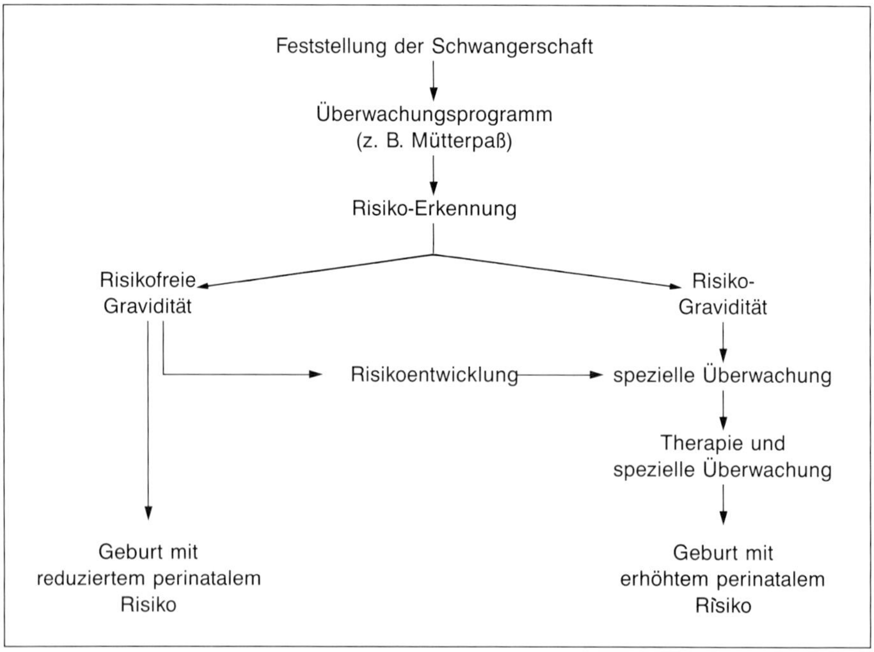

Abb. 3 Zielsetzung der Schwangerschaftsvorsorge

Feststellung einer Schwangerschaft

Die erste Untersuchung nach Ausbleiben der erwarteten Regelblutung dient der Feststellung einer Schwangerschaft. Dazu ist die Erhebung der Regelanamnese (1. Tag der letzten Regelblutung, Zyklusintervalle, evtl. Regelkalender, Konzeptionstermin etc.) und die klinische Untersuchung erforderlich. Läßt die klinische Untersuchung Zweifel an einer Gravidität oder deren Intaktheit aufkommen, so können Zusatzuntersuchungen indiziert sein, wie zum Beispiel immunologische Schwangerschaftstests oder auch Ultraschalluntersuchungen (Tab. 1).

Es hat bei der Feststellung der Gravidität bereits eine Terminbestimmung für den voraussichtlichen Entbindungszeitpunkt zu erfolgen, wobei gleichzeitig das Schwangerschaftsalter zum Untersuchungszeitpunkt in vollendeten Schwangerschaftswochen berechnet wird.

Erstuntersuchung nach Schwangerschaftsfeststellung

Bei dieser Untersuchung wird die allgemeine und die spezielle Anamnese erhoben. Die Anamnese ist von besonderer Wichtigkeit, weil sie oft schon eine Einordnung der Schwangerschaft in eine Risikoschwangerschaft erforderlich macht. Eine brauchbare Checkliste zur Erhebung der Anamnese findet sich im Mutterpaß (Tab. 2). Die Risiken werden in unterschiedlicher Häufigkeit festgestellt (Tab. 3) und bedürfen darüber hinaus einer an die Erfahrung und den Kenntnisstand des Arztes gebundenen Gewichtung, die auch dokumentarisch festgehalten wird.

Die Erstellung immer umfangreicherer Risikokataloge darf aber nicht zu einem Verlust der Beobachtungstrennschärfe führen, sondern muß zu einer Risikogewichtung beitragen[8].

Die Synopsis aller dabei gewonnenen Informationen bildet die Basis für die Erstberatung und die Festlegung des weiteren Überwachungsprogrammes. Hier ist bereits auch auf Risiken hinzuweisen, die bei einer entsprechenden Diagnostik auszuschließen sind, wie zum Beispiel altersbedingte chromosomale Anomalien oder auch bei entsprechend gefährdeten Konstellationen AIDS-Erkrankungen. Die genetische Beratung gehört zur Basisinformation bei anamnestischer Belastung (Alter, vorausgehend geschädigtes Kind, familiärer Belastung etc.) und erfordert auch zusätzlich den

Tab. 1 Erstuntersuchung zur Feststellung der Schwangerschaft

Regelanamnese
Klinische Untersuchung
evtl. Schwangerschaftstests
semiquantitativ (z. B. Schnelltest)
quantitativ (β-HCG; nur bei besonderer Indikation)
Zusatz-Untersuchungen (z. B. Ultraschall; nur bei besonderer Indikation)
Terminbestimmung
Erhebung der allgemeinen und speziellen Anamnese
Erst-Beratung
Festlegung des Überwachungsprogramms

Tab. 2 Anamnese und allgemeine Befunde/Erste Vorsorgeuntersuchung

Familiäre Belastung (Diabetes, Hypertonie, Mißbildungen, genetische Krankheiten, psychische Krankheiten)
Frühere eigene schwere Erkrankungen (z. B. Herz, Lunge, Leber, Nieren, ZNS, Psyche)
Blutungs-/Thromboseneigung
Allergie
Frühere Bluttransfusionen
Besondere psychische Belastung (z. B. familiäre oder berufliche)
Besondere soziale Belastung (Integrationsprobleme, wirtsch. Probleme)
Rhesus-Inkompatibilität (bei vorangegangenen Schwangerschaften)
Diabetes mellitus
Adipositas
Kleinwuchs
Skelettanomalien
Schwangere unter 18 Jahren
Schwangere über 35 Jahren
Vielgebärende (mehr als 4 Kinder)
Zustand nach Sterilitätsbehandlung
Zustand nach Frühgeburt (vor Ende der 37. SSW)
Zustand nach Mangelgeburt
Zustand nach 2 oder mehr Aborten/Abbrüchen
Totes/geschädigtes Kind in der Anamnese
Komplikationen bei vorausgegangenen Entbindungen
Komplikationen post partum
Zustand nach Sectio
Zustand nach anderen Uterusoperationen
Rasche Schwangerschaftsfolge (weniger als 1 Jahr)
Andere Besonderheiten

Tab. 3 Häufigkeit anamnestisch belasteter Schwangerschaften[4, 9]

Anamnestischer Risikofaktor	**in %**
Zustand nach Uterusoperationen (z. B. Sectio)	5,0–7,0
Zustand nach 2 oder mehr Aborten	2,1–3,8
Alter über 37 Jahre	2,0–3,6
Totes oder geschädigtes Kind in der Anamnese	1,9–2,0
Zustand nach Sterilitätsbehandlung	1,2–1,5
Vorausgegangene Frühgeburt	1,1–1,4

Hinweis auf eine spezielle genetische Beratung vor der Einleitung diagnostischer Maßnahmen wie zum Beispiel der Chorionzottenbiopsie oder der Amniozentese. Die Beratung umfaßt ferner nicht nur allgemeine Probleme der Gravidität, sondern geht auf die speziellen Anforderungen in der Ernährung, besondere Belastungen im Beruf, Freizeit und Sport sowie soziale Rahmenbedingungen ein.

Serologische Untersuchungen

Neben der klinischen Untersuchung sind nach Feststellung der Schwangerschaft obligat folgende serologische Untersuchungen zu veranlassen:

Die erste serologische Untersuchung erfolgt aus einer Blutprobe

- *TPHA* (Treponema-pallidum-Hämagglutinationstest) als Lues-Suchreaktion
- *Röteln-Hämagglutinationshemmungstest* (Röteln-HAH). Dieser dient der Feststellung der Immunitätslage und damit dem Schutz vor Röteln-Embryopathie bei einer eventuellen Infektion in der frühen Gravidität. Immunschutz wird angenommen, wenn vor Eintritt einer Gravidität spezifische Antikörper in ausreichender Höhe (Titer > 1:32) nachgewiesen werden. Nach Röteln-Impfung außerhalb einer Gravidität ist der Impferfolg durch Überprüfung der Serumkonversion zu dokumentieren. Bei einem Rötelntiter unter 1:32 ist die Antikörperspezifität mit speziellen Methoden zu sichern. Nach erstmaliger Feststellung eines Rötelntiters während einer Schwangerschaft ist ein Rötelnkontakt anamnestisch auszuschließen oder es sind weitere serologische Untersuchungen zu veranlassen (Nachweis rötelnspezifischer IgM oder Titerverlaufskontrollen).
- *HIV-Test:* An der Frauenklinik des Universitätsklinikums Steglitz wird der Test auf freiwilliger Basis bei möglichst allen Schwangeren durchgeführt. Ist ein immunchemischer Test positiv und durch Zusatzuntersuchungen abgesichert (*Westernblot*), ist eine AIDS-Beratung und Untersuchung zu veranlassen.
- *Bestimmung der Blutgruppe und des Rh-Faktors D.* Bei Feststellung der Blutgruppe 0 ist serologisch auf Hämolysine zu achten. Den einsendenden Ärzten sind eventuell vorhandene Hämolysine mitzuteilen. Bei Rh-(D-)negativen Frauen werden die Untergruppen in spezieller Weise überprüft.
- *Antikörpersuchtest.* Dieser ist bei Rh-positiven in der 24–28. Schwangerschaftswoche zu wiederholen, bei Rh-negativen Frauen in der 20–24. sowie 30–34. Schwangerschaftswoche.
- *HBsAg* wird nur bei Hepatitis B-Gefährdeten (z. B. medizinisch gefährdetes Personal, Personen nach Transfusionen, Drogenabhängigen) nach der 32. Schwangerschaftswoche überprüft. Positive Titer sind zu dokumentieren, da diese die Entbindungsklinik zur Immunisierung des Neugeborenen veranlassen.

Weitere Schwangerschafts-Untersuchungen

Im weiteren Verlauf der Schwangerschaft erfolgt dann routinemäßig in bestimmten Abständen eine klinische Untersuchung, wobei der Untersuchungsgang festgelegt ist mit der Bestimmung durch:

- Allgemeinuntersuchungen
- Gynäkologische Untersuchungen (Zervixkontrolle)
- Blutdruckmessungen
- Gewichtskontrolle
- Bauchumfangmessung in Nabelhöhe
- Symphysenabstand oder Fundusstandbeurteilung
- Kontrolle der fetalen Herzaktionen (ab der 14. SSW)

- Kontrolle der Kindsbewegungen
- Überprüfung der Kindslage
- Mittelstrahlurin (Eiweiß, Zucker, Sediment, ggf. bakteriologisch)
- Hb-Bestimmung (bei <11,2 g/100 ml = 70 % Hb werden auch die Erythrozyten gezählt)

Gegebenenfalls

- Ultraschallkontrolle
- Kardiotokographie
- Amnioskopie

Die Untersuchungsintervalle betragen vier Wochen bis zur 32. Schwangerschaftswoche und werden dann zweiwöchentlich vorgenommen. Bei neu hinzugekommenen Risiken werden die Untersuchungsintervalle nach den medizinischen Erfordernissen ausgerichtet. Hierzu sind Checklisten und die Angaben von Frequenzen sehr nützlich (Tab. 4 und 5).

Ultraschall

Es sollen nach den Mutterschaftsrichtlinien mindestens zwei Ultraschalluntersuchungen durchgeführt werden (= 2-Stufen-Konzept). Günstiger, insbesondere zur Terminabsicherung, wäre ein 3-Stufen-Konzept mit einer dritten, möglichst frühzeitigen Untersuchung und beispielsweise der Bestimmung der Scheitel-Steiß-Länge. Die derzeitigen Richtlinien lassen dies allerdings nicht zu. Es wird routinemäßig eine Sonographie in der 16. bis 20. Schwangerschaftswoche und eine zweite in der 32. bis 36. Schwangerschaftswoche empfohlen. Diese Untersuchungen dienen der Beurteilung der Schwangerschaftsentwicklung, der Überprüfung der Lage und der Zahl der Feten, der Plazentalokalisation und beinhalten auch die grobe Mißbildungsdiagnostik.

Tab. 4 Durch den Mutterpaß erfragte Befunde im Schwangerschaftsverlauf

Behandlungsbedürftige Allgemeinerkrankungen	
Dauermedikation	Vorzeitige Wehentätigkeit
Abusus	Anämie
Besondere psychische Belastung	Harnwegsinfektion
Besondere soziale Belastung	Indirekter *Coombs*-Test positiv
Blutungen vor der 28. SSW	Risiko aus anderen serologischen Befunden
Blutungen nach der 28. SSW	Hypertonie (Blutdruck über 140/90)
Placenta praevia	Eiweißausscheidung > 1‰ (entsprechend 1000 mg/l) oder mehr
Mehrlingsschwangerschaft	Mittelgradige bis schwere Ödeme
Hydramnion	Hypotonie
Oligohydramnie	Gestationsdiabetes
Terminunklarheit	Lageanomalie
Plazentainsuffizienz	Andere Besonderheiten
Isthmozervikale Insuffizienz	

Tab. 5 Häufigkeit befundeter Risiken in der Schwangerschaft[4, 5]

	in %
Vorzeitige Wehen	8,1–9,9
Zervixinsuffizienz	4,4–5,4
Unklarer errechneter Termin	5,3–6,3
Überschreiten des errechneten Termins	5,2–9,1
Hypertonie	3,7–4,3
Mittelgradige bis schwere Ödeme	4,1–4,2
Nikotinabhängigkeit	3,8–8,6
Erhebliche Adipositas	2,9–5,3
Blutungen vor der 28. SSW	2,9–3,6
Verdacht auf fetale Retardierung	2,3–3,2
Pathologische Kindslage	2,2–3,4
Proteinurie	1,4–1,7
Pathologisches Kardiotokogramm ante partum	1,4–2,0
Harnwegsinfekt/Bakteriurie	1,2–1,4

Weitere Ultraschalluntersuchungen sind aber indiziert, wenn diese zur Klärung bei pathologisch verlaufenden Schwangerschaften erforderlich sind. Dazu gehören sicherlich alle Blutungen im Verlaufe einer Schwangerschaft. Die Indikationen können aber tabellarisch zusammengefaßt werden und nach Schwangerschaftstrimenon geordnet werden. Danach ergeben sich folgende zusätzliche Indikationen:

I. Trimenon

- Verdacht auf gestörte Frühgravidität
- Verdacht auf Extrauteringravidität (EU)
- Diskrepanz zwischen Uterusgröße und Gestationsalter (Terminbestimmung)
- nach Unfällen und Verletzungen oder Intoxikationen

II. Trimenon

- Im Rahmen anderer diagnostischer Maßnahmen wie z. B. pränataldiagnostischer Eingriffe
- bei Verdacht auf intrauterinen Fruchttod

III. Trimenon

- bei allen fetal pathologischen Zuständen (Diabetes, Mißbildungsverdacht)
- Verdacht auf intrauterine Retardierung
- Verdacht auf Hydramnion
- Diabetes mellitus
- Frühgeburtsbestrebung
- Lageanomalien oder uterine Tumorbildungen

Kardiotokographie

Indikationen zur Kardiotokographie sind nur dann gegeben, wenn Besonderheiten vorliegen, die einen Eingriff oder eine sonstige Therapie erforderlich machen (Tab. 6).

Tab. 6 Indikationen zur Kardiotokographie (CTG)

Erstindikation	**Indikation zur CTG-Wiederholung**
Auskultatorische Herztonalterationen	CTG-Alteration
Verdacht auf vorzeitige Wehen	Mehrlinge
	Vorausgegangener intrauteriner Tod
	Verdacht auf Plazentainsuffizienz
	Verdacht auf Übertragung
	Uterine Blutung
	Medikamentöse Wehenhemmung

Resümee

Es ist sicher nur schwer möglich, die Untersuchungsgänge im einzelnen zu schematisieren, da jede Schwangerschaft eine individuelle Entwicklung aufweist und auch individuell betreut werden muß. Der Zeitraum ab der 26. bis 28. SSW unterscheidet sich hinsichtlich der Betreuung in der mittleren und frühen Schwangerschaft dadurch, das jetzt mit einem lebensfähigen oder zumindestens bedingt lebensfähigen Feten zu rechnen ist. Neben der Routinediagnostik kommen daher auch spezielle Untersuchungsverfahren zur Anwendung, deren Bewertung den Rahmen dieses Buches überschreiten würde.

Der Einsatz klinischer Zusatzverfahren richtet sich jeweils nach der klinischen Symptomatik. Als Raster für ein sinnvolles Vorgehen können einerseits der Mutterpaß, andererseits die Mutterschaftsrichtlinien zusammengefaßt gelten. Das Vorgehen bei der Betreuung bis dahin risikofreier Schwangerschaften ist für die Spätschwangerschaft skizzenhaft festgelegt (Abb. 4). Neben der Erkennung der Frühgeburtsbestrebungen durch Früherfassung einer isthmozervikalen Insuffizienz oder durch vorzeitige Wehentätigkeit oder eine Retardierung werden spezielle Maßnahmen erforderlich. Ebenso bei besonderen Erkrankungen, wie z. B. einem mütterlichen Diabetes mellitus.

Die einfachste Methode zur Erkennung einer Mangelentwicklung ist die Kontrolle des Fundusstandes des Uterus. Diese ist unter bestimmter Voraussetzung für jedes Gestationsalter charakteristisch. Die Höhenstandsbestimmung des Uterusfundus ist allerdings an einige Erfahrung des Untersuchers gebunden. Leicht objektivierbar ist die Messung des Symphysenfundusabstandes, die den Vorteil hat, in ein entsprechendes Wachstumsdiagramm eingezeichnet werden zu können (Abb. 5). Die Kombination dieser Bestimmung mit der Messung des Leibesumfanges ist ein besonders aussagefähiges Kriterium in bezug auf die Entwicklungsabweichung. Der klinische Verdacht einer Entwicklungsabweichung muß daher immer Anlaß zu einer weitergehenden Diagnostik unter Einbeziehung einer qualifizierten Ultraschalluntersuchung sein.

Die Ultraschalldiagnostik bietet in der Hand des Erfahrenen die Kontrollmöglichkeit intrauteriner somatischer Entwicklung, entweder weil im Rahmen der in den Mutter-

SSW	26	28	30	32	33	34	35	36	37	38	39	40	41	42
Basis	X	X		X		X		X		X	X	X	X	X
Labor	X	X		X		X		X		X	X	X	X	X
Serolog.				X										
Ultraschall				———	———	X	———	———						
Endokrinol.			———	———	———	———	F	———	———	———	———	———		
Kardiotokographie	———	———	———	———	———	———	F	———	———	———	———	———	—X—	
Amnioskopie													X	X

Abb. 4 Untersuchungen in der Spätgravidität im Rahmen allgemeinärztlicher Praxis

schaftsrichtlinien vorgesehenen Routinemessungen ein abweichendes Wachstum gefunden wurde oder weil eine gezielte sonographische Diagnostik aufgrund klinischer Verdachtsmomente vorgenommen wurde.

Durch Hormonbestimmungen kann zusätzlich eine Überprüfung der nutritiven Kapazität der Plazenta mit ihrer Auswirkung auf die fetale Entwicklung erfolgen. Aus diesen Ergebnissen wäre dann abzuschätzen, wie lange ein Fet in utero belassen werden kann, um dadurch für seine eigene Entwicklung zu profitieren, ohne daß er selbst gefährdet wird.

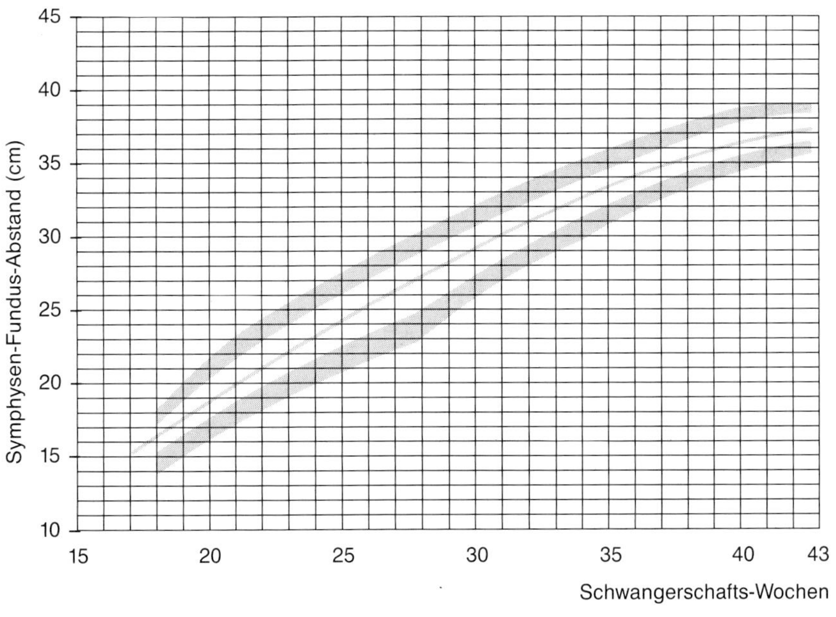

Abb. 5 Zunahme des Symphysen-Fundus-Maßes (M ± 2 Standard-Abweichung) bei gesunden Schwangeren

Tab. 7 Wertigkeit unterschiedlicher Methoden zur Diagnostik der Wachstumsretardierung

	Richtige Voraussage
Ultraschall	60–90 %
Östrogene	35–70 %
HPL	25–80 %
SF-Abstand	75–80 %

Das humane plazentare Laktogen (HPL) ist ein im Serum der Mutter meßbares Hormon, dessen Biosynthese in der Plazenta stattfindet und infolgedessen als Parameter der plazentaren Leistung gelten kann. Ein weiteres Hormon, das Östriol, wird heute in speziellen Labors im Serum oder im Urin bestimmt. Bei extremen Formen der Wachstumsretardierungen lassen sich Korrelationen zur Höhe des Serumöstriolspiegels finden. Im allgemeinen wird heute eine Palette von Untersuchungen zur Überwachung der gefährdeten Schwangerschaft eingesetzt (Tab. 7 und 8).

Vital besonders gefährdet sind aber nicht nur die mangelentwickelten Feten, sondern in verstärktem Maße auch die somatisch manchmal hypertroph entwickelten Kinder diabetischer Mütter. Eine Führung dieser Schwangerschaften in der Allgemeinpraxis erscheint nur solange als vertretbar, wie der Kohlenhydratstoffwechsel stabil bleibt und der Fet sich gestationsgerecht entwickelt. Die Kontrolle der hormonellen Parameter zur Überwachung diabetischer Schwangerer ist allerdings in vieler Hinsicht problematisch. Ab 34. SSW ist in jedem Fall ein insulinpflichtiger Diabetes mellitus stationär zu betreuen.

Die vaginale Untersuchung der Graviden ist dagegen bei jeder Konsultation heute eine Routinemaßnahme zur Früherkennung einer isthmozervikalen Insuffizienz und damit der Abwendung der drohenden Frühgeburt, soweit diese nicht durch vorzeitige Wehentätigkeit angekündigt wird. Zur Beurteilung kann ein Score-System herangezogen werden, wie es von *Bishop* oder anderen vorgeschlagen wurde. Vierwöchige Untersuchungen können dennoch nur einen Teil der Frühgeburtsbestrebungen so früh erkennbar machen, daß eine effektive Therapieeinleitung möglich ist. Dies gelingt nur, wenn die Untersuchungsabstände mit zunehmender Schwangerschaft kürzer werden.

Als spezielle Labordiagnostik sind in der 24.–28. bzw. nach den Richtlinien für Rh-negative Schwangere in der 20.–24. SSW und nochmals in der 30.–34. SSW nochmals die Antikörper im Serum der Mutter zu überprüfen, um damit eine fetale Gefähr-

Tab. 8 Möglichkeiten der Diagnostik der Plazentainsuffizienz

	Chronisch	**Akut/Subakut**
Ultraschall	+	0
Hormone	+	(+)
Klinische Untersuchung	+	0
Kardiotokographie	0	+

dung durch eine evtl. während der Schwangerschaft entstehende Blutgruppenunverträglichkeit zu erkennen. Das erstmalige Auftreten von Antikörpern in der Spätschwangerschaft erfordert in jedem Fall eine Überweisung der Patientin in eine Klinik zur Abklärung der fetalen Bedrohung. Rhesusunverträglichkeiten sind heute infolge der eingeführten Rhesusprophylaxe allerdings selten geworden.

Eine weitere Methode der Schwangerenvorsorge, die auch in den Mutterschaftsrichtlinien vorgesehen ist, ist die Kardiotokographie. Sie findet ihren Einsatz nur bei speziellen Indikationen (Tab. 6). Diese können schon ab der 28. SSW gegeben sein, je nach Situation auch früher.

Mit der Kontrolle der fetalen Herzfrequenz und der gleichzeitigen Kontrolle der Kontraktionsaktivität des Uterus erhalten wir eine Herzfrequenzwehenkurve, die eine Zuordnung der Wehentätigkeit zu bestimmten Herzfrequenzreaktionen oder Herzfrequenzmustern erlaubt. Diese Methode besitzt ihre besondere Bedeutung in Terminnähe oder nach Terminüberschreitung. Besonders geeignet ist diese Methode für die Erkennung der akuten hypoxischen Gefährdung des Feten, d. h. zur Früherkennung der akuten Plazentainsuffizienz. Diese Methode wird sicherlich in naher Zukunft ergänzt werden durch die Flow-Messung in den plazento-fetalen Gefäßen.

Welche Methode zur Überwachung der Schwangerschaft anzuwenden ist, richtet sich nach der geburtshilflichen Situation und ist jedesmal neu zu entscheiden (Tab. 8). Aus diesem Grunde muß man sich auch gegen eine schematisierte Schwangerschaftsvorsorge wenden. Diese ist eher im Gegenteil als gefährlich zu betrachten, da sie nicht nur vom nicht schematisierten Gespräch mit der Schwangeren abhängt, sondern auch die individuelle Beurteilung jedes Einzelfalles erschwert.

Literatur

[1]*Berg, D.:* Untersuchung und Beratung der schwangeren Frau, Risikoschwangerschaft, Nachweis kindlichen Lebens. In: *Käser O., V. Friedberg, K. G. Ober* et al. (Eds.): Gynäkologie und Geburtshilfe. Stuttgart 1981.

[2]*Berg, D.:* Schwangerschaftsberatung und Perinatologie. Stuttgart 1988[3].

[3]*Berg, D.:* Grundlagen der Schwangerenüberwachung. Med. Klin. *80:* 345 (1985).

[4]*Böhme, U.:* Schwangerschaftsvorsorge. In: *Schneider, J., H. Kaulhausen* (Eds.): Lehrbuch der Gynäkologie und Geburtsmedizin. Stuttgart 1986.

[5]*Hansmann, M., B.-J. Hackelöer, A. Staudach:* Ultraschalldiagnostik in Geburtshilfe und Gynäkologie. Berlin 1985.

[6]*Keller, P. J.:* Biochemische Diagnostik und Überwachung. In: *Wulf, K.-H., H. Schmidt-Matthiesen* (Eds.): Die normale Schwangerschaft. In: Klinik der Frauenheilkunde und Geburtshilfe. München 1986.

[7]*Knörr, K.:* Risikoschwangerschaft: Aspekte der Erfassung und Überwachung. Med. Klin. *80:* 104 (1985).

[8]*Link, G., W. Künzel:* Häufigkeit von Risikograviditäten. Eine Analyse der Pränatalstatistiken der Bundesländer. Gynäkologe *22:* 140 (1989).

[9]*Oeter, K., J. Collatz, H. Hecker* et al.: Werden die präventiven Möglichkeiten der Schwangerenvorsorge ausreichend genutzt? Gynäkologe *12:* 164 (1979).

[10]*Selbmann, H. K.:* Teilnahme an der Schwangerschaftsüberwachung in Bayern und Messung ihrer Effektivität. Geburtsh. Frauenheilk. *44:* 345 (1984).

[11]*Selbmann, H. K., K. Holzmann:* Frühzeitigkeit und Intensität der Schwangerenüberwachung in der Region München 1975–1977. Gynäkologe *12:* 157 (1979).

[12]*Tietze, K. W., H. Trull, U. Jaensch* et al.: Soziale Bedingungen der Inanspruchnahme von Schwangerenvorsorge. Gynäkologe *12:* 143 (1979).

[13]*Weitzel, H.:* Mutterschaftsvorsorge in der Praxis. In: *Wendt, G. G.* (Ed.): Praxis der Vorsorge. Marburg 1984.

[14]*Wulf, K.-H.:* Geburtshilfe im Wandel. Zur geburtshilflichen Situation in der Bundesrepublik Deutschland. Dtsch. Ärztebl. *85:* 2348 (1988).

Blutgruppenunverträglichkeit

D. H. A. Maas

Die Rhesus-Erythroblastose war bereits im Altertum als eine lebensbedrohliche Erkrankung des Neugeborenen bekannt. Daß diesem Krankheitsbild eine Blutgruppenunverträglichkeit zwischen Mutter und Kind zugrunde liegt, wurde aber erst während der 40er Jahre des 20. Jahrhunderts im Zusammenhang mit der Entdeckung der Blutgruppenserologie aufgeklärt.

Der Rhesusfaktor: Bedeutung und Funktion

Bei 82 % der mitteleuropäischen Bevölkerung findet sich auf den roten Blutkörperchen der sogenannte Rhesusfaktor (»rhesus-positiv«, »D-positiv«), bei den übrigen 18 % fehlt er (»rhesus-negativ«, »d-negativ«). Die Eigenschaft rhesus-positiv wird dominant vererbt, d. h. ein Kind wird dann immer eine rhesus-positive Blutgruppe aufweisen, wenn mindestens ein Elternteil rhesus-positiv ist. Der Rhesusfaktor ist ein relativ starkes Antigen, das nach Kontakt eines rhesus-negativen Organismus mit rhesus-positiven Blutkörperchen im allgemeinen zur Bildung spezifischer Antikörper gegen diesen Blutgruppenfaktor führt.

Ein solcher Kontakt ergibt sich z. B. bei Fehltransfusionen rhesus-positiven Blutes auf rhesus-negative Empfänger oder in seltenen Fällen auch nach Organtransplantationen, wenn in den Geweben noch geringe Mengen von Erythrozyten verblieben sind.

Von besonderer Bedeutung ist die Antikörperbildung einer rhesus-negativen Frau während oder unmittelbar nach einer Schwangerschaft mit einem rhesus-positiven Kind. Da die Blutbildung beim Embryo ab der 5. Schwangerschaftswoche (SSW) beginnt, können von diesem Zeitpunkt an Blutkörperchen des Kindes in den Organismus der Mutter übertreten. Ca. 3 bis 6 Wochen nach dem Kontakt des maternalen Immunsystems mit den rhesus-positiven Erythrozyten können durch entsprechende Suchreaktionen die spezifischen Rhesusantikörper nachgewiesen werden. Diese verursachen in dem rhesus-negativen Organismus selbst keinerlei Krankheitserscheinungen, treffen sie aber erneut auf rhesus-positive Erythrozyten, so lagern sie sich daran an und führen zu einem vorzeitigen Abbau der Blutkörperchen vor allem in der Milz.

Morbus haemolyticus neonatorum

Im Falle der Schwangerschaft einer rhesus-negativen Frau mit einem rhesus-positiven Kind können die Antikörper in die fetale Blutbahn übertreten. Die Erythrozyten des Kindes werden beschleunigt eliminiert, was zu den Krankheitserscheinungen eines Morbus haemolyticus neonatorum mit einer fetalen Anämie, einem Hydrops congenitus universalis und post partum einer Hyperbilirubinämie führt. Infolge des geringen Blutvolumens des Kindes und der festgefügten Zellverbindungen im Gewebe des Mutterkuchens kommt es aber im ersten Schwangerschaftsdrittel nur relativ selten (in ca. 4 bis 10 % der Fälle) zu solchen sogenannten feto-maternalen Transfusionen, was aber zum Zeitpunkt der Entbindung bei ungefähr der Hälfte der Frauen der Fall ist.

Jede Störung der Schwangerschaft, die mit einer Auflockerung der Plazentastruktur einhergeht, erleichtert den Übertritt kindlicher Blutkörperchen in den mütterlichen

Kreislauf und führt damit zu einer Erhöhung des Sensibilisierungsrisikos. Dies trifft vor allem auf Fehlgeburten, Schwangerschaftsunterbrechungen, vorzeitige Wehentätigkeit und Gestosen zu. Auch nach Chorionbiopsien oder Fruchtwasserpunktionen in der Früh- und Spätschwangerschaft kann es zu einer vermehrten Einschwemmung kindlicher Zellen in den mütterlichen Organismus kommen.

Die zur Sensibilisierung führenden feto-maternalen Transfusionen ereignen sich meist im letzten Schwangerschaftsdrittel und unter der Geburt. Daher verläuft die erste Schwangerschaft einer rhesus-negativen Frau mit einem rhesus-positiven Kind im allgemeinen ungestört. Erst bei einer weiteren rhesus-inkompatiblen Schwangerschaft besteht ein Erkrankungsrisiko für das Kind, da Übertritte kindlicher Blutkörperchen bereits während der Frühschwangerschaft das mütterliche Immunsystem zur Bildung von Rhesus-Antikörpern anregen.

Neben dem Rhesusmerkmal »D« gibt es noch eine Reihe anderer Blutgruppenfaktoren, die als Antigene zu einer Sensibilisierung führen können, wie z. B. c, Kell, S etc. Die Häufigkeit solcher Erythroblastosen liegt zwar unter 2 % der Fälle, aber im Zusammenhang mit dem Rückgang der D-Sensibilisierungen werden sie an Bedeutung gewinnen.

AB0-Inkompatibilität

Während eine Rhesus-Konstellation (Mutter rhesus-negativ; Kind rhesus-positiv) in ca. 12 % der Schwangerschaften vorliegt, findet sich bei jeder 5. Gravidität eine AB0-Inkompatibilität zwischen Mutter und Kind (Mutter 0, Kind A oder B). Da bei der Mutter die entsprechenden A- oder B-Antikörper im Blut vorliegen, kann es bereits im Verlauf der ersten Schwangerschaft zu einer AB0-Erythroblastose kommen. Diese Erkrankung ist aber im allgemeinen viel geringer ausgeprägt als die Rhesus-Erythroblastose, da der Fet erst gegen Ende der Schwangerschaft Erythrozyten mit den voll ausgebildeten Blutgruppenmerkmalen A und B bildet.

Symptome und Befunde

Die Rhesus-Antikörper treten durch die Plazenta in das Blut des Kindes über und lagern sich an die fetalen Erythrozyten an. Die dadurch veränderten roten Blutkörperchen werden beschleunigt in der Milz abgebaut, woraus eine Anämie resultiert. Dabei korreliert die Verminderung des Hämoglobingehaltes mit dem Schweregrad der kindlichen Erkrankung. Gleichzeitig kommt es zu einer Wucherung der Blutbildungsherde in der Leber und der Milz mit vermehrtem Auftreten verschiedener Entwicklungsformen der roten Blutkörperchen, vor allem der sogenannten Erythroblasten – woher die Erkrankung »Rhesus-Erythroblastose« ihren Namen hat. Infolge des gesteigerten Abbaus der Erythrozyten wird Bilirubin freigesetzt, das während der Schwangerschaft über die Plazenta an die Mutter abgegeben wird und daher für die Erkrankung des Feten keine Rolle spielt.

Als schwerste Form der Rhesus-Erythroblastose ist der Hydrops congenitus universalis mit einer sehr hohen Mortalität verbunden. Es kommt dabei zu einem generalisierten Ödem mit einer Verdickung der Hautschicht um über 1 cm, die im Ultraschallbild gut darstellbar ist. Häufig ist der Hydrops auch mit Flüssigkeitsansammlungen in der Bauchhöhle und in der Lunge verbunden, was als prognostisch ungünstiges Zeichen zu werten ist.

Infolge der Anämie und der ödematösen Schwellung der Plazenta kommt es zu einer Minderversorgung des Feten. Andererseits wird infolge der Hydropsbildung eine Wachstumsretardierung verschleiert.

Obwohl mit dem Zeitpunkt der Entbindung der Einstrom neuer mütterlicher Rhesus-Antikörper in den kindlichen Kreislauf endet, bedeuten die bereits im kindlichen Organismus befindlichen Antikörper noch eine erhebliche Gefährdung. Sie unterhalten den Prozeß des beschleunigten Erythrozytenabbaus und somit der vermehrten Freisetzung von Bilirubin. Dieses kann aber wegen der bei den Neugeborenen vorliegenden Funktionsschwäche der Leber nicht schnell genug abgebaut werden. Hieraus resultiert die Hyperbilirubinämie und die Gelbsucht (Ikterus). Besonders gefürchtet ist die Ansammlung von Bilirubin in toxischen Konzentrationen innerhalb der Kerne des Hirnstammes. Dabei droht ein sogenannter Kernikterus, bei dem neurologische Störungen wie Spastik, Athetose, Gehörausfall, Intelligenzdefekte oder Wesensveränderungen resultieren können. Im akuten Falle sind Koma und Exitus möglich.

Der Hämoglobingehalt des kindlichen Blutes spiegelt neben der Bilirubinkonzentration den Schweregrad der Erkrankung des Kindes wider. Dabei ist ein Hämoglobingehalt von weniger als 10 g/l oder ein Bilirubinspiegel von mehr als 170 bis 340 μmol/l das Zeichen einer schweren Erkrankung. Der Gehalt des kindlichen Blutes an freiem Bilirubin kann gesteigert werden durch Medikamente, die Bilirubin aus seiner Albuminbindung drängen, wie Salicylate, Sulfonamide und Sexualhormone, welche in hoher Konzentration in der Muttermilch vorkommen. Daher sollte bei schweren Fällen von Erythroblastose auf das Stillen verzichtet werden. Andererseits können aber Rhesus-Antikörper nicht durch die Muttermilch übertragen werden. Mit der Leberunreife des Neugeborenen ist oft eine Gerinnungsstörung verbunden, die auf eine Verminderung der Bildung von Gerinnungsfaktoren und von Thrombozyten beruht.

Im Gegensatz zur Rhesus-Erythroblastose kommt es bei einer AB0-Inkompatibilität zu keinen Krankheitserscheinungen des Feten während der Schwangerschaft. Erst das Auftreten einer Hyperbilirubinämie bereits innerhalb der ersten 36 Stunden nach der Geburt legt bei entsprechender Blutgruppenkonstellation die Diagnose nahe.

Untersuchung

Die Bestimmung der Blutgruppe einer Frau einschließlich der Rhesusfaktoren sowie die Kontrolle des Blutes auf irreguläre Antikörper gehören routinemäßig zur Schwangerenvorsorge und sollten so früh wie möglich in der Schwangerschaft durchgeführt werden. Der Antikörper-Suchtest sollte bei rhesus-negativen Frauen während der Schwangerschaft mindestens einmal zwischen der 25. und 32. SSW wiederholt werden. Derzeit wird diskutiert, eine obligate Kontrolle des Tests auf irreguläre Antikörper jeweils in der 20. bis 22. SSW und in der 30. bis 32. SSW einzuführen.

Da niedrige Antikörpertiter von 1:2 bis 1:8 häufig als Ausdruck unspezifischer Reaktionen vorkommen und andererseits erst bei mütterlichen Serumtitern von 1:16 bis 1:32 Antikörper in wesentlichen Mengen im Kreislauf des Kindes nachgewiesen werden konnten, ist eine Antikörperkonzentration von 1:8 als Grenzwert anzusehen, bei dessen Überschreitung eine Amniozentese zur Untersuchung des Fruchtwassers angezeigt ist.

Neben dem Antikörperspiegel sollte aber auch die Ultraschall-Untersuchung des Feten zur Indikationsstellung einer Amniozentese herangezogen werden. Mit der modernen Ultraschalltechnik können Ödembildungen der Haut, eine Hepatomegalie oder ein beginnender Hydrops placentae frühzeitig erkannt werden.

Bei einer Amniozentese wird durch Punktion der Fruchthöhle unter Ultraschallsicht eine Fruchtwasserprobe entnommen und spektrophotometrisch untersucht. Auf graphischem Wege kann aus der Absorptionskurve bei 450 nm ein sogenannter Delta-E-Wert ermittelt werden, der dem Bilirubingehalt des Fruchtwassers proportional ist (Abb. 1). Dieser Delta-E-Wert korreliert eng mit dem Befinden des Kindes. Entspre-

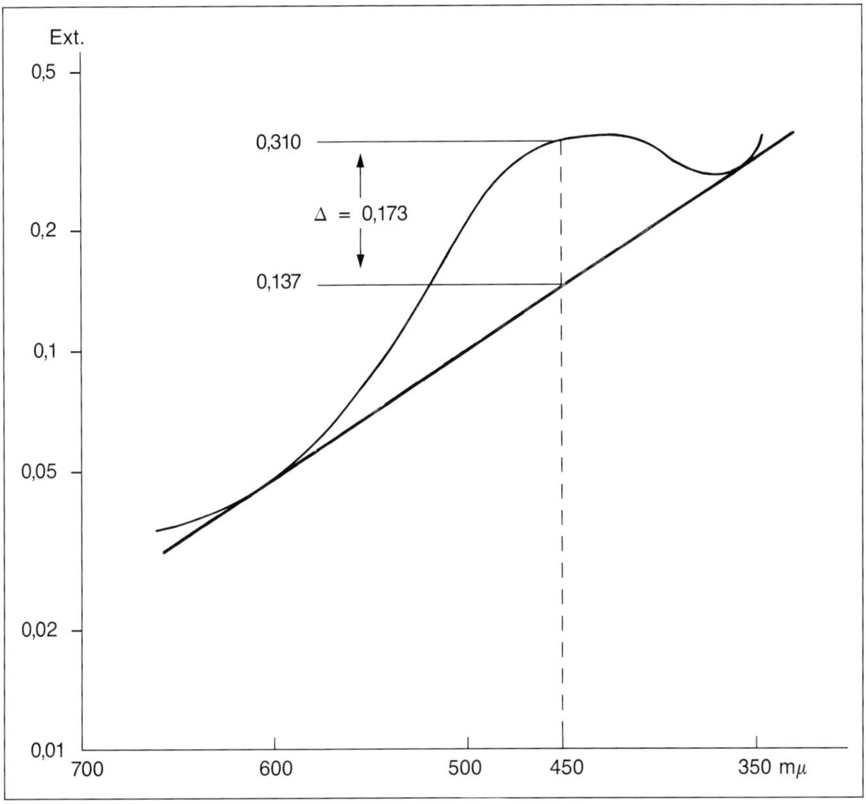

Abb. 1 Ermittlung des Delta-E-Wertes einer Fruchtwasserprobe bei 450 nm[7]

chend hat *Liley* ein Diagramm gebildet, das aus dem Delta-E-Wert den Gefährdungsgrad des Kindes in Abhängigkeit von der Schwangerschaftswoche ablesen läßt (Abb. 2).

Amniozentesen zur Überwachung einer Schwangerschaft bei einer Rhesus-sensibilisierten Frau sollten ab der 18. bis 22. Woche durchgeführt und je nach Befinden des Kindes alle 1 bis 4 Wochen wiederholt werden. Anzustreben ist die Kombination einer Amniozentese mit der gleichzeitigen Punktion eines fetalen Gefäßes zur Gewinnung einer Blutprobe, die die Bestimmung der Blutgruppe sowie des Hämoglobingehaltes bzw. des Hämatokrits des kindlichen Blutes erlaubt.

Therapie

Gibt die spektrophotometrische Messung des Fruchtwassers einen Delta-E-Wert von über 0,2 an bzw. liegt der Wert in *Liley*-Zone II oder gar III, zeigt die Ultraschalluntersuchung des Feten Zeichen eines beginnenden Hydrops fetalis, einer Aszitesbildung oder einer Pleuraexsudation und liegt der fetale Hämatokrit unter 35 %, so sollte versucht werden, die Anämie des Feten durch eine intrauterine Transfusion zu beheben. Dabei wird entweder 0-rhesus-negatives Erythrozytenkonzentrat oder, wenn die Blutgruppe des Kindes bekannt ist, blutgruppengleiches Blut unter Ultraschallsicht in das Gefäßsystem des Kindes übertragen. Als Punktionsstellen sind vor allem die Nabelschnur oder der linke Vorhof geeignet. Die Punktion kann erleichtert werden, wenn man dem Kind vorher zur Verminderung der Bewegungsaktivität ein Curare-Präparat i.m. verabreicht.

Ist eine intravasale Transfusion nicht durchführbar, so kann die Blutübertragung auch – wie früher ausschließlich üblich – unmittelbar in die fetale Bauchhöhle erfolgen, nachdem der dort befindliche Aszites durch Absaugen beseitigt worden ist. Allerdings scheint die Resorption der transfundierten Erythrozyten gerade bei einem ausgeprägten Aszites eingeschränkt zu sein.

Das Transfusionsvolumen wurde früher entsprechend dem Schwangerschaftsalter gewählt; so z. B. in der 24. SSW 40 ml, in der 28. SSW 80 ml und in der 32. SSW 120 ml Erythrozytenkonzentrat. Heutzutage strebt man dagegen eine Normalisierung des Hämoglobingehaltes des Kindes an. So wird während einer intrauterinen Transfusion mehrfach der Hämatokrit des fetalen Blutes bestimmt und die Behandlung so lange fortgesetzt, bis ein Wert von 35 bis 45 % erreicht ist (Abb. 3).

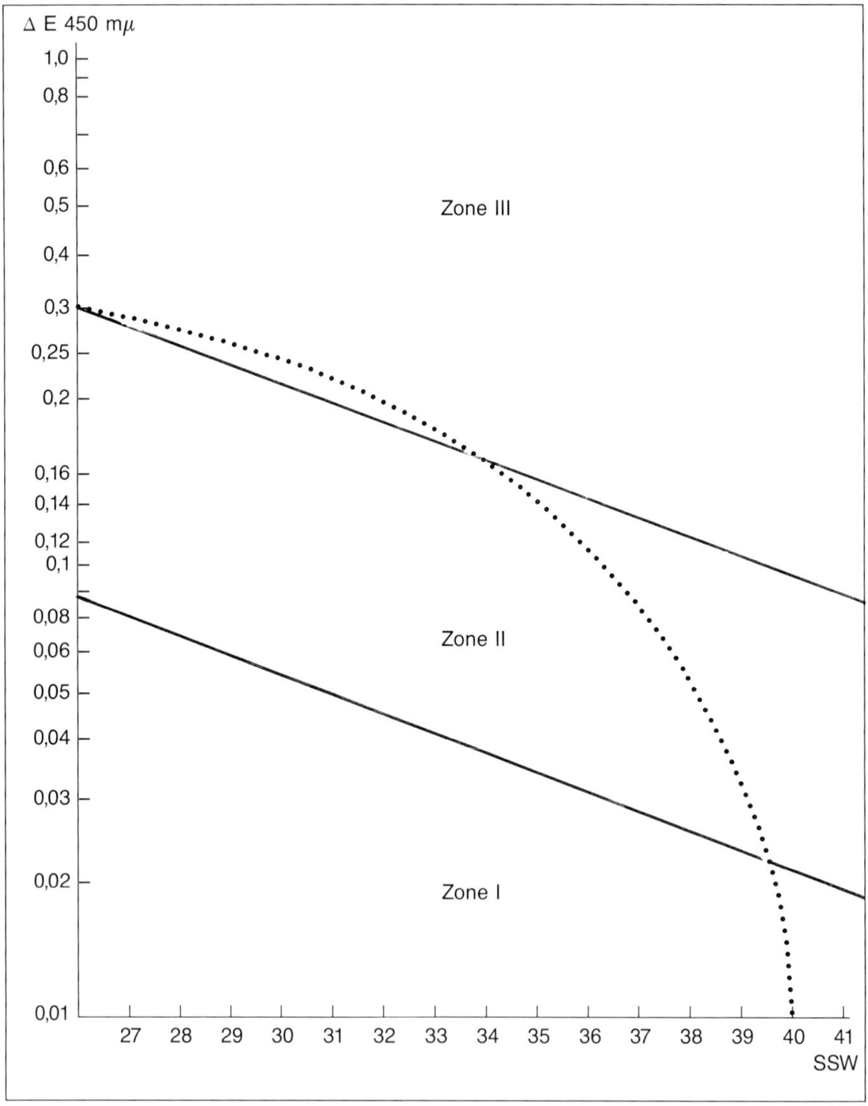

 Abb. 2 *Liley*-Schema zur Beurteilung des Delta-E-Wertes

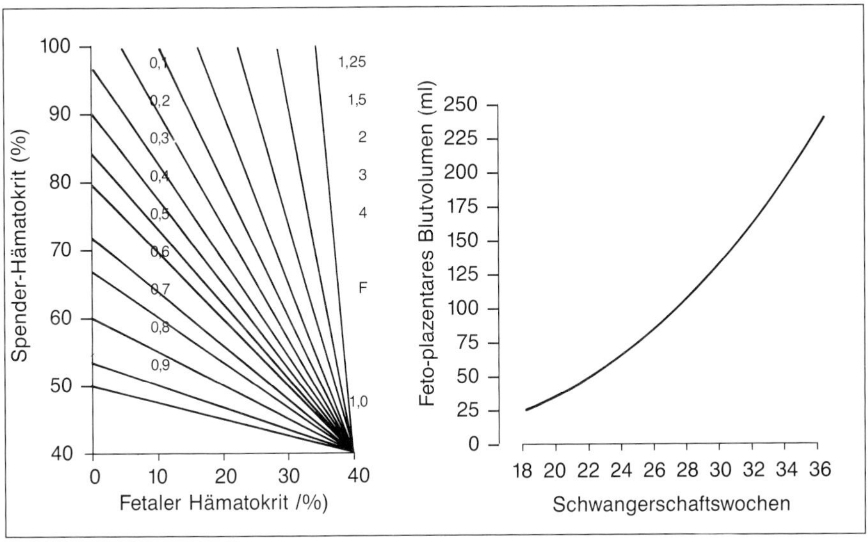

Abb. 3 Schema zur Ermittlung des notwendigen Volumens bei einer intrauterinen Transfusion: aus dem fetalen Ausgangshämatokrit und dem Hämatokrit des Spenderblutes ergibt sich ein Faktor F, mit dem das feto-plazentare Blutvolumen der jeweiligen Schwangerschaftswoche multipliziert wird[4]

Intrauterine Transfusion

Die intrauterine Transfusion ist immer noch ein risikoreicher Eingriff, auch wenn die fetale Mortalität innerhalb von 48 Stunden nach der Punktion von ca. 25 % während der 70er Jahre auf derzeit unter 5 % abgesenkt werden konnte. Da die Punktionen früher ohne genaue Kenntnis der Kindslage erfolgten und der Nadelsitz nur nachträglich durch Röntgenaufnahmen kontrolliert werden konnte, bestand ein relativ großes Risiko der akzidentellen Verletzung fetaler Organe durch die Nadel. Heutzutage stehen dagegen die Hämatombildung an der Nabelschnur, ein thrombotischer Gefäßverschluß oder bei Transfusion in den linken Vorhof ein reflektorischer Herzstillstand im Vordergrund.

Auch die langfristige Prognose der an Rhesus-Erythroblastose erkrankten Kinder hat sich in den letzten Jahren deutlich verbessert. Während in den 70er Jahren eine Überlebensrate von 60 % bei Feten ohne Aszites und von nur 30 % bei Feten mit Aszites bekannt war, beträgt sie jetzt mehr als 80 %. Die Prognose ist um so günstiger, je später in der Schwangerschaft mit den intrauterinen Transfusionen begonnen werden mußte und je weniger Behandlungen erforderlich waren.

Da das Immunsystem der Mütter durch die wiederholten Einschwemmungen fetaler Erythrozyten immer wieder zur Bildung von Rhesus-Antikörpern angeregt wird, bringt erst eine endgültige Trennung von mütterlichem und fetalem Kreislauf eine bleibende Besserung des kindlichen Befindens. Daher strebt man bei einer schweren Rhesus-Erythroblastose eine vorzeitige Entbindung meist durch Kaiserschnitt an, sobald ein geschätztes Geburtsgewicht von 1000 bis 1500 g erreicht ist. Diese Kinder sollten natürlich vor der Entbindung eine Lungenreifebehandlung erfahren haben. Dabei ist für die Indikationsstellung zur intrauterinen Transfusion zu beachten, daß die Kortikosteroidgabe zu einer iatrogenen Verminderung des Delta-E-Wertes im Fruchtwasser führt.

Perinatologische Betreuung

Unter der Geburt und post partum ist eine intensive perinatologische Betreuung des Kindes unbedingt erforderlich, da infolge der Anämie eine starke Azidoseneigung besteht. Nach der Geburt kann in ausgeprägten Fällen eine künstliche Beatmung über Maske oder Intubation notwendig sein. Die Punktion des Aszites erleichtert die Atembewegungen des Thorax. Steht die Anämie im Vordergrund, so sollte eine Transfusion vorgenommen werden. In Abhängigkeit vom Bilirubinspiegel sollte eine Austauschtransfusion durchgeführt werden, bei der gleichzeitig die Konzentration an zirkulierenden Antikörpern vermindert wird. Die Indikation hierzu ergibt sich aus dem Serumbilirubin in Abhängigkeit vom Lebensalter, da die Toleranz des kindlichen Gehirns gegenüber dem Bilirubin während der ersten Lebenstage deutlich zunimmt (Abb. 4).

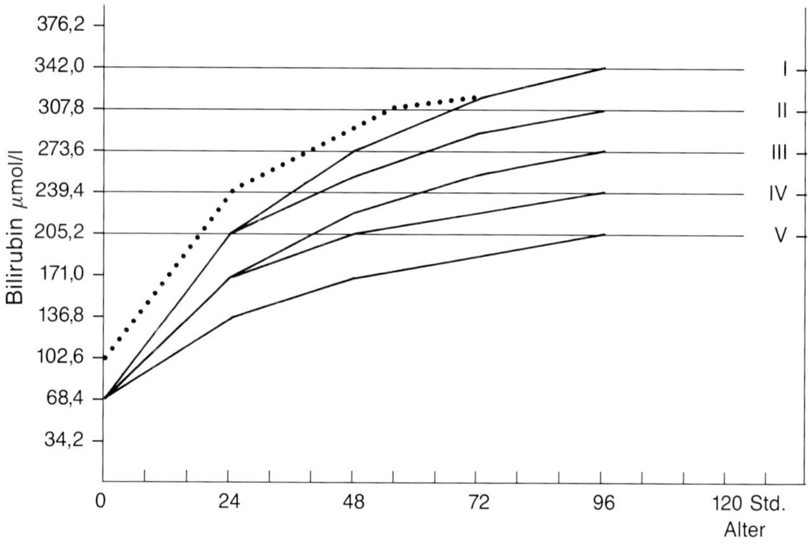

Geb.-Gewicht	Komplikationen	Kurve
> 2500 g	∅ +	I II
1501–2500 g	∅ +	II III
1001–1500 g	∅ +	III IV
< 1000 g	∅ +	IV V

Komplikationen:
- Hypoxie (Asphyxie, Atemnotsyndrom)
- Anämie (Hb < 12,0 g %)
- Azidose
- Hypoalbuminämie
- Hypoglykämie
- Hirnblutung

Abb. 4 Diagramm zur Indikationsstellung einer Austauschtransfusion[7]

Während früher die Austauschtransfusionen wiederholt durchgeführt werden mußten, um den erneuten Anstieg des Bilirubinspiegels aufgrund des Rückstroms der Antikörper aus dem extravasalen Raum abzufangen, ist die Anzahl solcher Behandlungen nach Einführung der Phototherapie stark zurückgegangen. Bei der Phototherapie wird das Kind mit weißem Licht der Wellenlänge 350 bis 500 nm bestrahlt, wodurch das Bilirubin in der Haut zu nicht-toxischen Metaboliten abgebaut wird.

Die Phototherapie ist auch bei einer AB0-Erythroblastose die hauptsächliche Behandlungsmaßnahme. Nur in sehr seltenen Fällen wird eine Intensivtherapie mit Blutaustausch entsprechend der Rhesus-Erythroblastose erforderlich sein.

Durch die intensive Schwangerenüberwachung und die verbesserte pädiatrische Betreuung konnte die kindliche prä- und perinatale Mortalität bei einer Rhesus-Erythroblastose unter 15 % gesenkt werden. Mit Ausnahme der schwersten Fälle von Frühgeburten, bei denen das Geburtsgewicht meist auch nach mehrfachen intrauterinen Transfusionen unter 1000 g bleibt, kann bei den erkrankten Kindern eine normale weitere Entwicklung erwartet werden.

Prävention

Die Beobachtung, daß bei AB0-Inkompatibilität zwischen Mutter und Kind seltener eine Rhesus-Sensibilisierung zu finden ist als bei Blutgruppengleichheit, wurde mit dem »Wegfangen« der kindlichen Erythrozyten durch die A- oder B-Antikörper innerhalb des mütterlichen Kreislaufes erklärt. Diese Blutkörperchen konnten nämlich nicht mit dem Immunsystem der Mutter in Kontakt treten. Auf dieser Überlegung basiert der Vorschlag, rhesus-negative Frauen, bei denen rhesus-positive fetale Zellen im Blut nachweisbar waren, mit D-Antikörper-haltigen Seren zu behandeln. Entsprechende klinische Studien wurden Anfang der 60er Jahre in England, den USA und in Deutschland mit großem Erfolg durchgeführt. Seitdem hat sich die Rhesus-Prophylaxe mit Anti-D-Immunglobulin weltweit durchgesetzt.

Anti-D-haltiges Serum wird von rhesus-immunisierten Frauen und Männern durch Plasmapherese gewonnen. Daneben wird vielerorts an der Entwicklung monoklonaler D-Antikörper gearbeitet. Solche Präparate stehen aber zur Zeit noch nicht zur Verfügung. Anti-D-Immunglobuline können sowohl i.m. wie i.v. verabreicht werden. Zwar kommt es nach i.m. Gabe zu einer verzögerten Elimination rhesus-positiver Erythrozyten aus dem Kreislauf, es ließ sich aber keine Verminderung der Wirksamkeit gegenüber den i.v. verabreichten Präparaten nachweisen.

Anti-D-Immunglobulin

Anti-D-Immunglobulin sollten alle rhesus-negativen, nicht sensibilisierten Frauen, deren Kinder einen positiven Rhesusfaktor aufweisen, post partum erhalten. Dies gilt auch für die Frauen mit der Variante Du, sowie für rhesus-negative Frauen, deren Kind Du-positiv ist.

Bei Eliminationsversuchen an rhesus-negativen Versuchspersonen wurde ermittelt, daß eine Anti-D-Dosis von 10 μg ausreicht, um eine Sensibilisierung durch 1 ml Vollblut zu verhindern. Die Größe der Einschwemmungen kindlichen Blutes beträgt in der Regel nur 0,1 bis 0,2 ml. Da feto-maternale Transfusionen von mehr als 25 ml nur bei 1 bis 4 ‰ aller Geburten auftreten, wurde als Kompromiß zwischen größtmöglichem Schutz und wirtschaftlicher Vertretbarkeit der Kosten eine Standarddosis von 250 bis 330 μg für die postpartale Prophylaxe festgelegt.

Sollte der Immunschutz noch umfassender sein, so muß die zu verabreichende Anti-D-Dosis der feto-maternalen Transfusion angepaßt werden. Deren Volumen läßt sich mittels der Methode von *Kleihauer* und *Betke* aus dem Verhältnis von maternalen und fetalen Erythrozyten im mütterlichen Blutausstrich errechnen. Dabei entspricht eine Konzentration fetaler Zellen (Hb-F-Zellen) von 1 ‰ im mütterlichen Blut einem Transfusionsvolumen von ca. 5 ml.

Einschwemmungen kindlicher Erythrozyten von mehr als 25 ml kommen hauptsächlich bei geburtshilflich-operativen Eingriffen wie Kaiserschnitt, manueller Plazentalösung oder heftigem Vorgehen mit dem *Kristeller*schen Handgriff vor. Klinische Warnzeichen können die auffallende Blässe des Neugeborenen und ein entsprechend erniedrigter Hämoglobinwert sein. Je nach der Konzentration fetaler Zellen im mütterlichen Blutausstrich muß entweder eine erhöhte Anti-D-Dosis oder eine zweite Standarddosis verabreicht werden. Ist bei einer Kontrolle nach zwei Tagen keine ausreichende Verminderung der Hb-F-Zellen zu verzeichnen, so kann eine dritte Standarddosis Anti-D nachinjiziert werden. Mehr als diese drei Standarddosen sollten allerdings in keinem Falle verabreicht werden, da dadurch feto-maternale Transfusionsvolumina von 75 bis 100 ml abgedeckt sind und größere Volumina bei einer Gesamtblutmenge des Neugeborenen von ca. 250 bis 300 ml nicht vorkommen, ohne daß eine lebensbedrohliche Situation beim Kind vorliegt. Andererseits können die Hb-F-Zellen in seltenen Fällen auch von der Mutter stammen.

Die Standarddosis Anti-D sollte jeder nicht sensibilisierten rhesus-negativen Frau innerhalb von 72 Stunden nach der Geburt eines rhesus-positiven Kindes verabreicht werden. Auch wenn diese Frist versehentlich überschritten wurde, scheint das Anti-D noch nach dieser Zeit wirksam zu sein, wenn innerhalb von 14 Tagen post partum insgesamt drei Standarddosen verabreicht werden.

Untersuchungen bei Fehltransfusionen großer, mehrere Liter umfassender Volumina rhesus-positiven Blutes auf negative Empfänger haben gezeigt, daß Dosis-angepaßte Anti-D-Gaben nur bis zu einer Gesamtmenge von 3000 μg Anti-D sinnvoll sind. Eine darüber hinausgehende Anti-D-Dosis führt zu keiner wesentlichen Verbesserung des Sensibilisierungsschutzes. Allerdings sollte diese große Anti-D-Menge unbedingt intravenös zugeführt werden und die Patientin während dieser Behandlung

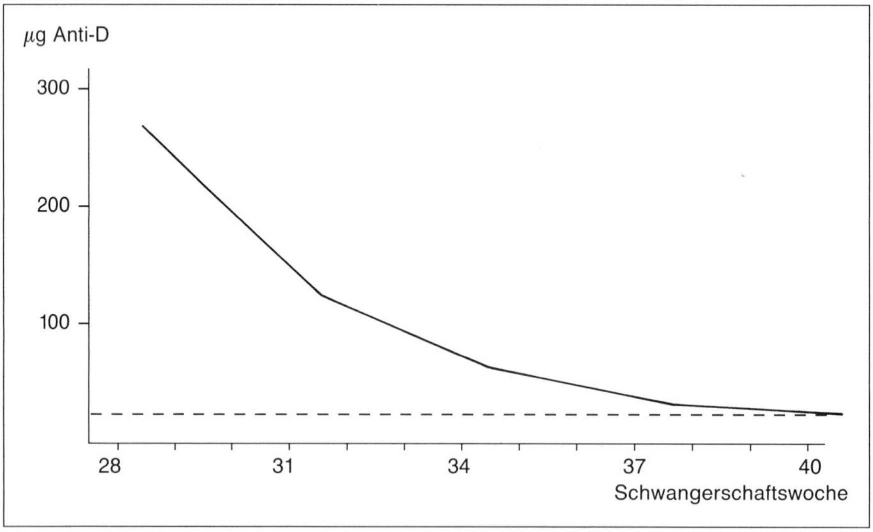

Abb. 5 Verminderung der Anti-D-Menge im Körper nach einer antenatalen Prophylaxe in der 28. SSW (Halbwertszeit 21 Tage)

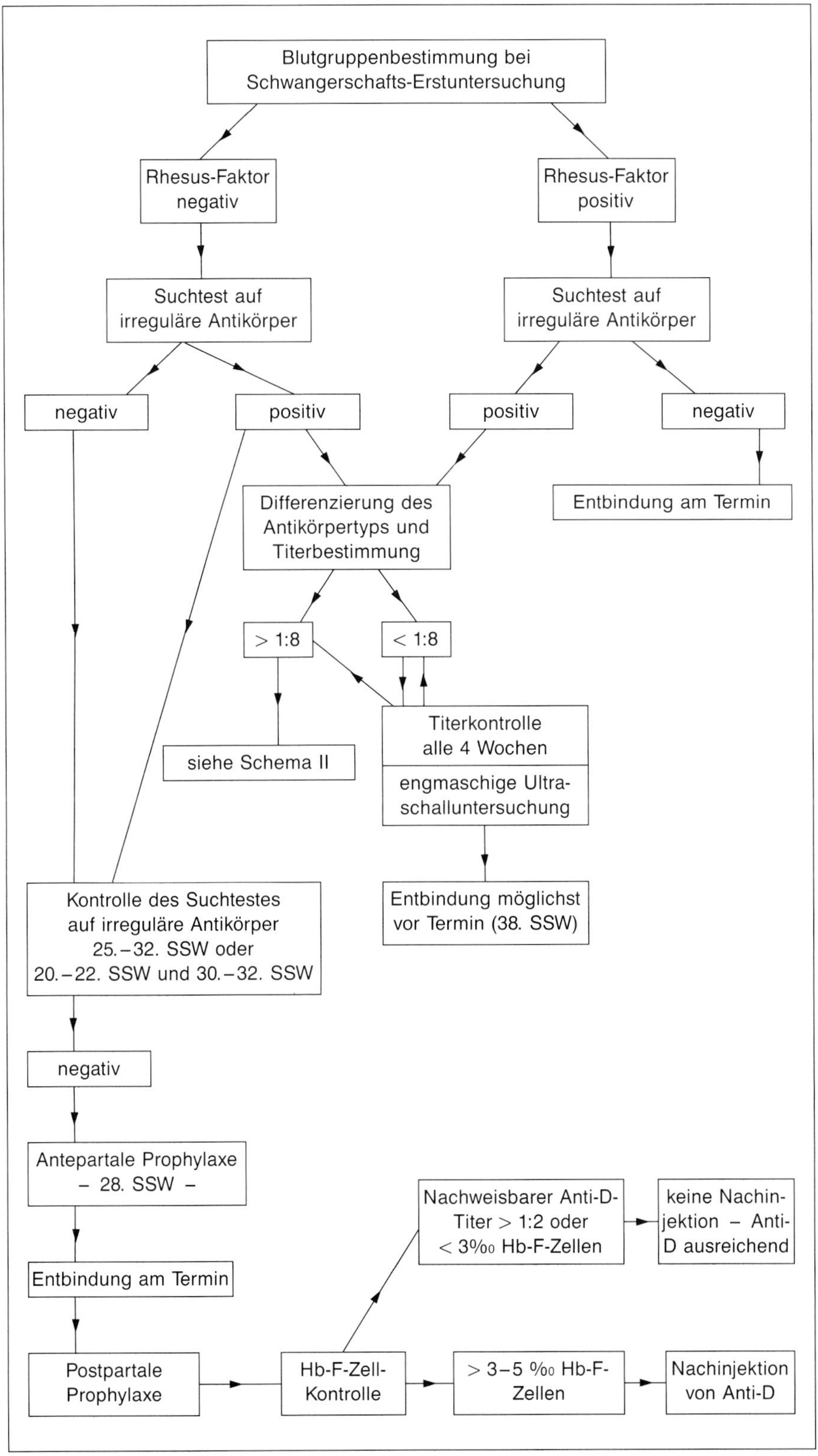

Abb. 6 Schema I: Schwangerschaftsführung bei rhesus-negativen Frauen

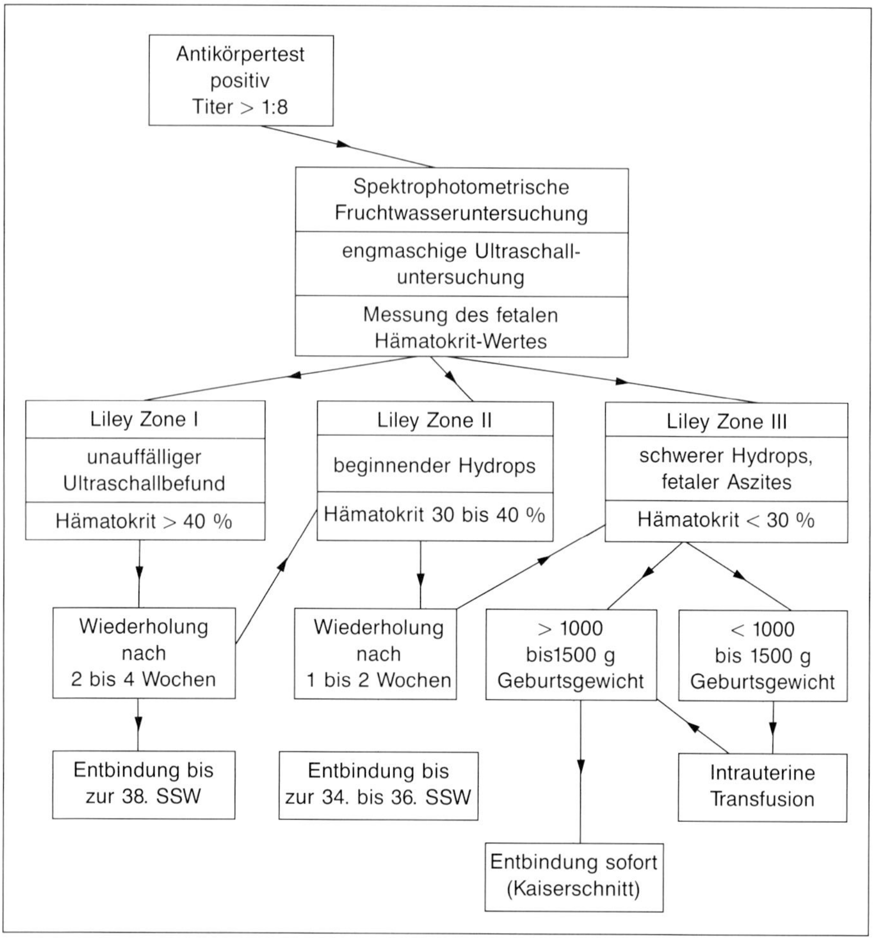

Abb. 7 Schema II: Schwangerschaftsführung bei Rhesus-Sensibilisierung

Vor der 12. Schwangerschaftswoche

Dosis 50 bis 100 μg

- Abortus imminens
- Abortus incompletus
- Abruptio
- Extrauteringravidität
- Blasenmole
- Chorionbiopsie

Nach der 12. Schwangerschaftswoche

Dosis 250 bis 330 μg

- Abort
- Amniozentese
- vorzeitige Wehen
- schwere Gestose (Hypertonie über diastolisch 110 mm Hg)
- Placenta praevia
- Äußere Wendung

Antepartale Prophylaxe (28. SSW)

Abb. 8 Schema III: Indikationen zur Gabe von Anti-D-Immunglobulin während der Schwangerschaft auch intensiv überwacht werden, da infolge der überstürzten Hämolyse eine toxische Schädigung der Niere und der Leber droht.

Einschwemmungen kindlicher Erythrozyten vor der 12. SSW sind relativ selten und von geringem Volumen. Daher genügt bei einer Schwangerschaftsbeendigung in diesem Zeitraum z. B. wegen eines Abortus incompletus, einer Interruptio oder Eileiterschwangerschaft die Verabreichung von 50 bis 100 μg Anti-D.

Erhöhtes Risiko feto-maternaler Transfusion

Ein erhöhtes Risiko einer feto-maternalen Transfusion besteht bei einem Abortus imminens, einer Chorionbiopsie oder Amniozentese, einem Bauchtrauma sowie einer schweren Gestose mit diastolischen Blutdruckwerten über 100 mmHg, so daß eine Standarddosis Anti-D bzw. vor der 12. SSW eine reduzierte Dosis verabreicht werden sollte.

Auch eine routinemäßige Gabe von Anti-D bei rhesus-negativen Schwangeren bereits im III. Trimenon erscheint aufgrund einiger Studien empfehlenswert. Immerhin sind bei ca. 2 bis 4 % der rhesus-sensibilisierten Frauen bereits zum Zeitpunkt der Geburt des ersten rhesus-positiven Kindes Antikörper im Serum nachweisbar. Die antenatale Anti-D-Prophylaxe in der 28. bis 34. SSW vermag die Versagerquote der postpartalen Prophylaxe um 90 % zu reduzieren. Zwar ist sie mit einem erheblichen Mehrbedarf von Anti-D und damit mit einer deutlichen Kostensteigerung verbunden, zumal auch ca. 40 % der Kinder rhesus-negativer Mütter ebenfalls rhesus-negativ sein werden. Trotzdem ist die routinemäßige Verabreichung einer zusätzlichen Anti-D-Dosis ab der 28. SSW an alle rhesus-negativen Schwangeren eine prophylaktische Maßnahme, deren Kosten deutlich geringer sind als diejenigen, die bei der Betreuung der an Erythroblastose erkrankten Kinder anfallen würden. Entsprechend wird derzeit die Einführung einer generellen antenatalen Prophylaxe erwogen.

Allerdings sinkt der Anti-D-Spiegel im Blut der Mutter nach Injektion von 300 μg Anti-D in der 28. SSW bis zum Zeitpunkt der Entbindung in der 40. SSW allmählich auf so niedrige Werte ab, daß fraglich ist, ob ein ausreichender Schutz noch vorhanden ist oder ob nicht sogar eine Reaktion im Sinne des Immunenhancement verstärkend auf die Sensibilisierung einwirken kann (Abb. 5). Aufgrund theoretischer Überlegungen wurde daher gefordert, daß nach Injektion einer Standarddosis Anti-D im Verlauf der Schwangerschaft jeweils 10 bis 12 Wochen später eine weitere Anti-D-Gabe erfolgen sollte, um ein solches Immunenhancement zu vermeiden[1]. Dies würde bedeuten, daß z. B. nach einer Anti-D-Prophylaxe im Anschluß an eine Amniozentese in der 16. SSW erneut in der 28. SSW und dann in der 40. SSW eine Anti-D-Injektion erforderlich wäre.

Resümee

Die Einführung der Rhesusprophylaxe mit Anti-D hat zu einer Verminderung der Sensibilisierungsrate um mehr als 90 % geführt. Aber auch heute noch treten immer wieder neue Fälle von Rhesus-Sensibilisierungen auf, die vornehmlich auf Fehlern in der Durchführung der Prophylaxe beruhen. Daher gehört die sorgfältige Betreuung einer rhesus-negativen Schwangeren zu den wichtigsten Aufgaben eines Frauenarztes (Abb. 6 bis 8).

Literatur

[1] *Bowman, J. M.:* Controversy in Rh prophylaxis: Who needs Rh immunoglobulin and when should it be given? Am. J. Obstet. Gynecol. *151:* 289 (1985).

[2] *Maas, D. H. A., J. Schneider:* Rhesus-Erythroblastose und Anti-D-Prophylaxe. In: *Käser, O., V. Friedberg* (Eds.): Gynäkologie und Geburtshilfe, Band II/1 Schwangerschaft und Geburt, p. 1.80. Stuttgart 1981.

[3] *Maas, D. H. A., J. Schneider:* Antenatale Prophylaxe der Rhesus-Sensibilisierung. Gelbe Hefte *XXVII:* 85 (1987).

[4] *Nicolaides, K. H., P. W. Soothill, C. H. Rodeck, W. Clewell:* Rh Disease: Intravascular fetal blood transfusion by cordocentesis. Fetal therapy *1:* 185 (1986).

[5] *Parer, J. T.:* Severe Rh isoimmunization – Current methods of in utero diagnosis and treatment. Am. J. Obstet. Gynecol. *158:* 1323 (1988).

[6] *Schellong, G., D. Palm, E. M. Maier-Becker, K. Quakernack:* Zur Entwicklung von Kindern nach intrauterinen Transfusionen bei schwerer Rh-Erythroblastose. Z. Geburtsh. Perinat. *181:* 36 (1977).

[7] *Schellong, G., D. Hofmann, H. J. Holländer, H. Mast, K. Quakernack:* Prä- und perinatale Intensivbetreuung bei Rh-Unverträglichkeit. In: *Wiesener, H.* (Ed.): Intensivpflege bei Neugeborenen. Stuttgart 1971.

Blutgruppenunverträglichkeit aus der Sicht der Mutterschafts-Richtlinien

---

Die Diagnostik der Blutgruppenunverträglichkeit und die Prophylaxe der Rhesus-Erythroblastose, insbesondere des Morbus haemolyticus neonatorum, war eine der ersten Maßnahmen des Vorsorgeprogramms im Rahmen der Mutterschafts-Richtlinien des Bundesausschusses der Ärzte und Krankenkassen. Schon in den Richtlinien vom 8. Dezember 1965 war die Bestimmung der Blutgruppe und des Rh-Faktors D aus dem Blut der Schwangeren Bestandteil des Vorsorgeprogramms. Diese Untersuchung wurde lediglich ergänzt durch blutgruppenserologische Untersuchungen beim Kindesvater, wenn bei der Schwangeren die Blutgruppe 0 oder ein negativer Rhesusfaktor festgestellt wurde und entsprechende Untersuchungsbefunde des Kindesvaters nicht schon vorlagen. Enthielt die blutgruppenserologische Konstellation Hinweise auf eine mögliche Gefährdung des Kindes, so sahen die Richtlinien vor, daß in der zweiten Hälfte der Schwangerschaft Antikörperbestimmungen durchgeführt werden sollten. Obwohl es sich damals noch um ein sehr karges blutgruppenserologisches Untersuchungsprogramm handelte, wurde in den Richtlinien schon ausdrücklich gefordert, daß diese Untersuchungen nur von solchen Ärzten und Instituten durchgeführt werden dürften, die über die entsprechenden Kenntnisse und Einrichtungen verfügten.

Dies ist auch heute noch zu fordern, weil das Ergebnis der Blutgruppenbestimmung in der Mutterschaftsvorsorge auch nach der Schwangerschaft große Bedeutung hat. Das Ergebnis wird häufig in Dokumente übertragen, die z. B. für Bluttransfusionen wichtig sind.

Inzwischen ist das blutgruppenserologische Untersuchungsprogramm perfektioniert worden, und auch die prophylaktischen Maßnahmen zur Verhinderung der Neugeborenen-Erythroblastose wurden durch die intrauterine Transfusion beim Kind und die Anti-D-Immunglobulinbehandlung der Mutter deutlich verbessert.

E. Effer

Systemische Infektionen während der Schwangerschaft

E. E. Petersen

Zu den vermeidbaren Risiken während der Schwangerschaft gehören bis zu einem gewissen Grade Infektionen. Grundsätzlich kann hier unterschieden werden zwischen systemischen Infektionen, welche auf hämatogenem Wege auch das Kind erreichen können, und aszendierenden Infektionen, welche über die Zervix und den unteren Eipol auf die Fruchthöhle und das Kind übergehen können. Letztere spielen in der zweiten Schwangerschaftshälfte, insbesondere bei der Geburt, die größere Rolle. Nicht minder gefürchtet sind jedoch die systemischen Infektionen, da einzelne Erreger zu schweren Mißbildungen oder Entzündungsreaktionen beim Feten führen können mit irreversiblen Folgeschäden.

Die wichtigsten Erreger der hämatogenen Infektionen sind Viren, aber auch Bakterien und Protozoen kommen in Frage (Tab. 1). Einige Infektionen gehen nachweislich mit einem hohen Infektions- bzw. Schädigungsrisiko für das ungeborene Kind einher (Tab. 1 oberer Teil). Bei den Viren sind das in erster Linie die Rötelninfektion, dann die Ringelröteln und die HIV-Infektion, schließlich noch die primäre Cytomegalie-Infektion (Abb. 1).

Weniger bedeutend sind die Varizellen mit einem Schädigungsrisiko unter 2 %, die Lymphochoriomeningitis, welche nur durch Goldhamster übertragen wird, die Hepatitis B-Infektion und die sehr häufige reaktivierte Cytomegalievirus-Infektion.

Daneben gibt es eine Reihe weiterer Virusinfektionen, deren Häufigkeit und Schädigungsrisiko aber nur gering ist und für die es keine verläßlichen Zahlen gibt (Abb. 1).

Bei den bakteriellen Infektionen sind es besonders die Listeriose, welche im wesentlichen durch Milch und Milchprodukte übertragen wird, und die Lues, die inzwischen selten geworden ist.

Seltener sind eine Sepsis mit Campylobacter oder anderen Bakterien. Neu ist hier die Borreliose, welche durch Zecken übertragen wird und deren Erreger, Borrelia

Tab. 1 Hämatogene Infektionen

Viren	**Bakterien**	**Protozoen**
Röteln Ringelröteln HIV Primäre Cytomegalie	Listeriose Lues Campylobacter	Toxoplasmose
Varizellen Lymphochoriomeningitis Hepatitis B Reaktivierte Cytomegalie	Borreliose (Gonorrhoe)	Malaria
Diagnostik serologisch bei allen Viren, Lues, Borreliose und Toxoplasmose		

Infektion und ihre Häufigkeit in der Schwangerschaft	Maximales Schädigungs- ☐ oder Infektions- ■ Risiko für das Kind bei Infektion der Mutter in der Schwangerschaft
Röteln (0,1–0,2 %)	60 %
HIV (AIDS) (0,1–0,5 %)	~50 %
prim. CMV (1 %)	10 %
Ringelröteln (Parvovirus B 19) (?)	40 %
Herpes genitalis (1–3 %)	≤ 1 %
Varizellen (< 0,2 %)	< 2 %
prim. Hepatitis B (< 0,1 %)	~ 70 %
HBs-Träger (carrier) (0,5–4 %)	< 1 %
Hepatitis non A non B	?
Lymphochoriomeningitis (LCM) (< 0,1%)	1–10 % ?
reaktivierte CMV (10 %)	≤ 1 %
Masern (< 0,1 %)	< 1 %
Hepatitis A (≤ 1 %)	< 1 %
Mononukleose (EBV) (~ 1 %)	< 1 %
Mumps (< 0,1 %)	< 1 %
Influenza	< 0,1 %
Enteroviren (1–5 %)	< 0,1 %
Papillomaviren (10–30 %)	0 %
	I. Trimenon — II. Trimenon — III. Trimenon — Partus

Abb. 1 Virusinfektionen in der Schwangerschaft. Neben der geschätzten Häufigkeit der verschiedenen Infektionen während der Schwangerschaft wurde das Schädigungs- und Infektionsrisiko für das Kind durch eine Infektion während der Schwangerschaft dargestellt. Obwohl Infektionshäufigkeit und Schädigungshäufigkeit nicht immer zu trennen sind, wurde durch farbliche Gestaltung versucht, das unterschiedliche Risiko der einzelnen Infektionen im zeitlichen Verlauf der Schwangerschaft darzustellen.

burgdorferi, ähnlich wie andere Treponemen auf die Schwangerschaft übergehen kann; hierzu liegen allerdings nur wenige Daten vor.

Von den durch Protozoen verursachten Infektionen ist es vor allem die Toxoplasmose, die in der Schwangerschaft gefürchtet wird, da sie zu schweren Folgeschäden (Hydrozephalus) führen kann. Das besondere Problem hierbei ist die schwierige Diagnostik, da der Krankheitserreger zu einer chronischen Infektion über Monate und Jahre führen kann.

Die wichtigsten Infektionen

Röteln

Die Rötelnvirus-Infektion ist die gefürchtetste Komplikation in der Frühschwangerschaft, da dieses Virus wie kein anderes in einem hohen Prozentsatz zu einer irreversiblen Schädigung des Kindes führt. Wegen eines Mißbildungsrisikos zwischen 60 und 15 % in den ersten drei Monaten wird bei nachgewiesener Rötelninfektion in dieser Zeit einem Schwangerschaftsabbruch zugestimmt.

Ein sicherer Ausschluß einer im ersten Trimenon durchgemachten Rötelninfektion ist auch durch Nabelschnurpunktion bis heute nicht möglich. Für die Diagnostik der mütterlichen Röteln stehen inzwischen zahlreiche serologische Tests zur Verfügung. Als Problem bleibt aber die Unsicherheit des Schutzes bei niedrigem Titer. Zum Teil ist es ein methodisches Problem des Antikörper-Nachweises im niedrigen Titerbereich, zum anderen aber kann es auch zu einer Reinfektion mit Titeranstieg kommen. Das Risiko für das Kind dürfte hier aber nur sehr niedrig sein.

Auch heute ist trotz aller Möglichkeiten der Impfung, der Titerbestimmung und der Kostenübernahme durch die Kassen das Problem »Rötelninfektion in der Schwangerschaft« noch nicht gelöst, so daß immer wieder Rötelninfektionen in der Schwangerschaft beobachtet werden. Die präpubertäre Impfung aller Mädchen oder zumindest die frühzeitige Rötelntiterbestimmung bei jungen Frauen und entsprechende Impfung bei Negativität könnten das Problem weiter vermindern. Auf der anderen Seite gibt es Frauen, welche nur einen sehr niedrigen Rötelntiter besitzen, der trotz Impfung nicht ansteigt. Wie bei Röteln-negativen Schwangeren sollte auch bei diesen Frauen zwischen der 14. und 16. Woche eine Titerkontrolle zum Ausschluß einer Rötelninfektion in der Frühschwangerschaft vorgenommen werden.

Ringelröteln

Diese Infektion, deren Erreger bis vor kurzem nicht bekannt war, wurde zunächst als harmlose Infektion gewertet, die es von »echten« Röteln serologisch abzugrenzen galt. Inzwischen hat sich aber gezeigt, daß das Ringelrötelnvirus (Parvovirus B19) selektiv das Knochenmark befällt und zu einer Anämie beim Feten führen kann. Genaue Zahlen hierzu sind noch nicht bekannt, es wird aber angenommen, daß es bei bis zu 20 % der betroffenen Schwangeren zu einem Hydrops mit Absterben des Feten kommt. Wird dieser mit der Virusinfektion fertig, so sind, wie die bisherigen Erfahrungen annehmen lassen, keine bleibenden Schäden beim Kind zu erwarten.

Durch frühzeitige Diagnostik, die bislang nur in ganz wenigen Zentren möglich ist, und durch intrauterine Bluttransfusionen wird sich wahrscheinlich ein Teil dieser Kinder in Zukunft retten lassen. Ob die rechtzeitige Verabreichung eines normalen Standardimmunglobulins bei Kontakt der Schwangeren ihre Infektion verhindern kann, ist bislang nicht untersucht worden.

HIV

Auch die Infektion mit *Human Immune Deficiency Virus* (HIV) ist ein neues Problem in der Geburtshilfe. Nach neuesten Ergebnissen sind etwa 30 % der Kinder von HIV-positiven Frauen mit diesem Virus infiziert. Eine Beschleunigung der Erkrankung durch die Schwangerschaft wird nur in wenigen Einzelfällen beobachtet.

Cytomegalievirus-Infektion

Die Cytomegalievirusinfektion ist die häufigste Virusinfektion in der Schwangerschaft. Mit einer floriden Cytomegalievirus (CMV)-Infektion ist bei bis zu 10 % aller Schwangerschaften zu rechnen. In den meisten Fällen handelt es sich dabei um eine reaktivierte CMV-Infektion mit einem Schädigungsrisiko unter 1 %. Lediglich bei der primären Cytomegalievirus-Infektion besteht ein Schädigungsrisiko von bis zu 10 %. Mikrozephalie, zerebrale Retardierung können als Dauerschäden auftreten. Im zweiten Trimenon kann es zu einer floriden Infektion des Feten kommen mit Hepatosplenomegalie, welche im Ultraschall-Verfahren zunehmend erkannt wird. Die Durchführung einer Sectio in diesen Fällen ist hierbei die falsche Entscheidung.

Zur Unterscheidung, ob es sich um eine primäre oder nur um eine reaktivierte Cytomegalievirus-Infektion handelt, ist die Kenntnis des Immunstatus vor der Schwangerschaft wichtig. Der Beweis für die Floridität der Infektion wird durch den IgM-Antikörper-Nachweis erbracht. Wiederholte Kontrollen in der Schwangerschaft bei nachgewiesener Reaktivierung erscheinen unnötig. Etwa 1 % aller Neugeborenen wird peripartal mit dem Cytomegalievirus infiziert, wahrscheinlich als Folge der reaktivierten Cytomegalievirus-Infektion der Mutter. Prophylaktische Maßnahmen hierzu sind bisher nicht empfohlen worden. Die Prognose der Infektion ist gut.

LCM

Die lymphozytäre Choriomeningitis (LCM) ist eine seltene Infektion in Deutschland und wird in der Regel nur durch Goldhamster übertragen. Die Infektion in der Schwangerschaft kann jedoch zu Meningoenzephalitis, Chorioretinitis und Hydrozephalus mit zerebraler Retardierung beim Feten führen.

Hepatitis B

Die primäre Hepatitis B-Infektion in der Schwangerschaft ist selten. Mißbildungen hierdurch sind nicht beschrieben worden, aber die Mehrzahl der Kinder wird hierdurch zum chronischen Antigenträger mit allen seinen Spätfolgen. Sehr viel häufiger ist die Übertragung des Hepatitis B-Virus während der Geburt von HBs-positiven Müttern, welche zwischen 0,5 und 4 % aller Schwangeren ausmachen. Das Screening auf HBs-Carrierstatus der Schwangeren wird zunehmend in der Schwangerschaft vorgenommen. Durch Impfung des Neugeborenen kann das Angehen der Infektion bei diesem in den meisten Fällen verhindert werden.

Listeriose

Sie wird verursacht durch kleine, grampositive Stäbchenbakterien, welche in der Regel durch Milch und Milchprodukte (Käse) übertragen werden. Die Infektion kann asymptomatisch oder als grippaler Infekt mit rezidivierenden Fieberschüben ablaufen. Wird die Diagnose nicht gestellt, so kommt es in der Mehrzahl der Fälle zum Absterben der Frucht in utero, einem fieberhaften Abort, einer Frühgeburt und der schwersten Form beim Kind, der Granulomatosis infantiseptica mit einer hohen Letalität. Die Diagnose kann nur über den Erregernachweis gestellt werden, in der Regel im Blut bzw. nach Eröffnung der Fruchtblase auch im Fruchtwasser, und natürlich beim Kind. Die Serologie ist hierzu ungeeignet.

Die beste Prophylaxe ist es, nicht pasteurisierte Milch und Käsesorten aus nicht pasteurisierter Milch zu vermeiden. Bei Weich- und Schimmelkäsen ist es ratsam, die Rinde nicht zu verzehren, da diese eher kontaminiert ist (kontaminierter Herstellungsbereich) als das Innere des Käses.

Lues

Bei Primärinfektion während der Schwangerschaft kommt es bei 70 bis 100 % aller Kinder zur Infektion. Dabei zeigt nur die Hälfte der von einer syphilitischen Mutter lebend geborenen Kinder die bereits klinisch manifeste Lues connata.

Die häufigere Form der aktiven Lues in der Schwangerschaft ist die noch floride Lues im Stadium II, die bis zu 2 Jahre infektiös bleibt. Durch die in den Mutterschaftsrichtlinien geforderte Luesserologie werden diese Fälle erkannt und können rechtzeitig therapiert werden. Insgesamt gesehen jedoch ist die Lues in der Schwangerschaft heute eher eine Rarität. Die Therapiebedürftigkeit bei einem serologischen Befund wird durch den Cardiolipin-Mikroflockungstest und durch die zunehmend verfügbaren IgM-Antikörpertests gesichert, die auch durch ihre spätere Negativität den Therapieerfolg anzeigen.

Sepsis durch Campylobacter

Hierbei handelt es sich um Erreger, die bei Tieren häufig vorkommen. Bakteriämien sind nach Infektion der Schwangeren nicht selten und können so den Feten erreichen. Durch Blutkulturen können diese Erreger nachgewiesen werden. Eine frühzeitige Antibiotikatherapie verhindert das Absterben des Kindes.

Borreliose

Hierbei handelt es sich um eine bakterielle Erkrankung mit Borrelia burgdorferi, einer Spirochäte, welche durch Zecken übertragen wird und verschiedene kutane Erkrankungsbilder, aber auch chronische Gelenkentzündungen verursacht. Wegen ihrer Verwandtschaft mit dem Lueserreger ist nicht auszuschließen, daß die Borrelien während der Schwangerschaft auch auf das Kind übergehen und zu Schäden führen. Eine Beachtung dieser Infektion in der Schwangerschaft und eine frühzeitige Therapie mit z. B. Penicillinen oder Cephalosporinen ist dann zu empfehlen.

Toxoplasmose

Die Toxoplasmose wird verursacht durch das Protozoon Toxoplasma gondii und verläuft bei der Hälfte der Betroffenen asymptomatisch. Sie neigt zu einem chronischen Krankheitsverlauf mit Lymphknotenschwellung, Müdigkeit, Schwäche und subfebrilen Temperaturen. Wenn die Infektion erst während der Schwangerschaft erfolgt, kann der Erreger auf das Kind übergehen und hier zu schweren, irreparablen Schäden (Hydrozephalus) führen. Durch die rechtzeitige Antibiotikatherapie kann das Schädigungsrisiko deutlich gesenkt werden.

Die Übertragung erfolgt durch rohes Fleisch, in der Mehrzahl der Fälle aber ohne erkennbares Risiko durch Aufnahme von infiziertem Katzenkot, in dem sich die infektionsfähigen Oozyten befinden. Die Diagnose wird serologisch gestellt. Wegen des langen, chronischen Verlaufes ist die Bestimmung des Infektionsbeginnes auch mit aufwendigen serologischen Methoden (KBR, IFT, IgM-IFT, IgM-ISAGA, indirekter Hämagglutinationstest und *Western blot*) nur bedingt möglich.

Tab. 2 Maßnahmen vor der Schwangerschaft

Röteln-Titer-Bestimmung, wenn negativ:	Impfung und Titerkontrolle nach 8 Wochen
HIV-Antikörper-Bestimmung	
Cytomegalie-Titer-Bestimmung, wenn negativ:	Kontrolle 14. SSW
Toxoplasma-Titer-Bestimmung, wenn negativ:	Kontrolle z. B. 10., 20. und 30. SSW

Prophylaktische Maßnahmen vor der Schwangerschaft

Der beste Schutz vor Infektionen ist die Prophylaxe (Tab. 2). Dies gilt ganz besonders für Röteln. Aus diesem Grunde ist die Rötelntiter-Bestimmung bei der Frau bereits vor der Schwangerschaft als Kassenleistung anerkannt. Bei negativem Titer muß eine Impfung vorgenommen werden; der Erfolg sollte nach ca. 8 Wochen kontrolliert werden.

Wegen des hohen Übertragungsrisikos der HIV-Infektion während der Schwangerschaft auf das Kind sollten HIV-infizierte Frauen nach Möglichkeit nicht schwanger werden. Aus diesem Grunde sollte diese Infektion vor einer Schwangerschaft bereits ausgeschlossen sein. Dies ist sicherlich zu fordern bei all denjenigen Frauen, die hierfür ein erhöhtes Risiko haben. Die Meinungen darüber, wie ernst dieses Infektionsrisiko genommen werden soll, gehen auseinander. Im Zweifelsfall sollte die Untersuchung durchgeführt werden.

Nur die *primäre* Cytomegalievirus-Infektion ist mit einem deutlich erhöhten Risiko für das ungeborene Kind verbunden. Ist ein Cytomegalietiter schon vor der Schwangerschaft bekannt und werden dann Cytomegalie-spezifische IgM-Antikörper in der Schwangerschaft nachgewiesen, so muß es sich um eine *reaktivierte* CMV-Infektion handeln mit einem Risiko, welches unter 1 % liegt und somit zur Zeit keine weiteren Konsequenzen erfordert.

Zu einem zunehmenden Problem in der Schwangerschaft entwickelt sich die Toxoplasmose-Diagnostik. Es ist bekannt, daß nur die primäre Toxoplasmose-Infektion in der Schwangerschaft eine Gefahr für das Kind bedeutet, da nur in diesen Fällen die Toxoplasmen über die Blutbahn auf die Schwangerschaft übergehen können. Wegen der langen Persistenz der Toxoplasmose-IgM-Antikörper infolge der persistierenden Infektion in den Lymphknoten kommt es im Falle einer Schwangerschaft dann, wenn die Untersuchung hier zum erstenmal durchgeführt wird, immer wieder zu der Frage der Therapiebedürftigkeit der Infektion. Nur durch mehrere, zum Teil aufwendige serologische Verfahren kann in diesen Fällen etwas über die Dauer der Infektion gesagt werden und damit eine Entscheidung hierüber fallen, ob diese Infektion nun in der Schwangerschaft vier Wochen und länger mit Antibiotika behandelt werden soll. Durch eine einmalige Titerbestimmung vor der Schwangerschaft ist eine weitere Kontrolle bei allen Toxoplasma-positiven Frauen in der Schwangerschaft nicht mehr notwendig.

Maßnahmen während der Schwangerschaft

Bei den Maßnahmen während der Schwangerschaft geht es darum, kindliche Schäden zu vermeiden (Tab. 3):

Bei Schwangeren mit negativem Rötelntiter ist eine serologische Kontrolle in der 14. bis 16. Woche notwendig, um sicher zu sein, daß diese Infektion im ersten Trimenon, wo ein hohes Mißbildungsrisiko besteht, nicht abgelaufen ist.

Bei jedem Exanthem in der Schwangerschaft sind Röteln und Ringelröteln auszuschließen.

Fieberhafte Infekte in der Schwangerschaft kommen vor. Zum Ausschluß einer Listeriose-Infektion sind Blutkulturen zur Erfassung der Listerien, aber auch zur Erfassung anderer bakterieller Infektionen, z. B. mit Campylobacter fetus oder jejuni, E. coli und anderen Bakterien notwendig. Da Harnwegsinfekte in der Schwangerschaft häufig sind und diese auch zu Fieber disponieren, ist der Ausschluß eines Harnwegsinfektes immer notwendig. Auch ein Amnioninfekt ist durch entsprechende Untersuchungen auszuschließen. Da Fieber zu vorzeitigen Wehen führt, ist eine frühzeitige Therapie, wenn möglich mit Antibiotika, erforderlich, um eine Frühgeburt zu vermeiden.

Bei Lymphknotenschwellung in der Schwangerschaft ist eine Toxoplasmose unbedingt auszuschließen, ebenso eine HIV-Infektion.

Hinter einem grippalen Infekt können sich verschiedene Infektionen verbergen. Auch hier gilt es, Röteln, die Toxoplasmose und die Listeriose auszuschließen. Bei Arthralgie in der Schwangerschaft sollten eine Chlamydien-Infektion durch entsprechende Abstriche aus der Zervix und auch eine Gonokokken-Infektion, ebenfalls durch einen spezifischen Abstrich aus der Zervix, sowie die Borreliose und die Rötelninfektion serologisch ausgeschlossen werden.

Für Virusinfektionen stehen keine bedenkenlos in der Schwangerschaft anwendbaren Therapeutika zur Verfügung, aber durch die frühzeitige Zufuhr von Antikörpern kann das Infektions- und speziell das Erkrankungsrisiko vieler dieser Infektionen beseitigt oder zumindest gemindert werden. Dies gilt für Röteln, Varizellen, Hepatitis A und B und wahrscheinlich auch für Ringelröteln. Eine Zufuhr des spezifischen Immunglobulins bzw., wenn keines zur Verfügung steht, von Standardimmunglobulin, ist aber nur sinnvoll in den ersten drei Tagen bis maximal 5 Tage nach Kontakt. Wegen

Tab. 3 Maßnahmen während der Schwangerschaft

Negativer Rötelntiter:	Kontrolle in der 14. bis 16. SSW
Exanthem:	Ausschluß Röteln und Ringelröteln
Fieber:	1. Blutkultur zur Erfassung von Listerien, Campylobacter und anderen Bakterien 2. Urindiagnostik 3. Ausschluß Amnioninfekt 4. Frühzeitige Therapie (Antibiotika) zur Vermeidung von vorzeitigen Wehen
Lymphknotenschwellung:	Ausschluß Toxoplasmose, HIV
Grippaler Infekt:	Ausschluß Röteln, Toxoplasmose, Listeriose
Arthralgie:	Ausschluß einer Chlamydien- oder Gonokokkeninfektion, Borreliose, Röteln
Kontakt mit Erkranktem/Inkubiertem an Röteln, Ringelröteln, Varizellen, Hepatitis A und B:	Immunstatusüberprüfung der Schwangeren und eventuell prophylaktische Verabreichung eines spezifischen Immunglobulins
Listeriosenachweis:	Ampicillingabe
Toxoplasmose-Primärinfektions-Nachweis:	Therapie, eventuell Nabelschnurpunktion zur Feststellung einer kindlichen Infektion
Ringelrötelninfektion:	Ultraschall-Kontrollen, eventuell intrauterine Bluttransfusion

Tab. 4 Impfungen in der Schwangerschaft

	Lebendimpfung	**Tot-/Toxoidimpfung**
Erlaubt	Polio (Kinderlähmung)	Tetanus Influenza
Bedingt erlaubt bzw. bei Indikation	Gelbfieber (nur durch Impfstelle) Typus oral (Typhoral L)	Tollwut Hepatitis B Cholera FSME (Frühsommermeningoenzephalitis)
Nicht erlaubt	Röteln Masern Mumps Tuberkulose Pocken	

ihrer zum Teil hohen Kosten sollten die Präparate nur an nachweislich empfängliche Schwangere verabreicht werden. Aus diesem Grund ist bei Infektionsverdacht die sofortige Bestimmung des Immunstatus durchzuführen.

Bei Verdacht oder nachgewiesener Listeriose-Infektion sollte sofort mit einer hochdosierten Ampicillintherapie begonnen werden. Die Prognose für das Kind ist hierbei gut. Kommt die Therapie rechtzeitig, so ist mit einem gesunden Kind zu rechnen.

Bei nachgewiesener Toxoplasmose-Infektion in der Schwangerschaft ist zur Antibiotikatherapie über mindestens 4 Wochen zu raten. Da das Infektionsrisiko für den Embryo bzw. Feten in der Frühschwangerschaft gering, das Schädigungsrisiko bei erfolgter Infektion jedoch hoch ist, sollte bei nachgewiesener Primärinfektion in der Frühschwangerschaft eine Nabelschnurpunktion um die 20. Woche herum durchgeführt werden, um eine kindliche Infektion nachzuweisen oder auszuschließen. Bei nachgewiesener Infektion in der Frühschwangerschaft empfiehlt es sich, einer gewünschten Schwangerschaftsunterbrechung zuzustimmen oder die Therapie durch plazentagängige Präparate zu ergänzen und zu verlängern. Da man bei bis zu 0,7 % aller Schwangeren mit einer Toxoplasmose-Primärinfektion in der Schwangerschaft rechnen muß, wird man bei denjenigen Schwangeren, die zu Beginn der Schwangerschaft keine Toxoplasmoseimmunität besitzen, z. B. in der 10., 20. und 30. Schwangerschaftswoche, eine serologische Kontrolle empfehlen.

Die Bedeutung der Ringelröteln in der Schwangerschaft ist erst in letzter Zeit erkannt worden. Genaue Zahlen hierzu liegen noch nicht vor. Betroffene Frauen sollten jedoch engmaschig durch Ultraschall kontrolliert werden. Bei Hinweis auf einen beginnenden Hydrops, der in diesem Fall durch die Anämie verursacht ist, könnte das Kind wahrscheinlich durch eine Nabelschnurpunktion und durch Bluttransfusion gerettet werden.

Impfungen während der Schwangerschaft und beim Neugeborenen

Impfungen in der Schwangerschaft sind nur in Ausnahmefällen notwendig. Die Angst vor Impfungen in der Schwangerschaft ist sicherlich bei weitem größer als das tatsächliche Risiko. Grundsätzlich sollten Impfungen mit Lebendimpfstoffen in dieser Zeit nicht durchgeführt werden. Aber selbst nach der Rötelnimpfung, die es nur als

Lebendimpfung gibt, ist bis heute bei über 700 dokumentierten Fällen noch kein einziger gesicherter Schadensfall bekannt geworden. Die einzige Lebendimpfung, die bedenkenlos auch in der Schwangerschaft gegeben werden darf, ist die Polioimpfung. Bei den Tot-/Toxoidimpfungen ist in der Schwangerschaft die Tetanusimpfung und auch die Influenzaimpfung erlaubt.

Nicht durchgeführt werden sollten in der Schwangerschaft die Lebendimpfungen gegen Röteln, Masern, Mumps, Tuberkulose und Pocken, die heute sowieso nicht mehr in Frage kommen. Alle anderen Impfungen (Tab. 4) sind dann erlaubt, wenn die Notwendigkeit zu einer Impfung besteht, d. h. wenn das Risiko durch die Nicht-Impfung für die Mutter größer ist als das nur geringe und mehr theoretische Risiko für das Ungeborene. Nach Möglichkeit sollte man die Impfung erst nach dem 1. Trimenon durchführen.

Neugeborenen-Impfung gegen Hepatitis B bei HBs-Ag-positiven Müttern: Diese Kinder erhalten unmittelbar nach der Geburt 1 ml Hepatitis B-Immunglobulin (HBIg) i.m. Zweckmäßigerweise wird gleichzeitig mit der aktiven Impfung des Neugeborenen mit der halben Erwachsenendosis begonnen. Die zweite Dosis wird nach 4 Wochen und die dritte nach einem halben Jahr verabreicht. Die aktive Impfung des Neugeborenen ist sinnvoll, da die Infektionsgefahr durch die Mutter, die meist chronische HBs-Antigen-Trägerin ist, weiterbesteht. Ist nur der Vater chronischer HBs-Antigen-Träger, brauchen die Kinder nur aktiv geimpft zu werden.

Literatur

[1]*Ackermann, R.:* Erythema-migrans-Borreliose und Frühsommer-Meningoenzephalitis. Dtsch. Ärztebl. *24:* 1765 (1986).

[2]*Bulling, E., A. Schönberg, H. P. Seeliger:* Infektionen mit Listeria monocytogenes. Dtsch. Ärztebl. *85,* Heft 19: B-957 (1988).

[3]*Daffos, F., F. Forestier, M. Capella-Pavlovsky* et al.: Prenatal Management of 746 Pregnancies at Risk For Congenital Toxoplasmosis. New Engl. J. Med. *318:* 271 (1988).

[4]*Deinhardt, F., M. Roggendorf, F. Maass:* Parvovirus-B19-Infektionen in der Schwangerschaft. Dtsch. Ärztebl. *85,* Heft 48 (1988).

[5]*Enders, G.:* Infektionen und Impfungen in der Schwangerschaft. München 1988.

[6]*Higa, K., K. Dan, H. Manabe:* Varicella-Zoster Virus Infections During Pregnancy: Hypothesis Cocerning Mechanisms of Congenital Malformations. Obstet. Gynecol. *69:* 214 (1987).

[7]*Jilg, W., F. Deinhart:* Schutzimpfung gegen Hepatitis B. Dtsch. Ärztebl. *85,* Heft 16: B-791 (1988).

[8]*Petersen, E. E.:* Infektionen in Gynäkologie und Geburtshilfe. Stuttgart 1988.

[9]*Remington, J. S., J. O. Klein* (Eds.): Infectious Disease of the Fetus and the Newborn Infant. Philadelphia 1983[2].

[10]*Schlesinger, P., P. H. Duray, B. A. Burke* et al.: Maternal-Fetal Transmission of the Lyme Disease Spirochete, Borrelia burgdorferi. Ann. intern. Med. *103:* 67 (1985).

[11]*Schwarz, T. F., M. Roggendorf, F. Deinhardt:* Die Infektion mit dem Erreger der Ringelröteln (Humanes Parvovirus B19) und ihr Einfluß auf die Schwangerschaft. Dtsch. Ärztebl. *49:* 3365 (1987).

[12]*Shirts, S. R., M. S. Brown, J. R. Bobitt:* Listeriosis and Borreliosis as Causes of Antepartum Fever. Obstet, Gynecol. *62:* 256 (1983).

Lokale Infektionen während der Schwangerschaft

J. W. Dudenhausen

Neben der physiologischen Flora der Vagina, den Laktobazillen in hoher Keimzahl, finden sich bei der Schwangeren in der Scheide verschiedene Mikroorganismen der Haut, des Dammbereiches und des Partners in meist niedrigerer Konzentration. Diese Mikroorganismen können für aszendierende Infektionen während der Schwangerschaft oder Geburt verantwortlich sein (Tab. 1). Für die geburtshilfliche Praxis sind die Enterobakterien, die Streptokokken der Gruppe B, die Bakteroidesarten, die Chlamydien, die Herpes- und Papillomaviren sowie die Pilze wegen ihrer Häufigkeit oder des fatalen Verlaufes bei den Folgen der intrauterinen Infektion an erster Stelle zu nennen.

Bakterielle aszendierende Infektion

Aszendierende Infektionen treten vor allem bei offener Fruchtblase auf. Allerdings ist die Keimaszension auch bei intakten Eihäuten keineswegs selten. Sie kann nicht nur Folge, sondern auch Mitursache des Blasensprungs sein. Normalerweise ist die Fruchthöhle bei geschlossenem Muttermund und fehlender Wehentätigkeit keimfrei.

Die aszendierenden Keime rufen sowohl beim Kind als auch bei der Mutter Infektionen hervor. Die schwerwiegendste Folge der aszendierenden Infektion ist beim Kind die neonatale Sepsis. Vorsorgemöglichkeiten vor dieser schweren kindlichen Gefährdung sind:

- Die Verhinderung der aszendierenden Infektion nach Blasensprung sowie
- die Behandlung bei als pathologisch erkannten Vaginal- bzw. Zervikalabstrichen.

Tab. 1 Mikroorganismen uro-genitaler Infektionen[17]

<table>
<tr><th>Körpereigene</th><th>sexuell übertragene</th></tr>
<tr><td>Enterobacteriaceae</td><td>Herpes simplex-Virus</td></tr>
<tr><td>Staphylococci</td><td>Papillomavirus</td></tr>
<tr><td>Streptococci A, B, D, E, F</td><td>Treponema pallidum</td></tr>
<tr><td>Bacteroides sp.</td><td>Haemophilus ducreyi</td></tr>
<tr><td>Peptococci sp.</td><td>Chlamydia trachomatis L_1 – L_3</td></tr>
<tr><td>Peptostreptococci sp.</td><td>Neisseria gonorrhoeae</td></tr>
<tr><td>Veillonella parvula</td><td>Chlamydia trachomatis D–K</td></tr>
<tr><td>Mobiluncus sp.</td><td>Trichomonas vaginalis</td></tr>
<tr><td colspan="2">Gardnerella vaginalis</td></tr>
<tr><td colspan="2">Ureaplasma urealyticum</td></tr>
<tr><td colspan="2">Mycoplasma hominis</td></tr>
<tr><td colspan="2">Candida albicans</td></tr>
</table>

Verhütung der aszendierenden Infektion nach Blasensprung

Vor der Therapie bei vorzeitigem Blasensprung muß dieser diagnostiziert werden. Läßt sich der Verdacht auf einen vorzeitigen Blasensprung nicht entkräften, sollten – vor allem beim unreifen Kind – Behandlung und Überwachung mit Entzündungsparametern wie bei einem gesicherten Blasensprung eingeleitet werden.

Ein wichtiger Faktor ist das Schwangerschaftsalter und die Geburtsreife der Zervix (Abb. 1). In diesem Zusammenhang ergeben sich die Fragen der Antibiotikagabe und der vaginalen Antisepsis, vor allem bei der heutigen Tendenz zur abwartenden Behandlung des vorzeitigen Blasensprungs vor dem Termin. Die Richtlinie, jede Geburt unverzüglich nach dem vorzeitigen Blasensprung unabhängig vom Schwangerschaftsalter einzuleiten, wird heute nicht mehr befolgt. Sie stammt aus einer Zeit, in der die Neonatologie weniger leistungsfähig war als heute und diente der Senkung des Risikos für die Mutter. Für die Kinder bestanden dabei geringe Überlebenschancen. Seit einigen Jahren setzt sich mehr und mehr eine abwartende oder exspektative Behandlungsform durch.

Mit dem streng exspektativen Management nach vorzeitigem Blasensprung gelingt es vor allem beim extrem untergewichtigen Kind, die mütterliche und kindliche Infektmorbidität sehr niedrig zu halten[9]. Die schwangerschaftserhaltenden Maßnahmen müssen daher so eingesetzt werden, daß die Kinder möglichst über die 32. Woche hinausgebracht werden können. In einer weiteren Studie ist das exspektative Vorgehen – auch beim vorzeitigen Blasensprung in der mittleren Schwangerschaft (16. bis 26. Schwangerschaftswoche [SSW]) – erprobt worden. Dabei zeigte sich, daß bei exspektativem Verhalten in 118 Schwangerschaften in diesem Schwangerschaftsalter der Zeitabschnitt zwischen Blasensprung und Geburt zwar im Mittel nur 13 Tage war[14], aber die Spanne der Verlängerungszeiten betrug bis zu 152 Tagen! 83 % der Frauen wurden allerdings innerhalb von 2 Wochen nach Blasensprung entbunden. Eine generelle Antibiotikumprophylaxe wurde in dieser Studie nicht durchgeführt. Außerdem wurde beobachtet, daß in der mittleren Schwangerschaft die wichtigste Komplikation des vorzeitigen Blasensprungs das Amnion-Infektions-Syndrom ist, daß dieses vor allem in den ersten 3 Tagen auftritt (mittlere Schwangerschaft!) und später die Häufigkeit konstant bleibt (Abb. 2). Es gab keinen Unterschied bei der Häufigkeit des Amnion-Infektions-Syndroms in den Gruppen mit oder ohne Tokolytika bzw. mit oder ohne Steroide.

Auch kritische Stimmen fehlen nicht. So wird empfohlen, bei Frauen mit vorzeitigem Blasensprung und nachgewiesener Lungenreife besser die Schwangerschaft zu beenden[24], da ansonsten eine höhere mütterliche Morbidität bei unverändertem neonatalen Schicksal zu beklagen wäre. Auch auf die Möglichkeit der Lungenhypoplasie nach länger zurückliegendem vorzeitigen Blasensprung wurde hingewiesen. Es ist unsicher, wie lange der Fet einem Oligo- oder Anhydramnion ausgesetzt sein muß, damit die Lungenentwicklung beeinträchtigt wird.

Umstrittene Antibiotikaprophylaxe

Kann die Erkrankungsrate von Mutter oder Kind durch eine Infektionsprophylaxe reduziert werden[15]? Unter diesem Gesichtspunkt werden seit Jahren die Antibiotikumgaben an die Mutter ohne Zeichen eines Amnion-Infektions-Syndroms diskutiert. Frühere Studien, die die Wirkungslosigkeit von prophylaktischen Antibiotikumgaben beim vorzeitigen Blasensprung, z. B. von Tetrazyklinen zu belegen suchen[10], sind heute nicht mehr gültig. Neuere randomisierte Untersuchungen zu dieser Frage sind selten. In einem Fall wurde gezeigt, daß durch Ampicillin und Betamethason die gesamte infektiöse Morbidität von Mutter und Kind vermindert wurde[13]; die perinatale

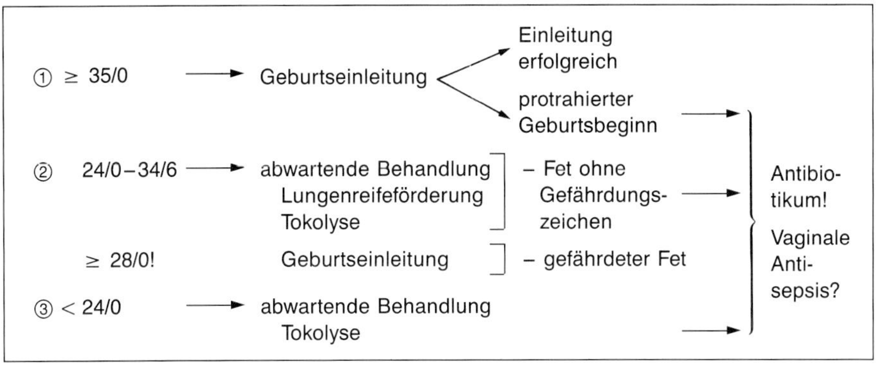

Abb. 1 Vorgehen bei vorzeitigem Blasensprung

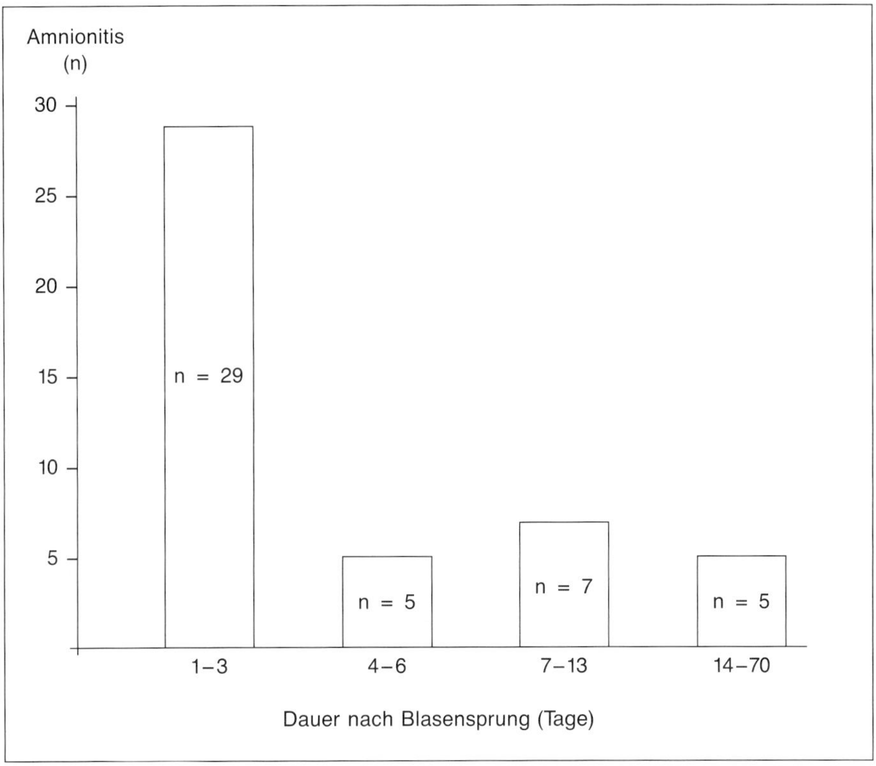

Abb. 2 Amnion-Infektions-Syndrom bei vorzeitigem Blasensprung in der 16. bis 26. SSW[14]

Mortalität war im Vergleich zu einer unbehandelten Kontrollgruppe nicht verändert. In einer prospektiven randomisierten Studie wurde in einer Gruppe von 82 Frauen mit vorzeitigem Blasensprung zwischen der 20. und der 30. SSW und gleicher exspektativer Behandlung mit Steroiden und Tokolytika ein signifikanter Unterschied bei der Länge der Latenzzeit und der Zahl der Neugeboreneninfektionen zugunsten der Ampicillin-behandelten Gruppe gefunden[2].

In einer Klinik wurde eine generelle Antibiotikumprophylaxe bei frühem Gestationsalter und vorzeitigem Blasensprung (25. bis 32. SSW) über längere Zeit und bei medikamentöser Lungenreifung (32. bis 35. SSW) für drei Tage durchgeführt[8]. In dieser

Maßnahme wird die Ursache dafür gesehen, daß die infektbedingte perinatale und neonatale Mortalität niedriger war als in der Hessischen Perinatalstudie. Als Bestätigung für die Wirksamkeit einer generellen Antibiotikumprophylaxe könnten weitere Ergebnisse interpretiert werden[20]: Bei der Untersuchung von Frauen mit vorzeitigem Blasensprung und ohne Infektionszeichen fanden sich in der Gruppe der Frauen, die nach einem vorzeitigen Blasensprung Geburtswehen entwickelten, signifikant häufiger positive Amnionkulturen als in der Gruppe der Frauen, die nach dem Blasensprung keine Geburtswehen entwickelten. Hier wird das Problem der subklinischen Infektion deutlich, eventuell vor allem als Behandlungsindikation. Auch mit neuzeitlichen diagnostischen Labormethoden wie der Bestimmung der Granulozytenelastase[5] oder des C-reaktiven Proteins (CRP) sowie der Neuraminidase ist es nicht möglich, diese diagnostische Lücke zwischen »nichtinfiziert« und beginnendem Amnion-Infektions-Syndrom mit hinreichender Sicherheit zu schließen.

Wesentlich sind die mikrobiologischen und allergologischen Aspekte bei der Beantwortung der Frage nach dem Effekt der Antibiotikatherapie bei vorzeitigem Blasensprung: die Allergisierungen und die möglichen Resistenzzunahmen pathogener Keime sowie die Selektionierung resistenter Keime führen aus dieser Sicht zu einer Ablehnung einer generellen Antibiotikumprophylaxe und eher zur Empfehlung einer gezielten Prophylaxe bzw. Therapie.

Die Frage der Antibiotikumprophylaxe nach vorzeitigem Blasensprung wird heute mehrheitlich so beantwortet: keine generelle Antibiotikumprophylaxe, zu überlegen ist eine gezielte Antibiotikumgabe bei Nachweis einer hohen Keimzahl fakultativ pathogener Keime am unteren Eipol bzw. bei Zeichen einer beginnenden Infektion des Fruchthalters; dieses Vorgehen ist vor allem zu empfehlen bei Risiken wie der Verminderung der immunologischen Abwehr (HIV!) oder bei der Notwendigkeit, die Schwangerschaft zu verlängern. Alternativ kommt die gezielte Behandlung des Neugeborenen in Frage; aber es kann Zeit gewonnen werden, wenn die bakteriologischen diagnostischen Befunde schon aus endozervikalen Abstrichen gewonnen wurden. Zu einem ähnlichen Ergebnis gelangte eine US-Studie[6].

Für das Konzept, die Mutter mit Risiken bei bestimmten Erregern gezielt zu therapieren, spricht, daß in einer Gruppe von Frauen mit vorzeitigem Blasensprung signifikant häufiger Chlamydia trachomatis und Streptokokken der Gruppe B gefunden wurden als in einer Gruppe von Frauen ohne vorzeitigen Blasensprung[1] (Tab. 2). Diese für das Neugeborene lebensgefährlichen Keime müssen beim vorzeitigen Blasensprung vor der Geburt erkannt und ausgeschaltet werden. Dies geht auch aus einer Studie hervor, bei der 116 Schwangere mit vorzeitigem Blasensprung und exspektativer Betreuung untersucht wurden: 9 oder 7,1 % hatten eine neonatale Sepsis mit Streptokokken der Gruppe B[25].

Im Zusammenhang mit der Verhinderung der Keimaszension nach vorzeitigem Blasensprung ist auf eine Methode hinzuweisen, die einerseits der Fruchthalterinfektion durch Verhinderung der Aszension der pathogenen Keime aus der Scheide vorbeugen, andererseits die Nachteile der Antibiotikumgabe vermeiden soll: die kontinuierliche Desinfektion des unteren Geburtskanals mit einer PVP-Jod-Lösung vom Blasensprung bis zur Geburt[21]. Dabei sind vergleichende Untersuchungen mit dem deutlichen Effekt einer Senkung der Infektmorbidität des Kindes vorgelegt worden (Tab. 3). Ein statistischer Vergleich der Behandlungs- und der Kontrollgruppe ist aus methodischen Gründen nicht zulässig, jedoch ist der Unterschied deutlich[26]. Durch die PVP-Jod-Behandlung kommt es zwar bei einem Teil der Feten zur Beeinträchtigung der Schilddrüse, aber diese Beeinträchtigung ist passager und auf längere Sicht gesehen weitgehend ungefährlich[7].

Tab. 2 Endozervikaler Bakteriennachweis nach vorzeitigem Blasensprung[1]

	Kultur +		Kultur –		Total	
Chlamydia trachomatis						
	n	%	n	%	n	%
vorzeitiger Blasensprung < 37. SSW	23	44,2	29	55,8	52	100
Vergleichsgruppe	13	15,5	71	84,5	84	100
Streptokokken Gruppe B						
	n	%	n	%	n	%
vorzeitiger Blasensprung < 37. SSW	7	15,6	38	84,4	45	100
Vergleichsgruppe	3	3,8	77	96,2	80	100

Tab. 3 Infektmorbidität und -mortalität in der Neugeborenenperiode nach vorzeitigem Blasensprung < 37 + 0 (nach[21, 26]*). Latenzperiode > 18 h, Geburtsgewicht < 1000 g*

	Infektmortalität	**Infektmorbidität**	
PVP-Jod behandelt n = 161	0	12 = 7.5 % → ≤ 4 h → > 4 h	4 % 20 %
nicht behandelt n = 77	5 = 6.5 %	8 = 10.4 %	

Resümee: Die Verhütung der aszendierenden bakteriellen Infektion nach vorzeitigem Blasensprung durch Maßnahmen zur Infektionsbekämpfung ist lokal möglich. Sollten diese Maßnahmen wegen der Forderung nach möglichst geringen vaginalen Manipulationen beim exspektativen Vorgehen nach vorzeitigem Blasensprung nicht akzeptiert werden, ist eine generelle Antibiotikumprophylaxe vor allem wegen der möglichen Nebenwirkungen kritisch zu sehen. Vernünftig erscheinen die mikroskopische und mikrobiologische Diagnostik nach vorzeitigem Blasensprung und die gezielte Behandlung pathogener Keime.

Behandlung bei als pathologisch erkannten Vaginal- bzw. Zervikal-Abstrichen

Bakteriologische und klinische Untersuchungen haben gezeigt, daß die Zusammensetzung der bakteriellen Vaginalflora während der Schwangerschaft für die Pathogenese der Frühgeburt, des vorzeitigen Blasensprungs, der aszendierenden Infektion und das Schicksal des Kindes von großer Bedeutung ist[18]. Es liegt nahe, aus dieser Erkenntnis die Forderung nach bakteriologischen Untersuchungen der Vaginal- und Zervixflora in der Schwangerschaft abzuleiten und bei pathologischen Befunden die Therapie einzuleiten. Die Forderung nach einem generellen bakteriologischen Screening und einer entsprechenden Therapie in der Schwangerschaft muß unter dem Gesichtspunkt der Erregerselektion und Resistenzentwicklung sowie der Praktikabilität und des Nutzens geprüft werden; eine abschließende Bewertung ist im Augenblick noch nicht möglich.

Wegen ihrer besonderen Bedeutung für die Gefährdung des Kindes steht heute vor allem die Infektion mit Streptokokken der Gruppe B im Zentrum der Diskussionen wegen eines generellen bakteriologischen Screenings. Zu berücksichtigen ist, daß es während der Gravidität bei derselben Frau zu wechselndem Besiedlungsnachweis kommen kann; die Aussagekraft eines einmaligen bakteriellen Nachweises für die Vorhersage der Besiedlung zum Zeitpunkt der Geburt ist nur gering[11]. Außerdem ist an die Erkrankungsrate nach Exposition zu denken. So erkrankt etwa 1 % der Neugeborenen von Müttern, bei denen Streptokokken der Gruppe B nachgewiesen worden waren; allerdings werden B-Streptokokken bei 60 bis 70 % der Neugeborenen B-Streptokokken-positiver Mütter gefunden. 20 bis 30 % der Schwangeren weisen eine Besiedlung der Vagina mit Streptokokken der Gruppe B auf. Möglicherweise ist ein generelles Screening etwa um die 28. Schwangerschaftswoche sinnvoll, um bei hinzutretenden Risiken (vor allem Zeichen einer drohenden Frühgeburt, Blasensprung) unverzüglich behandeln zu können. Der Wert dieses Vorgehens läßt sich durch eine Studie belegen, bei der durch eine Erythromycin-Behandlung bei drohender Frühgeburt eine Verlängerung der Schwangerschaft erreicht wurde[12].

Eine besondere Bedeutung bei den aszendierenden bakteriellen Infektionen scheinen die Infektionen mit Chlamydia trachomatis zu haben. Einerseits ist die zervikale Infektion der Schwangeren mit Chlamydia trachomatis nahezu asymptomatisch, wenn auch Chlamydien-Trägerinnen häufiger Symptome einer drohenden Frühgeburt haben sollen[16, 22]. Andererseits kann die Übertragung auf das Neugeborene während der Geburt zu Infektionen des Auges sowie des Nasen- und Rachenraumes mit der Folge einer ernsten Chlamydienpneumonie führen. Wegen dieser Komplikationen ist heute die Erythromycin-Behandlung bei Chlamydien-Nachweis in der Schwangerschaft anerkannt (10 Tage 2 g tgl.). Umstritten ist die generelle Untersuchung aller Schwangeren auf Chlamydien oder eventuell nur die Untersuchung eines Risikokollektives (z. B. vorzeitige Wehentätigkeit oder Blasensprung) sowie der Zeitpunkt einer möglichen generellen Untersuchung in der Schwangerschaft. Dabei ist der Hinweis auf den wechselnden Infektionsstatus der Frau während der Schwangerschaft wichtig.

Von den verschiedenen Methoden zur Reduktion der Neugeboreneninfektionsrate (pränatale oder intrapartale Antibiotikumtherapie bei allen kulturpositiven Schwangeren bzw. Gebärenden oder nur bei den kulturpositiven Schwangeren mit Risikosymptomen, Antibiotikumtherapie des Neugeborenen nach Exposition mit oder ohne Risikosymptome) hat sich noch keine Methode endgültig durchsetzen können.

Gefährdung des Kindes durch Viren im Geburtskanal

Bei 0,1 bis 1 % aller Schwangeren muß mit einer Herpes-simplex-Virusinfektion (HSV-2) gerechnet werden. Neben einer primären Infektion ist die Aktivierung einer latenten Infektion in der Schwangerschaft möglich. Herpesbläschen im Genitalbereich ermöglichen eine Übertragung auf das Kind während der Geburt mit der Ausprägung von lokalisierten oder disseminierten Bläschen an der Haut, den Schleimhäuten oder den inneren Organen. Die Herpes-Neugeborenensepsis kann zum Tode führen. Neben der Diagnose (Virus-Nachweis in verdächtigem Bläscheninhalt) hat die Prävention der Neugeboreneninfektion Vorrang. Zur Verhütung einer Virusübertragung auf das Neugeborene gehört die Forderung nach Schnittentbindung bei Herpes-genitalis-Nachweis zum Zeitpunkt der Entbindung (bei stehender Fruchtblase bzw. noch vor Ablauf von 4 Std. nach Blasensprung) sowie zur Verhinderung der Infektion die rechtzeitige prophylaktische Chemotherapie des Neugeborenen[23].

Die geburtshilfliche Bedeutung der humanen Papillomaviren (HPV) ist noch unklar. Von den etwa 40 beschriebenen Subtypen rufen einige Wucherungen der Epidermis, vor allem im Vulvabereich hervor. Einige Autoren haben über das Auftreten von Infektionen mit Papillomaviren bei vaginal geborenen Kindern berichtet, deren Mütter einen genitalen Befall mit HPV aufwiesen. Besonders beeinträchtigt waren Kinder, bei denen eine Larynxpapillomatose hervorgerufen wurde[19]. Die klinische Relevanz und die geburtshilflichen Konsequenzen der mitgeteilten Befunde sind zu unsicher, um Regeln zur Prophylaxe aufstellen zu können[4].

Gefährdung des Kindes durch Pilzinfektionen

Etwa 20 % aller Schwangeren sollen im Vulva- und Scheidenbereich einen Pilzbefall aufweisen; vor allem bei Candida-albicans-Infektionen haben die Schwangeren Infektionszeichen wie Jucken und Brennen. Geburtshilfliche Bedeutung hat vor allem die Übertragung der Pilze während der Geburt auf das Kind. Etwa die Hälfte der Kinder, deren Mütter zum Zeitpunkt der Entbindung einen genitalen Pilzbefall aufweisen, erkranken an einem Soor. Vor allem bei Frühgeburtlichkeit oder diabetischer Stoffwechsellage kann eine systemische Neugeborenen-Soor-Infektion das Kind ernsthaft gefährden. Der Wert einer generellen Sooruntersuchung aller Schwangeren oder die gezielte oder generelle Soorbehandlung bzw. -prophylaxe wird nicht allgemein anerkannt.

Literatur

[1]*Alger, L. S., J. C. Lovchik, J. R. Hebel* et al.: The association of Chlamydia trachomatis, Neisseria gonorrhoeae, and group B streptococci with preterm rupture of the membranes and pregnancy outcome. Am. J. Obstet. Gynecol. *159:* 397 (1988).

[2]*Amon, E., S. V. Lewis, B. M. Sibai* et al.: Ampicillin prophylaxis in preterm premature rupture of the membranes: A prospective randomized study. Am. J. Obstet. Gynecol. *159:* 539 (1988).

[3]*Callan, N. A., G. H. C. Colmorgen, S. Weiner:* Lung hypoplasia and prolonged preterm ruptured membranes: A case report with implications for possible prenatal ultrasonic diagnosis. Am. J. Obstet. Gynecol. *151:* 756 (1985).

[4]*Chuang, T. Y., H. O. Perry, L. T. Kurland, D. M. Ilstrup:* Condyloma Acuminatum in Rochester, Minn., 1950–1978. II Anaplasias and Unfavourable Outcomes. Arch. Dermatol. *120:* 476 (1984).

[5]*Dudenhausen, J. W., K. Langner, M. Sönmez:* Elastase der polymorphkernigen Granulozyten – Bestimmung im Plasma während der Schwangerschaft und nach vorzeitigem Blasensprung. Geburtsh. Frauenheilk. *47:* 507 (1987).

[6]*Garite, T. J.:* Premature rupture of the membranes: The enigma of the obstetrician. Am. J. Obstet. Gynecol. *151:* 1001 (1985).

[7]*Grüters, A., D. L'Allemand, P. Heidemann:* Iodine excretion and thyroid function in mothers and their newborn after use of PVP-iodine in obstetrics. Pediat. Res. *155:* 1554 (1981).

[8]*Halberstadt, E.:* Blasensprung und Tokolyse. Gynäkologe *17:* 230 (1984).

[9]*Huch, A.:* Klinisches Management des vorzeitigen Blasensprungs bis zur 35. Woche. Arch. Gynecol. *238:* 241 (1985).

[10]*Lebherz, J. B., L. M. Hellmann, R. Madding* et al.: Double-blind study of premature rupture of the membranes. Am. J. Obstet. Gynecol. *87:* 218 (1963).

[11]*Martius, J.:* Hämolysierende Streptokokken der Gruppe B in der Geburtshilfe. Z. Geburtsh. Perinat. *192:* 187 (1988).

[12]*McGregor, J. A., J. I. French, L. B. Reller, J. K. Todd, E. L. Makowski:* Adjunctive erythromycin treatment for idiopathic preterm labor. Results of a randomized, double-blinded placebo-controlled trial. Am. J. Obstet. Gynecol. *182:* 98 (1986).

[13]*Miller, J. M., J. E. Brazy, S. A. Gall, M. C. Crenshaw, F. R. Jelovsed:* Premature rupture of the membranes. Maternal and neonatal infectious morbidity related to betamethasone and antibiotic therapy. J. Reproduct. Med. *25:* 173 (1980).

[14]*Moretti, M., B. M. Sibai:* Maternal and perinatal outcome of expectant management of premature rupture of membranes in the midtrimester. Am. J. Obstet. Gynecol. *159:* 390 (1988).

[15] *Müller, H., F. Kubli:* Das Amnioninfektionssyndrom und die vorzeitige Amnionruptur; die manifesten und drohenden intrauterinen Infektionen des letzten Schwangerschaftsdrittels. Z. Geburtsh. Perinat. *179:* 77 (1975).
[16] *Petersen, E. E.:* Infektionen in der Gynäkologie und Geburtshilfe. Stuttgart 1988.
[17] *Petersen, E. E.:* The microbiological spectrum of ascending infections. I. Meeting of the European Society for Infectious Diseases on OB/GYN, Munich, 8.–11. February 1989.
[18] *Petersen, E. E., T. Sanabria de Isele, K. Pelz, H. G. Hillemanns:* Die Aminkolpitis, nicht nur ein ästhetisches Problem: Erhöhtes Infektionsrisiko bei Geburt. Geburtsh. Frauenheilk. *45:* 43 (1986).
[19] *Quick, C. A., S. L. Watts, R. A. Krzyzek:* Relationship between Condylomata and laryngeal papillomata: Clinical and molecular virological evidence. Am. Otol. Rhinol. Laryngol. *89:* 467 (1980).
[20] *Romero, R., R. Quintero, E. Oyarzun* et al.: Intraamniotic infection and the onset of labor in preterm premature rupture of the membranes. Am. J. Obstet. Gynecol. *159:* 661 (1988).
[21] *Saling, E., R. Zöckler:* Vaginal infection therapy after premature rupture of the membranes. J. Perinat. Med. *9:* 41 (1981).
[22] *Schlögl, H., R. Rudelstorfer, K. Kosian:* Wann sollte in der Schwangerschaft ein Chlamydiennachweis erbracht werden? Z. Geburtsh. Perinat. *192:* 263 (1988).
[23] *Schneweis, K. E., A.-M. Eis-Hübinger:* Prophylaktische Maßnahmen zur Verhütung der perinatalen Herpes-simplex-Virus-Infektion. Geburtsh. Frauenheilk. *48:* 738 (1988).
[24] *Spinnato, J. A., D. C. Shaver, E. M. Bray* et al.: Preterm premature rupture of the membranes with fetal pulmonary maturity present: A prospective study. Obstet. Gynecol. *69:* 196 (1987).
[25] *Varner, M. W., R. P. Galask:* Conservative management of premature rupture of the membranes. Am. J. Obstet. Gynecol. *140:* 39 (1981).
[26] *Wessmann, B.:* Morbidität und Mortalität bei vorzeitigem Blasensprung. Inauguraldiss., Freie Universität Berlin 1983.

Infektionen aus der Sicht der Mutterschafts-Richtlinien

Röteln

Die Röteln-Serologie in der Frühschwangerschaft wurde 1971 in das Vorsorgeprogramm der Mutterschafts-Richtlinien aufgenommen. Danach war ein Hämagglutinations-Hemmungstest (Röteln-HAH-Test) durchzuführen, und bei einem Titer von mindestens 1:16 wurde festgestellt, daß »ein Schutz gegen eine Röteln-Embryopathie« gegeben ist, mit dem Hinweis, daß »weitere Maßnahmen nicht erforderlich« sind. Inzwischen ist der Grenztiter auf 1:32 festgelegt worden; bei niedrigeren Titern ist die Untersuchung mit einem anderen Testverfahren zu wiederholen und die Spezifität der Röteln-Antikörper zu sichern. Werden spezifische Antikörper nachgewiesen, ist für den Mutterpaß zu bescheinigen, daß Immunität gegen Röteln angenommen werden kann. Diese Annahme wird auch dann als berechtigt angesehen, wenn die Röteln-Antikörper erstmals in der Frühschwangerschaft festgestellt werden, jedoch nur unter der Voraussetzung, daß sich keine Anhaltspunkte für Röteln-Kontakt oder eine frische Röteln-Infektion aus der sorgfältig zu erhebenden Anamnese und der Untersuchung der Schwangeren ergeben. Der sorgfältigen Anamnese in der Frühschwangerschaft durch den betreuenden Arzt kommt damit eine große Bedeutung zu. Er ist gehalten, dem Serologen alle Auffälligkeiten mitzuteilen, um eine sachgerechte Interpretation des Röteln-Antikörper-Titers zu ermöglichen. In den Mutterschaftsvorsorge-Richtlinien ist jedoch eindeutig festgelegt, daß weitere serologische Untersuchungen zur Röteln-Diagnostik, insbesondere der Nachweis rötelnspezifischer IgM-Antikörper und die Kontrolle des Titerverlaufs, nur dann zu Lasten der gesetzlichen Krankenversicherung durchgeführt werden dürfen, wenn in bezug auf Röteln-Kontakt oder frische Röteln-Infektion eine auffällige Anamnese erhoben wird.

Die Diskussion zur Röteln-Serologie ist nicht beendet. Insbesondere die negativen Erfahrungen aus der Rechtssprechung, die dazu neigt, bei einer Röteln-Embryopathie dem Arzt kunstfehlerhaftes Verhalten vorzuwerfen, auch wenn er sich strikt an die Bestimmungen der Mutterschafts-Richtlinien gehalten hat, führen immer wieder zur Forderung nach einer routinemäßigen Bestimmung rötelnspezifischer IgM-Antikörper als Routineuntersuchung im Rahmen der Röteln-Serologie. Der Bundesausschuß der Ärzte und Krankenkassen hat diese Forderung in intensiven Beratungen mit Sachverständigen mehrfach sorgfältig geprüft, kam aber zu dem Ergebnis, daß die Durchführung des Röteln-HAH-Tests in Verbindung mit einer sorgfältigen Röteln-Anamnese eine ausreichende Sicherheit in der Beurteilung der Immunitätslage gegen Röteln bietet. Nach seiner Ansicht führt der einmalige Nachweis von Röteln-IgM-Antikörpern bei einer Schwangeren nicht ohne weiteres zu mehr Sicherheit in der Röteln-Serologie, weil er nicht zwingend auf eine Erstinfektion zum Zeitpunkt der Blutentnahme hinweist. Fehlender Nachweis schließt aber eine in der Frühschwangerschaft durchgemachte Erstinfektion nicht sicher aus.

Der Bundesausschuß sah es als ein gesundheitspolitisches Ziel an, eine klare Aussage zur Röteln-Immunität schon vor der ersten Schwangerschaft zu erhalten. Er hat deshalb im Rahmen der »Sonstige-Hilfen-Richtlinien« einen Röteln-HAH-Test als Leistung im Rahmen der Maßnahmen zur Empfängnisregelung eingeführt. Danach kann jede Frau im gebärfähigen Alter diesen Test zu Lasten der gesetzlichen Krankenversicherung durchführen und sich bei negativem Ausgang gegen Röteln impfen lassen. Auch wenn die Inanspruchnahme dieser Leistung zunimmt, ist es doch erstaunlich, daß immer noch bei vielen Frauen in der Erstschwangerschaft keine gesicherte Aussage zur Röteln-Immunität vorliegt. Auf die Möglichkeit der Röteln-Schutzimpfung und der Antikörperkontrolle vor Eintritt einer Schwangerschaft sollte viel intensiver hingewiesen werden.

Hepatitis B

Die serologische Untersuchung der Schwangeren auf Hepatitis B wurde 1986 in die Mutterschafts-Richtlinien für einen bestimmten gefährdeten Personenkreis eingeführt. Aufgrund dieser Regelung ist nach der 32. Schwangerschaftswoche, möglichst nahe am Geburtstermin, das Blut der Schwangeren auf HBsAg zu untersuchen. Dabei wird von der immunchemischen Untersuchungsmethode verlangt, daß sie mindestens 5 ng/ml nachzuweisen in der Lage ist. Bei positivem Ausfall der Untersuchung soll das Neugeborene unmittelbar post partum gegen Hepatitis B aktiv und passiv immunisiert werden. Der Bundesausschuß der Ärzte und Krankenkassen hat in Anlage 4 zu den Mutterschafts-Richtlinien konkret beschrieben, bei welchem Personenkreis die Untersuchung auf HBsAg in der Schwangerschaft durchgeführt werde kann.

Toxoplasmose

Im Gegensatz zu anderen europäischen Ländern (Österreich, Frankreich) ist in der Bundesrepublik Deutschland ein Toxoplasmose-Screening nicht Bestandteil der Mutterschaftsvorsorge-Untersuchungen. Eine Untersuchung auf Toxoplasmose kann nur dann stattfinden, wenn der begründete Verdacht auf eine solche Infektion gegeben ist.

Der Bundesausschuß der Ärzte und Krankenkassen sah bei der hohen Durchseuchung der Bevölkerung der Bundesrepublik mit Toxoplasmose und dem statistisch geringen Risiko für eine Gefährdung des Neugeborenen bis heute keinen Anlaß, ein Screening auf Toxoplasmose in das Programm der Mutterschaftsvorsorge einzuführen. Er sah sich in dieser Einschätzung durch die äußerst unterschiedlichen statistischen Ergebnisse verschiedener Studien in der Bundesrepublik und durch die Erfahrungen mit einem solchen Screening in Österreich bestätigt. Die Bestimmungen dazu sind jedoch noch nicht abgeschlossen.

E. Effer

Ultraschalldiagnostik als Schwangerenvorsorge

W. Holzgreve

Ultraschalldiagnostik und die pränatalen Eingriffe, die sie ermöglicht (Amniozentese oder Cordozentese), sind heute ein nicht mehr wegzudenkender Bestandteil der Schwangeren-Vorsorge. Durch ihren Einsatz wurde es bei bereits vielen Tausenden Frauen mit vorher bekannten bzw. unbekannten Risikofaktoren ermöglicht, die Schwangerschaft sorgenfreier zu erleben. Auch konnten durch rechtzeitige intrauterine Maßnahmen die sonst unter Umständen irreversiblen Manifestationen einer kindlichen Anlagestörung verhindert werden.

Nur selten werden allerdings durch diese pränatalen Vorsorge-Untersuchungen auch schwerste und unheilbare kindliche Leiden entdeckt (z. B. Anenzephalie bei einer Ultraschall-Untersuchung oder *Edwards*-Syndrom bei einer Fruchtwasserpunktion), bei denen sich die Eltern entschließen, die Schwangerschaft nicht weiter auszutragen. Solche Schwangerschaftsabbrüche aus sogenannter »kindlicher Indikation« machten in der Bundesrepublik Deutschland 1987 aber nur 1,2% aller gemeldeten Abbrüche aus[1]. Im Gesamtkollektiv aller Frauen, bei denen die Ultraschalldiagnostik im Rahmen der Schwangeren-Vorsorge eingesetzt wird, liegt die Rate derjenigen Schwangerschaften, in denen es aufgrund der pränatalen Untersuchungsergebnisse zum Abbruch kommt, deutlich unter 1%. Selbst in einer Ultraschall-Risiko-Ambulanz, wie z. B. an der Universitäts-Frauenklinik in Münster mit über 10.000 Patientinnen und mehr als 1.500 Amniozentesen bzw. Chorionbiopsien pro Jahr, beträgt die Rate der Schwangerschaftsabbrüche in dieser hoch vorselektionierten Patientinnen-Gruppe weniger als 3%.

Andererseits kann in vielen Fällen, in denen sich früher Schwangere aufgrund statistischer Risiko-Mitteilungen gegen die Fortsetzung einer Schwangerschaft aussprachen, z. B. bei mütterlicher Röteln-Infektion in der Früh-Schwangerschaft, heute durch die ultraschallgesteuerte Cordozentese mit immunologischer Untersuchung des Bluts bzw. ultraschallgesteuerter Chorionbiopsie mit gentechnologischer Zottenuntersuchung eine Plazentapassage der Erreger und damit eine Gefährdung des Kindes in utero ausgeschlossen werden.

Geschichtliche Entwicklung

Nach ersten Versuchen mit der sogenannten »Hyperphonographie« in den 40er Jahren wurde die heute benutzte Impuls-Echo-Methode zunächst mit eindimensionalem Verfahren (*A-mode*) erstmals in den 50er Jahren erprobt, teilweise zur Untersuchung der weiblichen Brust[2]. 1955 wurde ein zweidimensionaler Kontakt-Scanner entwickelt, der schon bald darauf bei Schwangeren eingesetzt werden konnte[3]. Es zeigte sich bald, daß der Ultraschall eine außerordentlich hilfreiche Methode bei klinisch wichtigen Differentialdiagnosen, z. B. zwischen Schwangerschaft und Uterus myomatosus oder Hydramnion und Mehrlingsschwangerschaft, war.

In den 60er Jahren gelang mit Hilfe des *A-mode* bereits in der 7. Schwangerschaftswoche der Nachweis der kindlichen Herzaktion, so daß nun erstmals eine direkte Möglichkeit bestand, die Intaktheit einer Frühschwangerschaft zu prüfen[4]. Ein Mitte der 60er Jahre entwickeltes neues Ultraschallgerät (Vidoson, Siemens AG) mit

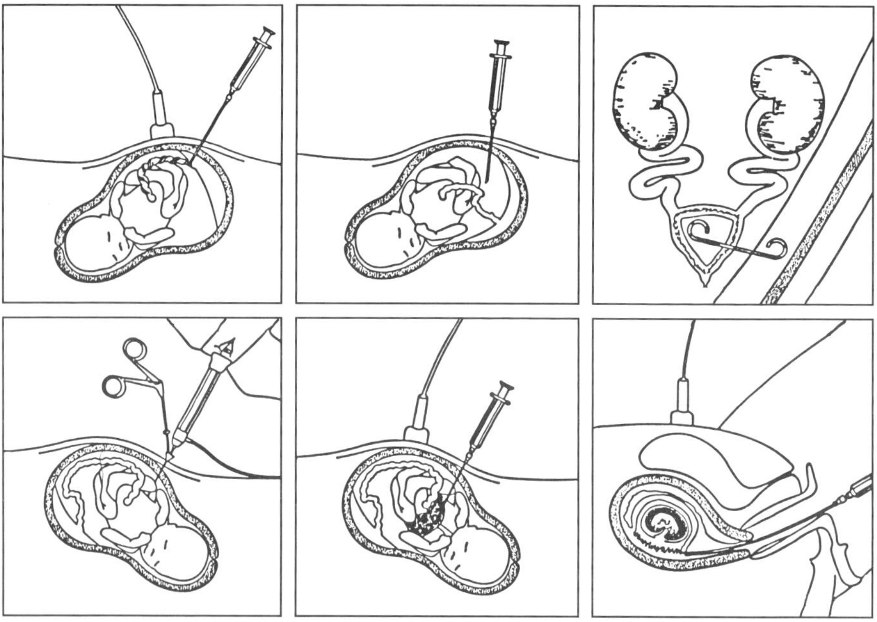

Abb. 1 Schematische Zusammenstellung einiger der heute unter Ultraschallkontrolle möglichen vorgeburtlichen Eingriffe. Oben: Nabelschnurpunktion, Fruchtwasserpunktion, intrauterine Therapie einer Harnröhrenobstruktion durch Einlage eines doppelten »Pigtail«-Katheters zwischen erweiterter Harnblase und Fruchtwasserraum. Unten: Fetoskopie, fetale Leberbiopsie und transzervikale Chorionzotten-Aspiration im ersten Schwangerschaftsdrittel.

schnellem Echtzeit(*real time*)-B Bild wurde an der Universitäts-Frauenklinik Münster weltweit erstmals in der Schwangerenvorsorge eingesetzt; bereits 1968 konnte z. B. über die sonographische Diagnostik des Rhesus-bedingten Hydrops placentae et fetalis berichtet werden[5].

Die Einführung der Grauwerttechnik mit Hilfe des Scan-Converters und die Mitte der 70er Jahre vorgestellten Multielementscanner mit ihrer deutlichen Verbesserung des *real time*-Bildes führten dann sehr rasch zu einem weltweiten Siegeszug der Ultraschall-Diagnostik in der Schwangerschaft[1]. Die Bundesrepublik Deutschland wurde zum ersten Land der Welt, in dem zwei Ultraschalluntersuchungen im Sinne eines Screening während der Schwangerschaft eingeführt wurden[6]. Durch die Fortschritte der Ultraschalltechnologie können inzwischen auch fetale Blut-, Haut-, Lebergewebsproben und Chorionzotten bei entsprechender Indikation für eine Vielzahl von Untersuchungen gewonnen[7] und auch therapeutische Eingriffe in utero durchgeführt werden (Abb. 1).

Für einen schädlichen Effekt des im diagnostischen Bereich eingesetzten Ultraschalls auf das sich entwickelnde Kind in utero gibt es nach 20jähriger Anwendung bisher keinen Anhalt.

Screening-Untersuchungen

Nach den Mutterschaftsrichtlinien[8] sollen zwei Ultraschalluntersuchungen zwischen der 16. und 22. und zwischen der 32. und 36. Schwangerschaftswoche (SSW) post menstruationem (p.m.) stattfinden. Sie haben klar umrissene Aufgaben (Tab. 1). Durch die Messung des biparietalen Kopfdurchmessers (BPD), des abdomino-thorakalen Durchmessers (ATD) und der Länge des Femurknochens (FL) ergeben sich da-

Tab. 1 Hauptaufgaben routinemäßiger Ultraschall-Untersuchungen

16.–22. SSW
Feststellung der Vitalität der Schwangerschaft Feststellung von Mehrlingsgraviditäten Feststellung des Gestationsalters (Biometrie) Ausschluß von Fehlbildungen
32.–36. SSW
Kontrolle des Kindswachstums Beurteilung von Plazenta (incl. Sitz) und Fruchtwassermenge Ausschluß spät manifester Fehlbildungen evtl. Erstellung des sog. »biophysikalischen Profils« zur Beurteilung des kindlichen Wohlbefindens Hilfe bei perinatologischen Fragestellungen (Entbindungsmodus und -zeitpunkt)

bei bereits bei der ersten Ultraschall-Untersuchung in 15 bis 25% der Fälle Korrekturen des nach der *Naegele*schen Regel berechneten Schwangerschaftsalters[9].

Es ließ sich mit statistischer Signifikanz bestätigen, daß durch eine zweite sonographische Vorsorgeuntersuchung kindliche Mangelentwicklungen und Makrosomien besser und vor allem früher erkannt und daß durch ein solches Ultraschall-Screening-Programm die perinatologischen Ergebnisse insgesamt verbessert werden können[10, 11]. Auch wenn gelegentlich noch Ultraschall-Untersuchungen nur aufgrund zuvor bekannter spezifischer Risikofaktoren oder bei konkreter Indikation der Vorzug gegenüber einem allgemeinen Screening gegeben wird[12], setzt sich weltweit der Trend zum allgemeinen Ultraschall-Screening aller Schwangeren durch.

Über den Rahmen der in den Mutterschaftsrichtlinien vorgesehenen Screening-Untersuchungen hinaus sind weitere Ultraschalluntersuchungen berechtigt

- im zweiten Trimenon, z. B. im Zusammenhang mit Eingriffen wie der Amniozentese oder
- bei Verdacht auf intrauterinen Fruchttod
- im dritten Trimenon, z. B. bei Verdacht auf intrauterine Wachstumsretardierung oder Hydramnion, bei Diabetes mellitus und Rhesusinkompatibilität, drohender Frühgeburt und Lageanomalien
- zu jedem Schwangerschaftszeitpunkt bei uterinen Blutungen.

Auch im ersten Schwangerschaftstrimenon sind nach den Mutterschaftsrichtlinien Ultraschalluntersuchungen berechtigt, z. B. bei Verdacht auf Extrauterinschwangerschaft (EU), auf gestörte Schwangerschaft infolge von Uterus myomatosus, Adnextumor oder möglicherweise schwangerschaftsgefährdenden Unfällen und Intoxikationen sowie bei Schwangerschaft trotz liegendem Intrauterinpessar (IUP).

Erstes Schwangerschaftsdrittel

Im ersten Trimenon der Schwangerschaft hat neben den klinischen und biochemischen Vorsorgeuntersuchungen die Ultraschalldiagnostik eine vorrangige Stellung, da mit keiner anderen Technik Fragen nach der Vitalität einer Früh-Gravidität oder nach dem wahren Gestationsalter beantwortet werden können und das Vorliegen ei-

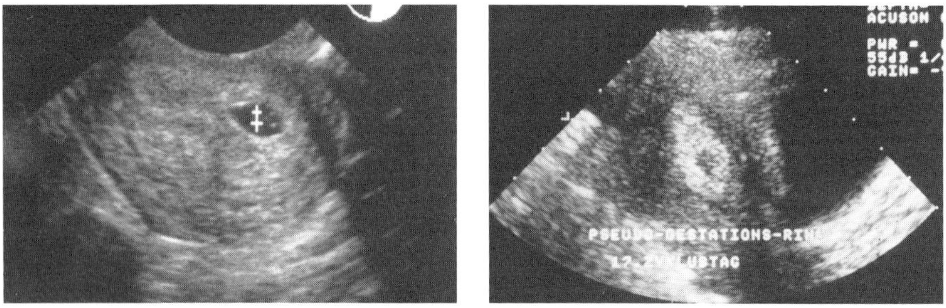

Abb. 2 a) Früher transvaginaler Ultraschall-Nachweis eines typisch exzentrisch eingenisteten Fruchtsacks in der 5. SSW. Markiert durch die Meßkreuzchen ist der deutlich sichtbare Dottersack. Die Chorionschicht um den Fruchtsack herum ist erkennbar.
b) Zentral in der Gebärmutterhöhle gelegener sog. »Pseudogestationsring« zur Zyklusmitte mit typischer unscharfer Begrenzung.

ner Extrauteringravidität bzw. von kindlichen Entwicklungsstörungen ausgeschlossen werden kann.

Neben der transabdominalen Sonographie, die im ersten Trimenon zur Erreichung einer guten Bildqualität auf eine relativ gut gefüllte mütterliche Harnblase angewiesen ist und einen sogenannten Sektor- (dreieckigen) oder *linear array* (rechteckigen) Schallkopf einsetzt, steht heute die trans- oder endovaginale Sonographie zur Verfügung, bei der die stabförmige Ultraschallsonde über die Scheide nahe an den Uterus herangeführt wird. Wegen der dann nur noch geringen Eindringtiefe können hohe Ultraschallfrequenzen mit hervorragender Auflösung eingesetzt werden[13–15].

Transzervikal ist in der Regel bereits in der 5. Woche p.m. eine Fruchtblase von 3 mm nachweisbar, die charakteristischerweise exzentrisch im aufgelockerten Endometrium liegt (Abb. 2a) und sich dadurch vom eher zentral im Cavum uteri gelegenen und weniger scharf begrenzten mittzyklischen Pseudogestationsring (Abb. 2b) unterscheiden läßt. In der 5. SSW erreicht die Fruchthöhle normalerweise einen mittleren Durchmesser von 5 bis 6 mm entsprechend einem β-HCG-Wert von 500 IU/ml. Im Gegensatz zur Sonographie erlaubt die Bestimmung der biochemischen Parameter aber nicht den Ausschluß einer Extrauteringravidität, deren frühe Diagnose wegen der gefürchteten Spätkomplikationen wie Tubenrupturen mit lebensgefährlichen Blutungen, Verwachsungen etc. sehr erstrebenswert ist. Da eine Extrauteringravidität im Frühstadium sowohl im Hinblick auf Frühkomplikationen (Blutungen) als auch Spätkomplikationen (Größe des operativen Eingriffs, Verwachsungen, Infertilität) besser therapierbar ist, wurde gerade wegen der guten sonographischen Ausschlußmöglichkeit einer EU ein generelles transvaginales Ultraschall-Screening aller Schwangeren bereits im 1. Trimenon gefordert[13]. Bei etwa 10% aller EU lebt der Embryo noch und läßt sich sonographisch sicher nachweisen; auf der anderen Seite ist die Ultraschalldiagnostik älterer Tubaraborte aber sehr viel schwerer, da sich im Adnexbereich zystisch-solide Tumoren finden können, die gelegentlich nur schwer von anderen Prozessen wie entzündlichen Veränderungen unterscheidbar sind.

Bei einer intakten Schwangerschaft kann als erste Struktur embryonalen Ursprungs (Abb. 3a) der kreisrunde Dottersack, dem in der Frühschwangerschaft eine wichtige Rolle bei der Ernährung und Blutbildung zukommt, im extraamnialen Raum dargestellt werden. Die Größe des Dottersackes steigt bis zur 10. kompletten Schwangerschaftswoche kontinuierlich auf 5,5 mm an; bei einem zu großen Durchmesser von über 7 mm kann eine Störung der Schwangerschaft angenommen werden[16].

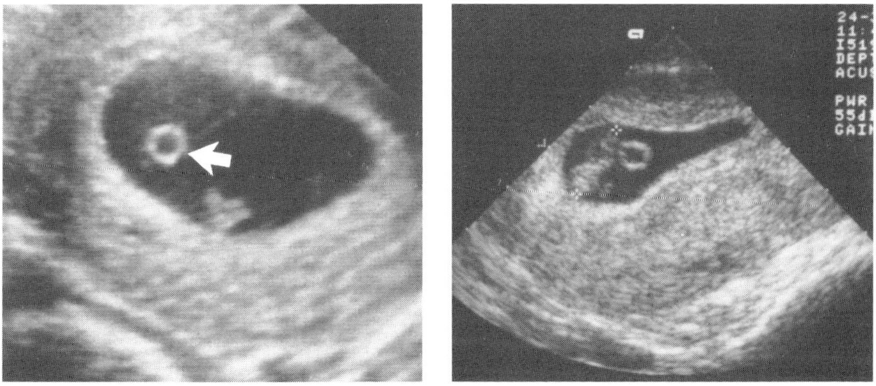

Abb. 3a Ultraschallbild einer Schwangerschaft in der 5. Woche post menstruationem. Der Dottersack (Pfeil) liegt deutlich erkennbar im extraamnialen Raum. b) Transabdominales Ultraschallbild einer intakten Schwangerschaft in der 7. Woche p.m. Die durch Meßkreuzchen abgegriffene Scheitel-Steiß-Länge beträgt 13,2 mm.

Mit modernen Geräten läßt sich in der Regel ungefähr gleichzeitig mit dem Erkennen einer Embryonalstruktur die Herzaktion nachweisen. Diese wird mit dem *M-mode* direkt aus dem bewegten B-Bild abgegriffen, so daß die kindliche Herzfrequenz leicht und genau ermittelt werden kann.

Vor der 13. Schwangerschaftswoche kann zwischen Amnion- und Chorionmembran immer ein deutlicher Zwischenraum identifiziert werden, der sich bis zur 16. SSW durch Fusionieren der beiden »Eihäute« zurückbildet.

Neben der Messung der Chorion- bzw. der Amnionhöhlen hat sich bis zur 12. Schwangerschaftswoche besonders die Messung der embryonalen Scheitel-Steiß-Länge (Abb. 3b) zur Bestimmung des Gestationsalters bewährt. Wenn eine leere Fruchthöhle vorliegt (Abb. 4), spricht man von einem Wind- oder Abortiv-Ei, welches häufig im Zusammenhang mit Chromosomen-Störungen der Fruchtanlage steht.

Da ein »drohender Abort« (Abortus imminens) mit Blutungen bei geschlossenem Muttermund und ohne erkennbaren Gewebsabgang bis zur 20. Woche bei 10% aller Schwangerschaften vorkommt und trotz aller therapeutischen Maßnahmen etwa die Hälfte dieser Fälle im Spontanabort endet[17], kommt der Ultraschalldiagnostik zur Erkennung des verhaltenen Abortes (*missed abortion*) eine einzigartige Stellung zu. Schon bei einer Scheitel-Steiß-Länge unter 15 mm kann die Diagnose *missed abor-*

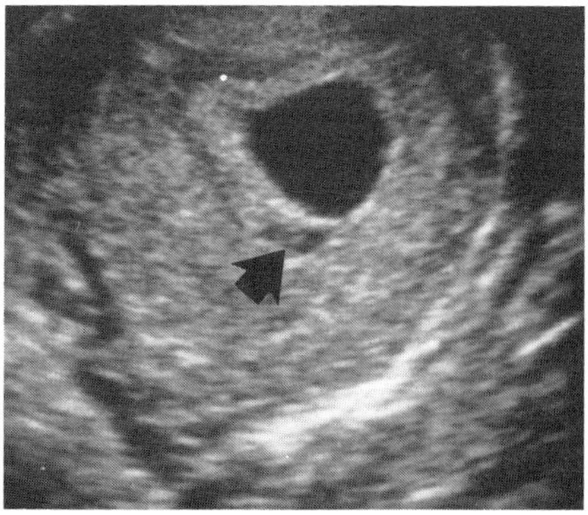

Abb. 4 Ultraschallbild eines Wind-(Abortiv-)Ei. Die leere Fruchthöhle und ein kleines subchoreales Hämatom (Pfeil) sind erkennbar.

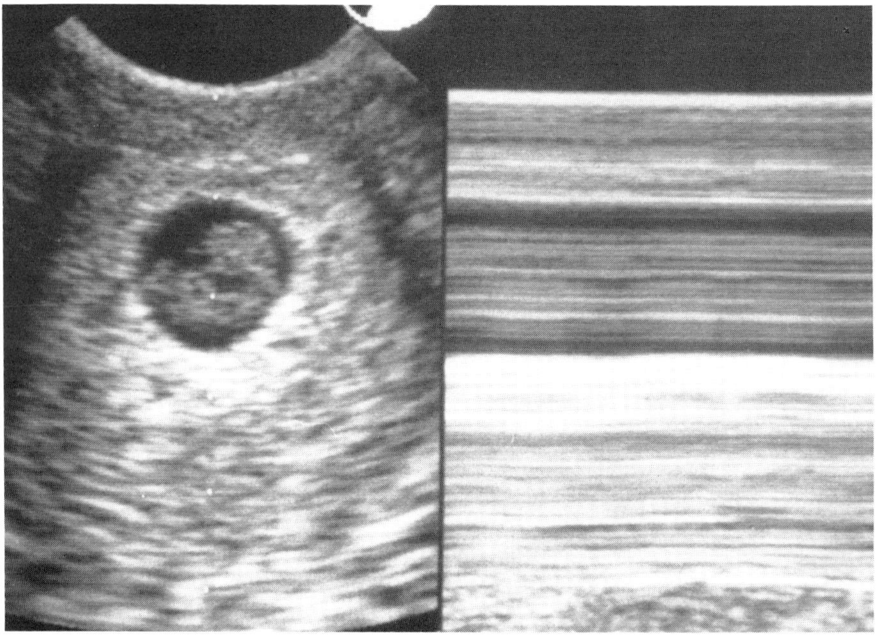

Abb. 5 Vaginalsonographische Darstellung im Real-time B-Bild (links) und M-mode (rechts) bei »missed abortion«. Die Embryonalstruktur mit einer Scheitel-Steiß-Länge von 15 mm entspricht nicht der deutlich zu kleinen Fruchthöhle.

tion vaginal-sonographisch gestellt werden, wenn das *real time*-B-Bild und die *M-mode*-Darstellung keine Herzaktion zeigen und weitere Zeichen eines intrauterinen Abortes, wie z. B. eine für das Schwangerschaftsalter zu kleine, entrundete und unscharf begrenzte Fruchtblase, sichtbar sind (Abb. 5). Andererseits kann bei der ersten Ultraschall-Untersuchung ein verhaltener Abort durch eine viel zu kleine Embryonalstruktur bei normal entwickeltem Fruchtsack erkennbar sein[18]. Vor Eintritt vaginaler Blutungen bei verhaltenem, aber auch bei nicht aufzuhaltendem Abort mit Gewebsabgang (Abortus incipiens), zeigen sich im Ultraschallbild gelegentlich größere subchoreale Hämatome bis hin zur vollständigen Ablösung der Chorionschicht von der Dezidua durch Einblutung in diesen Zwischenraum.

Bei einer intakten Schwangerschaft kann zum Ende der Embryonalperiode mit Hilfe der Sonographie die kindliche Anatomie bereits gut differenziert werden (Abb. 6), so daß auch Entwicklungsstörungen als Abweichung vom normalen Aspekt bei einer Ultraschall-Screening-Untersuchung auffallen können, selbst wenn nicht gezielt darauf hin untersucht wurde. So wurde in Münster inzwischen bei einer Anzahl von Schwangerschaften allein aufgrund auffälliger Ultraschallbefunde im ersten Schwangerschaftstrimenon eine rasche Karyotypisierung durch transabdominale Plazentapunktion durchgeführt; dabei wurden in ca. 20% der Fälle schwere Chromosomenstörungen gefunden[19]. Ein Beispiel dafür ist eine Schwangerschaft der 13. SSW, bei welcher der sonographisch sichtbare Zerebraldefekt des Kindes die Indikation zur Karyotypisierung war, mit der eine Trisomie 13 nachgewiesen wurde (Abb. 7).

Da somit im ersten Schwangerschaftsdrittel neben dem Vitalitätsnachweis und dem Ausschluß einer EU auch viele kindliche Anomalien bereits definitiv festgestellt werden können[20], ist wiederholt die Forderung nach Einführung einer zusätzlichen Ultraschall-Screening-Untersuchung schon in diesem Graviditätsstadium erhoben worden[6, 9]. Ein zusätzliches Argument für die Einführung einer solchen dritten routi-

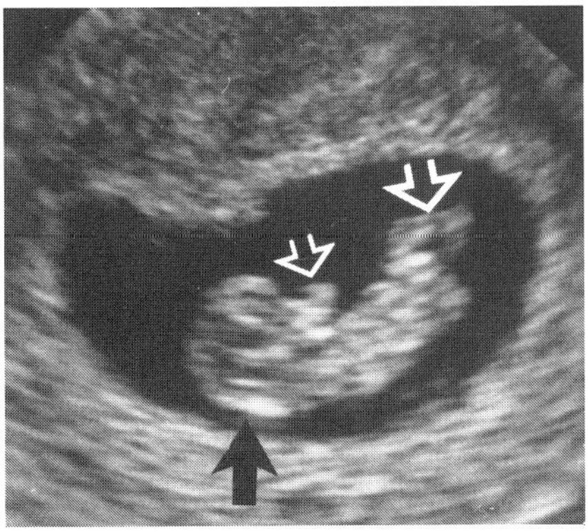

Abb. 6 Sonographisch unauffällige Einlingsschwangerschaft in der 10. Woche p.m. Die relativ große Kopfanlage (schwarzer Pfeil) ist ebenso erkennbar wie Arme und Beine des Kindes (weiße Pfeile).

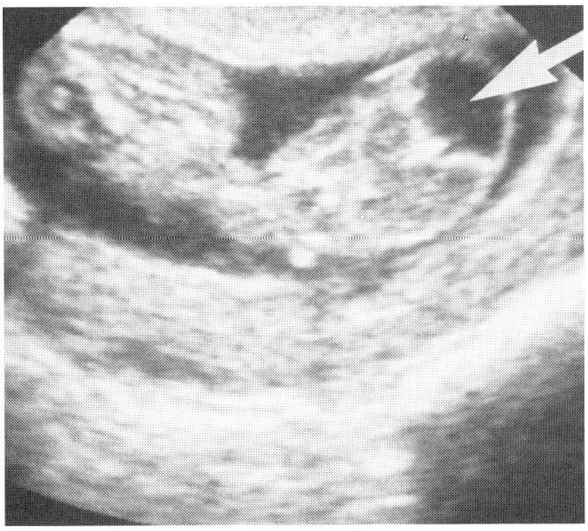

Abb. 7 Vaginalsonographisches Bild (13. SSW) eines Kindes mit schwerem Zerebraldefekt (Pfeil) in der hinteren Schädelgrube. Die Karyotypisierung ergab eine Trisomie 13 (Patau-Syndrom).

nemäßigen Ultraschalluntersuchung ist die Tatsache, daß eine Gestationsalterbestimmung aufgrund der Scheitel-Steiß-Länge genauer ist als die spätere fetometrische Altersbestimmung z. B. auf der Basis von Kopf- oder Bauch/Thorax-Messungen. Auch wenn im Hinblick auf die frühzeitige Erkennung von kindlichen Makrosomien bzw. Wachstumsretardierungen ein zusätzliches Ultraschall-Screening innerhalb der ersten 12 Wochen keinen statistisch nachweisbaren Vorteil brächte[21], ließe der Gewinn im einzelnen Fall wegen der vielfältigen Möglichkeiten zur Verbesserung der individuellen Schwangerenvorsorge (Tab. 2) die Forderung nach einer solchen Erweiterung der Mutterschaftsrichtlinien gerechtfertigt erscheinen. Darüber hinaus hilft eine Ersttrimesteruntersuchung nachweisbar[23], eine frühe Bindung zwischen

Tab. 2 Möglichkeiten der Ultraschall-Vorsorgeuntersuchung im 1. Schwangerschaftsdrittel

Vitalitätsnachweis der Schwangerschaft (Ausschluß von Abortivei oder Blasenmole)
Feststellung des wahren Gestationsalters (durch Scheitel-Steiß-Messung ± 3 Tage)
Ausschluß einer EU (frühe Behandlungsmöglichkeit)
Ausschluß einer Mehrlingsschwangerschaft (Amnion- und Chorionmembranen besser differenzierbar als in der späteren Schwangerschaft)
Ausschluß pathologischer Schwangerschaftsbefunde (Adnex- und Douglastumoren, Myome, Uterusanomalien etc.)
Fehlbildungsdiagnostik (z. B. Ausschluß einer Anenzephalie zu einem Zeitpunkt, an dem noch eine Saugcurettage möglich ist)
Verstärkung der Mutter/Eltern-Kind-Bindung bereits vor Verspüren der ersten Kindsbewegungen (*maternal/parental child bonding*)

Mutter bzw. Eltern und Kind (*maternal/parental bonding*) herzustellen, schon bevor die Mutter Kindsbewegungen spürt.

Mehrlings-Schwangerschaften

Durch frühe Ultraschall-Untersuchungen ist heute bekannt, daß nur 40% aller sonographisch in der Frühschwangerschaft erkennbaren Zwillingsanlagen tatsächlich zur Geburt von Zwillingen führen[23, 24]. Das »Verschwinden« einzelner Mehrlinge bei intaktem Fortbestand der verbleibenden Fruchtanlagen ist ein gesichertes Phänomen (*vanishing twins*).

Nur 30% aller Zwillingsschwangerschaften sind monozygot, die Raten an Komplikationen wie Spontanabort, Wachstumsretardierungen, Zwilling-Zwilling-Transfusionssyndrom und Nabelschnurprobleme sind aber bei monchorischen/monoamnialen Zwillingsanlagen deutlich erhöht. Dichorische Mehrlingsanlagen, die besonders nach verschiedenen Verfahren der Ovulationsinduktion und multiplem Embryo-Transfer nach in vitro-Fertilisation gehäuft auftreten können, sind in der Frühschwangerschaft besonders gut erkennbar.

Bei »Viellings-Graviditäten« ist die Rate von Komplikationen unter anderem durch Zervixinsuffizienz, vorzeitige Wehentätigkeit, Blutungen und Polyhydramnie erhöht.

Frühschwangerschaft bei liegender Intrauterin-Spirale

Bei kupferhaltigen Intrauterinspiralen, deren Sitz durch sonographische Kontrollen regelmäßig überwacht wird, beträgt der *Pearl*-Index 1–2, d. h. es kommt bei 100 Frauen, die 1 Jahr lang das IUP als Verhütungsmethode benutzen, in einem Jahr zu 1 bis 2 Versagern[25]. Mit Hilfe des Ultraschalls läßt sich nicht nur im nicht-schwangeren Zustand, sondern auch während der Gravidität die Lage der kupferhaltigen Spiralen im Uterus gut nachweisen.

Da bei Verbleiben auch moderner kupferhaltiger Spiralen im Uterus und gleichzeitig bestehender Gravidität die Risiken für Komplikationen im weiteren Schwangerschaftsverlauf wie Zweittrimester-Abort, Blasensprung, Infektionen und vorzeitige Wehentätigkeit signifikant erhöht sind[26, 27], ist zu einer Extraktion des IUD in der Frühschwangerschaft zu raten[28, 29]. Nach den Erfahrungen, die in Münster bei inzwischen 19 Fällen gewonnen wurden, ist nach IUD-Extraktion im ersten Schwangerschaftstrimenon die Rate an Spätkomplikationen gegenüber normalen Schwangerschaften nicht erhöht[30, 31].

Blasenmole

Das Bild einer kompletten Blasenmole in der Frühschwangerschaft ist charakterisiert durch ein ziemlich homogenes Echomuster als Folge zahlreicher kleiner Bläschen bei Fehlen von Embryonalanlage und Fruchtwasser (Abb. 8a). Obwohl es sich bei der kompletten Blasenmole um die Verschmelzung einer Ei- mit einer Samenzelle und damit in genetischem Sinne um ein Individuum handelt, wird wohl jeder bei dieser speziellen Anomalie eine Indikation zum Schwangerschaftsabbruch anerkennen.

Das gleichzeitige Vorkommen einer Fetalentwicklung (Abb. 8b) wird bei etwa 2% aller Blasenmolen beobachtet[32], und in einem solchen Fall sollte immer eine rasche Karyotypisierung durchgeführt werden, weil bei der in diesem Zusammenhang häufig gefundenen Triploidie nicht nur eine absolut infauste kindliche Prognose erwiesen ist, sondern auch u.U. lebensgefährliche Gefährdungen der Mutter durch Präeklampsie, Blutungen, Plazentalösungen etc. durch eine sofortige Beendigung der Schwangerschaft abgewendet werden können. So fanden wir bei einer Schwangerschaft

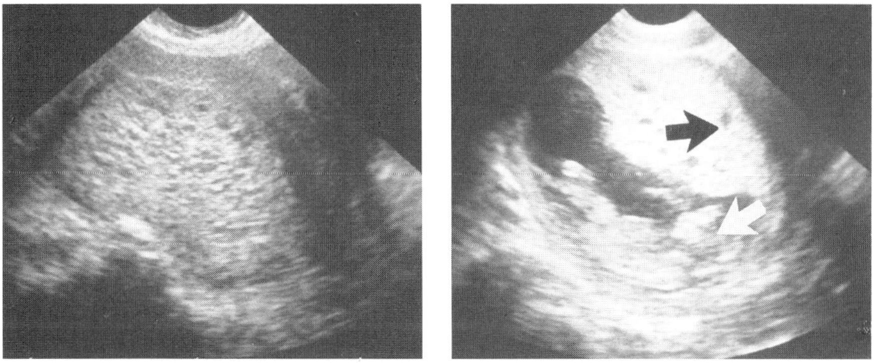

Abb. 8 a) Sonographisches Längsschnittbild einer kompletten Blasenmole im ersten Schwangerschaftstrimenon. Der Uterus ist vollständig ausgefüllt durch blasig degeneriertes Gewebe ohne Amnionflüssigkeit oder Embryonalanteile.

b) Sonographie partieller Blasenmolen (schwarzer Pfeil = teilweise blasig degenerierte Plazenta, weißer Pfeil = Kind): schwer fehlgebildetes Kind im ersten Trimenon (Kalottendefekt; Chromosomenanalyse: Triploidie)

mit therapierefraktärer früher Präeklampsie und dem sonographischen Bild einer partiellen Mole mit kindlichen Fehlbildungen wie Lippen-Kiefer-Gaumen-Spalte und Beckenniere pränatal eine Triploidie, wobei die schwere mütterliche Symptomatik unmittelbar nach Beendigung der Schwangerschaft sofort verschwand[33].

Zweites und drittes Schwangerschaftstrimenon

Im zweiten und dritten Schwangerschaftstrimenon können durch Ultraschallgeräte mit Grauwert-Darstellung Details des sich entwickelnden kindlichen Körpers gut dar-

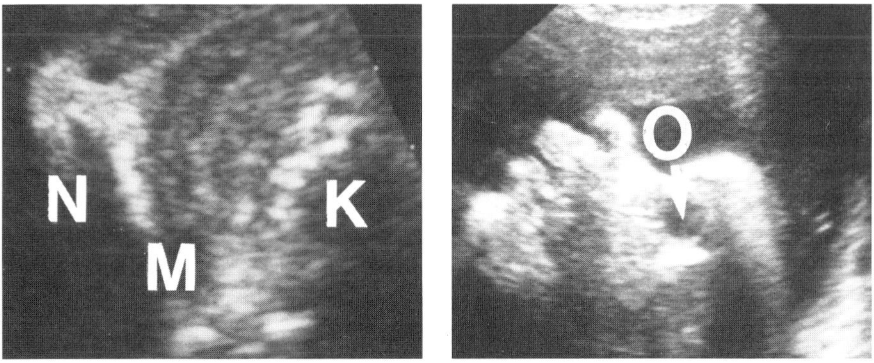

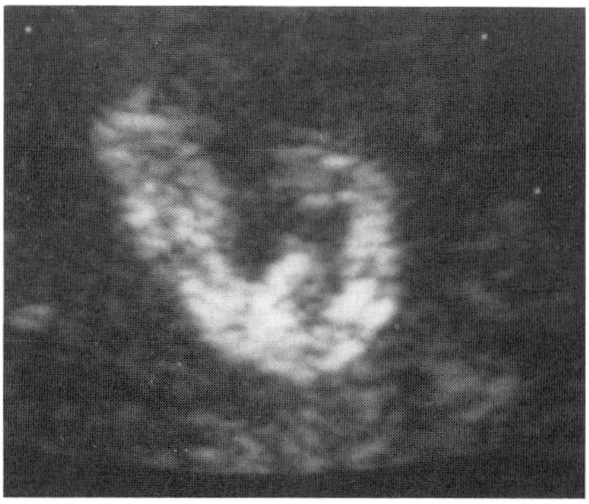

Abb. 9a–c a) Untere Gesichtspartie eines Feten in der sonographischen Aufsicht (M = Mund, K = Kinn, N = Nase, O = Orbita), b) im Profil, c) normales kindliches Ohr.

gestellt werden. So kann z. B. das Gesicht des Kindes in der Aufsicht sowie im Profil (Abb. 9a–c) daraufhin beurteilt werden, ob Anomalien vorliegen, die möglicherweise Hinweise auf schwere, unheilbare Erkrankungen wie eine Trisomie 13 (Hypothelorismus, Lippen-Kiefer-Gaumenspalte) geben können. Auch kleine Körperteile wie das Ohr können heute sonographisch genau beurteilt werden. Dabei wäre nicht eine isolierte Anomalie von Bedeutung, sondern nur eine Ohrfehlbildung als Hinweis auf ein schwerstes Erbleiden, wie z. B. das *Goldenhar*-Syndrom, das mit inoperablen Herzfehlern assoziiert sein kann.

Die fetometrische Beurteilung des Kindes in der Routine-Schwangerenvorsorge basiert im wesentlichen auf den Messungen wenigstens des Schädels (biparietaler und frontookzipitaler Durchmesser), der abdomino-thorakalen Durchmesser bzw. Umfänge sowie der Länge des Femurknochens. Insbesondere durch die Einbeziehung der Femurmessung in jede Ultraschall-Untersuchung im Rahmen der Schwangerenvorsorge kann die rechtzeitige Erkennung genetisch oder nutritiv bedingter Wachstumsretardierungen verbessert werden[34].

Bei der routinemäßigen Sonographie werden auch die kindliche Herzaktion und das Bewegungsverhalten des Kindes (»bio-physikalisches Profil«) geprüft, vor der Entbindung kann bei palpatorisch unklaren Befunden die Lage und Stellung des Kindes sowie die Frage nach einem relativen Mißverhältnis durch die Ultraschalluntersuchung geklärt werden. Darüber hinaus ist eine Beurteilung der Plazenta (Reifegrad, Ausschluß einer Placenta praevia) sowie der Fruchtwassermenge (Oligo-/Polyhydramnie) möglich. Relativ diskrete Anomalien wie eine Nabelschnur mit nur zwei Gefäßen oder bei der Organuntersuchung des Feten festgestellte Zysten des Plexus chorioideus können Hinweiszeichen auf schwerste Fehlbildungssyndrome und insbesondere Chromosomenstörungen sein[35].

Hydrops fetalis et placentae

Schon in den 60er Jahren wurde erstmalig ein durch Rhesus-Inkompatibilität bedingter Hydrops mit der *real-time*-Sonographie sichtbar gemacht[5]. Ein Hydrops fetalis ist sonographisch erkennbar als Hautödem, ein Hydrops placentae als Schwellung der Plazenta — Veränderungen, die in der Regel in unterschiedlicher Ausprägung gemeinsam beobachtet werden können. Häufig ist die erste sichtbare Veränderung bei einer intrauterinen Entwicklung in Richtung auf einen generalisierten Hydrops eine Aszitessichel im Bereich der Leber oder ein Perikarderguß[36].

Durch die Anti-D-Prophylaxe bei Rhesus-negativen Frauen ist die Inzidenz des immunologisch bedingten Hydrops congenitus deutlich zurückgegangen; darüber hinaus kann durch erhebliche Verbesserungen der intrauterinen Bluttransfusionstechnik[37] heute auch bei bereits früh im zweiten Trimenon manifestem generalisierten Hydrops der vor wenigen Jahren noch sicher letale Verlauf verhindert werden.

Auch wenn die Prognose des Kindes beim schweren nicht-immunologischen Hydrops mit einer über 50%igen Letalität in utero noch immer schlecht ist, kann z. B. bei fetalen Tachykardien durch intravenöse Gabe von Antiarrhythmika an die Mutter oder direkt an das Kind[38] oder bei Parvovirus B19-bedingter aplastischer Krise durch intrauterine Bluttransfusion[39] in einigen Fällen ein intrauteriner Todesfall verhindert und schädigungsfreies Überleben des Kindes ermöglicht werden.

Besonders erfolgreich ist auch die Behandlung des isolierten fetalen Hydro- bzw. Chylothorax, bei dem ohne Therapie durch die u. U. massiven intrapleuralen Wasseransammlungen unweigerlich der intrauterine Tod durch Herzversagen bei final ge-

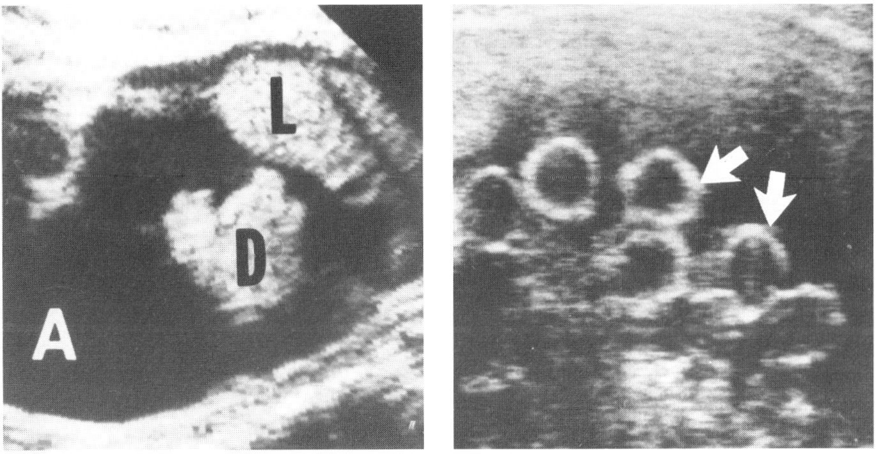

Abb. 10 Schwerer fetaler intraabdominaler Aszites (A = Aszites, D = Darm, L = Leber): a) der Darm ist durch Aszites zusammengedrückt, b) die Darmschlingen (weiße Pfeile) sind durch Flüssigkeit dilatiert.

neralisiertem Hydrops eintreten würde[40]. Eine rasche Erstellung eines Karyotyps z. B. aus den Lymphozyten der Zystenflüssigkeit[41], aus Nabelschnurblut oder Plazentapunktat ist auch beim kongenitalen Nackenhygrom wichtig, da sich in mehr als 50 % der Fälle numerische Chromosomenstörungen als Ursache finden[42].

Anenzephalie

Die wahrscheinlich schwerwiegendste Fehlbildung beim Menschen, die mit einer Häufigkeit von 1:1.000 bis 1:2.000 nicht selten vorkommt, ist die Anenzephalie (Abb. 11). Da bei dieser Anomalie die Schädelkalotte und das Großhirn vollständig fehlen, ist eine frühe Ultraschall-Diagnose gut möglich. Im sonographischen Frontalschnitt ist die charakteristische Darstellung der Orbitae als kranialste knöcherne Struktur (Abb. 12) zu sehen, wobei vom »Brillenphänomen« bzw. »Froschkopf«-Aspekt gesprochen worden ist[9]. Häufig liegen bei der Anenzephalie assoziierte

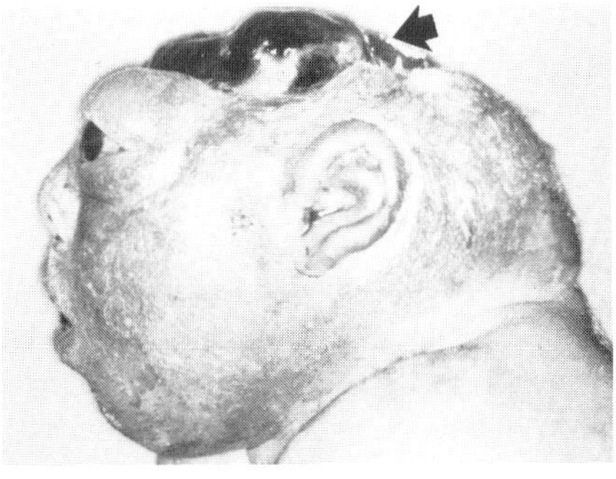

Abb. 11 Typisches Bild eines Anenzephalus nach Schwangerschaftsabbruch im zweiten Trimenon. Das Großhirn und die Schädelkalotte fehlen vollständig. Im oberen Kopfbereich ist nur eine Area cerebro-vasculosa (Pfeil) erkennbar.

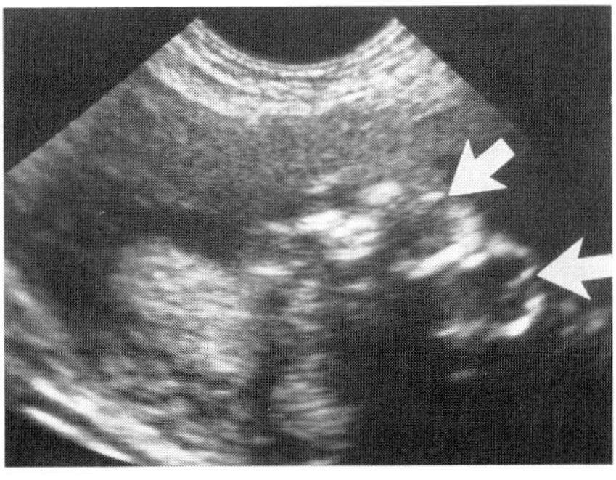

Abb. 12 Charakteristisches Sonogramm mit »Brillenphänomen« bei Anenzephalie im zweiten Schwangerschaftstrimenon (die Pfeile zeigen auf die beiden knöchernen Orbitae).

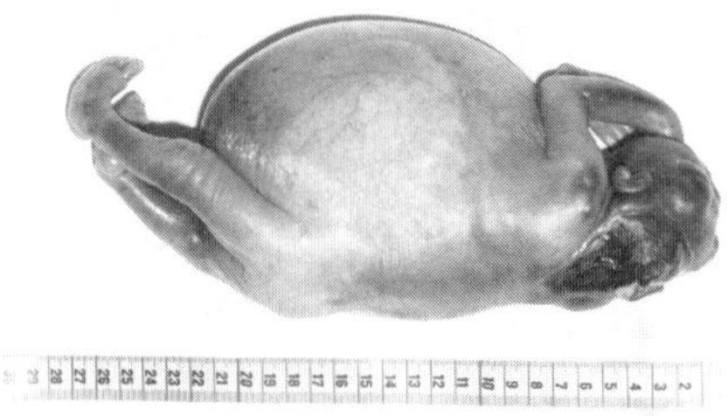

Abb. 13 Anenzephalus mit gleichzeitiger oberer Spina bifida und Kloakenfehlbildung. Das durch den Kloakensack dilatierte Abdomen ist auffällig.

Fehlbildungen vor, wie z. B. eine hohe Spina bifida (Abb. 13) und eine Kloakenfehlbildung.

Seltener ist die »Acardius-Acranius-Anomalie«, bei der ein anenzephaler parasitärer Fetus ohne Herz von dem Ko-Zwilling mit Blut versorgt wird und in der Regel der pumpende Zwilling durch zunehmende Herzinsuffizienz schließlich wie der parasitäre Zwilling hydropisch wird, wenn es durch eine operative Maßnahme in graviditate nicht gelingt, die Gefäßverbindungen zwischen den beiden Zwillingen irreversibel zu blockieren. Eine erste derartige Blockierung von Gefäßverbindungen gelang mit Hilfe eines Laser-Fetoskops[43].

Obwohl das »Übersehen« einer Anenzephalie beim Ultraschall-Screening bedeutet, daß der Untersucher offensichtlich die einfachste fetometrische Bestimmung des biparietalen Kopfdurchmessers nicht beherrscht, kommen solche Fehldiagnosen auch in unserem Lande mit vergleichsweise hohem Ausbildungsstand in der Schwangeren-Sonographie immer wieder vor. Da die späte Diagnose einer Anenzephalie für die betroffenen Mütter eine erhebliche Härte bedeutet, andererseits ein Schwangerschaftsabbruch aus kindlicher Indikation nach § 218 in keinem Fall erlaubt ist, sind wir für eine Ausnahmeregelung im Falle der Anenzephalie eingetreten. Durch diese sollte bei dieser speziellen Anomalie ein Schwangerschaftsabbruch jederzeit erlaubt sein[44, 45].

Spina bifida

Da trotz des 4%igen Wiederholungsrisikos für Neuralrohrdefekte bei einem vorausgegangenen Geschwisterfall ca. 90% dieser relativ häufigen Fehlbildungen ohne familiäre Vorgeschichte auftreten, kommt der Ultraschall-Routineuntersuchung in diesem Zusammenhang eine besondere Bedeutung zu. Sehr hilfreich ist die α-Fetoprotein-Screeninguntersuchung im mütterlichen Serum zur Feststellung nicht überhäuteter Spinae bifidae[46].

Im sonographischen Transversalschnitt sind die Ossifikationszentren der Wirbelsäule normalerweise parallel zueinander oder bilden einen leichten Winkel aufeinander zu, während sie bei der Spina bifida auseinanderweichen und dadurch eine charakteristische U- oder V-förmige Figur entsteht (Abb. 14). Im Ultraschall-Längsschnitt läßt sich erkennen, daß die Ossifikationszentren weiter voneinander entfernt stehen als oberhalb und unterhalb des Defekts. Häufig findet sich bei Spina bifida eine durch sie bedingte Hydrozephalie (*Arnold-Chiari*-II-Komplex); im Screening hat sich die Beurteilung der Kopfform (*lemon*-Form bei Spina bifida) als sehr hilfreich erwiesen[47]. Je nach Höhe des Defektes und seiner Ausdehnung sind die operativen Korrekturmöglichkeiten und die Prognosestellung insgesamt sehr unterschiedlich[48], und nur in Zusammenarbeit erfahrener Pränataldiagnostiker mit Kinderärzten und

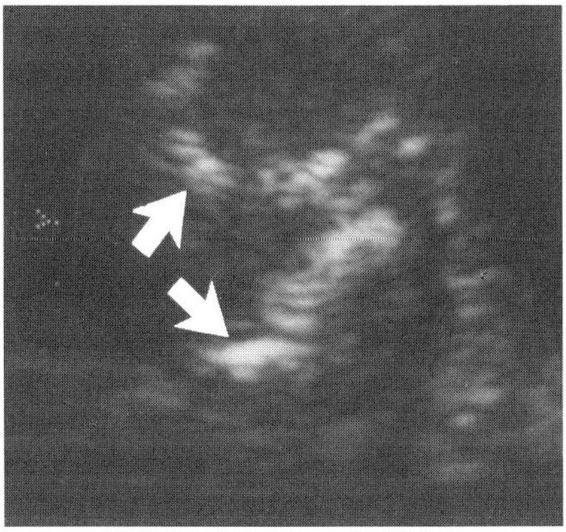

Abb. 14 Sonographisches Querschnittbild einer Spina bifida. Die typische V- bzw. U-förmige Figur der auseinanderweichenden Ossifikationszentren der Wirbelsäule (weiße Pfeile) sind erkennbar.

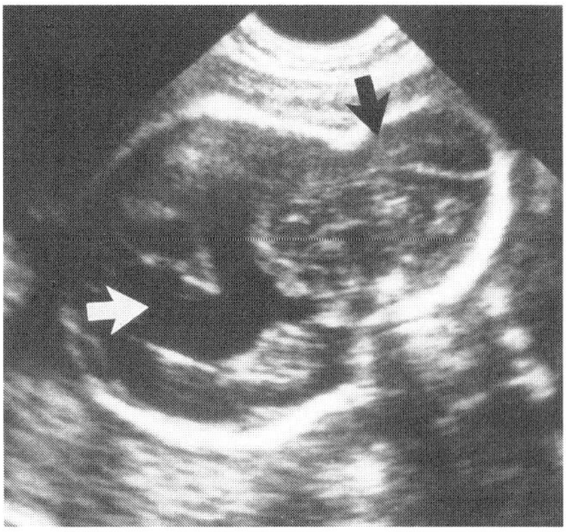

Abb. 15 Enzephalo(meningo)zele im zweiten Schwangerschaftstrimenon: assoziierter Hydrocephalus internus (weißer Pfeil) bei Corpus callosum-Defekt (Enzephalozele = schwarzer Pfeil).

Neurochirurgen kann hier eine umfassende und realistische Beratung der Eltern erfolgen.

Enzephalozele

Eine Enzephalo(meningo)zele kommt bei etwa 1:2.000 Schwangerschaften vor und basiert auf einem Defekt des mesodermalen Calvarium mit Ausstülpung von Hirnhäuten und Hirnsubstanz durch die Knochenlücke[49]. In etwa 2/3 der Fälle liegt sie okzipital und ist sonographisch nicht schwer zu diagnostizieren (Abb. 15). Wenn nur die Hirnhäute ohne Gehirnanteile in die Hernie einbezogen sind, ist die Prognose günstiger. Häufiger sind aber Kombinationen mit assoziierten Anomalien wie Mikrozephalie, *Dandy-Walker*-Anomalie, Corpus-callosum-Agenesie und Hydrozephalus, wobei die Prognose häufig infaust ist. Wenn bei der Ultraschall-Untersuchung eine Enzephalozele gesehen wurde, muß auch an das Vorliegen eines *Meckel*-Syndroms gedacht werden, welches ein 25%iges Wiederholungsrisiko hat.

Porenzephalie

Porenzephale »Zysten« (Abb. 16) sind sonographisch dadurch charakterisiert, daß sie als unregelmäßige echolose Strukturen unabhängig vom Ventrikelsystem intrakranial visualisiert werden können. Die Prognose ist unterschiedlich und offensichtlich davon abhängig, ob die Funktionen der untergegangenen Hirnanteile von anderen rechtzeitig übernommen worden sind. Möglicherweise können frühe Zirkulationsstörungen als Folge von vaskulären Insulten oder Infektionen manchmal große Defekte ohne klinische Konsequenzen zur Folge haben, während andererseits gelegentlich kleinere mit erheblichen neurologischen Störungen einhergehen können.

Hydrozephalie

Der Hydrocephalus internus als Erweiterung der kindlichen Hirnventrikel ist mit modernen Ultraschall-Geräten leicht diagnostizierbar (Abb. 17), aber die Klärung der Ätiologie, der Prognose und des optimalen Schwangerschafts-»Managements« bereitet größere Schwierigkeiten. Bei etwa 1 bis 2% aller Patienten mit Hydrozephalie

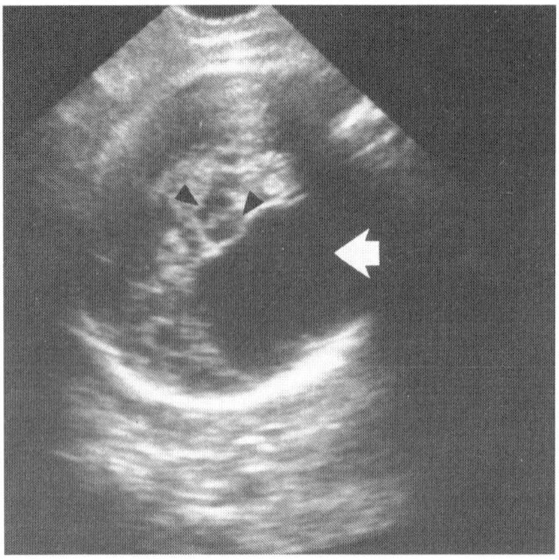

Abb. 16 Pränatale Ultraschallaufnahme einer großen porenzephalen Zyste (weißer Pfeil) neben intakten Hirnventrikeln (schwarze Pfeile) bei einem Kind, welches bis jetzt im Alter von 1 1/2 Jahren klinisch unauffällig ist.

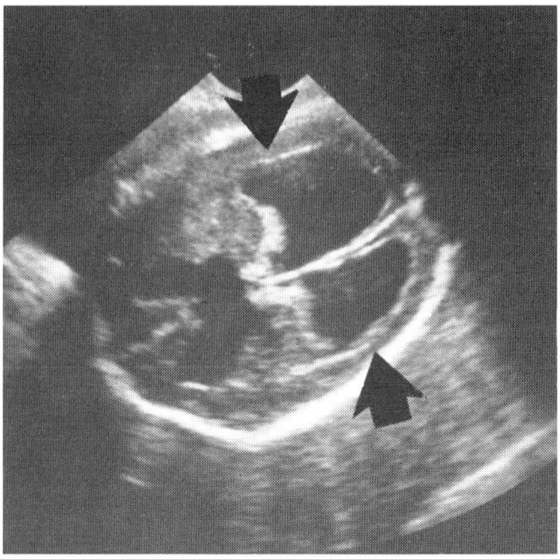

Abb. 17 Sonographisches Bild eines Hydrocephalus internus im dritten Schwangerschaftstrimenon zeigt symmetrische Erweiterung der Hirnventrikel und Kompression des Gehirnparenchyms (Pfeile).

liegt eine X-gekoppelte Aquäduktstenose vor[50], aber auch zytogenetische Anomalien oder Infektionskrankheiten wie Toxoplasmose können ursächlich sein. Es kann als erwiesen gelten, daß bereits in utero intrakranielle Blutungen möglich sind, die zum pränatal manifesten Hydrozephalus führen können.

Beim durch vorgeburtliche Ultraschall-Untersuchung nachgewiesenen Hydrozephalus muß sorgfältig nach Begleitfehlbildungen beziehungsweise Chromosomenstörungen gesucht werden, bevor Entscheidungen über das weitere Vorgehen im Schwangerschaftsverlauf gefällt werden können.

In einer unselektionierten Serie von 50 Feten mit pränatal diagnostizierter Ventrikulomegalie[51] wurde über folgende Schwangerschaftsausgänge berichtet: Schwangerschaftsabbruch in 24%, intrapartaler Tod in 14%, neonataler Tod innerhalb 24 Std. in 22%, neonataler Tod zwischen 24 Std. und 28 Tagen in 6% und Tod nach 28 Tagen in 4%. Von den nur 28% überlebenden Kindern hatten 57% schwere geistige Retardierungen bzw. Entwicklungsstörungen. In 84% der Fälle fanden sich neben der Ventrikulomegalie Begleitfehlbildungen, was auch bei dem Versuch, die Shunteinlage bereits in die Schwangerschaft hinein vorzuverlegen, beachtet werden muß.

Eine vorgeburtliche Katheter-Anlage bei fetalem Hydrozephalus muß zur Zeit noch als experimenteller Eingriff angesehen werden, der nur bestimmten Zentren vorbehalten bleiben sollte, da er bisher keine klinisch bewiesenen Vorteile gegenüber der Therapie nach der Geburt bringt[52].

Zwerchfellhernie

Diaphragmatische Hernien, die mit einer Häufigkeit von 1:2.200 Neugeborenen auftreten, sind trotz aller Verbesserungen der pränatalen Diagnostik und neonatologischen Intensivbehandlung mit einer Letalität von 50 bis 80% behaftet[53]. Sie treten vornehmlich links auf (*Bochdalek*sche Hernie) und können sonographisch daran erkannt werden, daß Anteile von Darm, Magen und Leber im Thoraxraum neben dem Herzen erscheinen und die Lungen komprimieren (Abb. 18).

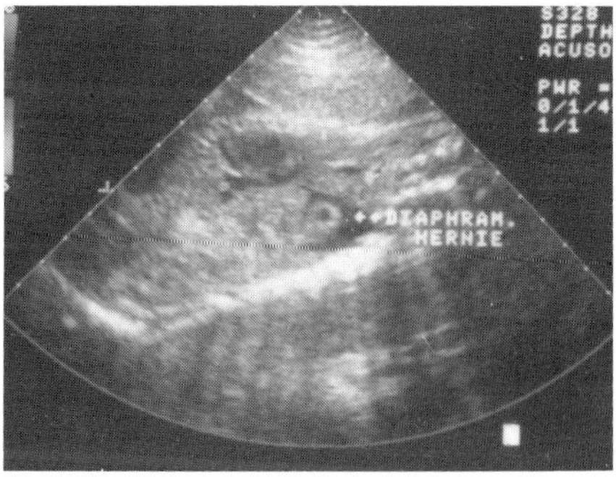

Abb. 18 Angeborene Zwerchfellhernie: Sonographischer Längsschnitt zeigt fetale Darm- und Leber-Anteile im Thoraxraum neben dem Herzen.

Bei optimaler Vorbereitung und Anwendung spezieller postpartaler Beatmungstechniken haben Kinder mit solchen pränatal diagnostizierten Hernien heute eine deutlich verbesserte Prognose, oft liegt aber bereits eine irreversible Lungenhypoplasie vor.

Um der Lunge in utero eine bessere Chance zur Entwicklung und Reifung zu geben, wurde intensiv im Tierexperiment an einer Möglichkeit gearbeitet, die Zwerchfellhernie bereits pränatal zu korrigieren. Obwohl in sorgfältigen Experimenten mit Schafen gezeigt werden konnte, daß eine rechtzeitige Behebung der Hernie durch offene fetale Operation und eine Verhinderung der sonst entstehenden Lungenhypoplasie bei Lämmern möglich war, konnte über entsprechende Erfolge beim Menschen noch nicht berichtet werden[54].

Kardiale Anomalien

Anomalien des fetalen Herzens können entweder als Rhythmusstörungen und/oder als anatomische Herzfehler bei der Ultraschalluntersuchung auffallen. Insbesondere durch die zum B-Bild simultane Darstellung des *M-mode* (Abb. 19) können Tachy- und

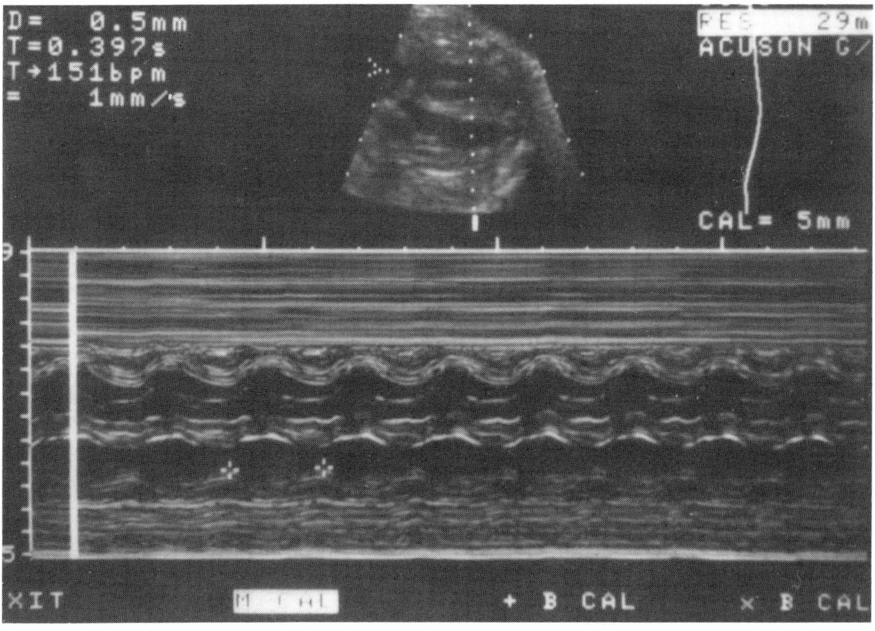

Abb. 19 Simultane M-mode-Ableitung unterhalb des B-Bildes läßt Wand- und Klappenbewegungen des fetalen Herzens erkennen.

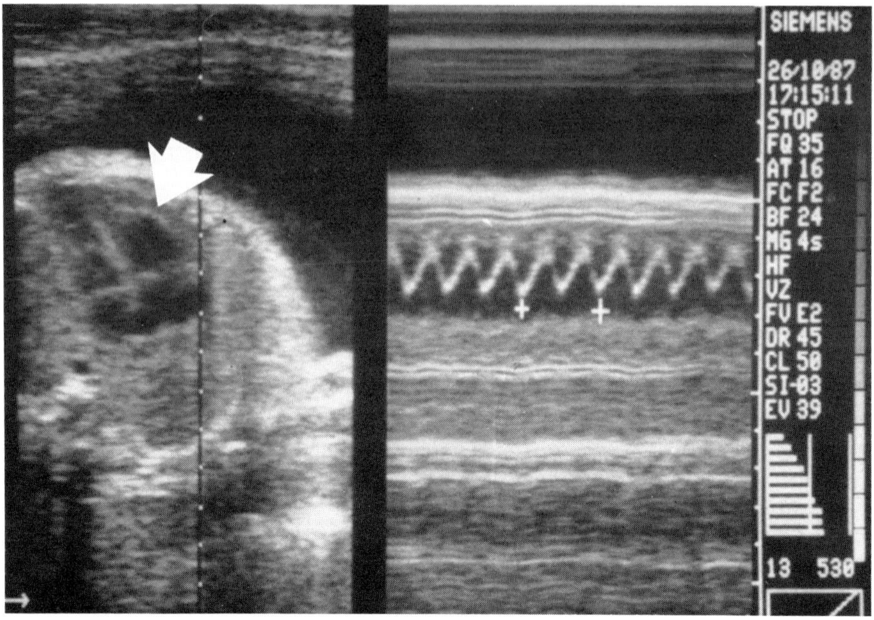

Abb. 20 Sonographisches Bild des sog. »Vierkammerblickes« (Pfeil) im Rahmen des Ultraschall-Screening.

Bradyarrhythmien des Kindes erfaßt und differenziert werden. Bereits seit einigen Jahren werden bei Tachyarrhythmien durch Medikation Kardioversionen beim Kind erreicht[38, 55].

Bei allen Herzrhythmusstörungen müssen zunächst Herzvitien sonographisch ausgeschlossen werden; wenn solche vorliegen, beträgt die Wahrscheinlichkeit für eine Chromosomenanomalie bis zu 30%[56]. Bei jeder Schwangerenvorsorge-Sonographie sollte zur Orientierung über das kindliche Herz der »Vierkammerblick« (Abb. 20) eingestellt werden, da auf diese Weise schwerste, nicht korrigierbare Herzfehler wie die extreme Linksherzhypoplasie, die sich pränatal nicht nachteilig auf das Kindswachstum auswirkt, erkannt werden.

Obstruktionen im fetalen Verdauungstrakt

Wenn bei der Ultraschall-Vorsorgeuntersuchung eine Polyhydramnie festgestellt wird, muß als mögliche Ursache an eine Obstruktion im fetalen Verdauungstrakt gedacht werden. Da bei einer Ösophagusatresie in 90% der Fälle gleichzeitig eine Fistel zwischen Trachea und Ösophagus vorliegt, ist eine fehlende fetale Magenfüllung mit Fruchtwasser nur in wenigen Fällen diagnostisch hilfreich. Allerdings liegt auch bei den Ösophagusatresien mit Fistel in der Regel eine Polyhydramnie vor, und in diesen Fällen kann der elektrophoretische Nachweis einer Acetylcholinesterase (AChE)-Bande ohne α-Fetoprotein-Erhöhung im Fruchtwasser richtungweisend sein[57].

Ein positiver AChE-Nachweis wird in der Regel auch bei Obstruktion in anderen Bereichen des Gastrointestinaltraktes gefunden, z. B. bei der Duodenal-, Jejunal- oder Ileumatresie. Ein typischer Befund bei der Duodenalatresie ist das *double bubble*-Phänomen (Abb. 21), das durch die gestaute Amnionflüssigkeit im Magen und proximalen Duodenum hervorgerufen wird. Nicht in allen Fällen von Ösophagusatresie

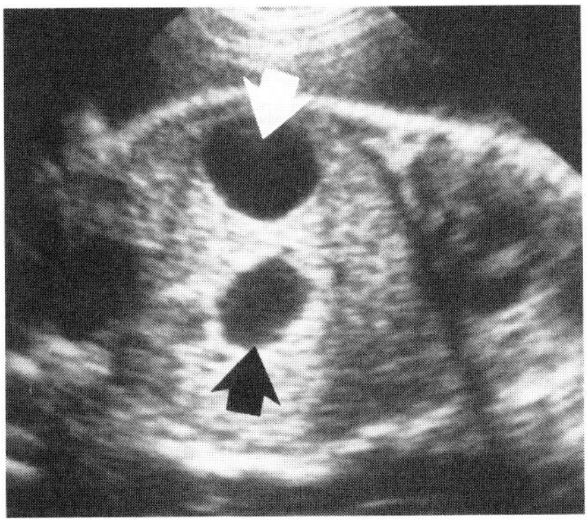

Abb. 21 Ultraschallaufnahmen von Feten mit angeborener Duodenalatresie. Der dilatierte Magen (weißer Pfeil) und proximale Anteil des Duodenum (schwarzer Pfeil) können jeweils identifiziert werden: Klassisches *double bubble*-Ultraschallbild.

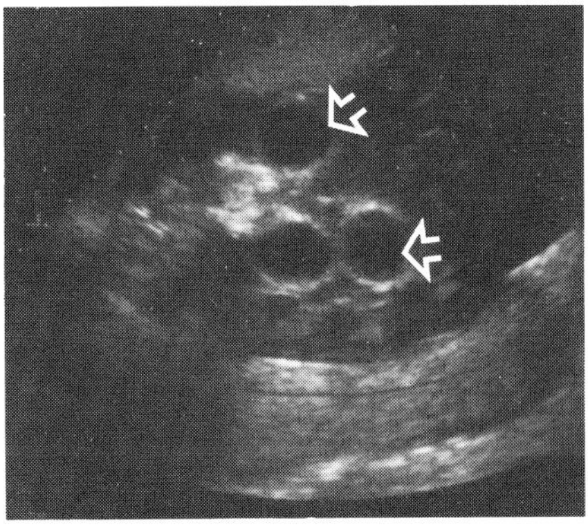

Abb. 22 Ultraschallbild einer Gastroschisis. Die um die laterale Bauchspalte herumziehende Nabelschnur kann durch die Farb-Doppler-Methode besonders gut dargestellt werden: erhebliche Dilatation (Pfeile) und Versteifung von Darmanteilen.

finden sich beim *double bubble*-Phänomen wirklich zwei getrennte Flüssigkeits-»Blasen«; gelegentlich zeigt sich auch eine Erweiterung des Magens mit kontinuierlichem Übergang in das Duodenum.

In jedem Fall ist die pränatale Diagnose einer angeborenen Obstruktion im Verdauungstrakt des Kindes wünschenswert, da sich dadurch eine unkontrollierte orale Nahrungsaufnahme mit Aspiration in die Lungen vermeiden und die chirurgische Korrektur unter optimalen Bedingungen vorbereiten läßt. Wegen der häufigen Assoziation der Duodenalatresien mit Chromosomen-Störungen wie Trisomie 21 und anderen Fehlbildungen, wie z. B. Herzfehler, müssen immer entsprechende, über die normale Routinesonographie hinausgehende Spezial-Untersuchungen veranlaßt werden.

Bauchwanddefekte

Obwohl Omphalozelen und die Gastroschisis ontogenetisch sehr unterschiedliche Bauchwanddefekte sind und sich durch Häufigkeit, anatomische Beziehungen zum Nabelschnuransatz, Rate der Begleitfehlbildungen, Therapie und Prognose unterscheiden[58], sind sie sonographisch gleichermaßen gut bereits bei der ersten routinemäßigen Ultraschalluntersuchung in der 16. SSW diagnostizierbar.

Da bei der Omphalozele in 60% der Fälle assoziierte Fehlbildungen vorliegen, unter denen kardiale Fehlbildungen und/oder chromosomale Anomalien den höchsten Anteil ausmachen[59, 60], müssen entsprechende gezielte Untersuchungen an die sonographische Erstdiagnose angeschlossen werden. In Münster fanden sich in einer Serie von Fällen mit Plazentapunktionen zur raschen Karyotypisierung bei drei von zehn Fällen mit Omphalozele Chromosomenstörungen (2 × Tris. 18 und 1 × Tris. 13). Eine isolierte Omphalozele ohne ursächliche Chromosomenstörung sollte allerdings kein Grund für einen Schwangerschaftsabbruch sein, da auch große Defekte heute erfolgreich operiert werden können.

Bei der Gastroschisis ist die Rate zytogenetischer Anomalien sehr gering, Begleitfehlbildungen liegen aber bei 25% der Fälle vor. Die Prognose hängt von Komplikationen wie pränatalen Darmobstruktionen, Volvulus oder Infarzierungen ab, bei deren Beurteilung die Farb-Doppler-Untersuchung hilfreich sein kann (Abb. 22).

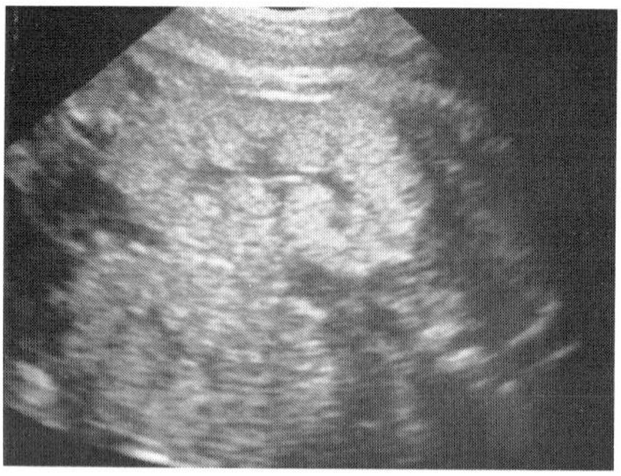

Abb. 23 Ultraschallbild einer autosomal rezessiven polyzystischen Nierenerkrankung (Potter Typ I). Auf beiden Seiten liegen vergrößerte Nieren mit erhöhter Echogenität des Parenchyms. Die Zysten von weniger als 2 mm Durchmesser sind sonographisch nicht erkennbar.

Harnwegsfehlbildungen

Es gibt eine Vielzahl sonographisch erkennbarer angeborener Fehlbildungen im Bereich der ableitenden Harnwege. Ihre Erblichkeit sowie prä- und postnatalen Auswirkungen auf das Kind sind sehr unterschiedlich[61]. So ist z. B. bei der autosomal-rezessiven polyzystischen Nierenerkrankung (*Potter*-Typ I) mit dem pränatalen charakteristischen Ultraschallbild beidseits gleichermaßen stark vergrößerter Nieren (Abb. 23) nach der Geburt häufig eine Atem- und Niereninsuffizienz und oft auch eine portale Hypertension aufgrund der assoziierten Leberfibrose zu erwarten. Dagegen ist bei einer nur das Segment einer Niere betreffenden Form der *Potter*-Typ II-Nierenerkrankung in der Regel keine klinische Manifestation vorhanden.

Eine Obstruktion der fetalen Harnröhre kann an einem charakteristischen »Schlüsselloch«-Aspekt (bedingt durch die dilatierte Blase und den proximalen Urethraanteil) mit beidseitiger Erweiterung der Ureteren (Abb. 24a) erkannt werden. Über die durch Urin-Rückstau entstehende bilaterale Hydronephrose (Abb. 24b) kommt es häufig zu einer fortschreitenden Nierenschädigung bis hin zur irreversiblen Nierendysplasie. Auch bei obstruktiven Harnwegserkrankungen werden gehäuft assoziierte Anomalien gefunden (Abb. 24c), so daß jedem Versuch einer intrauterinen Behandlung von Obstruktionen eine Karyotypisierung vorausgehen sollte[35].

Wenn keine Chromosomenstörungen oder schweren Begleitfehlbildungen vorliegen und sich die Schwangerschaft vor der 32. SSW befindet, entscheidet zunächst die durch Ultraschall bestimmte Fruchtwassermenge über das weitere Vorgehen.

Versuche, den intrauterinen Urinstau zu beseitigen, sind vielversprechend.

Auch wenn die Zahl der durch rechtzeitige Eingriffe in utero behandelbaren Kinder im Moment noch klein und die Auswahl der heilbaren Fälle noch schwierig ist, kann für die Zukunft als ermutigend angesehen werden, daß durch die Fortschritte der pränatalen Medizin nun Menschen ohne Schäden geboren werden können, die noch vor einigen Jahren sicher bereits als Neugeborene verstorben wären[62–65].

Sakralteratome

Obwohl Sakralteratome (SCT) nur mit einer Häufigkeit von 1:35.000 vorkommen, sind in Münster bereits acht solche Fälle pränatal während der Schwangerenvorsorge diagnostiziert worden[66]. Entsprechend der Nomenklatur der American Academy of Pediatrics Surgical Section wird von einem Typ-I-SCT gesprochen, wenn der Tumor nahezu ausschließlich extrakorporal gelegen ist, während sich beim Typ III ein mindestens ebenso großer Anteil intraabdominal befindet. Auch bei großen Typ-I-Teratomen sind die chirurgischen Ergebnisse nach Entfernung des Tumors und des Os coccygis gut, während bei einem pränatal diagnostizierten Typ III wegen der Inoperabilität der

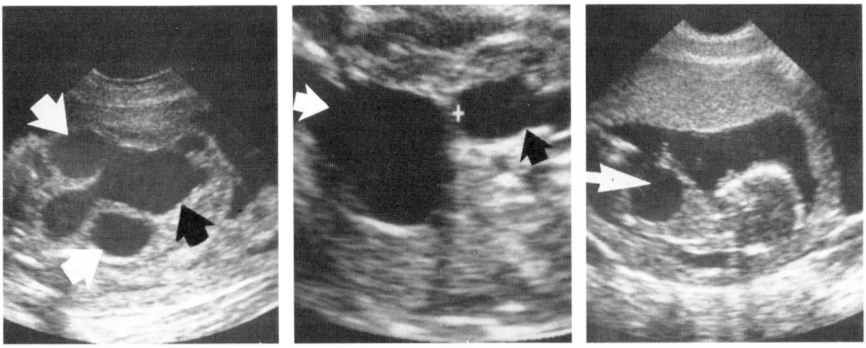

Abb. 24 a) Typisches sonographisches Bild bei Obstruktion der kindlichen Harnröhre mit »Schlüsselloch«-förmiger Blase (schwarzer Pfeil) und beidseits deutlich dilatierten Ureteren (weiße Pfeile), b) Pränatales Sonogramm einer dilatierten Blase (weißer Pfeil) und nachfolgender Hydronephrose (schwarzer Pfeil) bei Kind mit hinterer Urethralklappen-Obstruktion, c) Fet mit Megacystis (Pfeil) in der 15. SSW, bei dem die rasche Karyotypisierung eine Trisomie 18 ergab.

oft auf die Leber drückenden Tumoren mit nachfolgender Lungenhypoplasie eine infauste Prognose angenommen werden muß.

Somit ist die Situation beim sonographisch diagnostizierten Sakralteratom ein weiteres Beispiel dafür, wie die moderne Ultraschalltechnologie bei der Klassifizierung der gefundenen Anomalien hilft und es dadurch ermöglicht, daß die Prognose rechtzeitig und realistisch eingeschätzt werden kann. Eine Entdeckung sakrokokzygealer Teratome durch routinemäßige Ultraschall-Untersuchungen ist auch deshalb wichtig, weil es sonst unter der Geburt zu gefährlichen Obstruktionen durch den Tumor kommen kann, wie Berichten aus Ländern zu entnehmen ist, in denen es kein Ultraschall-Screening in der Schwangerschaft gab bzw. gibt[67, 68]. Auch über die pränatale Punktion von zystischen Anteilen solcher sakrokokzygealer Teratome zur Geburtserleichterung ist berichtet worden[69].

Doppler-Sonographie

Als nicht-invasive Ultraschall-Methode zur Schwangerenvorsorge steht seit Ende der 70er Jahre das kontinuierliche und gepulste Doppler-Verfahren zur Verfügung[70–72]. Es wird in zunehmendem Umfang als Screening-Methode und zur Überwachung von

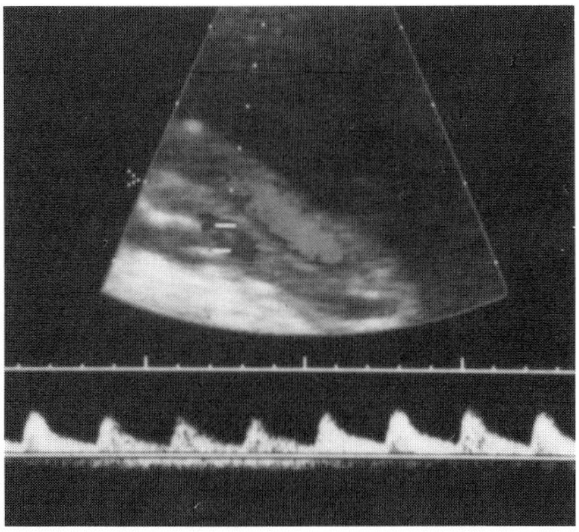

Abb. 25 Doppler-Sonogramm einer Nabelschnurarterie am Plazenta-Ansatz.

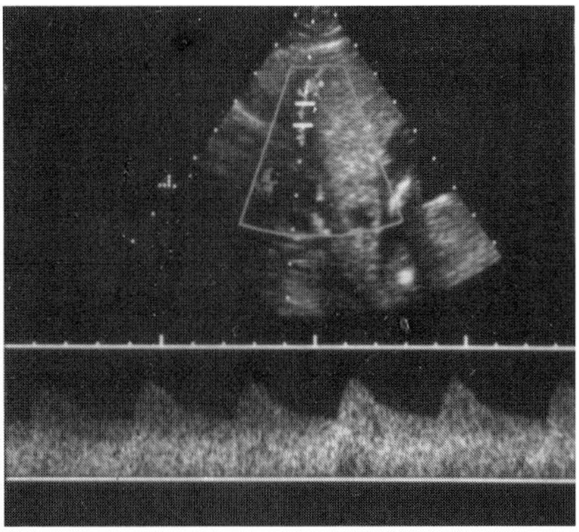

Abb. 26 Typisches Doppler-Frequenzmuster im Stromgebiet der uterinen Arterien.

Risikoschwangerschaften eingesetzt. Die meisten der bisher auf diesem Gebiet erschienenen Arbeiten haben sich mit der doppler-sonographischen Erfassung der kindlichen Gefährdung bei fetaler Wachstumsretardierung und bei Präeklampsie beschäftigt, aber auch mit der Herzdiagnostik, der Erkennung von Hypoxien, dem Einfluß von Drogen, mütterlichem Diabetes und Blutgruppen-Inkompatibilität sowie der Überwachung von Mehrlingsschwangerschaften[73].

Bei der Doppler-Sonographie werden in der Regel Blutflußspektren der Nabelarterie (Abb. 25), der fetalen Aorta und der uteroplazentaren Gefäße (Abb. 26) beurteilt und häufig in Form von Indices (z. B. Resistenz- bzw. Pulsationsindex) charakterisiert[74, 75]. Bei Blutflußmessungen in der fetalen A. carotis communis[76] ließ sich ein *brain-sparing effect* bei Verminderung des Blutflusses in der Peripherie zeigen.

Mit Hilfe der Farb-Flow-Codierung ist die Identifizierung kleiner fetaler Gefäße erheblich erleichtert worden; diese Methode eignet sich besonders auch zum Screening des fetalen Herzens im Hinblick auf Flußanomalien, z. B. als Folge von Regurgitationen, Stenosen der Klappen und intrakardialen Shunts[77, 78]. Mit der Doppler-Sonographie hat sich eine nicht-invasive Methode entwickelt, die additiv zu den invasiven Methoden (Karyotypisierung etc.) bei gefährdeten Schwangerschaften eingesetzt werden kann und somit eine weitere Bereicherung des Vorsorge-Instrumentariums darstellt.

Ethische Aspekte

Die Ultraschalldiagnostik als routinemäßiger Bestandteil der Schwangerenvorsorge hat einen nachweislich positiven Effekt, unter anderem bei der frühen Erkennung von kindlichen Gefährdungen durch Wachstumsretardierungen, und sie kann die Rate unnötiger Kaiserschnittentbindungen und Geburtseinleitungen allein schon deshalb senken, weil durch eine frühe sonographische Untersuchung das wahre Graviditätsalter besser bekannt ist[10, 11].

Auch wenn die Diagnostik kindlicher Fehlbildungen sicher nicht das primäre Ziel der in den Mutterschaftsrichtlinien verankerten Ultraschall-Screeninguntersuchungen ist, muß damit gerechnet werden, daß bei den Routine-Sonographien unweigerlich auch schwere kindliche Anomalien als häufig unerwarteter Befund gesehen werden. Bei deren schwerster Ausprägung (z. B. Anenzephalie, inoperabler Herzfehler) kann von den Eltern die Frage nach der Anwendbarkeit des § 218a Abs. 2 StGB gestellt werden, ob »nach ärztlicher Erkenntnis dringende Gründe für die Annahme sprechen, daß das Kind infolge einer Erbanlage oder schädlicher Einflüsse vor der Geburt an einer nicht behebbaren Schädigung seines Gesundheitszustandes leiden würde, die so schwer wiegt, daß von der Schwangeren die Fortsetzung der Schwangerschaft nicht verlangt werden kann«.

Ärzte, deren Handeln auf Lebenserhaltung ausgerichtet ist und die einer Lebensvernichtung grundsätzlich ablehnend gegenüberstehen, werden zwangsläufig mit dieser Problematik konfrontiert. Daraus ergibt sich ein »psychologisch-moralisches Dilemma« mit erheblichen Belastungen und Entscheidungskonflikten im Einzelfall[79]. Auch wenn jede Entscheidung am Grundsatz des absoluten (also auch pränatalen) Tötungsverbots gemessen werden muß, sind Dogmen in der konkreten Situation nicht anwendbar.

Literatur

[1]Ärztliche Rechtsfragen: V. Die Indikationen. Frauenarzt *5:* 409 (1989).
[2]*Holländer, H. J.:* Die diagnostische Anwendung des Ultraschalls in der Schwangerschaft. In: *Holländer, H. J.,* unter Mitarbeit von *B. J. Hackelöer, D. Hassler, H. D. Rott, K. Vandenberghe:* Die Ultraschalldiagnostik in der Schwangerschaft, p. 45. München 1984.
[3]*Donald, I.:* Sonar — the story of an experiment. Ultrasound Med. Biol. *1:* 109 (1974).
[4]*Kratochwil, A.:* Der Wert der fetalen Ultraschallkardiographie in der Beurteilung der gestörten Frühschwangerschaft. Wien. Klin. Wschr. *79:* 309 (1967).
[5]*Hofmann, D., H. J. Holländer:* Die intrauterine Diagnostik des Hydrops fetalis universalis mittels Ultraschall. Zbl. Gynäk. *90:* 667 (1968).
[6]*Hansmann, M., B. J. Hackelöer, A. Staudach:* Ultraschalldiagnostik in Geburtshilfe und Gynäkologie. Berlin 1985.
[7]*Holzgreve, W., P. Miny, F. K. Beller, I. H. Pawlowitzki:* Aktueller Stand der pränatalen Diagnostik. Diagn. Intensivmed. *18:* 25 (1985).
[8]Richtlinien des Bundesausschusses der Ärzte und Krankenkassen über die ärztliche Betreuung während der Schwangerschaft und nach der Entbindung (Mutterschaftsrichtlinien). Neufassung vom 10. 12. 1985. Bundesanzeiger 38, Beilage 60a vom 27. 3. 1986. Abgedruckt in: *Goodman, R. M.:* Damit es ein gesundes Baby wird. Hinweise zur Vermeidung von Gesundheitsrisiken vor und während der Schwangerschaft (übersetzt und bearbeitet von *B. Holzgreve*). Weinheim 1988.
[9]*Schramm, T., K. P. Gloning, E. Brusis:* Pränatale Ultraschalldiagnostik. In: *Murken, J.:* Pränatale Diagnostik und Therapie. Stuttgart 1987.
[10]*Bennett, M. J., G. Little, J. Dewhurst, G. Chaimberlain:* Predictive value of ultrasound measurement in early pregnancy: a randomized controlled trial. Br. J. Obstet. Gynecol. *89:* 338 (1982).
[11]*Waldenström, U., O. Axelsson, S. Nilsson, G. Eklund, O. Fall, S. Lindberg, Y. Sjödin:* Effects of routine one-stage ultrasound in pregnancy: a randomized controlled trial. Lancet *II:* 585 (1988).
[12]*Imoedemke, D. A. G., E. Mitford, R. Chan, Diakanbakhch:* An evaluation of routine early pregnancy ultrasonography. Acta Obstet. Gynecol. Scand. *64:* 427 (1985).
[13]*Popp, W. L.:* Gynäkologische Endosonographie. Quickborn 1986.
[14]*Timor-Tritsch, I., S. Rottem:* Transvaginal Sonography. New York 1988.
[15]*Goldstein, S. R.:* Endovaginal sonography. New York 1988.
[16]*Rempen, A.:* Der embryonale Dottersack bei gestörter Frühschwangerschaft. Geburtsh. Frauenheilk. *48:* 804 (1988).
[17]*Coleman, B. G., P. H. Anger:* Ultrasound in early pregnancy complications. Clin. Obstet. Gynecol. *31:* 3 (1988).
[18]*Boue, J., E. Philippe, A. Giroud, A. Boue:* Phenotypic expression of lethal chromosome anomalies in human abortuses. Teratology *14:* 3 (1976).
[19]*Holzgreve, W., P. Miny:* Chorionzotten-Diagnostik. Weinheim 1987.
[20]*Stabile, I., S. Campbell, J. G. Grudzinkas:* Ultrasound assessment of complications during the first trimester of pregnancy. Lancet *II:* 1237 (1987).
[21]*Aydinli, K., P. Miny, W. Holzgreve:* Würde eine zusätzliche Ultraschall-Screeninguntersuchung im ersten Trimester bei der Beurteilung des fetalen Wachstumsverlaufes helfen? Ultraschall Klin. Prax. *4:* 28 (1989).
[22]*Fletcher, J. C., M. I. Evans:* Maternal bonding in early fetal ultrasound examinations. New Engl. J. Med. *308:* 392 (1983).
[23]*Braat, D. D. M., N. Exalto, R. E. Bernardus, N. F. T. Arts, J. R. Rajnhere:* Twin pregnancy: Case reports illustrating variations in transfusion syndrome. Europ. J. Obstet. Gynecol. reprod. Biol. *19:* 383 (1985).
[24]*Jauniaux, E., N. Elkazen, F. Leroy, P. Wilkin, F. Rodesch, J. Hustin:* Clinical and morphological aspects of the vanishing twin phenomenon. Obstet. Gynecol. *72:* 577 (1988).
[25]*Wagner, H., W. Holzgreve, E. H. Schmidt, F. K. Beller:* Langzeiterfahrungen mit dem Intrauterinpessar Cu-T 200. Geburtsh. Frauenheilk. *41:* 844 (1981).
[26]*Tatum, H. J., F. H. Schmidt, A. K. Jain:* Management and outcome of pregnancies associated with the copper T intrauterine contraceptive device. Am. J. Obstet. Gynecol. *126:* 869 (1976).
[27]*Harlap, S., P. H. Shiono, S. Ramcharan:* Spontaneous foetal losses in women using different contraceptives around the time of conception. Int. J. Epidemiol. *9:* 49 (1980).
[28]Arzneimittelkommission der Deutschen Ärzteschaft: Vorsicht bei Schwangerschaften trotz liegendem IUD. Dtsch. Ärztebl. *2:* 71 (1978).
[29]Population Information Program: IUD's update on safety, effectiveness and research. Population Reports. Johns Hopkins University B VII (No. 3) 49 (1979).

[30]*Holzgreve, W., A. Westendorp, B. Gerlach:* Sonographisch kontrollierte Extraktion von Intrauterinspiralen in der Frühschwangerschaft. In: *Beller, F. K., H. Graeff, D. Seitzer* (Eds.): Gegensätzliche Auffassungen in der Geburtshilfe und Gynäkologie 1988, p. 129. Essen 1989.
[31]*Karbowski, B., W. Holzgreve, U. Kerkhoff, H. P. G. Schneider:* Hysteroscopic removal of IUD in early pregnancy. Second European Congress on Hysteroscopy, Antwerpen, 5.–6. Sept. 1986.
[32]*Fine, C., A. L. Bundy, R. S. Berkowitz, S. B. Boswell, A. F. Berezin, P. M. Doubilet:* Sonographic diagnosis of partial hydatiform mole. Obstet. Gynecol. *73:* 414 (1989).
[33]*Holzgreve, W., P. Miny, A. Holzgreve, H. Rehder:* Ultraschall-Befunde als Hinweiszeichen auf eine fetale Triploidie. Ultraschall *4:* 169 (1986).
[34]*O'Brien, G. D., J. T. Queenan:* Ultrasound fetal femur length in relation to intrauterine growth retardation. Am. J. Obstet. Gynecol. *144:* 35 (1982).
[35]*Holzgreve, W., P. Miny:* Genetic aspects of fetal disease. Semin. Perinatol. *13:* 260 (1989).
[36]*Holzgreve, W., B. Holzgreve, C. J. R. Curry:* Non-immune hydrops fetalis. Diagnosis and Management. Semin. Perinatol. *9:* 52 (1985).
[37]*Holzgreve, W., G. Schellong:* Große Fortschritte bei der intrauterinen Behandlung der Rhesus-Inkompatibilität. Physis, Suppl. 4 (1988).
[38]*Gembruch, U., M. Hansmann, D. A. Redel, R. Bald:* Antiarrhythmische Direktbehandlung des Feten zur Kardioversion fetaler Tachyarrhythmien. Ultraschall Klin. Prax. *2:* 33 (1987).
[39]*Holzgreve, W., G. Kurlemann, G. Enders, M. Roggendorf:* Erfahrungen mit der pränatalen Diagnostik in 28 Fällen bei mütterlichen Infektionen mit Rubella, Cytomegalie, Toxoplasmose und Parvovirus B 19. Infekt. Immun. (im Druck).
[40]*Rodeck, C. H., N. M. Fisk, D. I. Fraser, U. Nicolini:* Long-term in utero drainage of fetal hydrothorax. New Engl. J. Med. *319:* 1135 (1988).
[41]*Patil, S. R., C. Weiner, R. Williamson:* Rapid chromosome analysis and prenatal diagnosis using fluid from cystic hygromas. New Engl. J. Med. *317:* 1159 (1987).
[42]*Holzgreve, W.:* Differentialdiagnostisches Vorgehen bei sonographisch nachgewiesenem Hygroma cysticum. Zbl. Gynäk. *107:* 245 (1985).
[43]*DeLia, J.:* Fetoscopic laser treatment of twin transfusion syndrome. The International Fetal Medicine and Surgery Society Annual Meeting, Asilomar, Pacific Grove, USA, 8.–11. Juni 1989.
[44]*Holzgreve, W., F. K. Beller, B. Buchholz, M. Hansmann, K. Köhler:* Kidney transplantation from anencephalic donors. New Engl. J. Med. *316:* 1069 (1987).
[45]*Fletcher, J. C., J. A. Robertson, M. R. Harrison:* Primates and anencephalics as sources for pediatric organ transplants. Medical, legal and ethical issues. Fetal Ther. *1:* 150 (1986).
[46]*Fuhrmann, W., H. K. Weitzel:* Maternal serum alpha-fetoprotein scanning for neural tube defects. Hum. Genet. *69:* 45 (1985).
[47]*Filly, R. A.:* The lemon sign — a »clinical perspective«. Radiology *167:* 573 (1988).
[48]*Lorber, J.:* Results of treatment of myelomeningocele. An analysis of 524 unselected cases, with special reference to possible selection for treatment. Develop. Med. Child Neurol. *13:* 279 (1971).
[49]*Fiske, C. E., R. A. Filly:* Ultrasound evaluation of the normal and abnormal fetal neural axis. In: *P. W. Callen* (Ed.): Ultrasonography in Obstetrics and Gynecology, p. 97. Philadelphia 1983.
[50]*Bickers, D. S., R. D. Adams:* Hereditary stenosis of the aqueduct of Sylvius as a cause of congenital hydrocephalus. Brain *72:* 246 (1949).
[51]*Chervenak, F. A., C. Duncan, L. R. Ment, J. C. Hobbins, M. McClure, D. Scott, R. L. Berkowitz:* Outcome of fetal ventriculomegaly. Lancet *II:* 179 (1984).
[52]*Rodeck, C. H.,* Members of the International Fetal Medicine and Surgery Society: Intrauterine shunting for ventriculomegaly. Lancet *I:* 92 (1986).
[53]*Harrison, M. R., N. S. Adzick, D. K. Nakayama, A. A. DeLorimier:* Fetal diaphragmatic hernia: fatal but fixable. Semin. Perinatol. *9:* 103 (1985).
[54]*Harrison, M. R., N. A. Ross, A. A. DeLorimier:* Correction of congenital diaphragmatic hernia in utero. III. Development of a successful surgical technique using abdominoplasty to avoid compromise to umbilical blood flow. J. Pediat. Surg. *16:* 934 (1981).
[55]*Kleinman, C. S., J. A. Copel, E. M. Weinstein, T. V. Santulli, J. C. Hobbins:* In utero diagnosis and treatment of fetal supraventricular tachycardia. Semin. Perinatol. *9:* 113 (1985).
[56]*Copel, J. A., M. Cullen, J. J. Green, M. J. Mahoney, J. C. Hobbins, C. S. Kleinman:* The frequency of aneuploidy in prenatally diagnosed congenital heart disease: an indication for fetal karyotyping. Am. J. Obstet. Gynecol. *158:* 409 (1988).
[57]*Holzgreve, W., M. S. Golbus:* Amniotic fluid acetylcholinesterase as a prenatal diagnostic marker for upper gastrointestinal atresias. Am. J. Obstet. Gynecol. *147:* 837 (1983).
[58]*Schütze, U., H. Roth, W. Leucht:* Angeborene Bauchwanddefekte. In: *Beller, F. K., H. Graeff, W. Holzgreve* (Eds.): Gegensätzliche Auffassungen in der Geburtshilfe und Gynäkologie, p. 55. Mülheim (Ruhr) 1987.

[59]*Harrison, M. R., M. S. Golbus, R. A. Filly:* The unborn patient. Prenatal Diagnosis and Treatment. Orlando 1984.
[60]*Nicolaides, K. H., S. Campbell:* Diagnosis of fetal abnormalities by ultrasound. In: *Milunsky* (Eds.): Genetic Disorders and the Fetus. Diagnosis, Prevention and Treatment, p. 52. New York 1986^2.
[61]*Zerres, K., M. C. Völpel, H. Weiss:* Cystic kidneys. Genetics, pathologic anatomy, clinical picture and prenatal diagnosis. Hum. Genet. *68:* 135 (1984).
[62]*Holzgreve, W., G. H. Willital, G. Jorch, P. Miny, D. B. von Bassewitz:* Der Fetus als Patient. Dtsch. Ärztebl. *83:* 2441 (1986).
[63]*Golbus, M. S., R. A. Filly, P. W. Callen, P. L. Glick, M. R. Harrison, R. L. Anderson:* Fetal urinary tract obstruction: Management and selection for treatment. Semin. Perinatol. *9:* 91 (1985).
[64]*Holzgreve, W., A. Lison, M. Bulla:* SDS-PAGE as an additional test to determine fetal kidney function prior to intra-uterine diversion of fetal urinary tract obstruction. Fetal Ther. (im Druck).
[65]*Manning, F. A., M. R. Harrison, C. H. Rodeck:* Members of the International Fetal Medicine and Surgery Society: Catheter shunts for fetal hydronephrosis and hydrocephalus: Report of the International Fetal Surgery Registry. New Engl. J. Med. *315:* 336 (1986).
[66]*Holzgreve, W., P. Miny, R. Anderson, M. S. Golbus:* Experience with 8 cases of prenatally diagnosed sacrococcygeal teratomas. Fetal Ther. *2:* 88 (1987).
[67]*Farukan, B., P. J. Jennings:* Unusual presacral tumours obstructing delivery. Br. J. Obstet. Gynaecol. *85:* 231 (1978).
[68]*Tanaree, P.:* Delivery obstructed by sacrococcygeal teratoma. Am. J. Obstet. Gynecol. *142:* 239 (1982).
[69]*Mintz, M. C., M. Mennuti, M. Fishman:* Prenatal aspiration of sacrococcygeal teratoma. Am. J. Roentgenol. *141:* 367 (1983).
[70]*Fitzgerald, D. E., J. E. Drumm:* Non-invasive measurement of human fetal circulation using ultrasound: a new method. Br. Med. J. *2:* 1450 (1977).
[71]*McCallum, W. D., R. F. Olson, R. E. Daigle, D. W. Baker:* Real-time analysis of Doppler signals obtained from the feto-placental circulation. In: *White, D., R. E. Brown:* Ultrasound in Medicine *3B:* 1361 (1977).
[72]*Gill, R. W.:* Quantitative blood flow measurement in deep-lying vessels using pulsed Doppler with the Octoson. In: *White, D., E. A. Lyons:* Ultrasound in Medicine *4:* 314 (1978).
[73]*Schneider, K. T. M.:* 10 Jahre fetale Dopplersonographie: Entwicklung und Perspektiven. Antrittsvorlesung, München 1988.
[74]*Campbell, S., D. R. Griffin, J. M. Diaz-Recasens, T. E. Cohen-Overbeek, K. Wilson, M. J. Teak:* :New doppler technique of assessing uteroplacental blood flow. Lancet *I:* 675 (1983).
[75]*Fendel, H., C. Sohn:* Dopplersonographie in der Geburtshilfe. Berlin 1989.
[76]*Arabin, B., P. L. Bergmann, J. Pachaly, E. Saling:* Perzentilenkurven qualitativer Doppler-Blutflußparameter utero-plazentarer und fetaler Gefäße. Ultraschall Klin. Prax. *3:* 132 (1988).
[77]*Kurjak, A., B. Breyer, D. Jurkovic, Z. Altirevic, M. Miljan:* Color flow mapping in obstetrics. J. Perinat. Med. *15:* 271 (1987).
[78]*Gembruch, U., M. Hansmann, D. A. Redel, R. Bald:* Zweidimensionale farbkodierte fetale Doppler-Echokardiographie — ihr Stellenwert in der pränatalen Diagnostik. Geburtsh. Frauenheilk. *48:* 381 (1988).
[79]*Richter, D., J. Bilzer:* Die Auswirkungen der pränatalen Diagnostik auf die Psyche der Schwangeren. Therapeut. Umschau *45:* 723 (1988).
[80]*Hook, E. B., A. M. Willey:* Abortions because of unavailability of prenatal diagnosis. Lancet *II:* 836 (1981)
[81]*Simpson, T. J., M. S. Golbus:* In utero fetal hematopoietic stem cell transplantation. Semin. Perinatol. *9:* 68 (1985).

Mutagene und Teratogene

J. Kunze

Obwohl das Bewußtsein der Öffentlichkeit hinsichtlich schädigender Wirkungen exogener Noxen auf den Embryo seit Contergan und erneut seit Tschernobyl geschärft ist, nehmen noch immer über 50 % aller Graviden Medikamente ein: Analgetika wegen Kreuzschmerzen, weiterhin Antiemetika, Vitamine, Laxantien und Sexualhormone.

In dieser Übersicht geht es immer nur um teratogene Schäden über die werdende Mutter. Exogene Noxen über die Väter (Medikamente, Drogen, Alkohol, Nikotin) führen – mit Ausnahme strahlenbedingter Mutationen eventuell nach Strahlentherapie – nicht zu einer vermehrten Fehlbildungsrate des Neugeborenen[16, 17, 19].

Seit Contergan spätestens wurde bekannt, daß die Empfänglichkeit des Embryos gegenüber teratogenen Noxen auf die Zeit der Organbildung zwischen der 3. und 8. Schwangerschaftswoche beschränkt ist. Schäden danach sind immer funktionell (Katarakt, Taubheit, ZNS-Infektionen und ihre Folgen). In der Blastogenese – das ist die Zeit von der Empfängnis bis 1 Woche nach der Nidation (also insgesamt 2 Wochen) – werden Schäden entweder selbst spontan repariert oder die Blastula stirbt ab (»Alles-oder-Nichts-Regel«).

Medikamente

Aminopterin, Methotrexat

Folsäure-Antagonisten, in den 50er Jahren als Abortivum eingesetzt, führten infolge medikamententoxischer Wirkung auf rasch proliferierendes Gewebe in 85 % (Aminopterin) bzw. 50 % (Methotrexat) zu Embryopathien: ZNS-Fehlbildungen (Anenzephalie, zerebrale Hypoplasie), kraniale Knochendysplasien, faziale Dysmorphien, Mesomelie, Klumpfüße, Hypodaktylien, intrauterine Wachstumsverzögerung[29]. Diese Medikation wird heute für diese Indikation praktisch nicht mehr verwendet. Zufällig könnte Methotrexat therapeutisch im Rahmen einer Tumortherapie eingesetzt und eine bestehende Gravidität übersehen werden. Vor einer Tumortherapie muß heute eine Gravidität ausgeschlossen werden.

Anästhetika

Eine große finnische Studie an über 600 Graviden[11], die beruflich mit Narkosegasen Kontakt hatten, ergab kein erhöhtes Fehlbildungsrisiko der neugeborenen Kinder. Mit den inzwischen zusätzlichen Sicherungen im OP-Saal hat diese Berufsgruppe heute kein Risiko mehr zu tragen.

Hormone

Androgene, Antiandrogene und Anabolika sollten in der Gravidität nicht eingenommen werden. Alle Hormone in Antibabypillen führen – bei rechtzeitigem Absetzen – nicht zu Feminisierungen männlicher Feten (z. B. Cyproteronacetat). Auch Virilisierungen durch hormonelle Antikonzeptiva sind nicht bekannt geworden. Androgene und Antiandrogene sowie Anabolika, in hohen therapeutischen Dosen bei entsprechender medizinischer Indikation genommen, können zu Virilisierungen bzw. Feminisierungen führen.

Antiepileptika

Antikonvulsiva, meist in Kombinationspräparaten, führen intra graviditatem zu großen (1,5 x häufiger) und zu kleinen (4 × gehäuft) Anomalien[15]. Einzelne Medikamente z. B. die Valproinsäure, müssen gesondert betrachtet werden: die Valproinembryopathie ist charakterisiert durch prominente metopische Leisten, bifrontale Einengung, abnormen Ohrmuschelansatz, dünne Lippen, Tracheomalazie, Klumpfüße, spinale Defekte, Urogenitalfehlbildungen und Herzfehler[2, 14]. – Vor einer geplanten Gravidität muß – je nach bestehender Medikation – eventuell umgesetzt werden, am besten auf eine Monotherapie. Cave: Kombination von Barbituraten mit Hydantoin. Hydantoin allein führt nicht zur Embryopathie, allerdings zu Nageldystrophien und Endphalangenhypoplasien.

Cumarinderivate

Warfarin und Phenprocoumon führen in der 6. bis 9. Schwangerschaftswoche zu einer klassischen Embryopathie (Phänokopie) der Chondrodysplasia punctata. Bisher wurden ca. 50 Fälle bekannt[10]. Die Zeichen sind: faziale Dysmorphie mit breiter eingesunkener Nasenwurzel, Mittelgesichtshypoplasie, Minderwuchs, Skoliose, Kyphose, Gelenkkontrakturen. Radiologisch fallen punktförmige Verkalkungen im Bereich der langen Röhrenknochen, des Beckens und der Wirbelkörperfortsätze auf. Diese Kalzifikationen sind später reversibel. Ob Heparin ein Ausweichpräparat ist, bleibe dahingestellt: von 135 in der Schwangerschaft behandelten Frauen hatten 1/8 Totgeburten, 1/3 Frühgeburten, von denen 1/3 nach der Geburt verstarben. Nur 2/3 aller Kinder waren gesund und ohne nachweisbare Schäden.

Keine internationale Einigkeit herrscht über die Frage, ob Cumarine selbst – also nicht die Derivate – zur Embryopathie führt.

Lithium

Lithium wird meist als Antidepressivum eingesetzt. Insgesamt wurden bisher 17 Kinder von insgesamt 212 in der Schwangerschaft therapierten Frauen mit Herzfehlern gesehen[26, 33].

Retinoide

Aromatische Retinoide und synthetische Vitamin A-Derivate führen in der Schwangerschaft zu schweren Embryopathien. Offenbar werden in den USA durch den zunehmenden Einsatz dieser Medikamente beim Morbus Darier, den Ichthyosen, den Hyperkeratosen, dem Lichen ruber, der Psoriasis und der schweren zystischen Akne vermehrt Embryopathien gesehen[6, 18]. Charakteristisch sind Mikrotie, Anotie, Mikrogenie, Gaumenspalten, Herzfehler, Thymusdefekte, Retina-Optikus-Fehlbildungen und ZNS-Anomalien. – Diese Medikamente sind in der Schwangerschaft absolut kontraindiziert. Auch nach Absetzen der Medikation muß ein antikonzeptiver Schutz für 1 bis 2 Jahre bestehen. Offenbar gibt es bald neue Präparate, deren Halbwertszeit deutlich verkürzt ist.

Tetracycline

Diese Medikamentengruppe wird zu oft für Embryopathien verantwortlich gemacht. Da Tetracycline erst ab der 14. Schwangerschaftswoche in den Knochen eingebaut werden, sind sie bis dahin nie ein Grund für eine Abruptio. Tetracycline führen auch nach der 14. Schwangerschaftswoche zu keinen Embryopathien. Allerdings ist die Kariesneigung später ein konstantes Folgesymptom.

Vitamin A

Inzwischen existieren erste Berichte über Retinoidembryopathien von Frauen, die in der Schwangerschaft Multivitaminpräparate eingenommen haben[36, 37]. Multivitaminpräparate sollten daher, wenn sie überhaupt in der Schwangerschaft indiziert sind, nicht mehr als maximal 7500 I.E./d an Vitamin A enthalten. In einer Verlautbarung der Bundesärztekammer vom 9. 2. 1989 (Dtsch. Ärztebl., S. B-226) wird sogar nur eine Tagesdosis von 2000 bis 3000 I.E./d empfohlen.

Umwelt

Alkylierte und methylierte Quecksilberverbindungen

Alkylierte und methylierte Quecksilberverbindungen führen bei Einnahme in der jungen Schwangerschaft zu schweren neurologischen Auffälligkeiten der Neugeborenen. Zwischen 1953 und 1966 aßen japanische Schwangere in Minimata mit alkylierten Quecksilberverbindungen kontaminierte Fische, die bei den neugeborenen Kindern zu Mikrozephalien, Tetraparesen, neurologischen Defekten, Sinnesstörungen und geistigen Defekten führten[32]. Diese Gesundheitskatastrophe war Folge industriellen Abfalls bei der Vinylchlorid- und Acetaldehydherstellung. Ein ähnlich dramatisches Bild wiederholte sich 1972 im Irak[1], als erneut schwangere Frauen durch Brot mit methyliertem Quecksilber Kontakt hatten, weil der Weizen mit dieser Substanz fungizid bestäubt worden war. Die Kinder zeigten schwerste neurologische Defizite.

Ionisierende Strahlen

Alle Menschen sind ionisierenden Strahlen ausgesetzt. Neben den natürlichen Quellen hat die medizinische Röntgendiagnostik einen großen Anteil der Strahlenbelastung. Die natürliche Strahlenexposition in der Bevölkerung liegt bei 110 mrem/Jahr, die künstliche Exposition liegt bei 60 mrem/Jahr[28, 34]. Bis heute ist weder bei Kindern von Röntgenpersonal noch bei Kindern, deren Mütter in Hiroshima und Nagasaki außerhalb des Epizentrums als Folge des Atombombenabwurfs ionisierenden Strahlen ausgesetzt waren, eine Häufung erblicher Anomalien oder Fehlbildungen gesehen worden. Über 79000 Kinder wurden bisher nachuntersucht. Auch Untersuchungen der Aborthäufigkeit, der Totgeburtenrate, der Sterblichkeit Neugeborener, und der angeborenen Fehlbildungen in Brasilien bei Menschen, die natürlicherweise auf thoriumhaltigen Monazitböden – die 4800 mrem/Jahr abstrahlen – leben, zeigten gegenüber Kontrollkollektiven keine Abweichungen.

Dagegen entstehen in Fernsehgeräten Röntgenstrahlen, deren Dosis bei einem Betrachtungsabstand von 2,5 Metern auf ca. 0,7 mrem/Jahr geschätzt wird. Im Vergleich zu Messungen in der Nähe von Kernkraftwerken ergibt sich hier eine Erhöhung auf das Siebenfache.

Richtwerte bei der Röntgendiagnostik z. B. des Schädels, der Halswirbelsäule oder des Thorax liegen bei 1 mrem (Keimdrüsendosis), bei der Mammographie ebenfalls bei 1 mrem. Bei einer Diagnostik der Niere (intravenöse Pyelographie) liegen die Werte bereits bei 300 mrem für die Männer bzw. 950 mrem für die Frauen.

Nur therapeutische Bestrahlungen über 20 rem (= 20 000 mrem) bei Patienten im Rahmen einer Tumortherapie führen in einer Schwangerschaft – wenn diese zufällig bestand und nicht ausgeschlossen wurde – zu geistigen Retardierungen, Mikrozephalien, Augenschäden und Minderwuchs der Neugeborenen. In Deutschland gelten für Röntgendiagnostik in der Schwangerschaft folgende Richtlinien: eine Dosis unter 10 rem (= 10 000 mrem) hat keine Folgen hinsichtlich induzierter Fehlbildungen für den Embryo und Feten. Eine Dosis zwischen 10 und 20 rem sollte zur Überlegung einer Schwangerschaftsunterbrechung führen, bei einer Dosis über 20 rem sollte eine Schwangerschaftsunterbrechung empfohlen werden.

Der gegenwärtig kalkulierte Anteil genetischer Neumutationen in der Bevölkerung liegt bei 1 %, das sind ca. 6000 Kinder/Jahr mit monogenetischen Leiden. Pro Generation wird der Anteil strahlenbedingter Neumutationen mit 1 % angenommen – das sind 60 Kinder pro Jahr in Deutschland. Dagegen könnten angeborene Fehlbildungen bei Kindern von Müttern über 35 Jahren um 1/3 reduziert werden, wenn zusätzlich auch die Männer über 42 Jahren auf Kinder verzichteten.

Gegenwärtig bleiben die Sorgen um die Lecks kerntechnischer Anlagen. Strengste Sicherheitsüberwachungen weltweit sind derzeit oberstes Gebot.

Konsumgifte

Alkohol

Alkohol in der Schwangerschaft führt zu morphologisch auffälligen Kindern mit intellektuellen Verzögerungen. Alkohol ist das häufigste Teratogen. Nach gegenwärtigen Schätzungen werden in Deutschland ca. 1800 Kinder mit einer Alkoholembryopathie geboren. Damit liegt diese Embryopathie weit über der Zahl neugeborener Kinder mit Mongolismus. Als kritische Alkoholgrenze pro Tag wird eine Menge von 80 bis 100 g reinen Alkohols angenommen (= 3/4 Liter Weißwein).

Je nach Alkoholdosis lassen sich klinisch schwache, mittlere und starke Manifestationen nachweisen. Klassischerweise ist ein Kind mit Alkoholembryopathie klinisch sofort erkennbar, schwierig ist die Diagnose bei den Schwachformen und eigentlich nur bei positiver mütterlicher Alkoholanamnese zu stellen.

In 60 bis 80 % der Kinder mit Alkoholembryopathie treten folgende Symptome auf (ausgewählt wurden nur Symptome, die in über 50 % bestehen): intrauteriner Minderwuchs, mentale Retardierung (IQ 62 bis 91), Mikrozephalie, Hyperaktivität, Muskelhypotonie, antimongolide Lidachsen, Epikanthus medialis, Blepharophimose, schmales Lippenrot, Ohrdysplasie, Mikrogenie, anomale Handfurchen, Klinodaktylie V. Finger[12, 22, 31]. Minimalmengen von Alkohol in der Schwangerschaft (»*social drinking*«) scheinen keine Schädigungen auszulösen[23]: 1012 Kinder von 1008 Frauen mit geringem Alkoholgenuß zeigten keine nachweisbaren Schädigungen.

Prospektivuntersuchungen an Kindern, bei denen nach der Geburt eine Alkoholembryopathie diagnostiziert worden war, zeigten Jahre später eine Verringerung der kleinen Anomalien und eine Besserung neurologischer Befunde. Nur die Gruppe der schwerstgeschädigten Kinder zeigte keine Fortschritte. Die schulischen Schwierigkeiten aller Kinder mit Alkoholembryopathie bleiben bemerkenswert[22, 30].

Präventionsprogramme in Deutschland existieren nicht. Positive Ansätze gibt es dagegen in USA und Schweden. Da heute bekannt ist, daß der Schweregrad der Alkoholembryopathie abhängig vom Stadium der Alkoholkrankheit der Frau ist (Prodromalphase, kritische Phase, chronische Phase), muß hier die Prophylaxe mit der Öffentlichkeitsarbeit einsetzen. Eine Indikation zum Schwangerschaftsabbruch wird es dann selten geben, wenn es gelingt, die Frauen rechtzeitig zu beraten.

Drogen

Die »klassischen Drogen« haben offenbar kein teratogenes Risiko[5]. An über 1300 Kindern aus Kanada und New York drogenabhängiger Mütter ließen sich keine Fehlbildungen nachweisen, wohl aber die sogenannten kleinen Anomalien. Neuerdings zeigen allerdings Kinder von Frauen, die Kokain einnahmen, ZNS-Anomalien und Fetopathien[7, 21]: pränatale Dystrophie, Totgeburten durch Abruptio placentae, Herzfehler, Exenzephalie, interparietale Enzephalozele, parietaler Knochendefekt, neurologische Auffälligkeiten. Vor Kokain in der Schwangerschaft muß dringend gewarnt werden, da diese Droge weltweit im Vormarsch ist.

Nikotin

Kinder von Raucherinnen zeigen keine vermehrten Fehlbildungen. Dagegen gibt es aber eine Reihe von Schwangerschafts- und Geburtskomplikationen: in Abhängigkeit zur Dosis steigen die Spontanaborte (bei weniger Chromosomopathien), die Placenta praevia wird häufiger gesehen, die vorzeitige Plazentalösung, die Frühgeburtlichkeit, die perinatale Mortalität und die pränatale Dystrophie sind deutlich erhöht. Auch das Passivrauchen ist für den Feten gefährlich. Daher sollten in der Schwangerschaft der Arbeitsplatz und das häusliche Milieu nikotinfrei sein.

Schwangerschaft und mütterliche Krankheiten

Embryopathia diabetica

In der Schwangerschaft schlecht eingestellte Diabetikerinnen müssen mit einer hohen Fehlbildungsrate ihrer Kinder rechnen[9, 24]: Kinder aus nicht-diabetischen Kontrollen wiesen mit 2,1 % Fehlbildungen deutlich weniger Auffälligkeiten auf als Frauen, die bis zum 21. Tag der Schwangerschaft neu eingestellt werden konnten (= 4,9 % Fehlbildungsrisiko). Patientinnen, die erst nach dem 21. Tag zur Neueinstellung kamen, hatten bis zu 9 % fehlgebildete Kinder: Herzfehler, gastrointestinale und urogenitale Fehlbildungen, kaudales Regressionssyndrom, Holoprosenzephalie und *midline-cleft face*-Syndrom.

Es ist dringend wünschenswert, Diabetikerinnen vor einer geplanten Schwangerschaft auf Alt-Insulin neu einzustellen. Nicht nur die Embryopathie, auch die diabetische Fetopathie läßt sich drastisch bis zu Normwerten reduzieren.

Embryopathie durch Phenylketonurie-kranke Mütter

Freie Kost erwachsener Phenylketonurie-»kranker« Frauen führt in der Gravidität zu gesicherten Embryopathien. Retrospektivstudien an 520 Frauen führten in Abhängigkeit zum mütterlichen Phenylalanin-Spiegel zu Retardierungen, Mikrozephalien, Herzfehlern und pränataler Dystrophie[13]. Werden die Frauen bereits präkonzeptionell diätetisch neu eingestellt, läßt sich das Risiko fast normalisieren.

Resümee

Die übergroße Angst vor einem fehlgebildeten Kind in der Schwangerschaft infolge Einnahme exogener Noxen ist meist unbegründet. Unter den teratogenen Substanzen rangiert allerdings Alkohol ganz vorn. Dann folgen Patientengruppen mit Epilepsie, Diabetes mellitus und Phenylketonurie. Ionisierende Strahlen spielen in der genetischen Sprechstunde eine große Rolle, führten aber bisher nie zur Indikation einer Schwangerschaftsunterbrechung.

In den letzten drei Jahrzehnten wurden keine Zunahmen angeborener und genetischer Leiden registriert[3]. Gefahr droht eher von *lokalen* Industriekatastrophen.

Literatur

[1]*Amin-Zaki, L., S. Elhassani, M. A. Majeed, T. W. Clarkson, R. A. Doherty, M. Greenwood:* Intra-uterine methylmercury poisoning. Iraq Pediat. *54:* 587 (1974).

[2]*Ardinger, H. H., J. F. Atkin, R. D. Blackson, L J. Elsas, S. K. Clarren, S. Livingstone, D. B. Flannery, J. M. Pellock, M. J. Harrod, E. J. Lammer, F. Majewski, A. Schinzel, H. V. Toriello, J. W. Hanson:* Verification of the fetal valproat syndrome phenotype. Am. J. Med. Genet. *29:* 171 (1988).

[3]*Baird, P. A., T. W. Anderson, H. B. Newcombe, R. B. Lowry:* Genetic disorders in children and young adults: a population study. Am. J. Hum. Genet. *42:* 677 (1988).

[4]*Bingol, N., M. Fuchs, V. Diaz, R. K. Stone, D. S. Gromisch:* Teratogenicity of cocaine in humans. J. Pediat. *110:* 93 (1987).

[5]*Bschor, F.:* Sucht und Schwangerschaft. Workshop Berlin 1981.

[6]*Cohen, M., A. Rubinstein, J. K. Li, G. Nathenson:* Thymic hypoplasia associated with isotretinoin embryopathy. Am. J. Dis. Child. *141:* 263 (1987).

[7]*Doberczak, T. M., S. Shanzer, R. T. Senie, S. R. Kandall:* Neonatal neurologic and electroencephalographic effects of intrauterine cocaine exposure. J. Pediat. *113:* 354 (1988).

[8]*Emery, A. E. H.:* Radiation and human heredity. In: Elements of Medical Genetics. Edinburgh 1983.

[9]*Fuhrmann, K., H. Reiher, K. Semmler, F. Fischer, M. Fischer, E. Glöckner:* Prevention of congenital malformation in infants of insulin-dependent diabetic mothers. Diabetes Care *6:* 219 (1983).

[10]*Hall, J. G., R. M. Pauli, K. M. Wilson:* Maternal and fetal sequelae of anticoagulation during pregnancy. Am. J. Med. *68:* 122 (1980).

[11]*Hemminki, K., P. Kyyronen, L.-M. Lindbohm:* Spontaneous abortions and malformations in the offspring of nurses exposed to anaesthetic gases, cytostatic drugs, and other potential hazards in hospitals, based on registered information of outcome. J. Epidemiol. Commun. Health *39:* 141 (1985).

[12]*Huch, R.:* Pränatale Prophylaxe – Gefahren für Mutter und Kind durch Rauchen und Alkohol. In: *Spiess, H.* (Ed.): Präventive Medizin, Marburg 1986.

[13]Internationaler Kongreß, Sendai 1987.

[14]*Jäger-Roman, E., A. Deichl, S. Jakob. A.-M. Hartmann, S. Koch, D. Rating, R. Steldinger, H. Nau, H. Helge:* Fetal growth, major malformations, and minor anomalies in infants born to women receiving valproic acid. J. Pediat. *108:* 997 (1986).

[15]*Koch, S., I. Göpfert-Geyer, E. Jäger-Roman, S. Jakob, H. Huth, A. Hartmann, D. Rating, H. Helge:* Antiepileptika während der Schwangerschaft. Eine prospektive Studie über Schwangerschaftsverlauf, Fehlbildungen und kindliche Entwicklung. Dtsch. Med. Wschr. *108:* 250 (1983).

[16]*Kunze, J.:* Exogen bedingte Defekte der embryonalen Morphogenese. Sozialpädiatrie *10:* 187 (1988).

[17]*Kunze, J.:* Exogene Ursachen gestörter embryonaler Morphogenese. Mschr. Kinderheilkd. *137:* 130 (1989).

[18]*Lammer, E. J., D. T. Chen, R. M. Hoar, N. D. Agnish, O. J. Benke, J. T. Braun, C. J. Curry, P. M. Fernhoff, A. W. Grix Jr., I. T. Lott, J. M. Richard, S. C. Sun:* Retinoic acid embryopathy. New Engl. J. Med. *313:* 837 (1985).

[19]*Lauritzen, J.:* Arzneimittel in der Schwangerschaft und während der Laktation. Internist. Prax. *28:* 587 (1988).

[20]*Longo, L. D.:* Some health consequences of maternal smoking: Issues without answers. Birth Defects: Original Article Series, Vol. 18, No. 3A, 13.–31. March of Diems, Birth Defects Foundation 1982.

[21]*Madden, J. D., T. F. Payne, S. Miller:* Maternal cocaine abuse and effect on the newborn. Pediatrics *77:* 209 (1986).

[22]*Majewski, F.:* Die Alkohol-Embryopathie. Ein Leitfaden der Stiftung für das behinderte Kind zur Förderung von Vorsorge und Früherkennung. Frankfurt/Main 1987.

[23]*Mills, J. L., B. I. Graubard:* Is moderate drinking in pregnancy associated with an increased risk for malformations? Pediatrics *80:* 309 (1987).

[24]*Mills, J. L., R. H. Knopp, J. L. Simpson:* Lack of relation of increased malformation rate in infants of diabetic mothers to glycemic control during organogenesis. New Engl. J. Med. *318:* 671 (1988).

[25]*Nestler, V. M., H.-L. Spohr, H.-C. Steinhausen:* Die Alkoholembryopathie. Stuttgart 1981.

[26]*Nora, J. J., A. H. Nora, W. H. Toews:* Lithium, Ebstein's anomaly and other congenital heart defects. Lancet *II:* 594 (1974).

[27]*Sankaranarayanan, K.:* Invited review: Prevalence of genetic and partially genetic diseases

in man and the estimation of genetic risks of exposure to ionizing radiation. Am. J. Hum. Genet. *42:* 651 (1988).
[28]*Säbel, M.:* Die natürliche und künstliche Strahlenexposition des Menschen. Dtsch. Ärztebl. *41:* 1903 (1981).
[29]*Shaw, E. B.:* Fetal damage due to maternal aminopterin ingestion. Am. J. Dis. Child. *124:* 93 (1972).
[30]*Spohr, H.-L.:* Die Entwicklung von Kindern mit Alkoholembryopathie. 6. Symposion für Klinische Genetik in der Pädiatrie, Bad Homburg 3.–5. 7. 1987.
[31]*Spohr, H.-L., H.-C. Steinhausen:* Follow-up studies of children with fetal alcohol syndrome. Neuropediatrics *18:* 13 (1987).
[32]*Tokuomi, H., Y. Harada:* Minimata disease in human adults and Congenital Minimata Disease. In: Minimata Disease-Study Group of Minimata Disease, p. 93, Kumamoto University, Japan 1968.
[33]*Ulmar, G.:* Lithium-Therapie und Schwangerschaft. Dtsch. Ärztebl. *33:* 2097 (1979).
[34]*Upton, A. C.:* Strahlenrisiko im Alltag. Spektrum der Wissenschaft *4:* 28 (1982).
[35]*Whalley, P. J., R. H. Adams, B. Combes:* Tetracycline toxicity in pregnancy. J. Am. Med. Ass. *189:* 357 (1964).
[36]*Carpenter, T. O., J. M. Pettifor, R. M. Russell, J. Pitha, S. Mobarhan, M. S. Ossip, S. Wainer, C. S. Anast:* Severe hypervitaminosis A in siblings: evidence of variable tolerance to retinol intake. J. Pediat. *111:* 507 (1987).
[37]*Lungarotti, M. S., D. Marinelli, A. Calabro:* Multiple congenital anomalies associated with apparently normal maternal intake of vitamin A: A phenocopy of the isotretinoin syndrome? Am. J. Med. Genet. *27:* 245 (1987).

Medikamente und Schwangerschaft

R. Stahlmann, D. Neubert

Der Titel »Medikamente und Schwangerschaft« weckt Erinnerungen an die Fehlbildungen, die durch das Schlafmittel »Contergan« (Thalidomid) hervorgerufen wurden: Anfang der 60er Jahre wurden bei Kindern, deren Mütter dieses Medikament während der Frühschwangerschaft eingenommen hatten, schwere Fehlbildungen der Extremitäten diagnostiziert.

Obwohl *vor* der Aufdeckung der Zusammenhänge wohl niemand auf die Idee gekommen wäre, eine sedierend wirkende, insgesamt gut verträgliche Substanz könne eine derartige Wirkung auslösen, fürchteten – verständlicherweise – *nach* der Aufklärung viele Menschen, die Welt sei voll von ähnlich gefährlichen Medikamenten.

Heute – mehr als 20 Jahre nach dem Unglück – wissen wir, daß diese Befürchtung nicht zutrifft und daß Thalidomid eine extreme Ausnahme unter allen Medikamenten ist. Es gibt nur wenige Arzneistoffe, die beim Menschen eindeutig teratogen wirksam sind; es handelt sich nur um einen Bruchteil der verfügbaren Medikamente. Unter pragmatischen Gesichtspunkten läßt sich die Haltung vertreten, daß nach Einnahme der meisten Medikamente in der Gravidität wohl «nichts passieren wird«, selbst wenn bestimmte Verdachtsmomente aus Kasuistiken vorliegen oder wenn entsprechende Hinweise aus tierexperimentellen Untersuchungen bekannt sind. Mit anderen Worten: ein Berater wird zum Beispiel bei der Frage nach einer Abbruchindikation aufgrund der versehentlichen Einnahme eines Arzneimittels in der Schwangerschaft nur in sehr seltenen Ausnahmefällen eindeutig zu einer Unterbrechung der Schwangerschaft raten müssen (etwa bei der Einnahme von Retinoiden) – in den allermeisten Situationen kann die verängstigte schwangere Frau beruhigt werden.

Trotzdem wird andererseits immer wieder vor einer Einnahme von Arzneimitteln in der Schwangerschaft gewarnt, die überwiegende Zahl von Präparaten trägt den Hinweis »In der Schwangerschaft kontraindiziert«. Diese Empfehlungen gründen sich meist nicht auf klare toxikologische Erkenntnisse, sondern haben häufig eher den Charakter einer juristischen Vorsichtsmaßnahme. Wissenschaftlich gesehen läßt sich nur feststellen, daß bei der weit überwiegenden Mehrzahl der Medikamente nach wie vor ein erheblicher Datenmangel besteht, wenn es um die Anwendung in der Schwangerschaft geht. Über diese offensichtliche Diskrepanz in den Ansichten und Empfehlungen ist zwar schon ausführlich berichtet worden[4], es erscheint aber gerechtfertigt, Verständnis für die zugrundeliegenden Probleme erneut zu wecken.

In den letzten Jahren sind mehrfach Zusammenstellungen zum Problem der Arzneimitteleinnahme in der Schwangerschaft publiziert worden[1, 3, 5, 7–10].

Das Problem des »akzeptablen Risikos«

Die Diskrepanz zwischen den Stimmen, die vor einer Arzneimitteleinnahme in der Schwangerschaft warnen, und der Tatsache, daß nur in sehr seltenen Fällen aufgrund einer Arzneimitteleinnahme in der Schwangerschaft ein eindeutiges hohes Risiko für Schäden des Kindes besteht, läßt sich mit ein paar Sätzen zum Unterschied zwischen dem »Risiko für das Individuum« und dem »Risiko für die Gesellschaft« deutlich machen:

Wir sind im täglichen Leben ständig Risiken ausgesetzt. Die Frage, welches Risiko wir als akzeptabel ansehen, wird individuell recht verschieden beantwortet. Wahrscheinlich sind sich viele Menschen meist gar nicht der Tatsache bewußt, daß sie ständig Risiken eingehen; es besteht die Tendenz, diese Frage zu verdrängen (beispielsweise im Umgang mit Autos, Leitern, Messern etc.) – oder die Gefahren maßlos zu übertreiben (Angst vor Strahlen oder bestimmten Chemikalien etc.). Es ist im Bereich der Pränatal-Toxikologie keinesfalls die Regel, daß in jedem Fall einer Exposition gegenüber einem Agens mit teratogenem Potential eine Fehlbildung auftritt.

Angenommen, es könnte als erwiesen gelten, daß nach Exposition gegenüber einer bestimmten Substanz das Risiko des Auftretens einer seltenen Fehlbildung (etwa mit einer spontanen Rate von 0,3 %) verdoppelt wäre. Dies würde für jede exponierte Frau bedeuten, daß das Risiko des Auftretens einer Fehlbildung bei ihrem Kind statt 3 %, was der Gesamt-Fehlbildungsrate (»*background*«) entspricht, nunmehr 3,3 % wäre – ein zusätzliches Risiko, das wahrscheinlich kleiner ist als die normalerweise zu erwartende Fluktuation der Spontanrate. Die Chance, ein gesundes Kind zur Welt zu bringen, wäre damit statt 97 % nunmehr 96,7 %. Damit ist das zusätzliche Risiko so klein, daß es wohl für jede Frau individuell akzeptabel erscheint.

Ganz anders stellt sich das Problem für eine ganze Population (z. B. unter gesundheitspolitischen Gesichtspunkten) dar. Nehmen wir an, bei dem erwähnten Beispiel würden 10 % aller Schwangeren exponiert. Bei einer Geburtenrate von etwa 500000, wie wir sie derzeit in der Bundesrepublik Deutschland haben, wären dies 50000 Schwangerschaften bzw. Geburten und zusätzlich 150 Fälle dieses Fehlbildungstyps pro Jahr. Dies kann durchaus »inakzeptabel« sein.

Warum es so problematisch ist, Zusammenhänge zwischen Arzneimittelexposition in der Schwangerschaft und kindlichen Fehlbildungen nachzuweisen und zu zeigen, welche allgemeinen methodischen Schwierigkeiten auf dem Gebiet der Pränatal-Toxikologie bestehen, wird im folgenden skizziert. Dabei soll möglichst klar werden, warum wir auch in nächster Zukunft mit der Diskrepanz zwischen Befürchtungen und realen Risiken und der Wissenslücke leben werden, aus der der Unterschied zwischen »individuellem« und »gesellschaftlichem« Risiko entsteht.

Manifestationen pränatal-toxischer Wirkungen

Die embryo- oder fetotoxischen Wirkungen lassen sich in fünf Gruppen einteilen. Es können auftreten:

- Absterben des Keimes (z. B. Präimplantationsverlust, Abort, perinatale Mortalität)
- Retardierungen (Unreife, Hypoplasien etc.)
- strukturelle Abnormitäten (grobe Fehlbildungen, geringgradige Fehlbildungen)
- funktionelle Anomalien (Immunsystem, kardiovaskuläres System etc.)
- Transplazentare Karzinogenese.

Bisher haben die grobstrukturellen Abnormitäten – also die sogenannten teratogenen Schäden – die größte Beachtung gefunden. Sie können – von einigen Ausnahmen abgesehen – nur während der Organogenese-Phase ausgelöst werden. Tierexperimentell wurde belegt, daß außer morphologischen auch funktionelle Anomalien pränatal induziert werden können, die sich erst postnatal bemerkbar machen. Möglicherweise kommt dieser Art von Schädigung auch beim Menschen eine größere Bedeutung zu; angesichts der Schwierigkeiten, die bereits bestehen, um einen Kausalzusammenhang bei grobstrukturellen Fehlbildungen nachzuweisen, wird verständlich, daß über entsprechende Zusammenhänge praktisch keine Informationen vorliegen. Es ist sicher falsch, nur die Phase der Organogenese als »kritische« Phase darzustellen, in der pränatal-toxische Wirkungen induziert werden können. Gerade die funktionellen Anomalien können eher in späteren Stadien ausgelöst werden.

Nachdem beim Menschen eine transplazentare Karzinogenese nachgewiesen wurde – nämlich nach Gabe von Diäthylstilböstrol (DES) –, muß auch an die Möglichkeit einer solchen Schädigung, die ebenfalls in der zweiten Schwangerschaftshälfte gesetzt wird, gedacht werden. So wurden »*Clear cell*-Karzinome« der Vagina bei jungen Frauen nachgewiesen, deren Mütter Jahrzehnte zuvor während der Schwangerschaft mit dem synthetischen Hormon behandelt worden waren.

Außerdem können während der Perinatalphase toxische Wirkungen beim Ungeborenen oder – über die Milch – beim Neugeborenen ausgelöst werden, etwa durch Medikamente, die die Mutter zu dieser Zeit erhalten hat. Beispiele hierfür sind Blutungskomplikationen nach nicht-steroidalen Antirheumatika und Hyperbilirubinämie nach Sulfonamiden.

Probleme der Übertragbarkeit tierexperimenteller Befunde auf den Menschen

Ein zweites Medikament mit einem Thalidomid-ähnlichen Wirkungsprofil gibt es nicht. Keine andere Substanz verursacht Schäden z. B. mit einer solch ausgeprägten Speziesspezifität. Während Thalidomid beim Menschen und einigen Affenarten typische Extremitätenfehlbildungen auslöst, ist es bei Ratten und Mäusen in dieser Hinsicht – auch bei höchster Dosierung – wirkungslos.

Dieses Verhalten ist nicht typisch für chemische Substanzen. Zwar ergeben sich bei zahlreichen Chemikalien Probleme, wenn die tierexperimentellen Befunde hinsichtlich ihrer Relevanz für den Menschen abgeschätzt werden sollen, doch deuten entsprechende Befunde im Experiment in den weitaus meisten Fällen auf ein gewisses Risiko beim Menschen hin.

Ein gutes Beispiel für eine solche Situation sind die Retinoide, deren teratogenes Potential im Experiment seit langem bekannt ist und die dieses Potential heute in therapeutischer Dosierung auch beim Menschen haben erkennen lassen. Selbst durch intensive Aufklärungsversuche und Hinweise auf das teratogene Risiko dieser Medikamente kam es doch in etlichen Fällen zur Einnahme während der Schwangerschaft mit den entsprechenden Folgen.

Im Normalfall besteht das Problem darin, die Befunde aus dem Tierexperiment quantitativ abzuschätzen und Prävention zu betreiben. Zahlreiche Arzneistoffe erwiesen sich im Tierexperiment als »pränatal-toxisch«. Trotzdem – und weil ihr Nutzen das Risiko offenbar übersteigt – werden diese Präparate täglich von zahlreichen Ärzten zur Therapie eingesetzt.

Typische Beispiele dafür sind Co-trimoxazol, Chloroquin, Nifedipin, Ketokonazol etc. Diese Liste läßt sich fortsetzen. Für die meisten dieser Medikamente steht aber heute fest, daß sie, in therapeutischer Dosierung verabreicht, beim Menschen kein – oder nur ein sehr geringes – Risiko für pränatal-toxische Schäden besitzen. Dieses Risiko ist dann so gering, daß es ohne größere epidemiologische Studien nicht erkannt werden kann.

Schwierigkeiten epidemiologischer Studien (Spontaninzidenz von Fehlbildungen)

Selbst in der Zeit, in der Contergan als »besonders gut verträgliches Schlafmittel« rezeptfrei vertrieben und sogar als »ideales Beruhigungsmittel« während der Frühschwangerschaft eingesetzt wurde, stieg die Gesamt-Fehlbildungsrate in der Bundesrepublik Deutschland nur geringfügig. Es läßt sich leicht abschätzen, daß sich auch während der weiten Verbreitung des für den Menschen sehr wirksamen Teratogens die bei der Geburt erkennbare Inzidenz grobstruktureller Abnormitäten nur von 2 auf 2,2 % erhöhte. Anders ausgedrückt: zu dieser Zeit wurden in der Bundesrepublik Deutschland nicht 18000, sondern 20000 fehlgebildete Kinder geboren[10].

Diese Inzidenzen liegen innerhalb der Streuung bei der Erfassung innerhalb verschiedener Jahre (abgesehen davon, daß zum damaligen Zeitpunkt in der Bundesrepublik Deutschland gar keine grobstrukturellen Abnormitäten erfaßt wurden (und auch heute noch nicht in akzeptabler Form erfaßt werden). Die durch Thalidomid hervorgerufenen Abnormitäten sind nur deshalb aufgefallen, weil

- derartige Fehlbildungen »spontan« extrem selten (<0,05 %) vorkommen,
- die Substanz (freiverkäuflich) von sehr vielen Schwangeren eingenommen wurde und
- die Inzidenz der typischen Fehlbildungen nach Thalidomid-Exposition offenbar in einem sehr hohen Prozentsatz erfolgte.

Liegen diese (seltenen) Voraussetzungen nicht vor, so kann eine entsprechende teratogene Potenz beim Menschen nur durch aufwendige und große Studien verifiziert werden.

Es ist wiederholt darauf hingewiesen worden, daß prospektive Studien in genügend großem Umfang notwendig sind, um mögliche pränatal-toxische Effekte durch eine Medikamenten-Einnahme während der Schwangerschaft zuverlässig zu erkennen. Solche Studien sind sehr aufwendig und teuer, und es vergeht erfahrungsgemäß eine lange Zeit zwischen dem Beginn der Datenerhebung und der Publikation. So stammen z. B. die Informationen über die Arzneimitteltherapie bei Schwangeren, die in der größten bisher vorliegenden Studie auf diesem Gebiet (der »Boston-Studie«[2]) dokumentiert wurden, aus den Jahren 1959 bis 1965. Als die Publikation darüber im Jahre 1977 erschien, waren bereits neue Medikamente entwickelt worden und im Gebrauch, über die die damaligen Untersuchungen keine Auskunft geben konnten.

Epidemiologische (und insbesondere prospektive) Studien zur Feststellung des möglichen Risikos einer pränatalen Medikamenten-Exposition sind also zur Erkennung entsprechender Schäden zwingend notwendig. Sie müssen angesichts der raschen Entwicklung in der Arzneitherapie in regelmäßigen Abständen wiederholt werden oder es muß (noch besser) eine laufende Überwachung stattfinden.

Risikokatalog

Wenn die Fragen nach dem pränatal-toxischen Risiko bestimmter Medikamente aus den vorliegenden Daten nicht beantwortet werden können, ist es nur sinnvoll, die Tatsache, daß verwertbare Informationen nicht verfügbar sind, zu dokumentieren; mißverständliche »Pseudoinformationen« (»es ist nichts Negatives bekannt geworden«) verschleiern den Sachverhalt.

Im Institut für Toxikologie und Embryopharmakologie in Berlin wurde kürzlich versucht, alle Monopräparate der »Roten Liste 1986« unter Berücksichtigung der publizierten tierexperimentellen und epidemiologischen Daten in ein 12fach gegliedertes System von Risikoklassen einzuordnen. Dabei zeigte sich erwartungsgemäß, daß für die überwiegende Anzahl der Medikamente weder relevante epidemiologische Daten noch experimentelle Befunde publiziert worden sind[6].

Bei der Erarbeitung des »Risikokataloges« wurde aber auch rasch deutlich, daß selbst ein 12fach gegliedertes System nicht ausreicht, um der speziellen Situation, die sich bei den meisten Arzneistoffen ergibt, Rechnung zu tragen. Diese Tatsache liegt auf der Hand, wenn man sich die eingangs beschriebenen vielfältigen Möglichkeiten pränatal auslösbarer Wirkungen vor Augen hält. Die in Berlin zusammengestellte Dokumentation über das pränatal-toxische Risiko eines Arzneistoffes wird deshalb auf drei verschiedenen Informationsebenen wiedergegeben, die als Einheit betrachtet werden müssen und keineswegs isoliert gesehen werden dürfen:

- Eine Zuordnung jeder Substanz zu einer von 12 unterschiedlich definierten »Risikoklassen«.
- Bei entsprechender Notwendigkeit die Ergänzung dieser Einordnung durch einen allgemeinen Kommentar zu der Wirkstoffgruppe, in dem die möglichen embryo-/fetotoxischen Probleme bei der Behandlung einer Schwangeren mit irgendeinem Medikament dieser Wirkstoffgruppe dargestellt werden (Beispiel: Probleme bei der Abschätzung der pränatal-toxischen Wirkungen von Antiepileptika, da offenbar auch durch die Erkrankung »Epilepsie« das Risiko konnataler Fehlbildungen erhöht wird).
- Weitere Ergänzung dieser Informationen durch spezielle Hinweise, die nur für eine bestimmte Substanz Bedeutung haben (Beispiel: Empfehlung zur Bestimmung von α_1-Fetoprotein, wenn während der Schwangerschaft Valproinsäure verabreicht wurde).

Die eigentliche Klassifizierung der Arzneimittel berücksichtigt lediglich teratogene und andere embryotoxische Wirkungen (Embryoletalität) und erfolgt nach folgendem Schema:

– kein Effekt
(+) Verdacht
+ sicherer Effekt
? unzureichende Daten.

Ausgehend von den epidemiologischen Daten (denen – wenn vorhanden – Priorität gegeben wird) ergeben sich danach 4 Gruppen, die nochmals unter Berücksichtigung der tierexperimentellen Befunde in jeweils drei Untergruppen (–), (?) und (+) – also insgesamt 12 Klassen – unterteilt werden. In drei der ursprünglich entstandenen Klassen wurde zur weiteren Differenzierung die Nomenklatur a, b und c benutzt. Nur in den Fällen – und das ist die weitaus größte Gruppe von Medikamenten–, in denen keine ausreichenden Erfahrungen beim Menschen vorliegen (Symbol »?«), wurden die drei Untergruppen mit »2«, »3« und »z« bezeichnet, um ganz deutlich zu machen, daß ein bestimmtes Arzneimittel – über dessen Risiko bei einer Gabe während der Schwangerschaft nichts bekannt ist – unterschiedlich bewertet werden muß, wenn das Tierexperiment ein eindeutiges teratogenes Potential erkennen läßt oder wenn keine entsprechenden Hinweise vorliegen.

Es wurden nur die folgenden Tierspezies berücksichtigt: Maus, Ratte, Kaninchen und Primaten. In die Kategorie 2 wurde eine Substanz nur dann eingeordnet, wenn die entsprechende Substanz bei mindestens *zwei* Spezies (Nager und Nichtnager) *kein* teratogenes Potential erkennen ließ. Eine klare teratogene Wirkung bei *einer* Spezies führte zur Einordnung in die Kategorie 3, auch wenn sich in Untersuchungen mit anderen Spezies keine entsprechende Wirkung erkennen ließ.

Die resultierenden Klassen lassen sich folgendermaßen beschreiben (das entsprechende Risiko nimmt mit der Höhe der Gruppenzahl zu):

Risikogruppen:

(1) Offenbar kein erhöhtes pränatal-toxisches Risiko für den Menschen bei therapeutischer Dosierung
 a. tierexperimentell: –

b. tierexperimentell: ?
c. tierexperimentell: +

(2) Es liegen keine epidemiologischen Studien vor; *kein* Hinweis auf pränatal-toxische Effekte aus Tierversuchen

(3) Es liegen keine epidemiologischen Studien vor; *eindeutige* pränatal-toxische Effekte im Tierversuch

(4) Begründeter Verdacht auf pränatal-toxische Effekte beim Menschen
a. tierexperimentell: –
b. tierexperimentell: ?
c. tierexperimentell: +

(5) Eindeutiges pränatal-toxisches Risiko für den Menschen
a. tierexperimentell: –
b. tierexperimentell: ?
c. tierexperimentell: +

z. Es liegen weder epidemiologische noch tierexperimentelle Studien vor.

Der Buchstabe »z« wurde willkürlich für die Bezeichnung dieser größten Gruppe von Medikamenten gewählt; durch die Wahl eines Buchstabens soll deutlich gemacht werden, daß sich diese Arzneimittel nicht in das Klassifizierungsschema (in dem Ziffern verwendet werden) einordnen lassen. Das Symbol »z« wurde auch deshalb gewählt, um die mißverständliche Bezeichnung »0« zu vermeiden und Verwechslungen mit dem System der »Roten Liste« auszuschließen, in dem die Medikamente in Gruppen von A bis F eingeteilt werden.

Mit den Subklassen ergibt sich ein Schema (Tab. 1); unter die Rubrik »Anteil« fällt der prozentuale Anteil der Medikamente aus der Roten Liste 1986 (ausschließlich Monopräparate), der in diese »Risikogruppe« eingeordnet wurde. Die Gesamtzahl der im Register der INN-Namen angegebenen Monosubstanzen (geringfügig aktualisiert und erweitert) beträgt etwa 1500.

Damit kann nicht der gesamte »Risikokatalog« wiedergegeben werden; daher wurden alle Arzneistoffe, die in die Gruppen 5b oder 5c eingeordnet wurden, separat zusammengestellt (Tab. 2). (Die Gruppe 5a ist nicht besetzt, d. h. es gibt keine Medikamente, die beim Menschen als pränatal-toxisch erkannt wurden, aber im Tierversuch keinen entsprechenden Effekt zeigen.) Eine detaillierte Information findet sich in der Originalpublikation[6].

Außerdem werden alle Arzneistoffe aus der Klasse »1« gesondert zusammengefaßt. Es handelt sich hier um Medikamente, die aufgrund weitreichender, durch epidemiologische Studien belegter Erfahrungen für den Menschen als »nicht embryotoxisch« eingestuft wurden (Tab. 3). Aufgenommen wurden nur Arzneinmittel, bei denen im Rahmen größerer epidemiologischer Studien in mehr als 300 Fällen die Anwendung des Arzneimittels im 1. Trimenon der Schwangerschaft registriert wurde und sich kein Hinweis auf ein erhöhtes embryotoxisches Risiko ergeben hat. – Da sich bei zahlreichen Medikamenten – zum Beispiel bei der Acetylsalicylsäure – durchaus *andere* Risiken (Perinatalzeit!) ergeben können, wurden die Wirkstoffgruppen-bezogenen Kommentare und die Substanz-bezogenen Hinweise eingefügt.

Bestimmte Wirkstoffgruppen – allgemeine Kommentare

Es erscheint zweckmäßig, die »allgemeinen Kommentare« zu den entsprechenden Wirkstoffgruppen (Tab. 2 und 3 mit [K] gekennzeichnet) und die »speziellen Hinweise« zu einzelnen Wirkstoffen anzufügen, sofern sie als Ergänzung zu der Klassifizierung der Medikamente notwendig sind.

Tab. 1 Verteilung von 1.500 Arzneimitteln auf »Risiko-Klassen«

	Teratogen			
Klasse	**Mensch**	**Tier**	**Anteil**	**Beispiele**
1	–	–/?/+	3%	Paracetamol Acetylsalicylsäure Doxylamin
2	?	–	11%	Imipramin Ofloxacin Ibuprofen
»z«	?	?	70%	Diclofenac Metamizol Dicloxacillin
3	?	+	12%	Co-trimoxazol Griseofulvin Cortison Aciclovir
4	(+)	–/?/+	2%	Valproinsäure Trimethadion Methenamin Phenprocoumon
5	+	–/?/+	2%	Etretinat Testosteron Misoprostol

–: nicht teratogen; ?: unzureichende Informationen; (+): Verdacht auf Teratogenität; +: eindeutig teratogen

Aminoglykosid-Antibiotika

Aminoglykosid-Antibiotika besitzen zwar nur ein geringes Verteilungsvolumen, aber sie passieren die Plazentaschranke und gehen auf den Fetus über. Die toxischen Effekte können sich hier ähnlich wie postnatal manifestieren (z. B. am Gehör). Kasuistiken liegen für die älteren Derivate (z. B. Streptomycin) vor. Bei den neueren Substanzen fehlen sachdienliche Mitteilungen, doch muß wohl bei allen Aminoglykosiden mit toxischen Effekten gerechnet werden. Es gibt keinen Anhalt für weitere pränatal-toxische Effekte beim Menschen.

Androgene

Androgene wurden in den 50er und 60er Jahren bei verschiedenen Erkrankungen angewandt (Alopezie, Hypotension etc.), die heute nicht mehr zum Indikationskatalog dieser Hormone gehören. Aus dieser Zeit ist bekannt, daß Androgene nicht nur im Tierexperiment, sondern auch beim Menschen zur Virilisierung weiblicher Feten führen können. Diese Erfahrungen sind heute deswegen von Bedeutung, weil einige Testosteronderivate (Anabolika, manche Gestagene) eine androgene Restaktivität besitzen. Diese Teilwirkung muß bei den genannten Wirkstoffen mitberücksichtigt werden (s. auch Gestagene).

Antidiabetika, parenterale

Im Tierexperiment ist Insulin eindeutig teratogen; der Wirkungsmechanismus ist unklar. Für den Menschen sind diese Befunde offenbar ohne Relevanz. Insulin ist das

Tab. 2 »Risikokatalog« mit Wirkstoffen, die ein pränatal-toxisches Risiko für den Menschen enthalten (im Tierversuch noch unzureichend belegtes [Gruppe 5b] und gesichertes teratogenes Potential [5c])

Wirkstoff	Wirkstoff-gruppe	Präparat (Handelsname)	Risiko-gruppe
Gruppe 5b			
Warfarin	Antikoagulans	Coumadin	5b [H]
Gruppe 5c			
Allylestrenol	Gestagen	Gestanon	5c [K]
Carbimazol	Thyreostatikum	neo-morphazole	5c [K]
Chlortetracyclin	Tetracyclin	Aureomycin	5c [K]
Dihydrostreptomycin	Aminoglykosid	Dihydrostreptomycin-Heyl	5c [K]
Dinoprost	Prostaglandin	Minprostin F2	5c [K]
Dinoproston	Prostaglandin	Minprostin E2	5c [K]
Etretinat	Retinoid	Tigason	5c [H]
Isotretinoin	Retinoid	Roaccutan	5c [H]
Kaliumperchlorat	Thyreostatikum	Irenat	5c [K]
Levonorgestrel	Gestagen	Microlut	5c [K]
Lithiumacetat	Psychopharmakon	Quilonum	5c [H]
Lithiumcarbonat	Psychopharmakon	Hypnorex	5c [H]
Lithiumhydrogenaspartat	Psychopharmakon	Lithiumaspartat	5c [H]
Lithiumorotat	Psychopharmakon	Lithiumorotat	5c [H]
Lithiumsulfat	Psychopharmakon	Lithium Duriles	5c [H]
Lynestrenol	Gestagen	Exlutona	5c [K]
Methyltestosteron	Androgen	nur in Kombinationspräparaten	5c [K]
Methylthiouracil	Thyreostatikum	Thyreostat	5c [K]
Misoprostol	Prostaglandin	Cytotec	5c [K]
Norethisteron	Gestagen	Micronovum	5c [K]
Norgestrel	Gestagen	nur in Kombinationspräparaten	5c [K]
Oxytetracyclin	Tetracyclin	Macocyn	5c [K]
Penicillamin	Antirheumatikum	Metalcaptase	5c [H]
Phenytoin	Antiepileptikum	Zentropil	5c [K]
Propylthiouracil	Thyreostatikum	Propycil	5c [K]
Streptomycin	Aminoglykosid	Streptothenat S	5c [K]
Sulproston	Prostaglandin	Nalador	5c [K]
Testolacton	Androgen	Fludestrin	5c [K]
Testosteron	Androgen	Andriol	5c [K]
Tetracyclin	Tetracyclin	Supramycin	5c [K]
Thiamazol	Thyreostatikum	Favistan	5c [K]

[K]: siehe allgemeiner Kommentar zur gesamten Wirkstoffgruppe; [H] siehe spezielle Hinweise zu einzelnen Substanzen

Tab. 3 »Risikokatalog« mit Wirkstoffen, die offensichtlich nicht pränatal-toxisch sind, aber andere Risiken (Perinatal-Zeit) bergen können (im Tierversuch nicht nachgewiesenes [1a], noch unzureichend belegtes [Gruppe 1b] oder gesichertes teratogenes Potential [Gruppe 1c]

Wirkstoff	**Wirkstoff-gruppe**	**Präparat (Handelsname)**	**Risiko-gruppe**
Gruppe 1a			
Benzylpenicillin	Penicillin/parenteral	Penicillin Grünenthal	1a
Dimenhydrinat	Antihistaminikum	Vomex A	1a [K)
Diphenhydramin	Antihistaminikum	Sekundal-D Tabletten	1a [K]
Doxylamin	Antihistaminikum	Mereprine	1a [K]
Paracetamol (=Acetaminophen)	Analgetikum	ben-u-ron	1a
Phenoxymethylpenicillin (=Penicillin V)	Penicillin/oral	Megacillin	1a
Gruppe 1b			
Ammoniumchlorid	Expektorans	nur in Kombinationspräparaten	1b
Ampicillin	Penicillin	Binotal	1b
Ephedrin	Sympathomimetikum/ indirektes	Ephedrin	1b
Epinephrin	Sympathomimetikum	Suprarenin Injektionslösung	1b
Glucose	Energiezufuhr	Dextromon	1b
Methyldopa	Antihypertonikum	Presinol	1b [H]
Phenacetin	Analgetikum	nur in Kombinationspräparaten	1b
Procain	Lokalanästhetikum	Novocain	1b
Pseudoephedrin	Sympathomimetikum	nur in Kombinationspräparaten	1b
Pheniramin	Antihistaminikum	Avil	1b [K]
Gruppe 1c			
Acetylsalicylsäure	Analgetikum	Aspirin	1c [H]
Coffein	Analeptikum	Coffeinum Compretten	1c [H]
Colecalciferol	Vitamin D3	Vigantol	1c [H]
Hydrocortison	Glucocorticoid/ nicht-halogeniert	Schericur	1c [K]
Insulin zweiphasisch	Antidiabetikum/parenteral	Insulin Novo Rapitard	1c [K]
Insulin-Zink-Protamin-Injektion	Antidiabetikum/parenteral	Depot-Insulin Horm	1c [K]
Insulin-Zink-Globin-Lösung	Antidiabetikum/parenteral	HG-Insulin Hoechst	1c [K]

Tab. 3 (Fortsetzung) »Risikokatalog« mit Wirkstoffen, die offensichtlich nicht pränatal-toxisch sind, aber andere Risiken (Perinatal-Zeit) bergen können

Wirkstoff	**Wirkstoff-gruppe**	**Präparat (Handelsname)**	**Risiko-gruppe**
Insulin-Protaminat-Suspension zusammengesetzt -	Antidiabetikum/parenteral	Huminsulin Profil	1c [K]
Isophan-Insulin	Antidiabetikum/parenteral	Komb-H-Insulin Hoechst	1c [K]
Insulin human	Antidiabetikum/parenteral	Huminsulin	1c [K]
Insulin-Aminoquinurid-Suspension	Antidiabetikum/parenteral	Long-Insulin	1c [K]
Insulin neutral	Antidiabetikum/parenteral	Insulin Novo	1c [K]
Insulin-Aminoquinurid-Lösung	Antidiabetikum/parenteral	Depot-Insulin Hoechst	1c [K]
Insulin	Antidiabetikum/parenteral	Insulin Hoechst	1c [K]
Insulin-Zink-Suspension amorph	Antidiabetikum/parenteral	Insulin Novo Semilente	1c [K]
Insulin-Zink-Suspension gemischt	Antidiabetikum/parenteral	Insulin Monotard HM	1c [K]
Insulin-Zink-Suspension kristallin	Antidiabetikum/parenteral	Insulin Novo Ultralente	1c [K]
Liothyronin	Schilddrüsenhormon	Thybon	1c [K]
Levothyroxin-Natrium	Schilddrüsenhormon	Euthyrox	1c [K]
Meclozin	Antihistaminikum	Bonamine	1c [K]
Prednyliden	Glucocorticoid/ nicht-halogeniert	Decortilen	1c [K]
Prednison	Glucocorticoid/ nicht-halogeniert	Ultracorten	1c [K]
Prednisolon	Glucocorticoid/ nicht-halogeniert	Scherisolon	1c [K]
Pentobarbital	Hypnotikum	Repocal	1c [H]
Phenobarbital	Antiepileptikum	Luminal	1c [K]

[K]: siehe allgemeiner Kommentar zur gesamten Wirkstoffgruppe; [H]: siehe spezielle Hinweise zu einzelnen Substanzen

Antidiabetikum der Wahl während der Schwangerschaft. Allgemein gilt: bei einer schlecht eingestellten schwangeren Diabetikerin besteht ein höheres Risiko für kindliche Fehlbildungen als bei einer optimalen Insulintherapie.

Antiepileptika

Ein Krampfleiden scheint die spontane Fehlbildungsrate etwa zu verdoppeln. Eine antiepileptische Behandlung kann dieses Risiko unter Umständen noch weiter erhöhen. Eine Kombinationstherapie scheint ein relativ hohes teratogenes Risiko zu bergen, eine Monotherapie sollte daher während der Schwangerschaft bevorzugt werden. Empfohlen wird eine durch Blutspiegelkontrolle überwachte und optimal dosierte Therapie zur Risikominderung. Die Auswahl des spezifischen Medikamentes scheint unter pränatal-toxikologischen Aspekten von untergeordneter Rolle zu sein. Trimethadion sollte nicht verwendet werden. Bei Eintritt einer Schwangerschaft unter Behandlung mit Valproinsäure wird eine α_1-Fetoprotein-Bestimmung empfohlen (Gefahr der Auslösung einer Spina bifida).

Bei der Anwendung von Antiepileptika in der Schwangerschaft werden auch gehäuft (bis zu 20 %?) geringgradige Anomalien registriert (breite Nase, enge Lidspalte, Dysplasie der Endphalangen etc.). Abgesehen von diesen Einschränkungen besteht für eine behandelte Epileptikerin (Monotherapie) eine etwa 90 %ige Chance, ein gesundes Kind zu bekommen.

Antiepileptika lassen im Tierversuch meist nur ein geringes teratogenes Potential erkennen.

Antihistaminika

Die H1-Antihistaminika besitzen zahlreiche pharmakologische Wirkungen; sie werden z. B. nicht selten wegen ihrer sedierenden und antiemetischen Eigenschaften therapeutisch angewandt. So erklärt sich die häufige Anwendung dieser Präparate in der Frühschwangerschaft. Einige Substanzen aus dieser Wirkstoffgruppe zeigen im Tierexperiment teratogene Effekte.

Doxylamin – früher zusammen mit Pyridoxin Bestandteil eines häufig angewandten Kombinationspräparates (Lenotan) – gehört mit zu den epidemiologisch – hinsichtlich einer Anwendung während der Schwangerschaft – am besten untersuchten Arzneimittel. In prospektiven Studien wurden die Daten von Tausenden Mutter-Kind-Paaren ausgewertet, und es wurde kein Hinweis auf eine Erhöhung des Fehlbildungsrisikos gefunden. Dimenhydrinat (Diphenhydramin) und Meclozin sind ebenfalls epidemiologisch gut untersucht und führen ebenfalls zu keinem erkennbaren teratogenen Risiko beim Menschen.

Trotzdem stellt sich die prinzipielle Frage, ob Antiemetika großzügig während der Schwangerschaft verordnet werden sollen, da die Prognose für eine sonst komplikationsfreie Schwangerschaft beim Auftreten von Übelkeit und Erbrechen (ohne massive Elektrolytverluste) besser ist als ohne diese Symptome.

Gestagene

Die heute üblichen Gestagene leiten sich vom 19-Nortestosteron oder vom Hydroxyprogesteron ab. Die Anwendung der Gestagene während der Schwangerschaft ist umstritten und sollte – wenn überhaupt – auf Ausnahmefälle beschränkt sein. Während der Schwangerschaft liegen bereits hohe Gewebespiegel von Progesteron vor. Eine drohende Fehlgeburt kann nach den modernen Vorstellungen durch exogene Zufuhr des Hormons ohnehin nicht verhindert werden.

Synthetische 19-Nortestosteron-Derivate können bei ausreichender Dosis auch beim Menschen zur Virilisierung weiblicher Feten führen. Dies gilt allerdings nicht für die in Kontrazeptiva enthaltenen niedrigen Gestagen-Dosen, wenn solche Präparate in eine beginnende Frühschwangerschaft hinein weiter genommen werden. Obgleich mehrfach postuliert, konnte ein zusätzliches Risiko zur Auslösung anderer typischer teratogener Effekte in epidemiologischen Studien beim Menschen (meist mit Östrogen/Gestagen-Gemischen untersucht) nicht überzeugend nachgewiesen werden. Wenn überhaupt vorhanden, ist ein solches Risiko klein.

Glucocorticoide

Glucocorticoide sind im Tierexperiment teratogen. Insbesondere bei der Maus lassen sich mit hohen Dosen Fehlbildungen auslösen. Bei anderen Spezies fallen die Ergebnisse unterschiedlich aus. Triamcinolon ist auch beim Affen teratogen.

Nicht selten ist eine Behandlung mit Glucocorticoiden während der Schwangerschaft unumgänglich (Asthma bronchiale, rheumatische Erkrankungen etc.). Wenn keine Wirkung auf den Embryo/Fetus gewünscht wird, empfiehlt es sich, Prednison oder natürliche Glucocorticoide einzusetzen, da bei diesen Substanzen der transplazentare Übergang am geringsten ist.

Teratogene Effekte sind beim Menschen bisher nicht beobachtet worden. Bei einer Behandlung von mehreren Hundert Frauen nach Nierentransplantationen mit Prednison (zusammen mit Azathioprin) wurde keine erhöhte Fehlbildungsrate beobachtet. Entsprechende Erfahrungen mit anderen Derivaten fehlen. Unter der Gabe von hohen Dosen von Glucocorticoiden kann es zu einer Verminderung des Geburtsgewichtes kommen. Über mögliche postnatale funktionelle Störungen (z. B. Immunsystem) nach einer Exposition in utero ist wenig bekannt; Langzeitstudien beim Menschen fehlen völlig.

Prostaglandine

Natürliche Prostaglandine der Gruppe E_1, E_2 und F_2 sowie halbsynthetische Derivate haben therapeutisch in den letzten Jahren an Bedeutung gewonnen. Zunächst stand die uterotone Wirkung (wehenförderndes Mittel) im Vordergrund des Interesses; bei dieser Indikation ist die pränatal-toxische Wirkung evident. In der letzten Zeit sind jedoch auch Prostaglandinderivate für ganz andere Indikationen entwickelt worden. Alprostadil wird zum Beispiel zur Durchblutungsförderung eingesetzt und Misoprostol wird zur Schleimhautprotektion bei Ulkus angeboten.

Auch bei den oral wirksamen halbsynthetischen Mitteln, z. B. Misoprostol, ist bei therapeutischer Dosierung mit einer uterotropen Wirkung zu rechnen (vermehrter Tonus der Uterusmuskulatur, Kontraktionen, Blutungen, eventuell Ausstoßen der Frucht). Bei einer entsprechenden Therapie muß daher sichergestellt werden, daß keine Schwangerschaft besteht oder eintreten kann.

Die Frage einer möglichen embryo-fetotoxischen Wirkung (teratogen oder konnatale Dysfunktion), wenn der Keim die Behandlung überlebt, ist noch völlig ungeklärt; solche Wirkungen sind jedoch durchaus nicht unwahrscheinlich.

Schilddrüsenhormone

Bei entsprechender Indikation ist auch während der Schwangerschaft eine Behandlung mit Schilddrüsenhormonen notwendig. Nach den vorliegenden Untersuchungen gehen diese Hormone – im Gegensatz zu Jod – kaum auf den Fetus über. In einer prospektiven Studie wurden 560 Mutter-Kind-Paare mit entsprechender Exposition erfaßt; es war keine Risikoerhöhung erkennbar.

Tetracycline

Bei Anwendung von Tetracyclinen in der zweiten Hälfte der Schwangerschaft kann es zu Zahnschäden beim Neugeborenen (Ablagerung, Verfärbung) kommen (Die Mineralisierung der Milchzähne beginnt etwa in der 14. Schwangerschaftswoche; Verfärbungen sind am wahrscheinlichsten, wenn die Einnahme nach der 25. Woche erfolgt). Entsprechende Erfahrungen liegen vor allem mit den älteren Tetracyclinen vor; über Doxycyclin und Minocyclin gibt es bisher keine Mitteilungen.

Im Tierversuch wirken hohe Dosen von Tetracyclinen embryoletal. Beim Menschen sind – außer den Zahnschäden – keine irreversiblen konnatalen Schäden beschrieben. Eine (versehentliche) Einnahme dieser Antibiotika im 1. Trimenon ist keine Indikation für eine Interruptio.

Thyreostatika

Thyreostatika gehen auf den Embryo oder Fetus über und können die Funktion der fetalen Schilddrüse beeinflussen. In etwa 10 % der Fälle resultieren eine konnatale Struma und eine Hypo- oder Hyperthyreose. Andere Fehlbildungen oder eine verzögerte intellektuelle Entwicklung wurden bisher bei den in utero exponierten Kindern nicht beobachtet. Auch während der Schwangerschaft kann eine (möglichst niedrig dosierte) Therapie mit Thyreostatika indiziert sein.

Spezielle Hinweise zum pränatal-toxischen Potential einiger Einzelstoffe (Tab. 2 und 3, mit [H] gekennzeichnet)

Acetylsalicylsäure

Salicylate besitzen im Tierexperiment ein eindeutiges teratogenes Potential. Beim Menschen liegen die meisten Erfahrungen mit Acetylsalicylsäure vor. Dieses Derivat ist in analgetisch-antipyretisch wirksamen Dosierungen beim Menschen offenbar nicht teratogen; in einer prospektiven Studie wurden 14864 Mutter/Kind-Paare erfaßt: es war keine Risikoerhöhung erkennbar. Schwer zu beurteilen ist bislang noch das Risiko bei Langzeitbehandlung mit hohen Dosen. Bei einer Einnahme während der Perinatalperiode besteht die Möglichkeit von peri-/postnatalen Blutungskomplikationen bei Mutter und Kind. Aus diesem Grunde sollte Paracetamol bevorzugt verordnet werden.

Coffein

Coffein ist in hohen Dosen im Tierexperiment teratogen. Niedrige Dosen sind beim Menschen sicher nicht teratogen.

Colecalciferol

Vitamin D_3 ist in hohen Dosen im Tierexperiment teratogen. In niedrigen Dosen besteht beim Menschen offenbar kein entsprechendes Risiko. Als maximale Tagesdosis während der Schwangerschaft werden 400 I.E. empfohlen.

Etretinat

Etretinat gehört zu den synthetischen Vitamin-A-Derivaten (Retinoiden). Seine Teratogenität im Tierversuch ist bewiesen; aufgrund von gehäuften Kasuistiken ist es auch beim Menschen als eindeutig teratogen erkannt worden. Ein besonderes Problem bei dieser Substanz ist die lange Verweildauer im Organismus (Eliminationshalbwertszeit: ca. 100 Tage). Während und 2 Jahre nach einer Behandlung mit Etretinat muß eine Schwangerschaft mit absoluter Sicherheit ausgeschlossen werden. Frauen im gebärfähigen Alter sollten nicht mit Etretinat behandelt werden.

Isotretinoin

Isotretinoin gehört zu den synthetischen Vitamin-A-Derivaten (Retinoiden). Seine Teratogenität im Tierversuch ist bewiesen; aufgrund gehäufter Kasuistiken ist es auch beim Menschen als eindeutig pränatal-toxisch erkannt worden.

Lithium

Lithiumsalze führen bei einer Behandlung im ersten Trimenon offenbar zu einem erhöhten Risiko kardiovaskulärer Fehlbildungen (*Ebstein*-Anomalie), nahezu 90 % der in utero exponierten Kinder wurden jedoch ohne Fehlbildungen geboren.

Methyldopa

Methyldopa wird überwiegend als Mittel der Wahl zur Behandlung einer Hypertonie während der Schwangerschaft angesehen. Es liegen nur wenige tierexperimentelle Arbeiten vor.

Penicillamin

Der Schwermetall-Antagonist erwies sich im Tierversuch als teratogen. Beim Menschen (88 Frauen) sind nach Dauergebrauch während der Schwangerschaft (z. B. bei rheumatoider Arthritis oder M. *Wilson*) insgesamt 3 Fälle von kindlichen Fehlbildungen beschrieben worden, die offenbar mit dem Arzneimittel zusammenhängen. Neben Hautveränderungen (Cutis laxa) wurden auch multiple andere Fehlbildungen beobachtet. Wenn die Behandlung mit diesem Medikament während der Schwangerschaft unumgänglich ist, sollte die Tagesdosis 500 mg nicht überschreiten.

Pentobarbital

Pentobarbital verursacht – wie andere Barbiturate – Fehlbildungen bei der Maus. Bei anderen Tierspezies und auch beim Menschen sind diese Hypnotika offenbar nicht teratogen. In einer prospektiven Studie wurden 250 Mutter/Kind-Paare erfaßt; es war keine Risikoerhöhung erkennbar.

Warfarin

Warfarin konnte aufgrund von gehäuften Kasuistiken als teratogene Substanz für den Menschen erkannt werden (sogenanntes Warfarin-Syndrom: hypoplastischer Nasenknorpel, Skelettveränderungen, Optikusaplasie etc.).

Schlußfolgerungen

Bei den meisten Medikamenten besteht ein erhebliches Informationsdefizit hinsichtlich ihres pränatal-toxischen Risikos. Es läßt sich zwar grob abschätzen, daß auch bei »verdächtigen« Präparaten wahrscheinlich nur ein relativ geringes Risiko – im Vergleich zur »Spontanrate« – besteht, doch kann im allgemeinen weder aus den tierexperimentellen Daten noch aus den vorliegenden Kasuistiken und »kleinen« epidemiologischen Studien eine genaue Abschätzung des Risikos erfolgen.

Unter pragmatischen Gesichtspunkten wird man im allgemeinen nach Arzneimittelexposition im ersten Trimenon nicht mit einer wesentlichen Erhöhung des Risikos – über die »Spontanrate« hinaus – rechnen müssen. Die Erhöhung des »individuellen Risikos« ist also bei der ganz überwiegenden Zahl der Medikamente praktisch zu vernachlässigen. Unter anderen Aspekten, z. B. gesundheitspolitischen Gesichtspunkten, kann andererseits bereits eine geringfügige Erhöhung des »allgemeinen Risikos« als »inakzeptabel« gelten.

Angesichts dieser unbefriedigenden Situation kann dem praktisch tätigen Arzt nur der Rat gegeben werden, die Indikation für jede Arzneitherapie in der Schwangerschaft streng zu stellen und nach Möglichkeit nur Präparate zu verordnen, die bereits seit längerer Zeit benutzt werden. So kann durch eine vernünftige Auswahl von Präparaten dazu beigetragen werden, das Risiko möglichst niedrig zu halten. Dadurch werden allerdings nicht alle Probleme gelöst: relativ häufig werden Frauen unter einer regelmäßigen Medikamenteneinnahme schwanger oder Arzneimittel werden in Unkenntnis einer bestehenden Schwangerschaft in den ersten – besonders kritischen Wochen – eingenommen. Zu einer Reduzierung dieser Risiken kann im Grunde genommen nur eine allgemeine Verringerung des Arzneimittelkonsums der Bevölkerung beitragen.

Literatur

[1] *Bass, R., D. Neubert:* Reproduktions-Toxikologie: Bewertung der Wirkung von Arzneimitteln in der Schwangerschaft. In: *Dölle, W.* et al. (Eds.): Grundlagen der Arzneimitteltherapie, p. 390. Mannheim 1986.

[2] *Heinonen, O. P., D. Slone, S. Shapiro:* Birth Defects and Drugs in Pregnancy. Littleton, Mass. 1977.

[3] *Neubert, D.:* Medikamentöse Noxen als Indikation zum Schwangerschaftsabbruch. Internist *19:* 304 (1978).

[4] *Neubert, D.:* Arzneimittel, Umweltchemikalien, ionisierende Strahlen und Schwangerschaft. In: *Künzel, W.* (Ed.): Die normale Schwangerschaft. Klinik der Frauenheilkunde und Geburtshilfe, Bd. 4, p. 97. München 1986.

[5] *Neubert, D., R. Stahlmann:* Arzneimittel in der Schwangerschaft und Stillzeit. In: *Krück, F.* et al. (Eds.): Therapie-Handbuch, p. 13. München 1987[2].

[6] *Neubert, D., R. Stahlmann:* Katalog über das Risiko einer Arzneimittelgabe während der Schwangerschaft. In: *Krück, F.* et al. (Eds.) Therapie-Handbuch, p. 1433. München 1987.

[7] *Neubert, D., R. Stahlmann:* Arzneimittelverordnung während der Schwangerschaft. Internist *29:* 193 (1988).

[8] *Schardein, J. L.:* Chemically Induced Birth Defects. New York 1985.

[9] *Shepard, T.:* Catalogue of Teratogenic Agents. Baltimore 1983.

[10] *Stahlmann, R., D. Neubert, W. Künzel* (Ed.): Welche Medikamente in der Schwangerschaft? In: Gießener Gynäkologische Fortbildung, XIV. Fortbildungskurs für Fachärzte der Frauenheilkunde und Geburtshilfe, p. 59. Berlin 1985.

[11] *Stahlmann, R., D. Neubert:* Welche Medikamente sind erlaubt, welche sollte man meiden, welche sind kontraindiziert? Gynäkologe *22:* 129 (1987).

III. Möglichkeiten der Vorsorge im Kindesalter

Die Erstversorgung Neugeborener

G. Kewitz

Komplikationen unter der Geburt sowie in den ersten Minuten, Stunden und Tagen nach der Geburt können die Gesundheit des Kindes gefährden und die Prognose für das spätere Leben beeinträchtigen. Versorgung und Behandlung von neugeborenen Kindern durch einen neonatologisch ausgebildeten Kinderarzt sind daher unbedingt wünschenswert. Jede geburtshilfliche Abteilung sollte heute einen auf dem Gebiet der Neonatologie erfahrenen Kinderarzt zur Seite haben, der auch bei unvorhergesehenen Komplikationen schnell erreichbar ist. Eine gute Erstversorgung beginnt mit einer ausreichenden Information und einer sorgfältigen Vorbereitung.

Sind Komplikationen längere Zeit vorhersehbar (wie z. B. Frühgeburtlichkeit, Mehrlinge oder bekannte Fehlbildungen), so ist es von Vorteil, den Kinderarzt bereits einige Zeit vor der Entbindung einzubeziehen. Dadurch wird ihm die Gelegenheit gegeben, sich umfassend mit allen Befunden vertraut zu machen. Wichtig ist, den Eltern Gelegenheit zu geben, sie bedrängende Fragen zu klären, damit sie Vertrauen fassen und ihr Kind nicht in unbekannte Hände geben müssen. Des weiteren kann der Geburtshelfer gemeinsam mit dem Pädiater pränatale Therapiemöglichkeiten erörtern (Tab. 1).

Organisation und technische Voraussetzungen

Zu der Vorbereitung der Erstversorgung gehört die Überprüfung der Einrichtung des Erstversorgungsplatzes (Tab. 2). Der Erstversorgungsplatz muß sich im Kreißsaal befinden, er soll so aufgestellt sein, daß er vor Wärmeverlust, Lärm und dem Zugang Unbeteiligter geschützt ist. Schutz vor Wärmeverlust bedeutet Schutz vor Wärmeabstrahlung (nicht in der Nähe großer Fenster oder kalter Außenwände) und Schutz vor Konvektion (z. B. durch Klimaanlage oder Durchzug infolge geöffneter Türen und Fenster). Weiterhin ist die Bereitstellung des speziellen Bedarfs erforderlich (z. B. 0 Rh neg. Frischblut oder entsprechende Blutbestandteile, wenn die Anamnese eine Substitution oder einen Austausch nötig erscheinen läßt, oder die Einrichtung von zwei oder mehr Versorgungseinheiten bei Mehrlingsgeburten). Falls die Möglichkeit besteht, sollte der Kinderarzt auch in der Notfallsituation noch vor der Geburt kurz mit den Eltern oder zumindest mit dem Vater sprechen. Ist die Verlegung des Kindes auf die neonatologische Station einer Kinderklinik vorhersehbar, ist die rechtzeitige Benachrichtigung der aufnehmenden Station zweckmäßig.

Andererseits ist es ratsam, falls es die Situation erlaubt, einem kranken Neugeborenen den Transport von der Geburtsklinik in die Kinderklinik zu ersparen, indem die Mutter noch vor der Geburt in ein perinatologisches Zentrum verlegt wird, wo Mutter und Kind gleichermaßen gut versorgt werden können. Obgleich dieser sogenannte »pränatale« oder »intrauterine Transport« heute allgemein empfohlen wird, konnte bisher wissenschaftlich nicht bewiesen werden, daß er einen Vorteil für das Kind gegenüber einer vom erfahrenen Neonatologen durchgeführten postnatalen Versorgung mit anschließendem Transport darstellt[17]. Es muß aber festgehalten werden, daß ein postnataler Transport des Kindes immer ein Risiko darstellt, weil für die Zeit des Transports die Überwachungs- und Therapiemöglichkeiten stark eingeschränkt

Tab. 1 Notwendige Informationen zur Erstversorgung

Soziale Anamnese:	Alter der Mutter Nationalität Kinderzahl Alleinstehend Beruf, Berufstätigkeit
allgemeine Anamnese:	Krankheiten der Mutter Erbliche Krankheiten in der Familie Sind andere Kinder der Mutter krank oder verstorben? Einnahme von Medikamenten Nikotin-, Alkohol-, Drogenkonsum Blutgruppe der Mutter
geburtshilfliche Anamnese:	Verlauf früherer Schwangerschaften Verlauf der jetzigen Schwangerschaft (Cerclage, Tokolyse, Blutungen) Medikamenteneinnahme Krankheiten während der Schwangerschaft * Bestehen Hinweise auf Fehlbildungen des Kindes * geschätztes Geburtsgewicht * errechnetes Gestationsalter * bisheriger Geburtsverlauf, Kardiotokographie-Befund * Wann war der Blasensprung? * Besteht Verdacht auf ein Amnioninfektionssyndrom? * Liegt mekoniumhaltiges Fruchtwasser vor? * Hydramnion oder Oligohydramnion * Liegt ein Befund zur Lungenreife oder Blutgasanalyse vor? * Indikation für einen manuellen oder chirurgischen Eingriff

* wichtigste Informationen im Notfall

Tab. 2 Standardausrüstung des Erstversorgungsplatzes

von oben und unten aufwärmbarer Tisch, an geschütztem Ort
ausreichende Menge (ca. 5 pro Kind) angewärmter, weicher, trockener Tücher
Stethoskop
Absaugeinrichtung (Sog −20 cm H_2O), Absaugkatheter Ch. 6, 8 und 10
O_2-Anschluß, Beatmungsbeutel mit Überdruckventil Masken verschiedener Größe
Trachealtubus (2,5 bis 3,5), Laryngoskop, Magillzange
feinkalibrige Kathether oder Nadeln (Butterfly, Abbocath, Microcath) für intravenöse Zugänge
Medikamente: Glucose 5% und 10%, NaCl 0,9%, Na-bicarbonat 8,45%, Adrenalin, Naloxon, Breitspektrumantibiotika, Vitamin K
Uhr mit Sekundenanzeiger (»Apgaruhr«)
Nabelvenenkatheterset
Handschuhe, Pflaster, Verbandmaterial, Spritzen
Blutzuckerstreifentest
Blutkulturmedien, Abstrichmedien
Isolationstüten für die Versorgung von angeborenen Bauchwanddefekten oder Myelozelen

sind. Außerdem bedeutet der Transport eine große Belastung für das Kind und eine Trennung von der Mutter. Auf jeden Fall sind eine perfekte Erstversorgung und rasche Stabilisierung des Kindes unbedingte Voraussetzungen für einen anschließenden Transport. Die hervorragende Bedeutung einer optimalen Betreuung und Unterstützung während der ersten Lebensminuten kann nicht genügend betont werden. Ein gut funktionierendes Transportsystem für Neugeborene entbindet nicht von der Verantwortung, einen permanenten und leistungsfähigen Dienst für die Versorgung von Neugeborenen im Kreißsaal bereitzustellen. Vielen Kindern kann dadurch sogar die Verlegung erspart werden (Abb. 1).

Durchführung

Nicht für jede Erstversorgung müssen alle in einer Liste (Tab. 3) zusammengefaßten Punkte berücksichtigt werden; die Reihenfolge muß den Bedürfnissen des Einzelfalls angepaßt werden. Schutz vor Wärmeverlust, Absaugen der Atemwege, Kontrolle der Herztöne und Beobachtung der Spontanatmung gehören neben der Kontrolle der Temperatur, der Verabreichung von Vitamin K, der Sondierung des Magens und der körperlichen Untersuchung zur Standardversorgung eines gefährdeten Neugeborenen.

Bedeutung von Wärmeverlust

Voraussetzung und Grundlage der Erstversorgung von Neugeborenen ist die Aufrechterhaltung der Körpertemperatur, die zwischen 36,5 und 37,5 °C liegen soll. Insbesondere geht es um die Vermeidung einer Hypothermie. Bei unterkühlten Neugeborenen wurde eine erhöhte Morbidität und Mortalität nachgewiesen[20, 23]. Das Absinken der Körpertemperatur führt zu einer Linksverschiebung der Sauerstoffdissoziationskurve; der Sauerstoff ist fester an das Hämoglobin gebunden und wird im Gewebe schlechter abgegeben. Gleichzeitig erfordert der gesteigerte Energiebedarf bei nicht thermoneutraler Umgebungstemperatur (bei einem Temperaturabfall von 0,2 °C/min beträgt der Energieverlust 200 cal/kg/min) einen bis zum Dreifachen erhöhten Sauerstoffverbrauch. Es entsteht die Situation einer verminderten Sauerstoffabgabe aus dem Blut bei gleichzeitig erhöhtem Sauerstoffbedarf im Gewebe. Zur Hypoxie gesellt sich die aus Lipolyse und Hypoglykämie resultierende metabolische Azidose, deren Folgen am zentralen Nervensystem (ZNS) (hypoxische Hirnerweichung) und an der Lunge (sekundärer *surfactant-Mangel*) zu beobachten sind.

Auch eine Erhöhung der Körpertemperatur führt zu vermehrtem Sauerstoffbedarf und sollte daher vermieden werden. Auch bei späterer Pflege sollte — besonders in der ersten Lebenswoche — auf eine thermoneutrale Umgebungstemperatur geachtet werden, in der das Kind zur Aufrechterhaltung seiner Kerntemperatur den geringsten Energieumsatz und Sauerstoffverbrauch benötigt[24].

Wärmeverlust droht dem Neugeborenen durch Verdunstung der auf der Haut vorhandenen Feuchtigkeit, darum sollte es sofort nach der Geburt abgetrocknet werden. Weiterhin droht Wärmeverlust durch Konvektion, deshalb sollte es in warme Tücher gewickelt werden und vor blasenden Klimaanlagen und Durchzug geschützt werden. Vor Konduktion schützt man das Kind, indem man die Unterlage vor wärmeleitendem Metall isoliert und anwärmt. Ebenso müssen Beatmungsgase angefeuchtet und angewärmt sein. Eine Wärmequelle von oben, die rechtzeitig einige Zeit vor der Geburt des Kindes eingeschaltet werden muß, ist in unseren Breiten unerläßlich. In eine Silberfolie gehören nur trockene, warme und in Tücher gewickelte Kinder, die sich in einer kalten Umgebung aufhalten. Kinder mit Hautdefekten (Myelozelen, Gastroschisis, Omphalozelen) werden vor Wärme- und Flüssigkeitsverlust am besten in einem bis zu den Schultern reichenden sterilen Plastiksack (*isolation back*) geschützt.

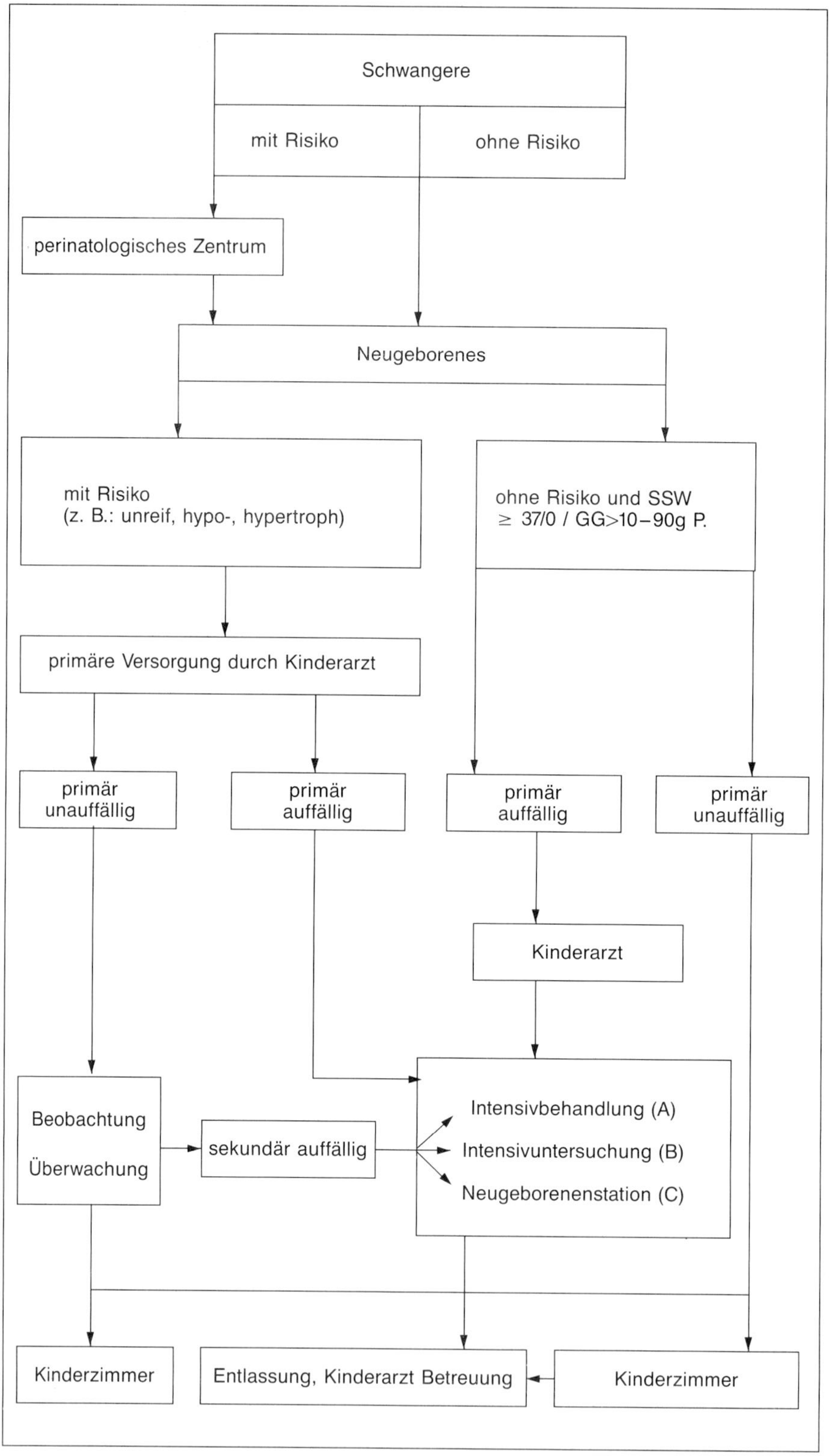

Abb. 1 Empfehlungen für die örtliche Versorgung von Neugeborenen in Abhängigkeit vom primären Risiko und/oder klinischer Symptomatik.

Tab. 3 Ablauf der Erstversorgung

Schutz vor Wärmeverlust (rechtzeitiges Einschalten der Wärmequellen, Abtrocknen des Kindes, Einhüllen in trockene, warme, saugfähige Tücher)
Absaugen der Atemwege
Kontrolle der Herztöne (Lage und Frequenz)
Beobachtung und Beurteilung der Spontanatmung, evtl. Unterstützung durch O_2-Zufuhr, Maskenbeatmung, Intubation
Herzmassage, wenn die Herzaktion trotz ausreichender Oxygenierung nicht einsetzt
Kontrolle des Blutdruckes
bei Bedarf: intravenöser Zugang und Verabreichung von Glucose, Antibiotika (nach Blutkultur!), Naloxon (kann auch s.c. erfolgen), Plasma, Bicarbonat (sehr selten!)
Kontrolle der Blutgase, des Blutzuckers, der Temperatur, gleichzeitig kann abgenabelt und Vit. K (1 mg s.c.) verabreicht sowie das Geschlecht des Kindes verifiziert werden
Sondierung des Magens
Körperliche Untersuchung
Information des Geburtshelfers, der Hebamme sowie der Eltern

Eine Kontrolle der Körpertemperatur im Kreißsaal sollte regelmäßig bei jedem Kind mindestens einmal erfolgen. Bleiben Frühgeborene oder Neugeborene mit einem Gewicht von weniger als 3 kg länger bei den Eltern im Kreißsaal, sollte die Temperaturkontrolle 2- bis 3mal wiederholt werden. Temperaturkontrollen sind auch im Kinderzimmer notwendig.

Absaugen der oberen Luftwege

Das Absaugen der Mundhöhle nach Durchtritt des Kopfes noch vor dem ersten Schrei ist besonders wichtig, wenn das Fruchtwasser Mekonium enthält. Hierfür werden in vielen Kliniken noch Mundabsaugen benutzt, die zwar praktisch und effektiv sind, vor deren Gebrauch aber schon öfter gewarnt wurde, da häufig Fruchtwasser in den Mund des Absaugenden gelangt und das Fruchtwasser von HIV-infizierten Müttern als infektiös zu gelten hat. Werden Mundabsaugen benutzt, so ist der Gebrauch von mehrkammerigen Saugern zu empfehlen. Bei der Versorgung von Neugeborenen wird das Tragen von Handschuhen empfohlen.

Nach dem Abnabeln werden die Neugeborenen mit mechanischen Absaugegeräten, deren Sog nicht mehr als -20 cm H_2O betragen sollte, von Fruchtwasser in den Atemwegen befreit. Zunächst wird der Mund mit einem dickeren Absaugkatheter (Ch. 10) abgesaugt, danach Nase und Rachen mit einem etwas dünneren Katheter (je nach Größe des Kindes Ch. 6 oder 8). Das Absaugen sollte rasch und sorgfältig erfolgen. Um Schleimhautläsionen zu verhindern, sollte der Sog intermittierend angewendet und mit dem Katheter eine rotierende Bewegung durchgeführt werden. Die Kontrolle der Herztöne während des Absaugens ist zweckmäßig, da es gelegentlich zu Bradykardien durch Vagus-Stimulation kommt. In diesem Moment muß der Absaugvorgang unterbrochen werden.

Unvorsichtiges und häufiges Absaugen der Nasengänge kann zu Schleimhautläsionen mit Blutungen und Schleimhautschwellung und damit zu einer behinderten Nasenatmung führen. Sie ist für das Neugeborene lebensbedrohlich, da es zur Mundatmung unfähig ist.

Können auch dünne Absaugkatheter nicht durch die Nase bis in den Rachen vorgeschoben werden, besteht Verdacht auf eine Choanalatresie, die im allgemeinen eine orotracheale Intubation erfordert.

Sobald das Kind respiratorisch und zirkulatorisch stabil ist, muß auch der Magen sondiert und abgesaugt werden. Ist der Magen nicht zu sondieren oder können aus dem vermeintlichen Magen nur sehr geringe Fruchtwassermengen von weniger als 2 ml abgesaugt werden, besteht der Verdacht auf eine Ösophagus-Atresie. Können aus dem Magen Fruchtwassermengen von mehr als 20 ml abgesaugt werden, besteht Verdacht auf eine Duodenal-Atresie. Bis zum Ausschluß dieser Verdachtsdiagnosen darf dem Kind keine Nahrung verabreicht werden, um eine Aspiration zu vermeiden. Es sollte mit dem Oberkörper hochgelagert und ca. alle 15 Minuten abgesaugt werden.

Wird aus den oberen Atemwegen grünes Fruchtwasser abgesaugt, ist eine Maskenbeatmung so lange kontraindiziert, bis die oberen und unteren Luftwege sicher frei von Mekonium sind. Das bedeutet, daß ein Kind mit Dyspnoe-Zeichen nach Geburt aus grünem Fruchtwasser tracheal intubiert und abgesaugt werden muß. Ist das Trachealsekret ebenfalls grün gefärbt, so sollte eine Tracheallavage mit 2- bis 3 mal 10 ml warmer NaCl-Lösung 0,9% durchgeführt werden.

Kontrolle der Herztöne

Bei der Kontrolle der Herztöne mit dem Stethoskop ist sowohl auf die Frequenz, die auch für die Beurteilung des Apgar-Wertes gebraucht wird, wie auch auf die Lokalisation zu achten. Eine Frequenz unter 100/min geht meist mit einer zyanotischen oder blassen Hautfarbe einher und ist Zeichen für akuten Sauerstoffmangel. Es muß sofort Sauerstoff zugeführt werden, meist ist eine Maskenbeatmung erforderlich. Maskenbeatmung und tracheale Intubation von Neugeborenen sollen nur von Geübten durchgeführt werden, da der Unerfahrene zusätzliche Komplikationen (z. B. Fehlintubationen, Pneumothoraces, Perforationen) verursachen kann.

Sind die Herztöne rechts parasternal lauter hörbar als links, so muß differentialdiagnostisch an eine linksseitige Zwerchfellhernie oder einen linksseitigen Spannungspneumothorax gedacht werden. Natürlich kann auch ein vergleichsweise harmloser situs inversus vorliegen. Rechtsseitige Herztöne bei einem dyspnoischen Kind bedeuten immer höchste Gefahr. Ein solches Kind gehört schnell in die Hände eines erfahrenen Neonatologen. Ist das Kind mit rechtsseitigen Herztönen beatmungspflichtig, muß auf eine Maskenbeatmung verzichtet und das Kind sofort intubiert werden, da sich die respiratorische Situation beim Vorliegen einer Zwerchfellhernie unter Maskenbeatmung durch die Blähung des Magens verschlechtert.

Beurteilung der Spontanatmung

Tachypnoe, Einziehungen, Nasenflügeln und Stöhnen sind Zeichen für Atemnot des Neugeborenen. Die Ursachen sind vielfältig (Tab. 4).

Bei vielen reifen Neugeborenen mit Dyspnoe können sich die Blutgase im Normbereich halten. Verfärbt sich die Haut zyanotisch oder blaß, sollte dem Kind Sauerstoff gegeben werden.

Dabei muß berücksichtigt werden, daß nicht allein die Hypoxie, sondern auch eine längerdauernde Hyperoxie das Neugeborene gefährdet. Nach 4 Lebenstagen unter Sauerstofftherapie werden ultrastrukturelle Veränderungen der Retina in Form einer bis zu 8fachen Vermehrung der *gap-junctions* zwischen den Spindelzellen, die für die Vaskularisierung der inneren Retinaschicht verantwortlich sind, nachgewiesen[14]. Dieser die normale Vaskularisierung der Retina behindernde Prozeß führt später zur

Tab. 4 Ursachen für Atemnot bei Neugeborenen

Maladaptation (*wet lung*)
Infektiöse Prozesse (viral oder bakteriell), Sepsis
Lungenunreife (*surfactant-Mangel, pulmonary immaturity*)
Raumfordernde Prozesse (Pneumothorax, Zwerchfellhernie, Pleuraerguß)
Persistierende fetale Zirkulation
Mekoniumaspiration
Lungenfehlbildungen
Kardiale Probleme
Metabolische Störungen

Retinopathie des Frühgeborenen. Er setzt sicher schon vor dem 4. Lebenstag ein. Deshalb sollte jede unkontrollierte Sauerstoffexposition eines Neugeborenen, insbesondere aber eines Frühgeborenen so kurz wie möglich gehalten werden und zwei Stunden nicht überschreiten. Eine Hyperoxie kann weder aus der Hautfarbe noch aus einer kapillären Blutgasanalyse diagnostiziert werden. Dazu wird eine arterielle Blutgasanalyse oder eine transkutane Messung benötigt.

Respiratorische Azidose und Hyperkapnie stellen Indikationen zur Maskenbeatmung, Atemhilfe oder trachealen Intubation und Beatmung dar. Der Erfahrene kann die Entscheidung häufig aus dem klinischen Befund und Verlauf stellen, doch kann eine kapilläre Blutgasanalyse auf jeden Fall hilfreich sein. Bei stabilem rosigem Kind ohne Dyspnoe ist eine Blutgasanalyse nur als Verlaufskontrolle nach einem Nabelschnur-pH-Wert unter 7,2 notwendig und sollte nicht vor Ablauf der ersten 20 bis 30 Lebensminuten durchgeführt werden.

Bedeutung von Blutzuckerkontrollen

Tierexperimente und postmortale Untersuchungen an Neugeborenen[1, 2, 4, 18] haben gezeigt, daß Hypoglykämien zu Schäden an zentralen Neuronen und an der Glia führen, die in erster Linie im posterioren Cortex, aber auch an anderen Stellen des zentralen Nervensystems, z. B. an den Vorderhornzellen des Rückenmarks, zu finden sind. Sie können Wegbereiter für eine Myelinisierungsstörung sein[7, 8]. Bei gleichzeitiger zentraler Ischämie oder Hypoxie potenziert die Hypoglykämie den Schaden[12]. Als Spätschäden sind psychomotorische Retardation, Ataxie, Intelligenzstörungen und Krämpfe bekannt. Häufigkeit und Schweregrad dieser Spätfolgen korrelieren mit der Dauer und dem Ausmaß der Hypoglykämie[16, 21]. Daher müssen Hypoglykämien bei Neugeborenen unbedingt verhindert werden. (Tab. 5). Das kann schwierig sein,

Tab. 5 Vermeidung von Hypoglykämien[28]

Frühe Diagnose und Einstellung von Schwangeren mit Diabetes mellitus
Vermeidung von Frühgeburtlichkeit
Identifikation der Risikogruppe
Vermeiden von Unterkühlung
Vermeiden von Hypoxie und Ischämie
Regelmäßige, häufige und frühe Blutzuckerkontrollen
Frühe u. regelmäßige Nahrungszufuhr bzw. Infusion v. Glucoselösung
Beachtung der typischen Symptome

da Hypoglykämien zwar gelegentlich Symptome (Krämpfe, Apnoen, Zittrigkeit, Somnolenz) verursachen, häufig aber auch lange Zeit asymptomatisch verlaufen. Folglich muß nach der Hypoglykämie gesucht werden. Dabei hat sich die Verwendung von Blutzuckerstreifen als wertvolles Screeningverfahren bewährt, da es schnell, kostengünstig, einfach und vor allem blutsparend ist[13].

Blutzuckerkontrollen im Kreißsaal (Hypoglykämien beginnen im Durchschnitt im Alter von 3,5 h, können aber auch schon kurze Zeit nach Geburt beobachtet werden) und während der ersten Lebenstage sind bei Kindern indiziert, bei denen die Gefahr einer Hypoglykämie besteht. Das sind alle Kinder diabetischer Mütter, alle frühgeborenen, hypotrophen und hypertrophen Kinder, alle Kinder nach Asphyxie, Reanimation und Kältetrauma sowie alle Kinder mit Infektionen. Bei Kindern, die durch Zittrigkeit, Apnoen und Krampfanfälle auffallen, muß eine Hypoglykämie ausgeschlossen werden. Zur Prophylaxe von Hypoglykämien gehört die Vermeidung von Unterkühlung ebenso wie eine baldige Fütterung, spätestens 4 h nach der Geburt, und eine ausreichende, über den Tag und die Nacht regelmäßig verteilte Nahrungszufuhr.

Prophylaxe

Die Notwendigkeit einer *Credé*sche Augenprophylaxe zur Vermeidung der durch Gonokokken verursachten Konjunktivitis wird in letzter Zeit immer mehr in Zweifel gezogen. Eine mütterliche Infektion wird meist in der Schwangerschaftsvorsorge erkannt und kann mit gutem Erfolg behandelt werden, so daß sicher der größte Teil der Kinder überflüssigerweise dieser Prophylaxe, die vorzugsweise mit Silbernitrat, aber auch mit Erythromycin-Augentropfen durchgeführt werden kann, unterzogen wird. Als Nebenwirkung kann gelegentlich eine leichte und harmlose Rötung der Konjunktiven auftreten. Lehnen die Eltern eine *Credé*sche Augenprophylaxe ab, kann man ihrem Wunsch folgen, nachdem man sie über Symptome und Gefahren einer gonorrhoischen Konjunktivitis aufgeklärt und die Zugehörigkeit zu einer Risikogruppe ausgeschlossen hat.

Anders verhält es sich mit der prophylaktischen Gabe von Vitamin K zur Vermeidung einer neonatalen Blutungsneigung. Vitamin K-Mangel bei Neugeborenen beruht auf einem mütterlichen Mangel an Vitamin K und auf dem Fehlen einer intestinalen Flora, die später Vitamin K produziert. Im Serum des Neugeborenen findet sich eine Verminderung von Vitamin K und den Vitamin K-abhängigen Gerinnungsfaktoren II, VII, IX und X sowie eine Vermehrung der Prothrombinvorstufe[6, 9]. Die Folge ist eine Blutungsneigung in der ersten Lebenswoche, die besonders bei Kindern, die ausschließlich mit Muttermilch ernährt werden, bis zur 6. Lebenswoche anhalten kann. Spontane Blutungen können alle Formen vom harmlosen Nasenbluten über schwere intestinale Blutungen bis zur folgenschweren Hirnblutung annehmen. Zwar kann davon ausgegangen werden, daß nicht bei jedem reifen Neugeborenen ein Vitamin K-Mangel vorliegt bzw. das Defizit unterschiedlich ausgeprägt ist, da aber die selektionierende Diagnostik invasiv, kostspielig und zeitaufwendig ist, empfiehlt sich die prophylaktische Gabe von Vitamin K an alle Neugeborenen, zumal keine Nebenwirkungen bekannt sind. Lehnen die Eltern die Injektion von 1 mg Vitamin K1 s.c. ab, sollte man sie von der Notwendigkeit einer oralen Verabreichung von 2 mg Vitamin K überzeugen. In letzter Zeit wird auch die präpartale Gabe von Vitamin K an die Mutter diskutiert, wenn ein Frühgeborenes erwartet wird[21]. Kinder, deren Mütter während der Schwangerschaft Antikonvulsiva (Phenobarbital oder Phenytoin) eingenommen haben[5], und Kinder, denen unmittelbar postnatal eine Operation bevorsteht, sollten 2 mg Vitamin K s.c. erhalten.

Dokumentation

Die Erstversorgung eines Neugeborenen endet mit der körperlichen Untersuchung des Neugeborenen, wobei besonders auf Infektionshinweise, Fehlbildungen und Geburtsverletzungen geachtet wird. Gleichzeitig wird an Hand der Reifezeichen das Gestationsalter abgeschätzt. Dazu eignen sich Punkteschemata, wie z. B. nach *Finnström* (Tab. 6), *Dubowitz* oder *Ballard*. Berücksichtigt der verwendete *score* auch neurologische Reifezeichen, ist er allerdings für schwerkranke, sedierte oder hirnkranke Kinder ungeeignet. Die Grenzen dieser Methode liegen bei einer Genauigkeit von ± zwei Wochen.

Mit Hilfe der direkten Ophthalmoskopie kann an Hand der Vaskularisation der Linse ein Gestationsalter zwischen 27 und 34 Wochen sehr gut geschätzt werden[15]. Aus Reifezeichen, Geburtsgewicht und Kopfumfang kann das Neugeborene als reif, unreif, eutroph, hypertroph, proportioniert oder unproportioniert hypotroph eingestuft werden. Daraus ergeben sich Konsequenzen für Diagnostik, Überwachung und Therapie. Jedes Kind, das nicht reif und eutroph ist, benötigt eine besondere Aufmerk-

Tab. 6 Bestimmung des Gestationsalters[10]

Klinisches Kriterium	1	2	3	4
Hautdurchsichtigkeit	Zahlreiche Venen, Verzweigungen und Venulae klar erkennbar, besonders über Abdomen	Venen und Verzweigungen erkennbar	Wenige große Gefäße klar über Abdomen erkennbar	Wenige große Gefäße undeutlich erkennbar oder keine Gefäße sichtbar
Ohrmuschelknorpel	Im Antitragus nicht fühlbar	Im Antitragus fühlbar	Im Anthelix vorhanden	In der Helix vollständig vorhanden
Plantare Hautfältelung	Keine Hautfältelung	Nur vordere transverse Hautfalte	Einige Falten über den vorderen zwei Dritteln	Gesamte Sohle mit Hautfalten bedeckt, einschließlich Ferse
Brustdrüsengewebe (Durchmesser)	< 5 mm	5–10 mm	> 10 mm	
Brustwarzenbildung	Mamille kaum erkennbar, kein Warzenhof	Mamille gut erkennbar, Warzenhof vorhanden, nicht erhaben	Mamille gut erkennbar, Rand des Warzenhofs über Hautniveau	
Fingernägel	Fingerkuppen noch nicht erreicht	Fingerkuppen erreicht	Fingerkuppen erreicht bzw. überragt; distaler Nagelrand deutlich ausgebildet	
Kopfhaar	Zart, wollen, flaumig; einzelne Haare nicht zu unterscheiden	Kräftig, seidig; jedes einzelne Haar erkennbar		

Tab. 7 Berechnung des Gestationsalters[11]

Gesamtpunktzahl (7 Kriterien)	Schwangerschaftsdauer	
	Tage	Wochen+Tage
7	191	27 + 2
8	198	28 + 2
9	204	29 + 1
10	211	30 + 1
11	217	31
12	224	32
13	230	32 + 6
14	237	33 + 6
15	243	34 + 5
16	250	35 + 5
17	256	36 + 4
18	263	37 + 4
19	269	38 + 3
20	276	39 + 3
21	282	40 + 2
22	289	41 + 2
23	295	42 + 1

samkeit, um weitere Komplikationen und sich daraus ergebene Spätfolgen zu vermeiden.

Gelegentlich kann es sich auch um die Vermeidung von Krankheiten bei folgenden Geschwistern handeln, z. B. wenn ein genetisches Leiden durch die Geburt eines proportional hypotrophen Kindes auffällt.

Befund, Beurteilung und weiteres Procedere werden schriftlich festgehalten sowie dem Geburtshelfer, der Hebamme und den Eltern mitgeteilt. Die wichtigsten Daten und Risiken aus Schwangerschaft und Geburt werden auf der ersten Seite des Vorsorgeheftes für Kinder ersichtlich. Darin werden auch der pH-Wert im Nabelschnurblut und der Neugeborenen-*Score* nach *Apgar* erwähnt.

Der *Apgar-Score* erfaßt die Vitalfunktionen des Neugeborenen im Alter von 1,5 und 10 min und gibt ein Bild über die Fähigkeit des Kindes, sich an das extrauterine Leben zu adaptieren. Vielfältige Faktoren, zu denen auch Hypoxie, Frühgeburtlichkeit, die Gabe von Sedativa und Narkotika unter Geburt gehören, beeinflussen den *Apgar-Score*. So ist verständlich, daß dieser *Score* nur einen Screeningwert haben kann. Niedrige *Apgar*-Werte nach 5 und 10 min bedeuten ein erhöhtes Risiko für neurologische Spätschäden, die aber nur bei einem geringen Prozentsatz der Kinder tatsächlich eintreten. Lediglich extrem niedrige *Apgar*-Werte von <3 im Alter von 20 min (erweiterter *Apgar-Score*) korrelieren mit erhöhter Mortalität und Morbidität[19, 26]. Der Nutzen der Apgarwerte wird in letzter Zeit mehr und mehr diskutiert[27]. Alternativen, die eine sicherere Prognose zulassen, werden gesucht. So wurden z. B. eine Postasphyxieindex[25] und *Doppler*-sonographische Blutflußmessungen in der Arteria cerebri anterior[3] vorgeschlagen.

Jede Hypoxie führt innerhalb von einigen Minuten zur Azidose. Je länger und schwerer ein Sauerstoffmangel unter der Geburt verläuft, desto niedriger wird der pH-Wert im Nabelschnurblut ausfallen. Bei schwerer Hypoxie ist die Adaptation des Kindes meistens deutlich gestört: das schlägt sich in den *Apgar*-Werten nieder. Eine adäquate und sofortige Unterstützung kann diesen Kindern weitere Komplikationen von Asphyxie und Azidose ersparen und Spätschäden verhindern helfen.

Literatur

[1]*Agardh, C. D., H. Kalimo, Y. Olsson, B. K. Siesjo:* Hypoglycemic brain injury. I. Metabolic and light microscopic findings in rat cerebral cortex during profound insulin-induced hypoglycemia and in the recovery period following glucose administration. Acta neuropath. *50:* 31 (1980).

[2]*Anderson, J. M., R. D. G. Milner, S. J. Strich:* Effects of neonatal hypoglycaemia on the nervous system: A pathological study. J. Neurol. Neurosurg. Psychiat. *30:* 295 (1967).

[3]*Archer, L. N. J., M. I. Levene, D. H. Evans:* Cerebral artery doppler ultrasonography for prediction of outcome after perinatal asphyxia. Lancet *II:* 116 (1986).

[4]*Auer, R. N., T. Wieloch, Y. Olsson, B. K. Siesjo:* The distribution of hypoglycaemia brain damage. Acta neuropath. *64:* 177 (1984).

[5]*Blayer, W. A., A. L. Skinner:* Fetal neonatal hemorrhage after maternal anticonvulsant therapy. J. Am. Med. Ass. *235:* 626 (1976).

[6]*Bloch, C. A., A. D. Rothberg, B. A. Brachlow:* Mother-infant prothrombin status at birth. J. Pediatr. Gastroenterol. Nat. J. 101 (1984).

[7]*Brierley, J. B., A. W. Brown, B. S. Meldrum:* The neuropathology of insulin induced hypoglycaemia in primate (11. Malatta): Topography and cellular nature. In: *Brierley, J. B., B. S. Meldrum* (Eds.): Brain Hypoxia, p. 225. Philadelphia 1971.

[8]*Chase, H. P., R. A. Marlow, C. S. Dabiere, N. M. Welch:* Hypoglycaemia and brain development. Pediatrics *52:* 513 (1973).

[9]*Dreyfus, M., M. C. Lelang-Tissier, C. Lombard, G. Techernia:* Vitamin K deficiency in the newborn. Lancet *I:* 1351 (1979).

[10]*Finnström, O.:* Studies on maturity in newborn infants. II. External characteristics. Acta Paediat. Scand. *61:* 24 (1972).

[11]*Finnström, O.:* Studies on maturity in newborn infants. IX. Further observations on the use of external characteristics in estimating gestational age. Acta Paediat. Scand. *66:* 601 (1977).

[12]*Griffiths, A. D., K. M. Laurence:* The effects of hypoxia and hypoglycaemia on the brain of the newborn human infant. Develop. Med. Child Neurol. *16:* 308 (1976).

[13]*Herrero, A. J., J. H. Hsiang:* Comparison of various methods of blood sugar screening in newborn infants. J. Pediat. *102:* 769 (1983).

[14]*Hittner, H. M., L. B. Godio, M. E. Speer, A. J. Rudolph, M. M. Taylor, C. Blifeld, F. L. Kretzer:* Further clinical evidence for efficacy of vit. E in preterm infants. Pediatrics *71,* No. 3 (1983).

[15]*Hittner, A. M., N. J. Hirsch, A. J. Rudolph:* Assessment of gestational age by examination of the anterior vascular capsula of the lens. J. Pediat. *91:* 455 (1977).

[16]*Koivisto, M., M. Blanco-Sequeires, U. Krause:* Neonatal symptomatic and asymptomatic hypoglycaemia: A follow up study. Develop. Med. Child Neurol. *14:* 603 (1972).

[17]*Lucey, J. F.:* Maternal in-utero transport versus neonatal transport — which is better? An unanswerable question! (im Druck).

[18]*Meldrum, B. S., R. W. Horton, J. B. Brierley:* Insulin-induced hypoglycaemia in the primate: Relationship between physiological changes and neuropathology. In: *Brierley, J. B., B. S. Meldrum* (Eds.): Brain Hypoxia, p. 207. Philadelphia 1971.

[19]*Nelson, K. B., J. H. Ellenberg:* Apgar scores as predictors of chronic neurologic disability. Pediatrics *68:* 36 (1981).

[20]*Obladen, M.* et al.: Ursachen neonataler Letalität 1981–1983: Eine regionale Analyse. Z. Geburtsh. Perinat. *189:* 181 (1985).

[21]*Pildes, R. S., M. Cornblarth, I. Narren* et al.: A prospective controlled study of neonatal hypoglycemia. Pediatrics *54:* 5 (1974).

[22]*Pomerance, J. J., J. G. Teal, J. F. Gogolok, S. Brown, M. E. Stewart:* Maternally administered antenatal Vit. K_1: Effect on neonatal Prothrombin activity, partial Thromboplastin time, and intraventricular hemorrhage. Obstet. Gynec. *70:* 235 (1987).

[23]*Porz, F., U. Bernsau, J. Natzschka:* Qualitätssicherung im Rahmen einer Neonatal-Studie: Hypothermie und Beatmung bei Frühgeborenen als Morbiditätskriterien. In: *Schroeder, H.* (Ed.): Paediatrische Intensivmedizin VIII, p. 61. Stuttgart 1987.

[24]*Sauer, P. J. J., H. J. Dane, H. K. A. Visser:* New standards for neutral thermal environment of healthy very low birthweight in week one of life. Arch. Dis. Childh. *59:* 18 (1984).

[25]*Stachow, R., H. J. Müller-Wichop, H. H. Hellwege:* Der Postasphyxieindex. Ein Maßstab für den Schweregrad einer Asphyxie. In: *H.-B. v. Stockhausen:* Pädiatrische Intensivmedizin X, 14. Symposium der Deutsch-Österreichischen Gesellschaft für Neonatologie und Pädiatrische Intensivmedizin in Würzburg, p. 238. Stuttgart 1989.

[26]*Sykes, G. S., P. Johnson, F. Ashworth* et al.: Do Apgar scores indicate asphyxia? Lancet *I:* 494 (1982).

Erkrankungen des Bewegungsapparates

F. U. Niethard

Die Vorsorge spielt in der Orthopädie seit jeher eine hervorragende Rolle, denn in der Prävention vermeidbarer Erkrankungen und Deformitäten liegen die Wurzeln dieses Faches. *N. Andry* hatte 1741 in seinem Werk »L'orthopédie ou l'art de prévenir et de corriger dans les enfants les déformités du corps« vor allem das Ziel im Auge, die Spätfolgen bei Haltungsschäden von Kindern zu vermeiden. Damit hat er der Orthopädie ihren Namen gegeben (von ὀρθός = gerade, παῖς = Kind). Seine Zielvorstellung ist bis in die heutige Zeit auch Richtschnur für das orthopädische Denken geblieben, und aus diesem Grund hat sich die Orthopädie das an einen Pfahl zur Wachstumslenkung festgebundene Bäumchen als Berufssignum gewählt.

Die Stütz- und Bewegungsorgane formen die menschliche Gestalt. Ihre Funktionen bestimmen die Leistungsfähigkeit des Menschen vom Säuglings- bis zum Greisenalter. Das Kind, der Mensch in seiner Ganzheit stehen daher bei allen Maßnahmen der Prävention und Therapie im Mittelpunkt. Vorsorgliche Maßnahmen im Säuglings- und Kindesalter sind immer darauf angelegt, die Probleme als Ganzes und langfristig zu lösen. Es geht nicht nur um die Vorsorge für ein gesundes Kind, sondern auch für einen gesunden Erwachsenen.

Normale Funktion – Deformierung

Form und Funktion bilden eine untrennbare Einheit. Ein normal angelegtes Gelenk entwickelt in der Regel eine normale Funktion. Die Deformierung eines Gelenkes führt dagegen zu funktionellen Beeinträchtigungen, und umgekehrt führen Funktionsstörungen (wie z. B. bei der infantilen Zerebralparese) zur Verformung von Gelenken. Die Einheit von Form und Funktion ist nur gewährleistet, wenn auch die an den Stütz- und Bewegungsorganen beteiligten Strukturen im makro- und mikromorphologischen Bereich in ihrer Integrität ungestört sind.

Der Aufbau der Strukturen der Stütz- und Bewegungsorgane ist größtenteils genetisch bestimmt. Er kann aber durch Stoffwechselvorgänge und zahlreiche endogene und exogene Kräfte modifiziert werden. Diese spielen als Erkrankungspotential für die Entstehung orthopädischer Erkrankungen eine große Rolle, können aber therapeutisch häufig wirksam angegangen werden. Die Früherkennung orthopädischer Erkrankungen darf sich daher nicht in einer Analyse von Form- und Funktionsstörungen verlieren, sondern muß auch viele Wechselwirkungen bedenken, die für die Pathogenese orthopädischer Erkrankungen bedeutsam sind.

Wenngleich die Prinzipien der Prävention in der Orthopädie bereits 1741 definiert worden sind, sind die entscheidenden Fortschritte auf diesem Gebiet erst in den letzten Jahren erreicht worden. Noch vor 30 Jahren waren die Richtlinien für die Behandlung von Deformierungen und Funktionsstörungen im Kindesalter denen im Erwachsenenalter sehr ähnlich. Wachstumsbedingte Anpassungsvorgänge im Kindesalter wurden kaum bedacht. Deformitäten können aber nur so weit ohne wesentliche Eingriffe korrigiert werden, wie sie noch durch bevorstehendes Wachstum »verwachsen« werden können.

»Je früher die Diagnose gestellt und die Therapie begonnen wird, um so günstiger ist die Prognose.« – Dieser Satz hat dazu geführt, daß die Früherkennung von Erkrankungen in immer frühere Lebensalter verlegt wurde. Dieser Trend ist auch heute noch nicht abgeschlossen, da sich für einige orthopädische Erkrankungen neue Aspekte aus der pränatalen Diagnostik ergeben.

Vorsorge aus orthopädischer Sicht

Die Früherkennung von Erkrankungen (Sekundärprävention) wird seit 1971 durch die Früherkennungsuntersuchungen im Säuglings- und Kleinkindesalter (U 1 bis U 8) gesetzlich geregelt. Wenig oder kaum berücksichtigt ist dagegen bisher die Vorbeugung gegen Erkrankung (Primärprävention).

Der Orthopäde ist an dem Früherkennungsprogramm nicht beteiligt, obwohl krankhafte Befunde an Skelett und Muskulatur bei der U 1 bis U 8 zahlenmäßig weit im Vordergrund stehen (Tab. 1). Die »Hüftgelenksanomalie« ist die häufigste in der Bundesrepublik Deutschland gestellte Diagnose. Kaum weniger bedeutungsvoll sind andere Fehlbildungen des Skelettsystems wie z. B. Fußanomalien und Beinachsenabweichungen. Ebenfalls an vorderer Stelle rangieren die neuromuskulären Störungen, die bei der Beurteilung von Abnormitäten im Bereich der Stütz- und Bewegungsorgane nicht unberücksichtigt bleiben können.

Mit den Früherkennungsuntersuchungen U 1 bis U 8 sollten Erkrankungen erfaßt werden, die eine normale körperliche und geistige Entwicklung des Kindes in besonderem Maße gefährden, aber wirksam behandelt werden können. Wesentliche Voraussetzungen für die Aufnahme in das Screeningprogramm sind, daß das Frühstadium dieser Krankheiten durch diagnostische Methoden erfaßbar sein muß, die wiederum genügend eindeutig (symptomatisch) sein sollen. Allerdings können nur wenige Erkrankungen anhand eines einzigen symptomatischen Befundes diagnostiziert werden. Der Weg von der Untersuchung bis zur Therapie besteht daher aus zwei Schritten:

- Aus der Interpretation der Untersuchungsbefunde und Definition der Diagnose.
- Aus der Umsetzung der Diagnose in die richtige Therapie.

Diese Schritte bereiten auch 18 Jahre nach Einführung der Früherkennungsuntersuchungen noch erhebliche Schwierigkeiten[1, 7], da sich der Arzt ständig in dem Zwie-

Tab. 1 Anzahl von behandelten Kindern nach pädiatrischer Vorsorgeuntersuchung U 1 bis U 8, Bundesrepublik Deutschland[13]

Diagnose	**Anzahl (Rangfolge)** ♀		♂	
Hüftgelenksanomalien	35.652	(1)	25.945	(2)
Andere Fehlbildungen oder Erkrankungen des Skelettsystems	18.798	(2)	23.563	(3)
Fehlbildungen oder Erkrankungen der Geschlechtsorgane	1.415	(13)	31.289	(1)
Fehlbildungen oder Erkrankungen der Haut	9.454	(3)	10.503	(5)
Zerebrale Bewegungsstörungen	9.331	(4)	13.954	(4)
Schielkrankheit	6.427	(5)	7.043	(6)

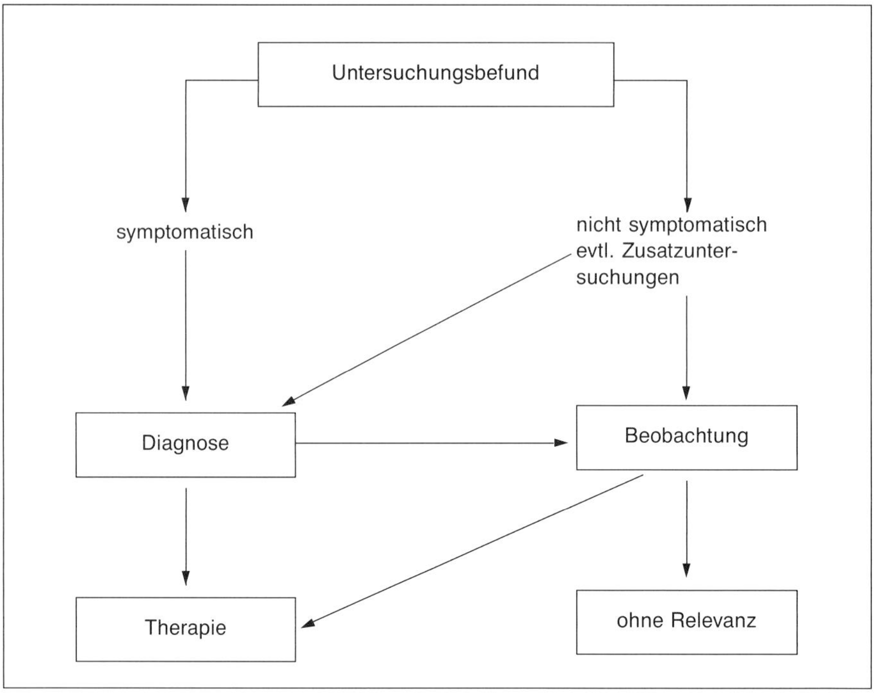

Abb. 1 Verlaufsschema zur Wertung von Untersuchungsbefund und Diagnose im Rahmen der Früherkennungsuntersuchungen U1–U 8

spalt zwischen Überdiagnose einerseits und der Angst vor unerkannten Auffälligkeiten andererseits befindet. So werden zahlreiche pathologische Befunde beschrieben, aus denen keine Konsequenzen gezogen werden[1]. Dies ist vor allem darauf zurückzuführen, daß aufgrund der »offenen« Kinderrichtlinien im Früherkennungsprogramm generell exakte Definitionen von Störungen nicht vorgesehen sind. Der untersuchende Arzt hat einen gewissen Ermessensspielraum, seine Diagnose zu stellen und einzutragen. Daraus wurde die kritische Schlußfolgerung gezogen, daß ein »wesentlicher Schwerpunkt in der Verbesserung der diagnostischen Qualität des Kinderfrüherkennungsprogrammes zu sehen ist«[1].

Verbesserungsmöglichkeiten

Aus orthopädischer Sicht könnte eine Verbesserung dadurch erreicht werden, daß die Unterscheidung zwischen symptomatischen, unmittelbar zu einer Diagnose führenden und verdächtigen Befunden schärfer konturiert wird. Mit der Stellung einer Diagnose sollte in jedem Fall auch die konsiliarische Vorstellung beim zuständigen Gebietsarzt erfolgen. Wird vom Kinderarzt eine Diagnose eingetragen, muß das Kind aus dem Früherkennungsprogramm in ein Behandlungsprogramm übernommen werden, auch wenn diese Beobachtung bestehen würde. Auffällige, aber nicht typische Befunde sollten so lange kontrolliert werden, bis sich herausgestellt hat, daß sie ohne klinische Relevanz bleiben (Abb. 1).

Kritische Analyse

Eine kritische und detaillierte Analyse der Effizienz des Früherkennungsprogramms ergibt:

- *Bewährt* hat sich das im Untersuchungsheft aufgestellte Raster, mit dem praktisch alle Anomalien der Stütz- und Bewegungsorgane erfaßt werden können. Ein

Erfolg der Früherkennungsmaßnahmen ist zum Beispiel, daß die erst im 2. Lebensjahr erkannte Hüftgelenksluxation heute zu den Seltenheiten gehört.

Als vorteilhaft hat sich die detaillierte Angabe von Untersuchungsbefunden im Untersuchungsheft herausgestellt. Je genauer nämlich ein Symptom abgefragt wird, um so standardisierter wird die Untersuchung erfolgen und um so verläßlicher sind die definitiven Angaben. Dieser Zusammenhang hat zum Beispiel bei der Untersuchung von Motorik und Nervensystem zu bewußteren Auseinandersetzungen mit den zugehörigen Symptomen geführt.

- *Verbesserungsfähig* sind daher die Formulierungen einiger Untersuchungsbefunde zu Erkrankungen des Skelettsystems, bei denen lediglich nach Fehlhaltung oder Deformierung gefragt wird. Dies betrifft die Untersuchungsgänge an den Hüftgelenken, an den Füßen und an der Wirbelsäule.
- *Ergänzt* werden sollte der Früherkennungskatalog vor allem durch die Sonographie der Säuglingshüfte, die als nicht-invasive Untersuchungsmethode eine wichtige Bereicherung der Diagnostik von Hüftgelenksluxation und -dysplasie darstellt[6].

Konsequenzen

Für die Früherkennung aus orthopädischer Sicht ergeben sich damit folgende Richtlinien:

Hüftgelenke

Die Aufmerksamkeit der Früherkennungsuntersuchungen am kindlichen Hüftgelenk ist von U 1 bis U 7 auf die Diagnose der Hüftgelenksluxation und -dysplasie gerichtet (Abb. 2). Allenfalls bei U 8 kann eine *Perthes*-Erkrankung im Frühstadium erfaßt werden, deren Altersgipfel aber sonst zwischen dem 5. und 7. Lebensjahr liegt.

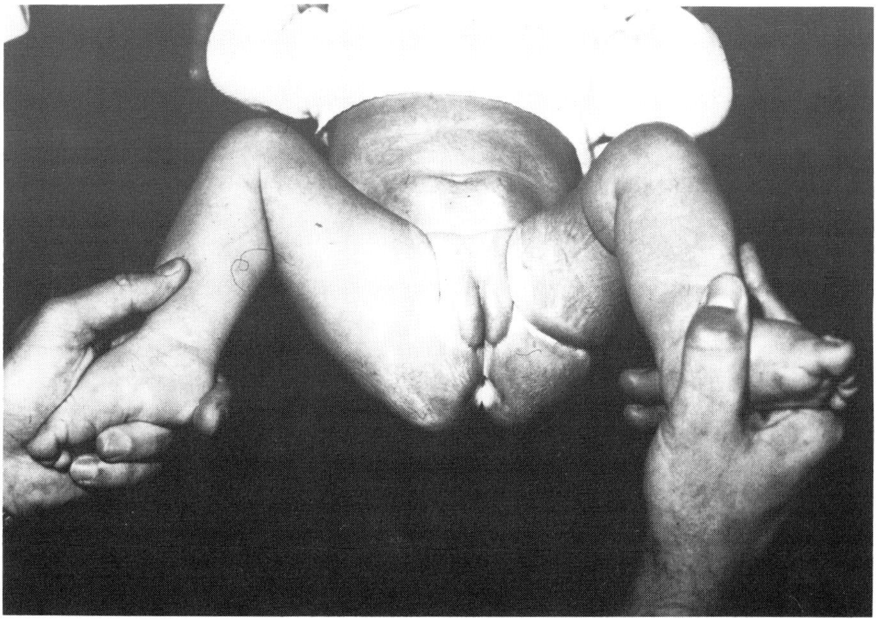

Abb. 2 Deutliche Abspreizbehinderung, die auch bei geringerer Ausprägung immer als Verdachtssymptom auf eine Hüftgelenksluxation bzw. -dysplasie gewertet werden muß

Hüftgelenksluxation und -dysplasie werden im Untersuchungsheft für Kinder als »Hüftgelenksanomalie« zusammengefaßt und sind die häufigste bei den Früherkennungsuntersuchungen gestellte Diagnose. Bis Ende der 70er Jahre wurde bei jedem 7. Kind eine »Hüftgelenksanomalie« diagnostiziert[7]. Seit einigen Jahren wird ein Rückgang der Diagnosezahlen auf 9 bis 10 % deutlich[1], während der Anteil der sofortigen Behandlungseinleitungen auf annähernd 100 % gestiegen ist. Da die wahre Inzidenz zusammengenommen bei 1,2 % Hüftgelenksluxationen und -dysplasien liegt[3, 5], werden in der Bundesrepublik Deutschland im Früherkennungsprogramm offenbar besonders häufig falsch-positive Fälle diagnostiziert und auch übertherapiert. Dem steht die Erkenntnis gegenüber, daß immer noch zahlreiche Hüftgelenksluxationen relativ spät erkannt werden[9].

Unklare Begriffe: Die Unsicherheit des Untersuchers ergibt sich offenbar aus der unpräzisen Definition der Untersuchungsgänge an den Hüftgelenken. Hier sind bereits bei der Neugeborenenbasisuntersuchung U 2 sprachlich unklare Begriffe enthalten, die häufig zu diagnostischen und therapeutischen Mißverständnissen führen. Zu diesem Zeitpunkt werden das *Ortolani*-Zeichen bzw. andere Dysplasie-Zeichen abgefragt. Beim *Ortolani*-Zeichen handelt es sich um eine Untersuchung der Stabilität des Hüftgelenkes, die bei der reinen Hüftdysplasie überhaupt nicht gefährdet sein muß. Es kommt damit zu einer Überschneidung der Begriffe Hüftgelenks*luxation* und Hüftgelenks*dysplasie*, die sich zumindest bezüglich der Therapie, aber wohl auch durch eine verschiedene Ätiologie und Pathogenese voneinander unterscheiden.

Die Hüftgelenksluxation entsteht in der Regel auf dem Boden einer Instabilität des Gelenkes, die zum Zeitpunkt der Geburt nachweisbar wird und bis zum 3./4. Lebensmonat bestehen bleiben kann (U 2 bis U 7). Die Instabilität läßt sich als Dislokationsfähigkeit des Hüftkopfes in der Hüftpfanne nachweisen und fällt bei geringem Umfang durch ein Klicken, bei stärkerer Dislokationsfähigkeit (Subluxation) durch das *Ortolani*-Zeichen und bei stärkster Instabilität durch die völlige Verrenkbarkeit des Hüftkopfes (*Barlow*-Zeichen) auf. Etwa 80 % aller primär instabilen Gelenke erholen sich spontan innerhalb der ersten zwei bis vier Lebenswochen und bedürfen keiner besonderen Behandlung. Bei den verbleibenden 20 % kommt es jedoch zu einer Fehlstellung des Hüftkopfes in der Hüftpfanne, die auf dem Boden neurophysiologischer Reflexmechanismen mit einer zunehmenden Bewegungseinschränkung (Kontraktur) des betroffenen Gelenkes einhergeht. Diese äußerst sich als Abspreizhemmung des betroffenen Gelenkes, die in der Regel daher erst von der 4. Lebenswoche ab nachweisbar wird und das verläßlichste Symptom bei der Diagnose auch geringer Hüftkopfdislokationen ist[11].

Davon zu unterscheiden ist die primäre Minderanlage der Hüftpfanne (»flache Pfanne«, Pfannendysplasie = primäre Hüftdysplasie) oder die nach spontaner Stabilisierung des Gelenkes verbleibende Restdysplasie der Pfanne. Für diese Formstörung sind sichere klinische Zeichen nicht bekannt. Faltenasymmetrie und Beinlängendifferenz sind Zeichen, die verständlicherweise nur bei der einseitigen Hüftgelenksluxation, aber nicht bei der Hüftdysplasie verläßlich sind. Die klinische Diagnose der Hüftgelenksluxation und -dysplasie muß daher einerseits die Untersuchung der Instabilität (Klicken, *Ortolani,* Verrenkbarkeit des Hüftkopfes) bei den Untersuchungen U 1 bis U 4 und andererseits die Untersuchung der Abspreizhemmung (U 2 bis U 6) einschließen (Tab. 2).

Dabei sollte die Instabilität bereits bei der U 1 überprüft werden, da sie sich durch morphologische Anpassungsvorgänge zwischen Hüftkopf und Hüftpfanne bereits nach sieben Tagen wieder verlieren kann. Findet die Neugeborenenbasisuntersuchung zu spät statt, kann dieses richtungweisende Symptom daher fehlen. Die we-

Tab. 2 Klinische Befunde bei Hüftgelenksluxation und -dysplasie

Instabilität:	Klicken
	Subluxierbarkeit des Hüftkopfes
U 1 – U 4	Völlige Verrenkbarkeit des Hüftkopfes
Abspreizhemmung:	jede seitendifferente Abspreizfähigkeit der Hüftgelenke in 90 Grad Beugung von Hüft- und Kniegelenken.
U 2 – U 6	Seitengleiche Abspreizhemmungen bei einem Öffnungswinkel beider Oberschenkel bei $<$ 120 Grad

gen der Gefahr einer vermeintlichen Hüftkopfnekrose der Instabilitätsprüfung auch heute noch entgegengebrachten Bedenken sind unbegründet, da sich derartige Durchblutungsstörungen praktisch nur als Folge eines dauerhaften Druckes auf den Hüftkopf entwickeln. Bei Beachtung dieser Kriterien wird die Hüftgelenksluxation bis auf seltene Ausnahmen früh erkannt und behandelt werden können.

Die klinisch nicht sicher diagnostizierbare Hüftdysplasie (Pfannendysplasie) kann heutzutage durch die Sonographie erfaßt werden. So sind unter allen Hüftgelenken ohne klinische Auffälligkeiten (Instabilität, Abspreizbehinderung) 18 % sonographisch auffällige Hüftgelenksbefunde festzustellen. Dies entspricht einem Anteil von 4,3 % aller sonographisch auffälligen Gelenke[12] oder von 0,67 % aller Neugeborenen[2].

Der wesentliche Vorteil der Ultraschalluntersuchung des kindlichen Hüftgelenkes besteht darin, daß die knorplige Umfassung des Hüftkopfes während des gesamten ersten Lebensjahres gut beurteilt werden kann. Damit ist bereits eine Untersuchung unmittelbar postpartal möglich. Die Untersuchung ist nicht-invasiv und in sinnvollen Zeitabständen wiederholbar. Damit ist es möglich, pathologische Befunde durch eine Verlaufskontrolle herauszufiltern und eine Überdiagnose und Therapie zu vermeiden.

Da im Verlauf der ersten drei Lebensmonate eine physiologische und rückbildungsfähige Reifungsverzögerung der Hüftgelenkspfanne beobachtet werden kann, spielt die Verlaufsbeobachtung in Zweifelsfällen eine große Rolle. Wenngleich durch die Früherkennung eine annähernd 100 %ige Heilungschance für die Hüftgelenksluxation und -dysplasie besteht, ist eine Überbehandlung dieses Erkrankungsbildes wegen der Gefahr verhandlungsbedingter Hüftkopfnekrosen zu vermeiden.

Die Sonographie der Säuglingshüfte bedeutet einen wesentlichen Fortschritt bei der Früherkennung der Hüftgelenksluxation und -dysplasie (Abb. 3). In zahlreichen Beiträgen ist diskutiert worden, ob die sonographische Untersuchung ausschließlich bei klinischen Auffälligkeiten[10] oder bei allen Kindern[4] durchgeführt werden sollte. Da jedoch ein beträchtlicher Prozentsatz der Hüftreifungsstörungen klinisch nicht erfaßbar ist, ist eine Verbesserung der Früherkennung der Hüftgelenksluxation und -dysplasie nur durch eine kombinierte klinische und sonographische Untersuchung unmittelbar postpartal möglich. Bei allen noch nicht ausgereiften Hüftgelenken ist eine generelle Zweituntersuchung im 3. Lebensmonat klinisch und sonographisch erforderlich (Abb. 4).

Füße

Fußdeformitäten sind in der Regel äußerlich gut erkennbar und werden daher nach dem Erscheinungsbild klassifiziert (Tab. 3).

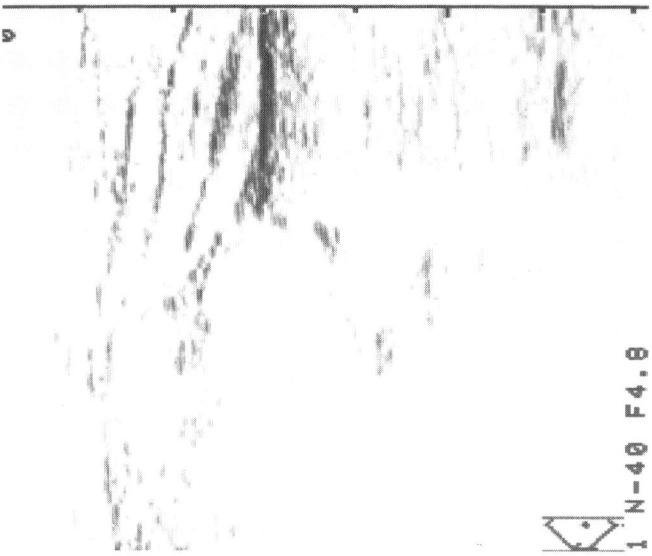

Abb. 3 Sonogramm des kindlichen Hüftgelenkes mit Normalbefund (links) und kompletter Luxation (unten)

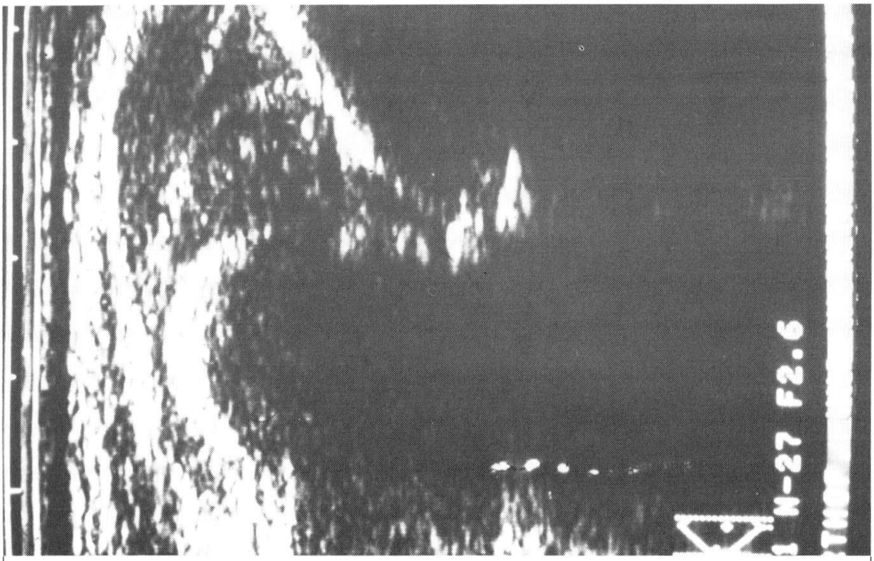

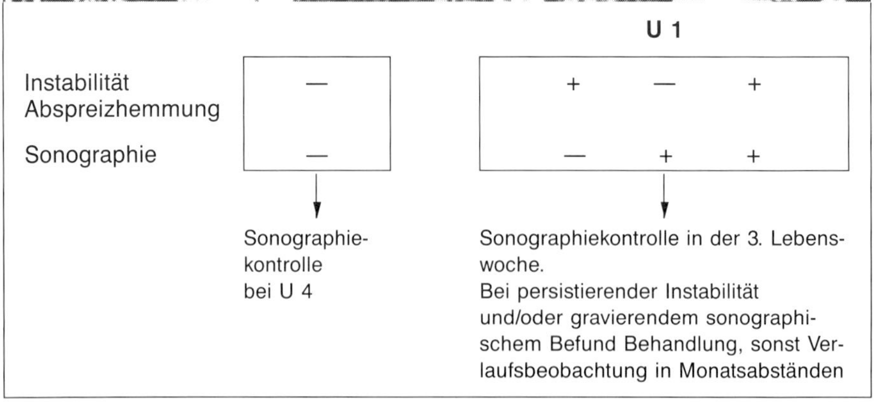

Abb. 4 Schema zur klinischen und sonographischen Diagnostik bei Hüftgelenksluxation und -dysplasie

Tab. 3 Klinik der Fußdeformitäten

	Klumpfuß	**Sichelfuß**	**Hackenfuß**	**Plattfuß**
Klinik	Kombination von Spitzfuß, Supination des Rückfußes, Aufbiegung und Adduktion des Vorfußes	Adduktion des Vor- und Mittelfußes, Valgusstellung des Rückfußes	Dorsalextension des Fußes (bei Geburt an Schienbeinvorderkante)	Abflachung des Fußlängsgewölbes. Sprungbein in Verlängerung des Schienbeines, Taluskopf im Fettpolster der Fußsohle tastbar
Differentialdiagnose	typischer Befund	Kletterfuß: als Folge intrauteriner Lage Bauchlagefuß: Inversionsstellung des gesamten Fußes ohne Rückfußvalgus	typischer Befund	häufig primär verkannt
Prognose und Therapie	sofortige Redression	Sichelfuß sofortige Therapie; Kletterfuß prognostisch günstig. Prävention des Bauchlagefußes durch Schaumgummiringe	prognostisch günstig	sofortige Redression

Der *Klumpfuß* (Abb. 5) ist mit etwa 2 ‰ die häufigste angeborene Fußdeformität. Die komplexe Fehlstellung des Fußes aus Equinus (Spitzfuß), Varus (Supinationsstellung des Fersenbeins), Exkavatus (Hohlfuß) und Adduktus (Sichelfuß) ist damit bereits bei der U 1 erkennbar. Die Ursache des sogenannten idiopathischen, angeborenen Klumpfußes ist nicht bekannt. Bei einigen Erkrankungen (Spina bifida, Arthrogrypose) liegen neuromuskuläre Störungen vor. Bei anderen neuromuskulären Störungen (infantile Zerebralparese, Diastematomyelie) kann sich ein Klumpfuß auch noch während des späteren Wachstums entwickeln. Dessen Erkennung fällt dann aber in der Regel nicht mehr in die Untersuchungsperiode U 1 bis U 8.

Entscheidend für die Ergebnisse der Klumpfußbehandlung ist die früh einsetzende Therapie. Bereits am Tage nach der Geburt werden erste redressierende Verbände oder auch Gipse angelegt, die zunächst täglich, später dann wöchentlich gewechselt werden. Mit der Diagnosestellung des Klumpfußes sollte daher zur fachorthopädischen Behandlung überwiesen werden.

Der angeborene *Sichelfuß (Pes adductus, Metatarsus varus*) wird unmittelbar nach Geburt sehr häufig diagnostiziert. In der Regel handelt es sich dann jedoch um sogenannte Kletterfüße, d. h. redressierbare Varusstellungen der Füße, die durch das An-

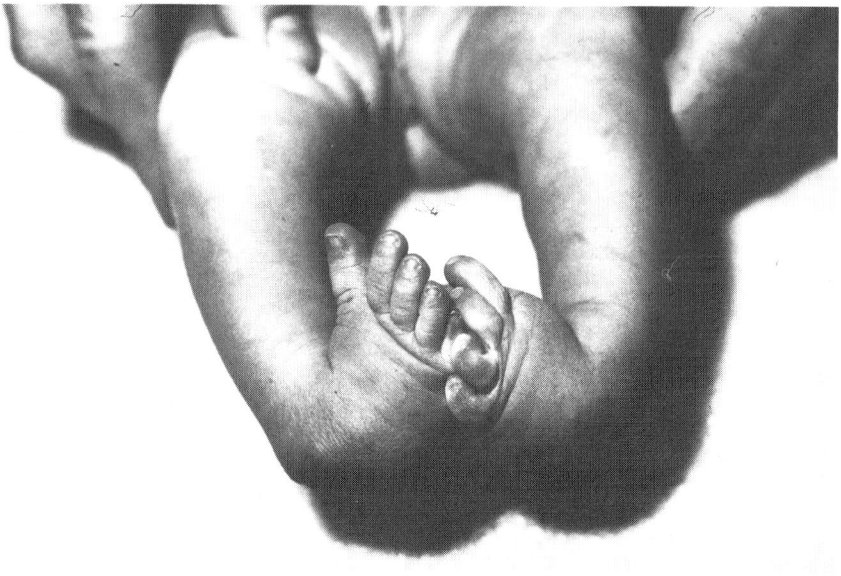

Abb. 5 Klumpfüße eines Neugeborenen

liegen des Fußaußenrandes an der Uteruswand entstanden sind. Der eigentliche Sichelfuß weist im Gegensatz zum Kletterfuß immer eine Valgusstellung des Rückfußes auf. Der angeborene Sichelfuß rezidiviert leicht und muß daher frühzeitig und konsequent behandelt werden. Mit der Diagnosestellung sollte die Überweisung zum Gebietsarzt für Orthopädie erfolgen.

Der sonst prognostisch günstige *Kletterfuß* kann sich zur Bauchlagedeformität entwickeln, da die Füßchen des Neugeborenen bei konsequent durchgeführter Bauchlage unter dem Auflagedruck in Sichelfußstellung und Innendrehung der Unterschenkelachse weiterwachsen. Daraus entsteht das die vertikale Lage des Kleinkindes erschwerende Zehenstolpern und ein unschönes Gangbild. Schlafen diese Kinder in Bauchlage mit angebeugten Hüft- und Kniegelenken (Froschstellung), so kann sich auch eine vermehrte Außendrehung der Unterschenkelachsen entwickeln, die nach Vertikalisierung zum »*Charlie-Chaplin*-Gang« führt. Bei den Fußdeformitäten kann allein durch Beratung der Eltern und Einleitung prophylaktischer Maßnahmen (Unterlage unter die Unterschenkel, Schaumgumminachtlagerungsringe) vorgebeugt werden.

Beim *konnatalen Hackenfuß (Pes calcaneus)* handelt es sich um eine Fußfehlform mit Steilstellung der Ferse. Sie ist meist durch eine intrauterine Zwangslage bedingt, bei der der Fußrücken der Vorderseite des Unterschenkels anliegt. Die Fußfehlform ist prognostisch günstig und kann bis zur U 3 beobachtet werden. Sollte bis dahin eine spontane Rückbildung nicht eingetreten sein, ist fachorthopädische Beratung erforderlich.

Der *angeborene Plattfuß* ist durch die Steilstellung des Sprungbeines bei hochstehendem Fersenbein und Luxation im Talo-navikular-Gelenk gekennzeichnet. Bei Maximalausprägung führt die Aufbiegung des Fußes zum Tintenlöscherfuß. Geringergradige Deformitäten werden bei der Geburt nicht selten verkannt. Die Diagnose läßt sich durch die mangelnde Beweglichkeit im oberen Sprunggelenk und das im Fettpolster der Sohle tastbare Sprungbeinköpfchen sichern. Die Prognose dieser Deformität ist von der früh einsetzenden, redressierenden Gipsbehandlung abhängig. Frühzeitige fachorthopädische Behandlung ist erforderlich.

Wirbelsäule

Grobe Wirbelsäulendeformitäten (Myelomeningozelen) werden bereits bei der Inspektion bei der U 1 auffällig. Fehlbildungen der Wirbelsäule müssen bei Pigmentanomalien und pathologischem Haaransatz über der Dornfortsatzreihe vermutet und röntgenologisch ausgeschlossen werden. Geringergradige konnatale Fehlbildungen oder erworbene Wachstumsstörungen der Wirbelsäule werden vor allem bei der Bewegungsprüfung auffällig.

Die konnatalen *Wirbelsäulenfehlbildungen (Kyphosen, Skoliosen)* werden wegen der überaus großen Flexibilität der Wirbelsäule unmittelbar nach der Geburt meist nicht erkannt. In der Regel fallen sie nach dem 3. Lebensmonat durch eine seitenungleiche Umkrümmbarkeit der Wirbelsäule auf. Diese kann im Zusammenhang mit der Erhebung des Reflexstatus überprüft werden. Die Prognose der konnatalen Wirbelsäulendeformitäten ist von der Ausprägung der Fehlbildung und der frühzeitig einsetzenden Therapie abhängig. Mit der Befunderhebung einer Deformierung oder Fehlhaltung an der Wirbelsäule sollte daher immer eine eingehende diagnostische Abklärung eingeleitet werden.

Meist erst ab U 5 wird die erworbene *infantile Skoliose (Säuglingsskoliose)* auffällig. Mit konsequenter Bauchlagerung der Säuglinge ist sie selten geworden. Die zu 75 % linkskonvexe Säuglingsskoliose entsteht meist auf dem Boden von Schräglagedeformitäten und hat daher eine günstige Prognose. In der Regel reichen Lagerungsmaßnahmen aus, um die Skoliose aufzulösen. Nur selten sind krankengymnastische Maßnahmen erforderlich. Bei weniger als 5 % kommt es zu einer Progression, die frühzeitig erkannt und fachorthopädischer Behandlung zugeführt werden muß.

Muskulärer Schiefhals: Als eine Verdrehung der Halswirbelsäule mit Kopfwendung zur kontralateralen und Neigung zur homolateralen Seite manifestiert sich der muskuläre Schiefhals. Nur selten wird er bereits bei der U 1 diagnostiziert. Bei geringgradigen Ausprägungen kann er durch entsprechende Lagerung des Kindes positiv beeinflußt werden. Bei stärkeren Ausprägungen ist eine frühzeitig durchgeführte, gezielte krankengymnastische Behandlung erforderlich. Die Diagnose sollte daher spätestens zwischen der 4. und der 12. Lebenswoche (U 3/U 4) gestellt sein.

Extremitäten

Anomalien an den Extremitäten können als *Defekte* oder auch *Fehlbildungen* von Extremitätenabschnitten und Gelenken auftreten. Die Defekte werden bereits bei der U 1 diagnostiziert und können frühzeitig in weitere fachorthopädische Behandlung überwiesen werden. Fehlbildungen lassen sich unmittelbar nach der Geburt als Verbiegung der Extremitätenachsen oder Fehlanlage von Gelenken nachweisen. Sie treten bei Skelettdysplasie und Dysostosen auf. Unter Umständen sind sie während des Untersuchungszeitraumes bis zum 4. Lebensjahr nur durch beginnende Verformungen zu erkennen und erfahren ihre Maximalausprägung erst während des weiteren Wachstums.

Wegen der Häufigkeit sind die *Beinachsenabweichungen* im 3. und 4. Lebensjahr von besonderer Bedeutung. Nachdem zum Zeitpunkt der Geburt wegen der intrauterinen Hockstellung zunächst eine geringe O-förmige Verbiegung der Beinachsen (Genu varum) vorliegt, kommt es während des genannten Zeitraumes über die sogenannte umwegige Beinachsenentwicklung zum physiologischen X-Bein (Genu valgum). Dieser mit großer Variabilität ablaufende Vorgang ist in seltenen Fällen stark gestört, so daß deutliche Beinachsenfehler resultieren. Lediglich das persistierende O-Bein oder das sich stärker entwickelnde X-Bein bedarf der Behandlung und muß daher durch die Verlaufsbeobachtung erkannt werden.

Literatur

[1]*Allhoff, P. G.:* Krankheitsfrüherkennungsprogramm für Kinder. Köln 1988.
[2]*Dorn, U., M. Hattwich:* Die Hüftsonographie bei Neugeborenen; klinische und sonographische Befunde. In: *Hensche, H. R., W. Hay:* Sonographie in der Orthopädie und Sportmedizin, Buchreihe für Orthopädie und orthop. Grenzgebiete, Bd. 14. Uelzen 1986.
[3]*Dunn, P. M.:* Perinatal observation on the etiology of congenital dislocation. Clin. Orthop. *119:* 11 (1976).
[4]*Eller, K., B. D. Katthagen:* Sonographische Verlaufskontrollen der Hüftdysplasie und der Spreizhosentherapie. Z. Orthop. *125:* 534 (1987).
[5]*Fredensborg, M.:* The results of early treatment of typical congenital dislocation of the hip in Malmö. J. Bone Jt. Surg. *58B:* 272 (1976).
[6]*Graf, R.:* Sonographie der Säuglingshüfte. Bücherei des Orthopäden 43. Stuttgart 1985.
[7]*Janssen, E. G.:* Prophylaktische Fragen in der Pädiatrie. Therapiewoche *31:* 4431 (1981).
[8]*Katthagen, B. D., A. Mittelmeier, D. Becker:* Häufigkeit und stationärer Behandlungsbeginn kindlicher Hüftgelenksluxationen in der Bundesrepublik Deutschland. Z. Orthop. *126:* 475 (1988).
[9]*Matthias, H. H.:* Früherkennung von Deformitäten und Funktionsstörungen des Haltungs- und Bewegungsapparates. In: *Wendt, G. G.* (Ed.): Praxis der Vorsorge. Marburg 1984.
[10]*Moppes, F. I., R. O. de Jong, P. P. G. Kramer:* Stellungnahme zu der Publikation »sonographische Verlaufskontrollen der Hüftdysplasie unter Spreizhosentherapie«. Z. Orthop. *126:* 461 (1986).
[11]*Niethard, F. U.:* Neurophysiologische Aspekte zur Ursache und Entstehung der kongenitalen Hüftgelenksluxation. Z. Orthop. *125:* 22 (1987).
[12]*Pfeil, J., F. U. Niethard, J. Bartels:* Zusammenhänge klinischer und anamnestischer Faktoren mit der Sonographie der Säuglingshüfte. Z. Orthop. *126:* 629 (1988).
[13]*Schwartz, F. W., H. Holstein, V. Weidtmann:* Früherkennungsuntersuchungen. Dtsch. Ärztebl. *37:* 2341 (1979).

Erkrankung des Bewegungsapparates aus der Sicht der Kinder-Richtlinien

Bei den Früherkennungsuntersuchungen des Stütz- und Bewegungsapparates spielt die Diagnostik pathologischer Hüftgelenksbefunde eine besondere Rolle. In diesem Zusammenhang ist immer wieder ein Ultraschall-Screnning der Neugeborenenhüfte gefordert worden. Nach den Kinderrichtlinien des Bundesausschusses der Ärzte und Krankenkassen gehört ein Sonographie-Screening der kindlichen Hüfte nicht zum Untersuchungsprogramm. Werden allerdings durch klinische Untersuchungen und durch anamnestische Daten Hinweise auf eine pathologische Entwicklung der kindlichen Hüftgelenke gewonnen, sind die damit konkretisierten Verdachtsmomente gegebenenfalls mit einer sonographischen Untersuchung zu erhärten. Diese weiterführende sonographische Untersuchung ist nicht mehr Bestandteil des Früherkennungsprogramms im Sinne einer präventiven Untersuchung, sondern fällt in den Leistungsbereich der kurativen Versorgung.

Für die Durchführung der Ultraschall-Sonographie gelten die Ultraschall-Richtlinien der Kassenärztlichen Bundesvereinigung. Um eine qualifizierte sonographische Diagnostik der Hüftgelenke bei Neugeborenen und Kleinkindern zu sichern, wird vom Untersucher gefordert, daß er neben dem Nachweis der Fachkunde in der Ultraschall-Diagnostik seines Gebietes zusätzlich die Untersuchung der Hüften bei mindestens 200 Säuglingen nachweist. Dabei ist die erforderliche praktische Erfahrung in der Hüftdiagnostik in einem Kolloquium vor der Sonographie-Kommission der zuständigen Kassenärztlichen Vereinigung zu belegen. Die Richtlinien enthalten darüber hinaus Vorschriften an die apparative Ausstattung der verwendeten Ultraschallgeräte, wonach die B-Mode-Geräte zur Schnittbilddarstellung mit automatischer Abtastung einen Schallkopf mit einer Ultraschallfrequenz von mindestens 5 MHz haben müssen. Die beste Auflösung des Gerätes muß im Bereich von 0,5 bis 5 cm (Fokusbereich) liegen, und das Hüftgelenk muß mindestens in einem Maßstab von 1:1 abgebildet werden. Daneben gelten die Mindestanforderungen, die für die B-Mode-Geräte in den Ultraschall-Richtlinien – wie hier in Anwendungsklasse X – festgelegt sind.

E. Effer

Neurologische Erkrankungen

R. Heyer

Im frühen Kindesalter kann sich eine Erkrankung des Nervensystems in einer Störung der Sensomotorik, einer Beeinträchtigung der Sinnesfunktionen, Sprachstörungen, dem Auftreten von Krampfanfällen, Verhaltensauffälligkeiten und abnormen neurologischen Befunden äußern. Ätiologisch stehen die infantilen Zerebralparesen an erster Stelle. Unter diesem Krankheitsbild sind bleibende, nicht progrediente, jedoch in der Symptomatik sich ändernde Störungen der Haltung und Bewegung zusammengefaßt, die durch pränatale, natale und postnatale Schädigungen des noch unreifen Zentralnervensystems entstanden sind. Die motorischen Störungen äußern sich als spastische Lähmungen, als dyskinetische und ataktische Syndrome. Neben der Bewegungsstörung kommen häufig weitere Behinderungen wie Seh-, Hör- und Sprachstörungen, geistige Retardierung, epileptische Anfälle und Perzeptionsstörungen vor.

Die häufigste angeborene Fehlbildung des Zentralnervensystems ist die Spina bifida, deren Diagnose schon während der Schwangerschaft durch Ultraschall- und Fruchtwasseruntersuchungen (α_1-Fetoprotein, Acetylcholinesterase) oder unmittelbar nach der Geburt gestellt wird. Mehr als 80 % der Neugeborenen mit Spina bifida benötigen wegen eines Hydrozephalus eine chronische Liquordrainage.

In den Kreis der neurologisch relevanten Erkrankungen des jungen Kindes gehören auch zahlreiche neuromuskuläre Erkrankungen. Dazu werden vererbte und erworbene Erkrankungen gezählt, die die motorische Vorderhornzelle des Rückenmarkes, den peripheren Nerv, den neuromuskulären Übergang und den Muskel selbst betreffen (Tab. 1).

Anamnese

Die Frühdiagnose dieser Erkrankungen stützt sich auf eine sorgfältige Anamnese, die Bestimmung des Entwicklungsalters und die neurologische Untersuchung. Anamnestische Angaben signalisieren genetische Belastungen (neuromuskuläre Erkrankungen, Spina bifida) sowie Komplikationen während der Schwangerschaft, Geburt und frühen Kindheit. Kinder mit solchen Belastungen (»Risikokinder«) sind be-

Tab. 1 Neuromuskuläre Erkrankungen im frühen Kindesalter

Spinale Muskelatrophien
Neurale Muskelatrophien
Kongenitale Myopathien
Kongenitale Muskeldystrophie
Dystrophia myotonica
Progressive Muskeldystrophien
Myasthenia gravis
Mitochondriale Myopathien

sonders aufmerksam zu verfolgen. Anamnestische Daten wie Blutungen in der Schwangerschaft, Gestosen, Frühgeburt, Mangelgeburt, schwere natale und postnatale Asphyxie, Neugeborenenkrämpfe und -meningitis u. a. sind mit einem hohen Risiko für die normale Entwicklung eines Kindes verbunden. Zur Erfassung möglichst aller Kinder mit neurologisch bedingten Entwicklungsstörungen reicht das Konzept der Risikogruppen aber nicht aus, sondern es sind Vorsorgeuntersuchungen nötig, an denen jedes Kind teilnimmt, wobei speziell der Entwicklungsstand und die Funktionen des Nervensystems beurteilt werden müssen.

Die Diagnose von Entwicklungsstörungen hängt sehr davon ab, wie genau der Arzt die Entwicklungsanamnese eines Kindes erhebt. Die Angaben der Mutter sind normalerweise als sehr verläßlich einzustufen, wenn die Mütter gezielt und detailliert zur Entwicklung ihres Kindes gefragt werden. Aus der großen Zahl von Allgemeinsymptomen, auf die man bei Säuglingen mit Entwicklungsstörungen immer wieder stößt, sind starke Schreckhaftigkeit, Trinkschwierigkeiten, häufiges unmotiviertes Schreien, Bewegungsarmut, niedrige oder erhöhte Muskelspannung sowie konstante Seitendifferenzen in Haltung und Bewegung hervorzuheben. Diese und weitere Untersuchungsbefunde können manchmal besser oder mit zusätzlicher Sicherheit anamnestisch erhoben werden, wie etwa die Reaktion auf Geräusche, die Sprachentwicklung oder das Auftreten von Krampfanfällen (Blitz-Nick-Salaam-Krämpfe, myoklonisch-astatische Anfälle, Absencen).

Entwicklungsdiagnostik

In der Entwicklungsdiagnostik haben sich die auf deutsche Verhältnisse übertragenen *Griffiths*-Skalen bewährt, mit denen die für die frühe Kindheit charakteristischen motorischen und geistigen Leistungen, die Sprachentwicklung sowie die Fortschritte in der persönlich-sozialen Entwicklung erfaßt werden[3]. Der *Griffiths*-Test enthält 208 Aufgaben für die ersten beiden Lebensjahre. Neben der Bestimmung des Gesamt-Entwicklungsquotienten ist durch Aufteilung in 5 Unterskalen eine differenzierte Entwicklungsdiagnose möglich, so daß mittels des in den Unterskalen erreichten Ergebnisses leicht festgestellt werden kann, ob sich Retardierungen in einem Leistungsbereich finden.

Die »Münchener Funktionelle Entwicklungsdiagnostik« – ein im deutschsprachigen Raum weit verbreitetes Testverfahren – enthält 109 Angaben für das erste Lebensjahr und umfaßt die Bestimmung des Krabbel-, Sitz-, Lauf-, Greif-, Perzeptions-, Sprech-, Sprachverständnis- und Sozialalters[4]. In diesem Verfahren werden nicht ein Durchschnittsverhalten, sondern ein Mindestverhalten als Norm angesetzt. Als Mindestverhalten wird die Erfüllung einer Aufgabe durch 90 % der Kinder eingestuft.

Beide Tests sind gut brauchbar zur Frühdiagnose von Entwicklungsstörungen, -verzögerungen und -abweichungen und somit auch eine wichtige Voraussetzung für die Einleitung einer wirkungsvollen Frühtherapie.

Neurologische Untersuchung

Die Beobachtung von Allgemeinsymptomen und die Beurteilung des Entwicklungsstandes können zwar wichtige Hinweise auf eine neurologische Störung geben, aber sie können die pädiatrisch-neurologische Untersuchung nicht ersetzen, denn entscheidend für die Diagnose bleibt die neurologische Untersuchung, die darüber Auskunft geben soll, warum die Entwicklung nicht der Norm und Altersqualität entspricht. Voraussetzung ist die Kenntnis der normalen Entwicklung frühkindlicher Reflexe und Reaktionen, die eine deutliche Abhängigkeit vom Kindesalter zeigen.

Während die Neugeborenenreflexe in den ersten Lebensmonaten abgebaut werden, entwickeln sich allmählich die Stell- und Gleichgewichtsreaktionen, die dem Kind das Sitzen, Stehen und Laufen ermöglichen. Das Verschwinden und die Entwicklung dieser frühkindlichen Reflexe und Reaktionen wird häufig in die neurologische Diagnostik eingebaut.

Eine verläßliche Frühdiagnose von zerebralen Bewegungsstörungen und anderen neurologischen Erkrankungen allein damit ist aber keinesfalls möglich, da die große normale Schwankungsbreite im zeitlichen Ablauf dieser Entwicklungsprozesse den diagnostischen Wert begrenzt. Der Schwerpunkt der klinisch-neurologischen Untersuchung liegt auf der Erkennung von Muskeltonusanomalien, Erregbarkeits- und Motilitätsstörungen sowie Asymmetrien in Körperhaltung und Spontanmotorik. Hinzu kommen die Prüfung der Hirnnervenfunktionen, der Eigen- und Fremdreflexe sowie der Kopfumfangsentwicklung.

Syndromdiagnose

Die neurologischen Befunde lassen sich zu Syndromen zusammenfassen, die wiederum die Grundlage für die Diagnose und Differentialdiagnose neurologischer Erkrankungen des frühen Kindesalters bilden. Ziel der klinisch-neurologischen Untersuchung des Säuglings und Kleinkindes ist somit die Syndromdiagnose (Hyperexzitabilität, Apathie, Muskelhypertonie bzw. -hypotonie, ataktische und dyskinetische Syndrome); denn wichtiger als die individuelle Bedeutung einzelner abnormer Befunde ist in dieser Altersstufe deren Zusammentreffen zu relativ charakteristischen Syndromen. Die topische Diagnostik beim Neugeborenen und Säugling ist vorwiegend auf periphere Nervenläsionen sowie spinale Erkrankungen beschränkt.

Hyperexzitabilitätssyndrom

Das Hyperexzitabilitätssyndrom äußert sich durch lebhafte Eigen- und Fremdreflexe, die Neugeborenenreflexe sind auffällig stark auslösbar. Schreckhaftes Zusammenzucken auf Berührung und Geräusche, Unterkieferzittern, meckernde Stimme, leicht auslösbarer Nystagmus sind weitere Symptome. Das Syndrom tritt am häufigsten bei Kindern diabetischer Mütter, bei Störungen des Elektrolythaushaltes, Polyglobulien sowie nach passageren natalen Hypoxien auf. Im 2. Trimenon findet sich häufig noch eine gewisse Bewegungsunruhe mit erschöpfbaren Kloni und auffälliger Schreckhaftigkeit. Die Prognose bei isolierter Übererregbarkeit ist gut. Schwere Residualschäden sind nicht zu erwarten, wenn auch zahlreiche Kinder leichte Verzögerungen der motorischen Entwicklung oder eine gewisse Bewegungsunruhe bzw. Tremor aufweisen können.

Apathiesyndrom

Beim Apathiesyndrom des Neugeborenen können alle Bewegungsautomatismen und Reflexe auslösbar sein, sie laufen aber im Zeitlupentempo ab. Die *Moro*-Reaktion, das Schreiten, das Saugen sind kraftlos oder nicht auslösbar. Das Kind schreit wenig oder wimmert gelegentlich kraftlos vor sich hin und muß häufig sondiert werden. Apathische Neugeborene findet man vor allem bei chronischen und schweren Hypoxien. Die Prognose ist schlecht, wenn die Apathie über längere Zeit unbeeinflußt bleibt.

Skelettmuskelhypertonie

Bei der Skelettmuskelhypertonie wird man entweder einen »federnden« (Spastik) oder »wächsernen« (Rigor) Widerstand gegen passive Bewegung unterscheiden. Die spastischen Syndrome, die überwiegend im Rahmen einer infantilen Zerebralparese als Folge einer Pyramidenbahnläsion auftreten, sind charakterisiert durch einen erhöhten Muskeltonus, gesteigerte Eigenreflexe und das *Babinski*-Phänomen, das zwar erst ab dem Kleinkindesalter sicher verwertbar ist, aber beim spastischen Säugling leicht und konstant auslösbar sein kann und dann schon in dieser Altersstufe als Verdachtssymptom verwertbar ist.

Die *Hemiparesen* zeigen eine spastische Halbseitenlähmung mit nicht selten unterschiedlich starker Ausprägung an der oberen und unteren Extremität sowie Bewegungsarmut der betroffenen Seite. Der Ruhetonus kann hypoton sein, was mitunter zur Fehldiagnose einer *Erb*schen Lähmung führt; bei Aufregung und motorischer Aktivität schießt jedoch sofort ein erhöhter Muskeltonus ein. Die Kinder fallen ferner durch asymmetrische Haltungs- und Bewegungsmuster mit vorwiegender oder einseitiger Faustbildung im 2. und 3. Trimenon auf. Beim Laufen wird das betroffene Bein einwärts rotiert und bei leicht gebeugtem Kniegelenk und plantarreflektiertem Fuß über den Boden geschleift oder zirkumduziert.

Bei den *spastischen Diparesen* (Diplegien) sind Beine und Füße stärker betroffen als Arme und Hände. Diese Form der Zerebralparese ist eine typische Folge einer postnatalen Hirnschädigung bei Frühgeborenen. Sie äußert sich initial in einer Tonuserhöhung der unteren Extremitäten, in einer bevorzugten Streckhaltung der Beine und Steigerung der Muskeleigenreflexe; später entwickeln sich die typische Abduktionshemmung und das Überkreuzungsphänomen der Beine.

Die Kinder mit *spastischen Tetraparesen* sind in der Mehrzahl geistig behindert und haben zusätzlich oft ein Anfallsleiden. Typisch ist eine ausgeprägte Streck- oder Beugehaltung der Extremitäten, meist in Form einer Extensorhypertonie der Beine und einer Flexorhypertonie der Arme in Verbindung mit einer Opisthotonushaltung. Außer den symmetrischen Tetraparesen kommen beinbetonte, seitenbetonte und tribetonte Tetraparesen vor. In wechselnder Ausprägung können als Begleitsymptome dyskinetische und ataktische Störungen vorhanden sein.

Dyskinetische Syndrome

Dyskinetische Syndrome, die auf Läsionen der Stammganglien und der oberen Hirnstammkerne beruhen und sich klinisch-neurologisch als Hyperkinesien, Dystonien und Tremor isoliert oder kombiniert manifestieren, zeichnen sich im Säuglingsalter dadurch aus, daß neonatale und frühkindliche Reflexe, statomotorische Retardierung und Muskelhypotonie bestehen bleiben. Gegen Ende des 1. Lebensjahres treten besonders auf äußere Reize zunehmende Hyperkinesien und dystone Attacken mit plötzlicher Tonuserhöhung, Opisthotonushaltung und abnormem Tonuswechsel auf. Das Vollbild der dyskinetischen Syndrome entwickelt sich im Laufe des Kleinkindesalters.

Zu den unwillkürlichen Hyperkinesien gehört die Chorea, die oft mit athetotischen Bewegungsformen kombiniert ist. Die Bewegungen bei der Chorea sind rasch, plötzlich einschießend, ziel- und regellos mit wechselnder Lokalisation, Die Bewegungen bei der Athetose sind langsam, verkrampft und betreffen besonders Gesicht, Hände und Füße.

Dyskinetische Syndrome können von Symptomen einer Pyramidenbahnläsion begleitet sein. Während früher die Bilirubin-Enzephalopathie häufig zu einer Choreoathetose führte, sollen heutzutage vor allem perinatale Schädigungen dyskinetische Syndrome auslösen.

Bei den *ataktischen Syndromen,* die selten im ersten Lebensjahr, meist erst im zweiten und dritten Lebensjahr sicher erkannt werden, stehen die Rumpfataxie (Gleichgewichts- und Koordinationsstörung beim Sitzen, Stehen und Gehen) sowie eine Extremitätenataxie (Dysmetrie, Intentionstremor) im Vordergrund der neurologischen Befunde, wobei der Ruhe- und Aktivitätstonus der Skelettmuskulatur eher hypoton ist. Die ataktische Diplegie ist gekennzeichnet durch ataktische Symptome in den oberen Extremitäten mit spastischen Zeichen an den unteren Extremitäten.

Bei der Diagnose einer Ataxie ist daran zu denken, daß nicht nur infantile Zerebralparesen, sondern viel häufiger Systemkrankheiten (Heredoataxien), neurodegenerative Erkrankungen oder ein Tumor der hinteren Schädelgrube Ursache der Gleichgewichtsstörungen sind.

Skelettmuskelhypotonie

Die Skelettmuskelhypotonie im frühen Kindesalter ist ein häufiges und vieldeutiges Symptom. Bei reifen Neugeborenen erkennt man die Muskelhypotonie leicht am Fehlen der physiologischen Beugehaltung. Der Beugetonus und der Widerstand gegen passive Bewegungen sind vermindert. Bei passiver Streckung der Arme federn diese nicht in Beugehaltung zurück, beim Hochziehen aus der Rückenlage zur Sitzhaltung fehlt die Kopfkontrolle, die Arme reagieren mit widerstandsloser Streckung.

Nach dem 1. Trimenon gelten andere Kriterien für die Muskelhypotonie, da zu diesem Zeitpunkt die physiologische Beugehaltung weitgehend verschwunden ist. Der Säugling zeigt jetzt die typische Froschhaltung der Extremitäten. Im 2. Lebenshalbjahr fällt das hypotone Kind durch den typischen Rundrücken und das Phänomen der »losen Schultern« auf, in schweren Fällen klappt es im Sitzen nach vorne zusammen (Taschenmesserphänomen). Im 2. Lebenshalbjahr werden sekundäre Merkmale der Muskelhypotonie offensichtlich wie die fehlende Stehfähigkeit, eventuell begleitet von Scapulae alatae, Genu recurvatum und Sitzbuckel.

Wird eine Muskelhypotonie diagnostiziert, ist zunächst das Verhalten der Eigenreflexe wichtig für die Differentialdiagnose: abgeschwächte oder fehlende Eigenreflexe bei Minderung der Muskelkraft und Bewegungsarmut sprechen für eine neuromuskuläre Erkrankung, während normale oder lebhafte Reflexe eher an eine zentrale Genese denken lassen. Ferner ist die Verteilung der Muskelhypotonie zu berücksichtigen. Eine generalisierte Hypotonie führt zum »*Floppy infant*« mit den genannten Symptomen. Isolierte Hypotonie, die mit abnormer Beweglichkeit oder Bewegungsarmut assoziiert ist, deutet auf umschriebene Ursachen hin.

Die *Spina bifida aperta* und eine geburtstraumatische Schädigung des Rückenmarks führen zu einem Querschnittssyndrom, dessen Ausprägung von der Höhe der Läsion bestimmt wird. Bei der Spina bifida occulta muß immer eine zusätzliche Aszensionsstörung des Rückenmarks in Betracht gezogen werden. Schon kurz nach der Geburt können sichtbare Hautveränderungen im Lumbalbereich (Lipom, Hämangiom, Dermalsinus, Porus, Hautanhängsel) sowie Atrophien und Bewegungsarmut eines Beines erste Hinweise auf einen fehlenden Rückenmarkaszensus geben. Neurologische Symptome mit sensomotorischen Ausfällen finden sich häufig erst ab dem Kleinkindesalter. Hinzu treten Fußdeformitäten und trophische Störungen an den unteren Extremitäten. Eine frühzeitige Diagnose und operative Behandlung der spinalen Aszensionshemmung kann die Manifestation oder Progredienz der Symptome vermeiden.

Eine traumatisch verursachte Nervenläsion ist die Plexusparese des Neugeborenen (*Erb-Klumpke*sche Lähmung). Bei der wesentlich häufigeren oberen Plexusparese (C_5, C_6) hängt der Arm schlaff und innenrotiert herab, die untere Plexusparese (C_7–Th_1) fällt durch eine Lähmung der Hand- und Unterarmmuskulatur auf. Zusätzlich kann der *Horner*sche Symptomenkomplex bei Läsion sympathischer Fasern auftreten; gelegentlich wird auch eine Zwerchfellähmung beobachtet.

Verborgene Grundkrankheiten: Hinter dem Symptom »Muskelhypotonie« verbergen sich zahlreiche, teilweise vererbbare Krankheiten wie Myopathien, spinale oder neurale Muskelatrophien oder genetisch bedingte Erkrankungen (z. B. *Prader-Willi*-Syndrom). Auch schwere Allgemeinerkrankungen verursachen im Säuglingsalter eine Muskelhypotonie; dies gilt vor allem für Kinder mit angeborenen Herzfehlern, Malabsorptionssyndromen und Stoffwechselstörungen, die meist einen progredienten oder intermittierenden Verlauf haben. Entgegen früheren Vorstellungen gibt es keine isolierte hypotone Zerebralparese oder sie tritt nur sehr selten auf. Allerdings sieht man immer wieder im Verlauf des ersten Lebensjahres, daß aus einer Hypotonie des Säuglings später eine dyskinetische, ataktische oder spastische Zerebralparese werden kann.

Andererseits finden sich bei nicht wenigen Säuglingen, die von ihrer Anamnese als »Risikokinder« eingestuft werden, neurologische Auffälligkeiten wie etwa Muskelhypotonien oder leichte Asymmetrien im 1. Lebensjahr, die am Ende des 1. Lebensjahres nicht mehr nachzuweisen sind. Derartige »neurologische Durchgangssyndrome« des frühen Säuglingsalters bedürfen keiner weiteren Diagnostik und Therapie, aber solche Kinder müssen in regelmäßigen Abständen neurologisch kontrolliert werden, um nicht auch einmal eine sich entwickelnde neurologische Erkrankung oder Zerebralparese zu übersehen.

Differentialdiagnostische Maßnahmen: Da die Ursachen des Symptoms »Muskelhypotonie« außerordentlich vielfältig sind, muß im Einzelfall sorgfältig überlegt werden, mit welchen Maßnahmen eine differentialdiagnostische Klärung zu erreichen ist.

Zweckmäßig ist hier ein Diagramm diagnostischer Entscheidungsschritte, die in Abhängigkeit von den Begleitsymptomen erforderlich sind (Abb. 1). Einerseits kommt es

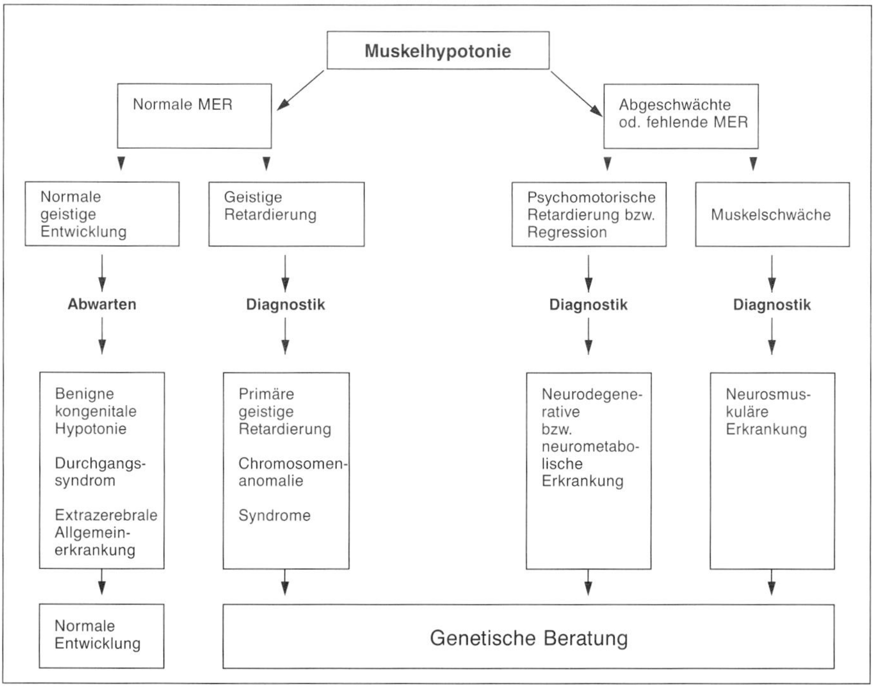

Abb. 1 Flußdiagramm zur Differentialdiagnose der Muskelhypotonie im Säuglings- und Kleinkindesalter (MER = Muskeleigenreflexe)

darauf an, rechtzeitig die Indikation zu Spezialuntersuchungen zu stellen, andererseits dem Kind unnötige und belastende Eingriffe zu ersparen. Deshalb empfiehlt es sich, in unklaren Fällen den Rat eines Neuropädiaters einzuholen und erst nach einer Verlaufskontrolle zu entscheiden, wann welche diagnostischen Maßnahmen eingeleitet werden.

Beim Verdacht auf eine neuromuskuläre Erkrankung gehören die Bestimmung der Creatinphosphokinase (CPK), die Elektromyographie, die Messung der Nervenleitgeschwindigkeit und die Muskel-Nerven-Biopsie sowie differenzierte histochemische, elektronenoptische und eventuell biochemische Analysen in Spezialinstituten zur notwendigen weiterführenden Diagnostik. Bei allen Knaben, die bis zum 18. Lebensmonat noch nicht laufen, muß die X-chromosomale Muskeldystrophie Typ Duchenne durch Bestimmung des Muskelenzyms CPK ausgeschlossen werden. Zum Nachweis zentraler Ursachen einer Muskelhypotonie sind bildgebende Verfahren wie die Computertomographie oder die Magnetresonanztomographie hilfreich. Zur Diagnose der seltenen neurometabolischen und neurodegenerativen Erkrankungen sind spezifische biochemische und morphologische Nachweismethoden einzusetzen.

Asymmetrien: Bei allen klinisch-neurologischen Untersuchungen des jungen Kindes sollte man auf konstante Asymmetrien des Muskeltonus, Reflexdifferenzen und Motilitätsstörungen achten. Auch wenn Asymmetrien nicht von vornherein pathologisch sind, sollten sie in jedem Fall sorgfältig kontrolliert werden, da sie eine sich entwickelnde Funktionsstörung signalisieren können. Viele Bewegungsautomatismen des Säuglings wie Greif- oder Schulterzugreflex und Sprungbereitschaft sind gut geeignet, auch leichte oder konstante Halbseitenbefunde zu erkennen. Eine asymmetrische *Moro*-Reaktion kann Ausdruck einer zentralen Halbseitensymptomatik (spastische Hemiparese) sein, kann aber auch bei einer einseitigen Parese des Plexus brachialis oder einer Klavikulafraktur auftreten. Auch asymmetrische Strampelbewegungen oder der konstante einseitige Faustschluß können auf eine zentrale Halbseitensymptomatik hinweisen.

Prüfung der Hirnnervenfunktionen

In der Früherkennung neurologischer Erkrankungen hat die Prüfung der Hirnnervenfunktionen ebenfalls ihren Stellenwert. Bereits beim Neugeborenen ist ein Lidschluß auf einen starken Lichtreiz vorhanden. Ein positiver Blinzelreflex, d. h. Schließen der Augen bei rascher Annäherung eines Gegenstandes, weist nach der 8. bis 10. Lebenswoche auf eine vorhandene Lichtperzeption hin. Bei Blindheit oder hochgradiger Sehschwäche kann das digito-okuläre Phänomen, das etwa mit sieben Monaten auftritt, beobachtet werden. Dabei drücken die Kinder die Faust oder die Knöchel der Zeigefinger mit bohrenden Bewegungen gegen die Augen. Motilitätsstörungen der Augen erkennt man bei Neugeborenen mit dem Puppenaugenphänomen: dreht man den Kopf des Kindes nach einer Seite, wandern die Augen des Kindes in entgegengesetzter Richtung. Schon das reife Neugeborene kann kurzfristig dazu gebracht werden, zu fixieren. Bis zum 3. Lebensmonat sollte der Säugling einen vorgehaltenen Gegenstand fixieren und mit den Augen verfolgen können.

Leichtes Schielen entdeckt man oft an der Asymmetrie einer sich spiegelnden Lichtquelle auf der Hornhaut rechts und links. Unter den Augenmuskelparesen ist die Abduzensparese mit Einwärtsschielen am häufigsten. Ein Nystagmus wird beim Blick geradeaus sowie in den verschiedenen Blickrichtungen gesucht. Der angeborene Nystagmus kann ein Zeichen einer ein- oder doppelseitigen erheblichen Amblyopie sein. Sonst findet man die unwillkürlichen, rhythmischen, meist horizontalen Augenbewegungen häufig als Begleitsymptom bei zentralnervösen Erkrankungen oder beim konnatalen Nystagmus. Eine geburtstraumatische periphere Fazialisparese mit den Symptomen einseitiges Fehlen des Stirnrunzelns und des Augenschlusses sowie Herabhängen des Mundwinkels wird kaum diagnostische Schwierigkeiten machen. Bei der zentralen Fazialislähmung ist die Innervation des Stirnastes erhalten. Das nicht seltene »schiefe Schreigesicht«, d. h. fehlendes Verziehens eines Mundwinkels beim Schreien oder Lachen, darf nicht mit einer Fazialislähmung verwechselt werden.

Ein gewisses Hörvermögen kann beim Neugeborenen schon durch den akustischen Blinzelreflex objektiviert werden: auf ein lautes Händeklatschen reagiert es mit kurzem Lidschluß. Im Alter von drei bis vier Monaten sollte das Kind auch auf feinere Geräusche reagieren oder den Kopf in die Schallrichtung drehen. Die Angaben der Eltern, ihr Kind höre nicht gut, dürfen nicht bagatellisiert werden, da die Eltern eine solche Störung eher bemerken, als der Arzt sie während der Untersuchung objektivieren kann.

Schluckstörungen, Dysarthrie und Auslaufen der Nahrung aus der Nase weisen auf eine mögliche doppelseitige Gaumensegelparese hin. Die häufigste doppelseitige Ursache nukleär bedingter Hypoglossusparesen ist im frühen Kindesalter die infantile spinale Muskelatrophie. Deshalb sollte bei jedem Kind mit Muskelschwäche und Hypotonie die Zunge auf Atrophien und Faszikulationen untersucht werden.

Kopfumfang und Gehirnentwicklung

Die regelmäßige Messung des Kopfumfanges in den ersten beiden Lebensjahren gibt wichtige Aufschlüsse über die Entwicklung des kindlichen Gehirns. Abweichungen von Meßwerten um mehr als zwei Standardgrößen liegen definitionsgemäß oberhalb der 97. bzw. unterhalb der 3. Perzentile, d. h. 3 % aller gesunden Kinder sind makro- bzw. mikrozephal. Viel wichtiger als eine Einzelmessung ist die Geschwindigkeit des Kopfwachstums. Ein Abbruch der Kopfwachstumskurve oder ein Überspringen von der 50. in die 90. Perzentile ist von weit größerer Bedeutung als ein Einzelwert oberhalb der 97. Perzentile. Die Beschaffenheit der Fontanelle und der Schädelnähte ist mit in die Beurteilung einzubeziehen.

Liegt eine *Mikrozephalie* vor, so muß differenziert werden, ob es sich um eine primäre Form mit oder ohne Entwicklungsstörung handelt oder um eine sekundäre Mikrozephalie nach vorzeitiger Nahtsynostose. Diese kommt im Rahmen von Mißbildungssyndromen und auch isoliert als familiär gehäuft auftretende Erkrankung vor. Bei vorzeitiger Synostose mehrerer oder aller Schädelnähte muß frühzeitig operiert werden, um Druckschäden des Gehirns zu vermeiden.

Bei einem *Makrozephalus* muß zwischen Hydrozephalus und Megalenzephalie unterschieden werden. Die mit Abstand häufigste Ursache des zu großen Kopfumfanges ist der Hydrozephalus. Neben den Leitsymptomen abnorm großer Kopf und abnorme Zunahme des Kopfumfanges sind das Mißverhältnis zwischen Gehirn- und Gesichtsschädel, klaffende Schädelnähte, vorgewölbte Fontanelle und verstärkte Venenzeichnung die wesentlichen früh zu beobachtenden Symptome des aktiven frühkindlichen Hydrozephalus. Allgemeinsymptome wie Trinkschwäche, gesteigerte Unruhe oder Apathie, Erbrechen, Sonnenuntergangsphänomen und Opisthotonushaltung sind im Frühstadium gar nicht oder gering vorhanden. Mit der Schädelsonographie und dem kranialen Computertomogramm ist die Frühdiagnose und Abgrenzung gegenüber anderen Erkrankungen mit Makrozephalus problemlos möglich.

Eine zunehmende Bedeutung hat in den letzten Jahren der posthämorrhagische Hy-

Tab. 2 Kriterien zur Frühdiagnose neurologischer Erkrankungen

Anamnese
Genetische Belastungen
Pränatale, natale, postnatale Hirnschädigungen
Stato- und psychomotorische Entwicklungsverzögerung
Verhaltensauffälligkeiten
Epileptische Anfälle

Bestimmung des Entwicklungsalters
Griffiths-Skalen
Münchener Funktionelle Entwicklungsdiagnostik

Neurologische Untersuchung
Frühkindliche Reflexe und Reaktionen
Erregbarkeits- und Motilitätsstörungen
Muskeltonusanomalien
Veränderungen der Eigen- und Fremdreflexe
Hirnnervenfunktionen
Entwicklung des Kopfumfanges

drozephalus des Frühgeborenen erlangt. Die wiederholte Messung des Kopfumfanges und die Interpretation des Befundes entsprechend dem Konzeptionsalter sowie die Schädelsonographie sind in der Verlaufsbeobachtung die entscheidenden Parameter, um einen aktiven posthämorrhagischen Hydrozephalus von einer transitorischen oder persistierenden Ventrikulomegalie zu differenzieren. Die Behandlung des aktiven Hydrozephalus besteht in allen Altersstufen in der Beseitigung der Ursache oder – falls dies nicht möglich ist – in der Anlage eines ventrikulo-peritonealen bzw. ventrikulo-atrialen Shunts.

Probleme und Zukunftsaufgaben

Ein wesentliches Problem der Früherkennung neurologischer Erkankungen ist die Tatsache, daß bei der Komplexität und Unreife des kindlichen Zentralnervensystems ein einfaches Rezept für die Frühdiagnose nicht gegeben werden kann. Im Rahmen der Früherkennungsuntersuchungen muß nach neurologischen Syndromen und den zunächst unspezifischen Frühsymptomen gesucht werden, die auf eine mögliche Erkrankung des zentralen und peripheren Nervensystems hinweisen. Dazu ist eine Reihe anamnestischer Daten und klinischer Untersuchungen erforderlich (Tab. 2). Nach Stellung der Verdachtsdiagnose ist die weiterführende Diagnostik zu veranlassen.

Die Möglichkeit, eine neurologische Erkrankung frühzeitig, eventuell schon in der präklinischen Phase zu erkennen, muß notwendigerweise die Konsequenz haben, weitere Erkrankungsfälle in einer Familie durch genetische Beratung und pränatale Diagnostik zu verhindern. Während dies für Neuralrohrdefekte schon längere Zeit praktiziert wird, ist eine pränatale Diagnose der Muskeldystrophien (Typ Duchenne, Typ Becker) und anderer konnataler Myopathien (myotonische Dystrophie, zentronukleäre Myopathie) erst jetzt mit Hilfe der Genotypdiagnostik möglich geworden. Sinn der Früherkennung ist aber auch, frühe Hilfen für betroffene Kinder und ihre Familien anzubieten, um die Therapieergebnisse zu verbessern und die Eingliederung der behinderten Kinder in die Gesellschaft zu fördern. Dazu gehört nicht nur die Verordnung medizinischer Rehabilitationsmaßnahmen wie Physiotherapie, Sprach- und Beschäftigungstherapie, sondern neben medizinischen Gesichtspunkten müssen auch die pädagogischen und sozialen Aspekte behinderter Kinder berücksichtigt werden.

Literatur

[1]*Dubowitz, V.:* Muscle disorders in childhood. London 1978.
[2]*Frankenburg, W. K., S. M. Thornton, M. E. Cohrs:* Entwicklungsdiagnostik bei Kindern: Trainingsprogramm zur Erkennung von Entwicklungsstörungen. Stuttgart 1986.
[3]*Griffiths, R.:* Griffiths Entwicklungsskalen (GES) zur Beurteilung der Entwicklung in den ersten beiden Lebensjahren. Dtsch. Bearb. *Ingeborg Brandt*. Weinheim 1983.
[4]*Hellbrügge, H.:* Münchener Funktionelle Entwicklungsdiagnostik. München 1978.
[5]*Michaelis, R., U. Hege:* Die infantilen Zerebralparesen. Akt. Neurol. *9:* 35 (1982).

Neurologische Funktionsdiagnostik

G. Neuhäuser

Die neurologische Untersuchung des Kindes verfolgt das Ziel, verschiedene zerebrale, spinale und periphere (sensomotorische) Funktionssysteme zu prüfen, um dann aufgrund der beobachteten und festgestellten Symptome ein neurologisches Syndrom zu diagnostizieren. Dieses gibt Hinweise auf die Lokalisation einer Störung und hilft bei der Planung von Untersuchungen, die erforderlich werden, um Ätiologie und Pathogenese zu klären (bildgebende Verfahren, neurophysiologische und biochemische Methoden etc.).

Bei der Vorsorgeuntersuchung muß der Entwicklungsstand des Kindes ermittelt werden. Für diese Entwicklungsdiagnostik interessieren vor allem motorische, sprachliche, kognitive und soziale Fähigkeiten bzw. Fertigkeiten, wie sie mit geeigneten Testverfahren festgestellt und im Vergleich zu Normwerten beurteilt werden. Die neurologische Untersuchung stützt sich auf die Ermittlung des Muskeltonus und die Prüfung spontaner wie provozierter Bewegungen (Reflexe und Reaktionen, Koordination), berücksichtigt aber auch das allgemeine Verhalten des Kindes; gegebenenfalls sind spezielle Prüfungen (Sinnesorgane, Sensibilität, spezifische Hirnleistungen usw.) notwendig.

Mit einer dem Alter des Kindes entsprechenden Auswahl von Untersuchungsschritten soll erreicht werden, in einem physiologischen Ablauf und mit vertretbarem zeitlichen Aufwand ausreichend genaue Aussagen über den Entwicklungsstand und die wichtigsten neurologischen Funktionen zu erhalten. Dabei ist – besonders beim Neugeborenen und Säugling – eine möglichst weitgehende Standardisierung anzustreben, die Vergleiche bei Kontrollen gestattet, auch wenn diese von verschiedenen Untersuchern durchgeführt werden.

Als optimale Bedingungen gelten

- geeigneter Verhaltenszustand des Kindes (ruhiges Wachsein)
- Untersuchung etwa 2 Stunden nach der letzten Fütterung
- ruhige Umgebung
- geeignete Unterlage (Schaumstoffmatte, die leichtes Eindrücken ermöglicht)
- ausreichend hohe Raumtemperatur (etwa 30 bis 31 °C)
- diffuse (nicht fokale) Beleuchtung
- Position des kindlichen Kopfes in der Mittellinie (evtl. Verwendung von Sandsäckchen, die neben den Kopf gelegt werden)
- standardisierter Untersuchungsablauf.

Falls bei weniger optimalen Bedingungen abweichende oder abnorme Befunde erhoben werden, sollte zunächst kurzfristig eine Kontrolle unter günstigeren Voraussetzungen erfolgen. Dabei ist zu berücksichtigen, daß meist einem einzelnen Befund weniger Bedeutung zukommt als der Kombination mehrerer abnormer Symptome (besonders im Zusammenhang mit einer verzögerten Entwicklung). Bei Bestätigung und Vorliegen eines neurologischen Syndroms muß weitere diagnostische Klärung durch Spezialuntersuchungen angestrebt werden.

In dem hier für jede Vorsorgeuntersuchung angegebenen Schema wird versucht, die wesentlichen Symptome zu kennzeichnen, die zur Diagnose eines neurologischen Syndroms verhelfen. Der Ablauf der Untersuchung ist so gestaltet, daß er dem Kind möglichst wenig Unbehagen bereitet, zu einem günstigen Verhaltenszustand verhilft und eine Beobachtung wichtiger Haltungs- bzw. Bewegungsreaktionen gestattet.

Bei einer neurologischen Funktionsdiagnostik bestimmt das Ziel der Untersuchung die notwendigen Maßnahmen; Antworten hängen davon ab, wie welche Fragen gestellt werden. Bei der Komplexität zerebraler Funktionssysteme soll ein mosaikartiges Bild gewonnen werden, das eine Normabweichung rasch erkennen läßt; dabei ist zu versuchen, primäre Funktionsstörungen von sekundärer Reaktionsbildung zu differenzieren, was oft nur näherungsweise gelingt, aber wesentliche therapeutische Konsequenzen hat.

U 1 und U 2:

Kurzschema[6] (Tab. 1)

Tab. 1 Kurzuntersuchung des Neugeborenen

Name:
Geschlecht:
Geburtsdatum:
Datum der Untersuchung: Alter:
Zeit nach letzter Fütterung:
Zustand zu Beginn der Untersuchung: 1, 2, 3, 4, 5

Körperhaltung (Kopf genau in der Mittellinie): — Zustand ☐
- Arme: halbgebogen; flektiert; extendiert.
- Beine: halbgebogen; flektiert; extendiert.
- annähernd symmetrisch: ja; nein.
- Opisthotonus: nein, ja. Froschhaltung: nein; ja.
- Konstante Kopfdrehung nach einer Seite: nein; ja.

Augen: Zentriert: ja; nein.
- Konstante Deviation: nein; ja.
- Konstanter Strabismus: nein; ja.
- Puppenaugenzeichen: anwesend; fehlt; asymmetrisch.

Spontane Motilität (Kopf genau in der Mittellinie): — Zustand ☐
- Alternierende Arm- und Beinbewegungen: ja; nein.
- annähernd symmetrisch: ja; nein.
- Motilität besitzt normale Intensität und Tempo: ja; nein.
- Zittern: nein; ja.
- Überschießende, fahrige Bewegungen: nein; ja.
- Einzelne Zuckungen: nein; ja.
- Krämpfe: nein; ja.

Widerstand gegen passive Bewegungen (Kopf in der Mittellinie): — Zustand ☐

Nacken:	normal; niedrig; hoch	
Rumpf:	normal; niedrig; hoch	
Arme:	normal; niedrig; hoch	symmetrisch: ja; nein.
Beine:	normal; niedrig; hoch	symmetrisch: ja; nein.

Hochziehen an den Armen: — Zustand ☐
- Widerstand in den Armen: normal; niedrig; hoch.
- Kopfbalance: normal; fehlt; abnorm verstärkt.

Saugen (am Finger des Untersuchers):
- normal stark anwesend; schwach; fehlt.

Tab. 1 Kurzuntersuchung des Neugeborenen (Fortsetzung)

Moro-Reflex (*head drop*).

Reaktion mit Abduktion und Extension: ja; nein.
Reaktion mit Adduktion und Flexion: nein; ja.
Konstante Asymmetrie: nein; ja.
Zittern: nein; leicht; stark.

Resultat:

unauffällig, Verdacht auf Schädigung, pathologisch.

U 3

Neurologische Untersuchung in der 4.–6. Woche

Untersuchungsgang		Abweichender Befund	Konsequenz: Verdacht	Hypertonie	Hypotonie	Hemisyndrom	Periphere Parese	Retardierung
Rückenlage	– Haltung	Opisthotonus	●	●				
		Asymmetrie				●		
	– Spontanbewegung	vermehrt/vermindert		●	●			
		Asymmetrie				●	●	
	– Augenstellung	Strabismus Nystagmus	●					
	– Mimik	Asymmetrie					●	
	– Muskeltonus	vermehrt/vermindert	●	●	●			

Verdacht

Neurologisches Syndrom
– Hypertonie
– Hypotonie
– Hemisyndrom

Periphere Parese

Retardierung

Untersuchungsgang		Abweichender Befund	Konsequenz: Verdacht	Hypertonie	Hypotonie	Hemisyndrom	Periphere Parese	Retardierung
	– Muskeleigenreflexe	fehlend/gesteigert		●	●			
Hochziehen zum Sitzen		Kopf, Arme						
Gehaltenes Sitzen								
Rollen (en bloc)								
Bauchlage	– Haltung	keine Beugung			●			
	– Kopf	kein kurzes Heben			●			
Horizontal Schweben		keine Beugung			●			
Vertikal Hängen								
Schreitbewegungen		fehlen	●	●				
Moro-Reaktion		fehlt/gesteigert	●	●				
		Asymmetrie					●	

Gesamturteil

normal

Verdacht

Neurologisches Syndrom
– Hypertonie
– Hypotonie
– Hemisyndrom

Periphere Parese

Retardierung

Sonstiges:

U 4

Neurologische Untersuchung im 3.–4. Monat

Untersuchungsgang		Abweichender Befund	Verdacht	Neurologisches Syndrom	Retardierung	Periphere Phase
Rückenlage	– Haltung	Opisthotonus	●	●		
		Asymmetrie		●		●
	– Orientierung					
	– Fixieren	fehlt			●	
	– Lächeln	fehlt			●	
	– Spontanbewegungen	Asymmetrie		●		
		vermehrt/vermindert		●		
	– Greifen	fehlt			●	
	– Muskeltonus	vermehrt/vermindert		●		
	– Muskeleigenreflexe	fehlen/gesteigert		●		

Konsequenz: Verdacht; Neurologisches Syndrom; Retardierung; Periphere Phase; Sonstiges:

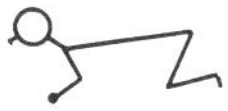

Untersuchungsgang		Abweichender Befund	Verdacht	Neurologisches Syndrom	Retardierung	Periphere Phase
Hochziehen zum Sitzen		Kopf, Arme		●	●	
Gehaltenes Sitzen		mangelnde Kopfkontrolle		●	●	
Rollen						
Bauchlage	– Haltung	Kopfheben fehlt		●	●	
	– Abstützen	fehlt		●		
Horizontal Schweben		Strecken fehlt	●			
Vertikal Hängen		keine alt. Beinbeweg.		●		
Schreckreaktionen (*Moro*)		noch vorhanden			●	
Vokalisation		fehlt	●			

Gesamturteil

normal

Konsequenz: Verdacht; Neurologisches Syndrom; Retardierung; Periphere Phase

U 5

Neurologische Untersuchung im 6.–7. Monat

Untersuchungsgang		Abweichender Befund	Konsequenz: Verdacht	Konsequenz: Retardierung	Konsequenz: Zerebrale Bewegungsstörung
Rückenlage	– Haltung	Opisthotonus	●		●
		Asymmetrie			●
	– Spontanbewegung	Asymmetrie			●
		vermehrt/vermindert			
	– Orientierung	fehlt		●	
	– Greifen	fehlt	●	●	
	– Hand-Fuß-	fehlt		●	
	Koordination		●		●
	– Muskeltonus	verm./vermind.			●
	– Muskeleigenreflexe	fehl./gesteig.			●
Hochziehen zum Sitzen					
	– Kopfkontrolle	fehlt		●	●
	– Akt. Beugen d. Arme	fehlt			●
Sitzen	– Stützreakt.	fehlen			●

Sonstiges:

Untersuchungsgang		Abweichender Befund	Konsequenz: Verdacht	Konsequenz: Retardierung	Konsequenz: Zerebrale Bewegungsstörung
Rollen	– Schraubenbewegung	fehlt	●		●
Bauchlage	– Kopfheben	fehlt		●	●
	– Stütz auf Hände	fehlt		●	●
	– Umdrehen	fehlt		●	●
				●	●
Horizontal Schweben					
	– *Landau*-Reaktion	fehlt	●		●
	– Sprungbereitschaft	fehlt/asymm.		●	●
Vertikal Hängen					
Stehbereitschaft					
Vokalisation					

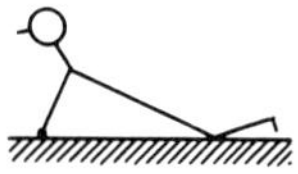

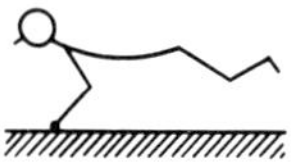

Gesamturteil

normal

U 6

Neurologische Untersuchung im 10.–12. Monat

Untersuchungsgang		Abweichender Befund	Konsequenz: Verdacht	Retardierung	Bewegungsstörung
Rückenlage	– Haltung	Asymmetrie	●		●
	– Kopfheben	fehlt		●	●
	– Orientierung (akust./opt.)	fehlt		●	
	– Spontanbewegungen				●
	– Greifen	fehlend		●	●
	– Manipulationen	unzureichend	●	●	●
	– Muskeltonus	vermehrt/vermindert			●
	– Muskeleigenreflexe	fehlen/gesteigert			●
Hochziehen zum Sitzen					
	– Kopfkontrolle	fehlt		●	●
	– akt. Beugung	fehlt			●

Verdacht
Retardierung
Bewegungsstörung
Sonstiges:

Untersuchungsgang		Abweichender Befund	Konsequenz: Verdacht	Retardierung	Bewegungsstörung
	– Streckg. Beine	fehlt			●
Sitzen	– Stützreaktion	fehlt	●	●	●
	– Wirbelsäule	Kyphose			●
Rollen	– aktiv	fehlt		●	●
Bauchlage	– Kopfkontrolle	fehlt		●	●
	– Hochstützen	fehlt		●	●
	– Kriechen	fehlt	●	●	●
	– Krabbeln	fehlt		●	●
	– Aufsetzen	fehlt		●	●
	– Aufstehen	fehlt	●	●	●
Horizontal Schweben					
	– *Landau*-Reaktion	fehlt			●
	– Sprungbereitschaft	fehlt, asymm.		●	●
Vertikal Hängen					
Stehen und Gehen				●	●
Sprachproduktion			●	●	

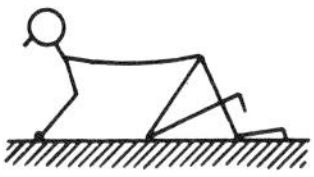

Gesamturteil

normal

Verdacht
Retardierung
Bewegungsstörung

U 7

Neurologische Untersuchung im 21.–24. Monat

Untersuchungsgang		Abweichender Befund	Seitendifferenz	Tonusabweichung, Bew. Störung	allg. Retardierung	periphere Lähmung	Hirnnervenstörung
Sitzen	– Rumpfkontrolle	mangelhaft					
	– Stützreaktionen	verzögert	●		●		
Liegen	– Muskeltonus	vermehrt/vermindert		●		●	
	– Muskeleigenrefl.	fehlen/gesteigert		●		●	
	– path. Reflexe	vorhanden		●			
Aufstehen (ohne Hilfe)		gelingt nicht	●		●		
Bücken		gelingt nicht	●		●		
Stehen	– Gleichgewicht	unzureichend		●	●		
Gehen (frei)		nicht möglich		●	●		

Untersuchungsgang		Abweichender Befund	Seitendifferenz	Tonusabweichung, Bew. Störung	allg. Retardierung	periphere Lähmung	Hirnnervenstörung
Handfunktion	– Zielbewegungen	unsicher			●		
	– Pinzettengriff	gelingt nicht	●		●		
Sprachliche und geistige Entwicklung					●		
Augenfunktion, Mimik							●
Gesamturteil							
normal							

U 8

Neurologische Untersuchung mit 3½–4 Jahren

Untersuchungsgang		Abweichender Befund	Konsequenz: Verdacht	Retardierung	Tonusabweichung	Bewegungsstörung	Periphere Lähmung	Myopathie
Sitzen	– Rumpfkontrolle	mangelhaft				●		
	– Stützreaktionen	verzögert	●	●		●		
Liegen	– Muskeltonus	vermehrt/vermindert			●	●	●	●
	– Muskeleigenrefl.	fehlend/gesteigert			●	●	●	●
	– path. Reflexe	vorhanden			●	●		
Aufstehen		gelingt nicht	●	●		●		●
Bücken		gelingt nicht	●	●		●		●
Stehen	– Gleichgewicht	unsicher		●		●		
	– evtl. Einbeinstand	gelingt nicht	●	●		●		
Gehen	– Gleichgewicht	Schwanken				●		
	– Abrollen d. Füße	unzureichend				●		
	– evtl. Strichgang	unmöglich	●	●		●		
	– evtl. Hüpfen	unmöglich	●	●		●		●
Handfunktion	– Zielbewegungen	unsicher				●		
	– Fingeroppos.	gelingt nicht				●		
	– Diadochokinese	unzureichend		●		●		
	– Kreiszeichnung	gelingt nicht	●	●		●		
Sprachliche, geistige und soziale Entwicklung				●				

Gesamturteil

normal

Verdacht
Retardierung
Tonusabweichung
Bewegungsstörung
Periphere Lähmung
Myopathie

U9

Neurologische Untersuchung mit 4½ bis 5 Jahren bzw. vor der Einschulung

Bewegungsverhalten*	Gangauffälligkeiten Hüpfen auf einem Bein (mindestens dreimal) Gehen auf einer Linie von 2 m, Ferse an Zehen (mehr als drei Abweichungen) Reduzierte Muskelkraft, Tonus (arm re./li., Bein re./li.) Muskeleigenreflexe (fehlende, Seitendifferenz) Zeichnen von Kreis, Quadrat, Dreieck (nach Vorlage) Diadochokinese, Fingeroppositionstest, Zielbewegungen
Geistige Fähigkeiten	Anamnese, Beobachtung
Sprachentwicklung	Sprachstörung (Fehler in Grammatik oder Satzbildung) Aussprachestörung (Stammeln, Stottern) Sprachverständnis
Sozialentwicklung Selbständigkeit Emotionale Stabilität	Anamnese, Beobachtung

*) (Schema entsprechend U 8)

Literatur

[1]*Amiel-Tison, C., A. Grenier:* Neurological assessment during the first year of life. New York-Oxford 1986.

[2]*Baird, H. W., E. C. Gordon:* Neurological evaluation of infants and children. Clin. Dev. Med. No. 84/85. Spast. Internat. Med. Publ. London–Philadelphia 1983.

[3]*Drillien, C., M. Drummond:* Development screening and the child with special needs. Clin. Dev. Med. No. 83. Spast. Internat. Med. Publ. London–Philadelphia 1983.

[4]*Flehmig, I.:* Normale Entwicklung des Säuglings und ihre Abweichungen. Früherkennung und Frühbehandlung. Stuttgart–New York 1987[3].

[5]*Frankenburg, W. K., S. M. Thornton, M. E. Cohrs:* Entwicklungsdiagnostik bei Kindern. Trainingsprogramm zur Früherkennung von Entwicklungsstörungen. Stuttgart–New York 1986.

[6]*Prechtl, H. F. R., D. J. Beintema:* Die neurologische Untersuchung des reifen Neugeborenen. Stuttgart 1976[2].

[7]*Touwen, B. C. L.:* Die Untersuchung von Kindern mit geringen neurologischen Funktionsstörungen. Stuttgart 1982.

Neurologische Erkrankungen aus der Sicht der Kinder-Richtlinien

Nach den Richtlinien des Bundesausschusses der Ärzte und Krankenkassen über die Früherkennung von Krankheiten bei Kindern (Kinderrichtlinien) haben Kinder vom Neugeborenenalter bis zur Vollendung des vierten Lebensjahres Anspruch auf Früherkennungsuntersuchungen, deren Ziel auch die Frühdiagnose neurologischer Erkrankungen ist. Wie bei allen Früherkennungsuntersuchungen geht es auch hier um die frühzeitige Erkennung von Normabweichungen, um daraus gegebenenfalls Schlüsse auf Krankheiten oder drohende krankhafte Veränderungen ziehen zu können. Der Sinn der Früherkennungsmaßnahmen liegt damit in einer regelmäßigen ärztlichen Untersuchung der Kinder in bestimmten Zeitabständen, um aus dem Vergleich der Untersuchungsergebnisse zueinander Anhaltspunkte für eine normale oder gestörte Entwicklung zu gewinnen.

Die qualifizierte Durchführung der Kinderfrüherkennungsuntersuchungen setzt also eine genaue Kenntnis der normalen Entwicklung und ihrer biologischen Streubreite voraus. Werden Symptome erkennbar, die auf eine gestörte Entwicklung schließen lassen, ist die notwendige weitere Diagnostik nicht mehr Gegenstand der Kinderfrüherkennungsuntersuchungen, sondern Bestandteil der kurativen Versorgung. Diese leistungsrechtliche Zuordnung findet ihren Ausdruck darin, daß die ärztlichen Leistungen in unterschiedlichen Kapiteln der Vertragsgebührenordnungen BMÄ und E-GO aufgeführt sind.

Die insbesondere für die Früherkennung neurologischer Erkrankungen benutzten Entwicklungsskalen, wie z. B. die Denver-Skalen, dienen nicht in erster Linie der Diagnostik, sondern der frühzeitigen Erkennung von Normabweichungen und der Beurteilung, ob dieses Abweichen von der Norm eine krankheitswertige Störung darstellt, die der weiteren diagnostischen Klärung bedarf.

In diesem Zusammenhang sei auch auf die »Anleitungen zu den Krankheitsfrüherkennungsuntersuchungen für Kinder« verwiesen, die vom Beraterkreis des Zentralinstituts für die Kassenärztliche Versorgung in der Bundesrepublik Deutschland herausgegeben worden sind. In der Anleitung zur Früherkennung der Fehlbildungen des zentralen Nervensystems (ZNS) wird insbesondere auf die Entdeckung des konnatalen (aktiven) Hydrozephalus und der prämaturen Nahtsynostose (Kraniosynostosen) sowie der angeborenen Fehlbildungen des ZNS eingegangen.

E. Effer

Stoffwechselerkrankungen

E. Harms

Angeborene, erbliche Stoffwechseldefekte sind seltene Krankheitsursachen (Tab. 1). Eine große Zahl solcher Störungen (>250), die die verschiedensten Bereiche des Stoffwechsels betreffen, ist heute bekannt. Nimmt man die Häufigkeit aller Störungen zusammen, ist bei 1 bis 2 von 1000 Lebendgeborenen mit einer angeborenen Stoffwechselerkrankung zu rechnen. Das *generelle Screening* in der Neugeborenenperiode erfaßt nur etwa 20 % aller Patienten. Der überwiegende Teil muß an den für die einzelnen Krankheiten typischen Symptomen erkannt und danach durch ein *selektives Screening* auf abnormale Metaboliten geprüft werden.

Nur ein Teil der Erkrankungen kann erfolgreich behandelt werden. Die wichtigsten Behandlungsprinzipien sind:

- Diätetische Beschränkung des Substrats,
- Ersatz fehlender Produkte,
- Aktivierung von Enzymaktivität durch Gabe von Vitaminen und Kofaktoren,
- Entfernung abnormaler Speichersubstanzen.

Der Erfolg einer Behandlung kann vom Zeitpunkt des Behandlungsbeginns abhängen. Ein Behandlungsbeginn im asymptomatischen Stadium ist optimal, in der Regel allerdings nur zu erreichen, wenn für die jeweilige Erkrankung ein generelles Screening in der Neugeborenenperiode durchgeführt wird.

Ein Beispiel für die absolute Notwendigkeit einer Frühbehandlung ist die Phenylketonurie (PKU): nur bei Behandlungsbeginn im asymptomatischen Stadium während der ersten zwei Lebensmonate durch diätetische Einschränkung des Substrates Phenylalanin läßt sich ein optimaler Behandlungserfolg sichern; je später eine Behandlung nach diesem Zeitpunkt beginnt, umso schlechter wird der Behandlungserfolg.

Die Mehrzahl der angeborenen Stoffwechselstörungen ist einer kausalen Behandlung nicht zugänglich. Trotzdem ist eine korrekte biochemische Diagnose für die betroffenen Familien von entscheidender Bedeutung, da hiervon die Erkennung von Heterozygoten, die genetische Beratung und die Möglichkeit einer pränatalen Diagnose abhängen. Bei den nicht behandelbaren Störungen hat gerade die Pränataldiagnose besondere Bedeutung.

Anamnese

Die meisten Stoffwechselstörungen werden autosomal-rezessiv, wenige X-chromosomal vererbt. Eine sorgfältige Familienanamnese ist deshalb besonders wichtig. Folgende Fragen müssen beantwortet sein:

- Eltern blutsverwandt?
- Gleichartiges Krankheitsbild bei Geschwistern oder nahen Verwandten?
- Entwicklungsstillstand oder Entwicklungsrückschritt?

Ein Entwicklungsstillstand, der erst im späteren Säuglings- oder Kleinkindalter auffällt, oder sogar ein Entwicklungsrückschritt, d. h. Verlust bereits erlernter Funktionen, ist typisch für einige Stoffwechselstörungen.

Symptome

Eine Reihe wesentlicher charakteristischer Symptome sollte zur Suche nach angeborenen Stoffwechseldefekten Anlaß geben (Tab. 2). Dabei wird zweckmäßigerweise in Symptome der Neugeborenenperiode (Tab. 2a) und Symptome jenseits der Neugeborenenperiode (Tab. 2b) unterschieden. Ein auffälliger Geruch ist eher die Ausnahme bei Stoffwechseldefekten, keinesfalls die Regel.

Die Kombination mehrerer Symptome mit Beteiligung verschiedener Organsysteme ist besonders hinweisend auf angeborene Stoffwechseldefekte.

Allgemeine Diagnostik

Eine Reihe verschiedener Untersuchungen kann zusätzliche Hinweise auf das Vorliegen angeborener Stoffwechseldefekte ergeben. Von zentraler Bedeutung ist die augenärztliche Untersuchung, da zahlreiche Stoffwechselerkrankungen charakteristische Augenbefunde zeigen. Diese Untersuchung sollte sämtliche Augenabschnitte umfassen und muß daher gegebenenfalls in Narkose durchgeführt werden. Die Indikation zu weiteren diagnostischen Maßnahmen (Tab. 3) ergibt sich aus der jeweiligen Symptomenkombination.

Generelles Screening

Das generelle Screening in der Neugeborenenperiode wird heute in der Bundesrepublik Deutschland überall auf folgende Störungen durchgeführt:

- Hyperphenylalaninämien (Phenylketonurie),
- Galaktosämie
- Hypothyreose.

Auf eine Filterpapier-Testkarte werden am 5. Lebenstag (oder 3 Tage nach Absetzen von Antibiotika) mehrere Tropfen Fersenblut aufgetropft (nicht nur darübergewischt!) und die Testkarte nach Eintrocknen noch am selben Tag an das zuständige Screeninglabor verschickt.

Ein erhöhter Blutspiegel von Phenylalanin wird im Screeninglabor durch den mikrobiologischen Test nach *Guthrie* erfaßt. Andere Störungen, die mit ähnlichen Testsystemen entdeckt werden können, sind die Homozystinurie (über den Nachweis einer Erhöhung von Methionin) und die Ahornsirupkrankheit (über den Nachweis einer Erhöhung von Leucin). Die beiden letztgenannten Tests werden jedoch nur in wenigen Screeninglabors durchgeführt.

Störungen des Galaktosestoffwechsels werden im Screening am vorteilhaftesten mit dem mikrobiologischen *Paigen*-Test erfaßt, der die Anwesenheit von Galaktose und Galaktose-1-phosphat anzeigt. Der früher häufig benutzte *Beutler*-Test, der das Vorhandensein von Uridyltransferase nachweist, ist wenig zuverlässig und erfaßt nur die Galaktosämie, aber nicht die selteneren Störungen des Galaktosestoffwechsels wie z. B. den ebenfalls behandlungsbedürftigen Galaktokinase-Defekt, der unbehandelt zur Katarakt führt.

Gegenwärtig gibt es Bemühungen, ein generelles Screening auf den Biotinidase-Defekt bundesweit einzuführen. Unerkannt und unbehandelt kann diese Erkrankung nach Monaten oder sogar Jahren zu schwerer metabolischer Entgleisung führen mit metabolischer Azidose, Ataxie und häufig Alopezie. Da die Behandlung mit Biotin sehr einfach und effizient ist, wäre die allgemeine Einführung des mancherorts schon erfolgreich erprobten Screeningtests auf die Enzymaktivität wünschenswert.

Zusammen mit dem Stoffwechsel-Screening auf PKU und Galaktosämie wird auch das Screening auf angeborene Hypothyreose durchgeführt. Durchgesetzt hat sich das Screening durch TSH (*Thyreostimulating Hormone*)-Bestimmung, wobei von vornherein die Möglichkeit weniger falsch-negativer Ergebnisse bedacht werden muß. Die angeborene Hypothyreose muß daher bei entsprechenden Symptomen (Icterus prolongatus, Muskelhypotonie, Bewegungsarmut, grobe Gesichtszüge, Makroglossie, breite Nasenwurzel, trockene und kühle Haut, struppiges Haar, Obstipation) weiter in die Differentialdiagnose einbezogen werden, auch wenn eine vorausgehende Screeninguntersuchung ohne pathologisches Ergebnis war.

Selektives Stoffwechsel-Screening

Selektives Stoffwechsel-Screening erfordert häufig Untersuchungen, die die Möglichkeit eines niedergelassenen Arztes überschreiten. Eine Zusammenarbeit mit einem benachbarten Zentrum, das auf die Diagnostik und Behandlung stoffwechselkranker Kinder spezialisiert ist, ist zu empfehlen. Diese Zentren können im Einzelfall beraten und bei der Planung der jeweils notwendigen Diagnostik behilflich sein. So kann vielfach die Diagnostik in der Praxis begonnen und dadurch eine anschließend eventuell notwendige stationäre Abklärung zielgerichteter und zeitsparend durchgeführt werden.

Die wichtigsten Untersuchungsmethoden zur Erfassung angeborener Stoffwechseldefekte im selektiven Screening (Tab. 4) werden meist nur in darauf spezialisierten Labors durchgeführt. Diese sollten auch in der Lage sein, das Untersuchungsergebnis mit dem klinischen Bild zusammen sinnvoll zu interpretieren. Unter den Untersuchungsmethoden finden sich jedoch auch so einfache diagnostische Maßnahmen

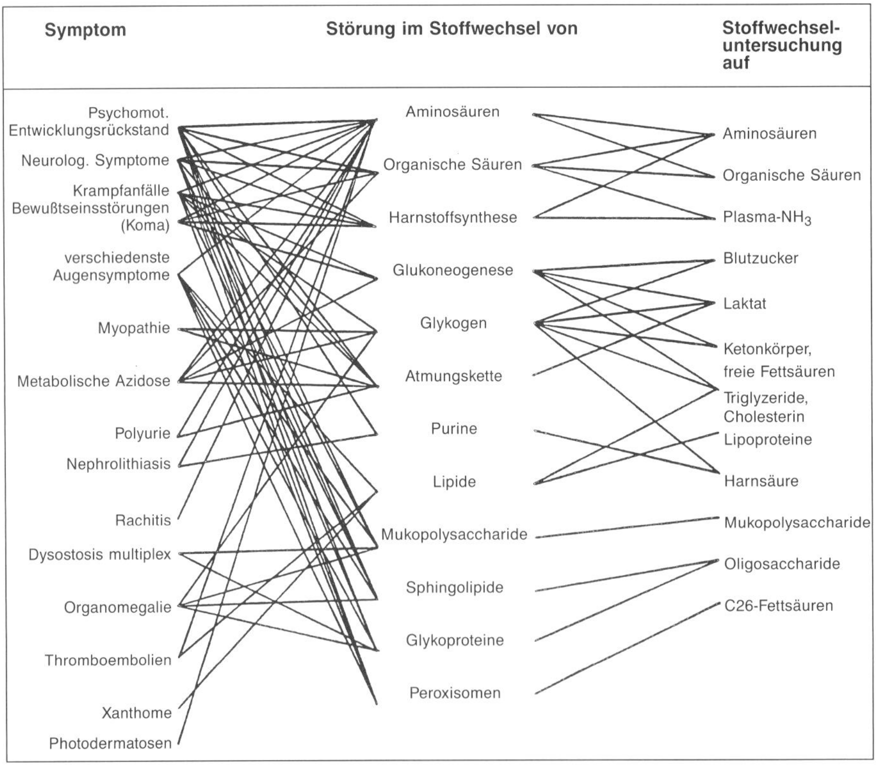

 Abb. 1 Entscheidungsdiagramm zur Planung gezielter Stoffwechseluntersuchungen

Tab. 1: Häufigkeit angeborener Stoffwechselstörungen

Mukoviszidose (Zystische Fibrose)	1 : 2400
(Hypothyreose	1 : 4300)
Hyperphenylalaninämien	1 : 6400
Galaktosämie	ca. 1 : 50 000
Homozystinurie	ca. 1 : 200 000
Ahornsirupkrankheit (MSUD)	ca. 1 : 200 000

Tab. 2a Charakteristische Symptome in der Neugeborenenperiode

Neurologische Symptome:	Krampfanfälle Muskelhypotonie, Muskelhypertonie Areflexie Atemantriebsstörung (nicht Frühgeborenen-Apnoen) Apathie, Koma
Säure-Basen-Gleichgewicht:	persistierende metabolische Azidose
Blutzucker-Gleichgewicht:	anhaltende Hypoglykämie
Organvergrößerung:	Leber, Milz, Herz
Sonstiges:	Ahornsirup-, Maggigeruch

Tab. 2b Charakteristische Symptome jenseits der Neugeborenenperiode

Entwicklungsverzögerung:	Psychomotorischer Entwicklungsrückstand Entwicklungsrückschritt
Neurologische Symptome:	Muskelhypotonie Ataxie rezidivierende Zustände von Apathie/Koma Krampfanfälle (nicht als einzelnes Symptom!)
Säure-Basen-Gleichgewicht:	persistierende metabolische Azidose rezidivierende Ketoazidosen
Blutzucker-Gleichgewicht:	Hypoglykämien
Renale Symptome:	Polyurie/Polydipsie (Diabetes ausschließen!) Nephrolithiasis
Skelettsymptome:	Dysostosis multiplex Rachitis Ossifikationsstörungen Arachnodaktylie/Hochwuchs (mit Linsenluxation)
Organvergrößerungen:	Leber (z. T. mit Funktionsstörungen) Milz, Nieren, Herz
Augensymptome:	Katarakt Linsenluxation Hornhauttrübungen Hornhauteinlagerungen (Kristalle!) bds. herpetiforme Keratitis kirschroter Makulafleck Atrophia gyrata Retinitis pigmentosa (nicht als einzelnes Symptom) *Kayser-Fleischer*-Kornealring Arcus corneae
Gefäßsymptome:	Thromboembolien
Haut:	Xanthome palmoplantare Hyperkeratosen (mit herpetiformer Keratitis) Exantheme an belichteten Körperregionen

Tab. 3 Diagnostische Maßnahmen bei der Suche nach angeborenen Stoffwechselerkrankungen

Augenärztliche Untersuchung (Fundoskopie, Spaltlampe)
Bildgebende Diagnostik a) Röntgendiagnostik: Handskelett – Ossifikation? Dysostosis? Rachitis? b) Ultraschalldiagnostik: Organgrößen – Leber, Milz, Nieren, Herz c) kraniale Computertomographie oder NMR-Tomographie
Neurophysiologische Untersuchungen a) Elektroenzephalographie (EEG) b) Nervenleitgeschwindigkeit (NLG), Elektromyographie (EMG) c) evozierte Potentiale (akustisch, visuell)

Tab. 4 Wichtige Untersuchungsmethoden zum selektiven Stoffwechselscreening

Untersuchung auf	**Untersuchungsmaterial**	**Erfaßte Störungen**
Blutzucker	Blut	– Hyperinsulinismus – Glukoneogenesedefekte – Glykogenosen (teilweise)
Laktat	Blut, Urin, Liquor	– heredit. Laktatazidosen – Mitochondriopathien – Glykogenosen (teilweise)
Ammoniak	Blut	– Harnstoffsynthesedefekte – Organoazidurien
Harnsäure	Blut	– Purinstoffwechseldefekte
Aminosäuren (DC, SC)	Blut, Urin (Liquor)	– Aminosäurenstoffwechseldefekte – Harnstoffsynthesedefekte – Störungen der Nierentubulusfunktion
Organische Säuren (GC)	Urin, Blut	– Organoazidurien
Saure Mukopolysaccharide	Urin	– Mukopolysaccharidosen
Oligosaccharide (DC)	Urin	– Glykoproteinosen – Gangliosidosen (teilweise) – Mukolipidosen
Cholesterin, Triglyzeride, Lipoproteine	Blut	– Fettstoffwechselstörungen
C26-Fettsäuren	Blut	– Peroxisomopathien

Tab. 5 Orientierende Laboruntersuchungen bei der Differentialdiagnose von Hypoglykämien

Metabolitkonstellation	Hypoglykämie				
	+ metabolische Azidose			∅ metabolische Azidose	
	Laktat ↑	Laktat ↑ Ketonkörper ↑	Ketonkörper ↑	Ketonkörper ↓ Fettsäuren ±–↓	Ketonkörper ↓ Fettsäuren ↑
Krankheiten	Glykogenosen I Fruktose-1,6-diPase-Mangel PEPCK-Mangel Hfl	Fruktose-1,6-diPase-Mangel	ketotische Hypoglykämie Glykogenose III Glykogenose 0 Hypopituitarismus (Hunger)	Hyperinsulinismus NNR-Insuffizienz Glucagonmangel Hypopituitarismus (Hunger)	Carnitinmangel Carnitin-Palmitoyl-Transferase-Mangel Störungen der β-Oxidation 3-OH-3-Methylglutarazidurie (Ketogenesedefekt)

Abkürzungen: PEPCK = Phosphoenolpyruvat-Carboxykinase, Hfl = hereditäre Fruktoseintoleranz, NNR = Nebennierenrinde

Laborparameter: 1. Blutzucker-Tagesprofil, 2. Blutgasanalyse, 3. Laktat im Blut, 4. Ketonkörper im Blut, 5. freie Fettsäuren im Blut

wie die Messung des Blutzuckers, die in jeder Praxis durchgeführt werden kann. So ist z. B. entscheidend wichtig, daß bei jedem 1. Krampfanfall sofort der Blutzucker bestimmt wird!

Untersuchungen auf angeborene Stoffwechselstörungen sollten in einer sinnvollen Reihenfolge durchgeführt werden. Nicht indizierte Untersuchungen und ein unkoordinierter Untersuchungsgang führen eher weiter weg als zur Diagnose hin und erzeugen nur unnötige Kosten. Ein Beispiel für die Zweckmäßigkeit eines systematischen Untersuchungsgangs ist die Differentialdiagnose der Hypoglykämie des Kindes (Tab. 5). Wenige Laborparameter (die in der Hypoglykämie bestimmt werden müssen!) helfen, die Zahl der weiterführenden Untersuchungen auf das Wesentliche zu begrenzen. Die Bestimmung von Ketonkörpern (β-OH-Buttersäure) und freien Fettsäuren im Blut wird nur in wenigen Labors durchgeführt; einen teilweisen Ersatz kann der qualitative Nachweis von Ketonkörpern durch Teststreifen im ersten Urin nach Hypoglykämie liefern.

Die Planung von Stoffwechseluntersuchungen muß von den Symptomen ausgehen (vgl. Tab. 2a und 2b); es sollen nur die notwendigen Untersuchungen (Tab. 4) ausgewählt werden, die wirklich zur Erkennung der in Betracht kommenden Stoffwechselstörungen geeignet sind. Eine Entscheidungshilfe für die Auswahl dieser Untersuchungen läßt sich in einem Diagramm (Abb. 1) geben.

Selbstverständlich kann ein solches Diagramm nur ein Anhalt sein; eine vollständige Darstellung aller Entscheidungsmöglichkeiten ist unmöglich. Ein solcher Ansatz kann auch nicht den Rat eines in Diagnostik und Behandlung angeborener Stoffwechselstörungen erfahrenen Zentrums ersetzen.

Mukoviszidose

Ein Screening auf Mukoviszidose in der Neugeborenenperiode wird noch vielerorts mit dem BM-Test durchgeführt, der eine erhöhte Albuminausscheidung im Mekonium anzeigt. Dieser Test ist jedoch sehr unzuverlässig und liefert falsch-positive (Frühgeborene!), aber auch falsch-negative Ergebnisse. Die Mukoviszidose ist in der Bundesrepublik Deutschland die bei weitem häufigste Stoffwechselstörung mit einer Inzidenz von >1:3000. Grundsätzlich muß daher bei jedem Mekoniumileus, bei Darmatresien, bei Icterus prolongatus, bei jeder Cholestase, bei chronischen Gedeihstörungen (Maldigestion) und bei allen chronisch rezidivierenden Atemwegsinfekten die Mukoviszidose in die Differentialdiagnose einbezogen werden. Diagnostisch entscheidend ist der Schweißtest (Pilocarpin-Iontophorese) mit Messung von Natrium und/oder Chlor im Schweiß, von dem ab etwa der 6. Lebenswoche ausreichende Mengen gesammelt werden können. Der Test muß mehrfach wiederholt werden, bis ein eindeutiges Ergebnis vorliegt. Andere Tests wie Bestimmung des Chymotrypsins im Stuhl oder Messung des immunreaktiven Trypsins im Blut haben geringere Bedeutung. Eine frühzeitige Diagnose der Mukoviszidose ist für den Patienten sehr wichtig, da eine frühzeitig einsetzende, konsequente Therapie die Langzeitprognose der Mukoviszidose deutlich verbessert.

Blutgerinnungsstörungen

W. Künzer

Wie im späteren Leben gibt es bei Neugeborenen sowohl *hereditäre* als auch *erworbene* Störungen der Blutgerinnung. Erstere spielen jedoch zahlenmäßig eine nur untergeordnete Rolle; es werden deshalb dazu hier nicht mehr als einige Hinweise gegeben. Die erworbenen Koagulopathien sind der Zahl nach für Neugeborene von erheblich größerer Bedeutung; zu ihnen gehören insbesondere die Produktionskoagulopathien und die Verbrauchskoagulopathien. Unter die Produktionskoagulopathien ist der Morbus haemorrhagicus neonatorum zu subsumieren, der im Zusammenhang mit Problemen der Vitamin-K-Versorgung Neugeborener letzthin eine hohe Aktualität erlangt hat.

Häufigkeit

Zur Inzidenz der hereditären Koagulopathien: abgesehen von den Hämophilien und dem Faktor XI-Mangel sind die sonstigen konnatalen Bildungsstörungen äußerst selten (Tab. 1). Im Vergleich damit nimmt sich die Häufigkeit der erworbenen Gerinnungsstörungen bei Neugeborenen weitaus ansehnlicher aus; sie liegt bei gut 1 %.

Bei der Feststellung über die Inzidenz von Blutungen bei Neugeborenen muß zwischen geburtshilflichen und kinderklinischen Kranken unterschieden werden. Bezogen auf das mehrheitlich gesunde Kollektiv einer geburtshilflichen Klinik, finden sich dort bei rund 2 % aller Neugeborenen klinisch relevante Blutungen[2]; hingegen macht dieser Prozentsatz im kinderklinischen Krankengut mindestens 15 % aus[6].

Hereditäre Koagulopathien

Definition

Bei den hereditären Koagulopathien ist im Regelfall die Aktivität nur *eines* Gerinnungsfaktors erniedrigt, wobei die Schwere des klinischen Bildes von der Funktion des betroffenen Faktors und vom Grad seiner Reduktion abhängt. So ist bei einigen Defekten der Krankheitswert für den Träger einer solchen Anomalie beträchtlich (z. B. bei der Hämophilie A und B), bei anderen geringfügig (z. B. beim *Hageman*-Faktor-Mangel).

Tab. 1 Häufigkeit hereditärer Koagulopathien

Koagulopathien	**Inzidenz**
Hämophilie A	1: 10.000 (männliche Personen)
Faktor XI-Mangel	1: 12.000
Hämophilie B	1: 60.000 (männliche Personen)
Faktor XII-Mangel	1:500.000
Afibrinogenämie	etwa 250 Fälle bekannt
Faktor XIII-Mangel	etwa 100 Familien bekannt
Faktor X-Mangel	etwa 80 Fälle bekannt
Faktor V-Mangel	etwa 70 Familien bekannt
Faktor II-Mangel	etwa 30 Familien bekannt
Faktor VII-Mangel	etwa 200 Fälle bekannt

Klinik

Zur manifesten Blutung kommt es bei den hereditären Koagulopathien nur durch Traumen. Diese können allerdings bei schweren Formen so minimal sein, daß die Blutungen scheinbar spontan auftreten. Charakteristisch sind massive Einzelblutungen: Suffusionen an der Haut, Muskelhämatome und Gelenkblutungen.

Die hereditären Koagulopathien manifestieren sich keineswegs alle schon in der Neugeborenenperiode; von den Hämophilien beispielsweise tun dies nicht mehr als 10 %. Eine verbindliche Erklärung für dieses erstaunliche Faktum steht noch aus[6]. Falls es jedoch bei Hämophilen im Neugeborenenalter blutet, ist das Ereignis meist sehr augenfällig; es handelt sich z. B. um monströse subgaleatische Blutungen (nach Vakuumextraktion) mit nachfolgenden Gesichts- und Brillenhämatomen, um nicht selten übergroße Kephalhämatome oder um Hirnblutungen, die aber selten vor dem 5. Lebenstag auftreten.

Die hereditären nichthämophilen Blutungsübel treten, wenn überhaupt, am ehesten durch frühzeitige Nabelblutungen in Erscheinung. Abweichend davon erkranken die Neugeborenen mit einem homozygoten Mangel an Protein C (Vitamin-K-abhängiger Gerinnungsinhibitor) unter dem klinischen Bild einer rezidivierenden Purpura fulminans mit Verbrauchskoagulopathie.

Diagnose

Voraussetzungen für die Diagnosestellung sind Anamneseerhebung und Feststellung des Blutungstyps. Die verbindliche Diagnose ergibt sich aber erst aus dem Ergebnis von Gerinnungsuntersuchungen. Schwierigkeiten bereitet bei Neugeborenen

Tab. 2 Laborbefunde bei hereditären Koagulopathien

Koagulopathie	**Gerinnungszeit**	**Blutungszeit**	**Quick-Wert**	**Partielle Thromboplastinzeit (aktiviert)**	**Spezieller Mangelplasmen-Test**
Hämophilie A	n	n	n	+	+
Hämophilie B	n	n	n	+	+
Faktor XII-Mangel	+	n	n	+	+
Faktor XI-Mangel	n	n	n	+	+
Afibrinogenämie	+	+	+	+	+
Faktor II-Mangel	n	n	+	n	+
Faktor V-Mangel	+	n	+	+	+
Faktor VII-Mangel	n	n	+	n	+
Faktor X-Mangel	+	n	+	+	+
Faktor XIII-Mangel	n	n	n	n	+

n = normal, + = pathologisch

häufig die Gewinnung der erforderlichen Blutmengen. Nur zum Teil schaffen die inzwischen entwickelten Mikromethoden hier Abhilfe. Quantitative Bestimmungen funktioneller und/oder immunologischer Art ermitteln den betroffenen Gerinnungsfaktor und erfassen zugleich das Ausmaß seines Defektes. Das Spektrum der wichtigen Laborbefunde bei hereditären Koagulopathien reicht von der Gerinnungszeit bis zum speziellen Mangelplasmen-Test (Tab. 2).

Therapie

Die Therapie trachtet, von Lokalmaßnahmen abgesehen, die fehlenden Gerinnungsfaktoren zu substituieren, wozu heute meist spezielle Konzentrate von Plasmabestandteilen verfügbar sind. Damit gelingt es in der Regel, einen ausreichenden Spiegel für den fehlenden Gerinnungsfaktor herzustellen. So kann, beispielsweise bei den Hämophilien, damit gerechnet werden, daß die Gabe von 1 Einheit eines Faktors VIII- (bzw. IX-) Konzentrates pro kg Körpergewicht die Faktorenaktivität im Plasma um etwa 1,5 % erhöht. Je nach Schwere und Ort der Blutung sind für einen therapeutischen Erfolg Faktor VIII- bzw. IX-Blutspiegel zwischen 10 % und 50 % notwendig, wobei die Faktorengabe erforderlichenfalls, wegen der kurzen Halbwertszeit von Faktor VIII, alle 6 bis 12 Stunden, die von Faktor IX alle 12 bis 24 Stunden wiederholt werden muß[6].

Konduktorinnen

Von praktischer Bedeutung ist oftmals die Erkennung der Konduktorinnen der Hämophilien, die beide X-chromosomal rezessiv vererbt werden. In der Familienanamnese findet man (abgesehen von den eigenen Brüdern) nur auf der mütterlichen Seite weitere Bluter. Der Faktor VIII (-IX)-Spiegel der Konduktorinnen ist erniedrigt, allerdings mit so erheblicher Schwankungsbreite, daß eine sichere Aussage nur bei etwa 50 % der Probanden möglich ist. Neuerdings kann mit Hilfe der Gen-Analyse eine größere diagnostische Sicherheit erzielt werden.

Pränatale Diagnose

Die pränatale Diagnose der Hämophilie A kann mit funktionellen und immunologischen Methoden ab der 18. Woche gestellt werden. Die genetische Untersuchung (Amnionzellen, Chorionzotten) gelingt bereits ab der 9. Woche.

Erworbene Koagulopathien

Den erworbenen Koagulopathien liegt im Gegensatz zu den hereditären Koagulopathien stets ein Mangel an mehreren Gerinnungsfaktoren zugrunde. Es handelt sich im wesentlichen um Produktionskoagulopathien und Verbrauchskoagulopathien, wobei im Neugeborenenalter unter den ersteren diejenigen dominieren, die durch einen Vitamin-K-Mangel entstehen. Die restlichen Produktionskoagulopathien sind die Folge eines Leberparenchymschadens.

Morbus haemorrhagicus neonatorum

Definition: Diejenigen Produktionsstörungen, die Folge eines Vitamin-K-Mangels sind, werden auch als Morbus haemorrhagicus neonatorum bezeichnet. Allerdings galten bis vor kurzem lediglich die Krankheitsfälle als hierher gehörig, die typischerweise am 2. bis 4. Lebenstag in Erscheinung treten, insbesondere mit Blutungen in den Magendarmkanal (Melaena). Inzwischen wurde erkannt, daß außer der so charakterisierten »klassischen Form« noch eine sogenannte »Frühform« und eine sogenannte »Spätform« der Hämostasestörung existieren[7].

Vitamin-K-Versorgung der Neugeborenen: Die frühere Annahme, daß bei Neugeborenen *generell* ein Vitamin-K-Mangel auftritt und für die stark erniedrigte Aktivität der Vitamin-K-abhängigen Gerinnungsfaktoren verantwortlich sein sollte, beruht auf einem Irrtum. In Wirklichkeit ist dieses Phänomen lediglich eine Teilerscheinung unter den zahlreichen entwicklungsbedingten Besonderheiten der Hämostase; es hat mit einem echten Mangel an Vitamin K nichts zu tun[4]. Dennoch fällt ins Gewicht, daß die Neugeborenen in ihren Speicherstätten eine vergleichsweise nur geringe Menge an Vitamin K vorrätig haben und daher stärker als alle anderen Altersstufen zu einem Mangel an Vitamin K neigen. Ehe es jedoch bei ihnen zum manifesten Vitamin-K-Defizit kommt, müssen im allgemeinen bestimmte Voraussetzungen erfüllt sein; die wichtigsten sind[8]:

- Ein Vitamin-K-Mangel der Mutter; Ursachen hierfür sind extreme Fehl- und Unterernährung, Abführmittelmißbrauch, chronische Enteritis, Cholestasen und Langzeitbehandlungen mit einem Breitband-Antibiotikum.
- Das Wirksamwerden bestimmter Medikamente; gemeint sind solche, die, während der Schwangerschaft eingenommen und plazentagängig, den Vitamin-K-Stoffwechsel blockieren oder wenigstens beeinträchtigen, wie Cumarine und Antikonvulsiva (Phenobarbital, Primidon, Diphenylhydantoin).
- Ein verspäteter Fütterungsbeginn; dieser ist anzunehmen, wenn die Ernährung des Kindes nicht vor dem Ende des 1. Lebenstages beginnt; da Muttermilch relativ arm an Vitamin K ist, wären aber gerade gestillte Kinder mehr noch als nichtgestillte auf eine frühzeitige Zufuhr von Vitamin K angewiesen.
- Das Vorhandensein von Risikofaktoren; diese betreffen in erster Linie Frühgeborene, Mangelgeborene und Neugeborene mit Geburtskomplikationen, wobei Hypoxien, die vor, während und nach der Geburt auftreten können, wohl eine besondere Bedeutung zukommt.

Vitamin-K-Funktion

Vitamin K ist für die gamma-Karboxylierung der Gerinnungsfaktoren II, VII, XI und X sowie von Protein C und dessen Kofaktor Protein S verantwortlich. Die Synthese dieser Faktoren erfolgt in zwei Stufen: Zuerst werden in der Leber die Vorstufen gebildet, die sogenannten Akarboxyformen, welche zu ihrer Funktionstüchtigkeit an den endständigen Glutaminsäure-Resten noch essentielle gamma-Karboxylgruppen benötigen; sodann modifiziert in einem zweiten Schritt eine Karboxylase die Akarboxyformen, indem sie die in der terminalen Region der Vorstufen befindlichen Glutaminsäurereste zu gamma-Karboxyglutaminsäure karboxyliert. Die Wirksamkeit der Karboxylase ist an das Vorhandensein eines Vitamin-K-abhängigen, mikrosomalen Enzymsystems gebunden, das in der Leberzelle angesiedelt ist. Steht nicht genügend Vitamin K zur Verfügung, so reichern sich die Akarboxyformen in der Leber und im Blut an; die funktionstüchtigen Moleküle der nicht-aktivierten Gerinnungsfaktoren aber fehlen.

Klinische Symptomatik

Der Morus haemorrhagicus neonatorum als Folge eines manifesten Vitamin-K-Mangels kann sich klinisch in drei Erscheinungsformen präsentieren (Tab. 3):

1. Als sogenannte »Frühform«. Verursacht werden dürfte diese vorwiegend durch plazentagängige Medikamente (Antiepileptika, Cumarine). Pathogenetisch wird für die Antiepileptika angenommen, daß sie eine Induktion der mikrosomalen Enzyme in der fetalen Leber bewirken, welche einen beschleunigten Abbau von Vitamin K nach sich zieht. Cumarine hingegen vermögen den enzymatischen Vitamin-K-Zyklus zu blockieren und sind, der Blutungsgefahren wegen, in der Schwangerschaft kon-

Tab. 3 Vitamin-K-Mangel-Blutungen im ersten Lebensalter (modifiziert nach[9])

Formen des Morbus haemorrhagicus neonatorum	**Manifestationsalter**	**Blutungsformen** (in der Reihenfolge ihrer Häufigkeit)	**Ursachen des Vitamin-K-Mangels** (in der Reihenfolge ihrer Häufigkeit)
Frühform	am 1. Lebenstag	Kephalhämatom Nachblutung aus pränataler Kopfschwarten-Punktionsstelle Hirnblutung Brust- oder Bauchhöhlenblutung	von der Mutter eingenommene Medikamente Vitamin-K-Mangel der Mutter ungeklärte Ursachen (idiopathisch)
klassische Form	am 3. Lebenstag (2.–7. Lebenstag)	Magen-Darm-Trakt-Blutung (Melaena, Hämatemesis) Ekchymosen Nabelblutung Epistaxis Brust- oder Bauchhöhlenblutung Blutung post circumcisionem	ungeklärte Ursachen (idiopathisch) später Fütterungsbeginn (jenseits Ende des 1. Lebenstages) Vitamin-K-Mangel der Mutter von der Mutter eingenommene Medikamente
Spätform	3.–7. Lebenswoche (2.–12. Lebenswoche)	Hirnblutung (in 50 % der Fälle) Ekchymosen Magen-Darm-Trakt-Blutungen Nachblutung aus Venenpunktionsstelle	ungeklärte Ursachen (idiopathisch) Folgen einer zugrundeliegenden Krankheit: α_1-Antitrypsin-Mangel u. a.

traindiziert. Die klinischen Symptome werden entweder schon unter der Geburt oder innerhalb der ersten 24 Lebensstunden manifest. Beobachtet werden Hautblutungen und Nabelblutungen sowie Blutungen in die Bauch- und Pleura-Höhlen; aber auch intrakranielle Blutungen, Kephalhämatome, subgaleatische Blutungen und Nachblutungen im Anschluß an Venenpunktionen treten auf.

2. Als sogenannte »klassische Form«. Hierbei bleibt die Ursache des Vitamin-K-Mangels meist im dunkeln, soweit nicht ein später Fütterungsbeginn, gerade bei gestillten Kindern, dafür verantwortlich gemacht werden kann. Zur Manifestation der klinischen Erscheinungen kommt es überwiegend am 3. (2. bis 7.) Lebenstag. Am Anfang stehen oft die Symptome Melaena und/oder Hämatemesis. Nachfolgend oder auch unabhängig davon können Hautblutungen, Nabelblutungen und Bauchhöhlenblutungen auftreten; dagegen haben Hirnblutungen Seltenheitswert.

3. Als sogenannte »Spätform«. Diese ist erst in den letzten Jahren erkannt worden[12]. Die betroffenen Säuglinge erkranken in der Mehrzahl der Fälle zwischen

der 3. und 7. Lebenswoche; und zwar handelt es sich fast ausnahmslos um vollgestillte Kinder, die nach der Geburt keine Vitamin-K-Prophylaxe erhalten haben. Der Entstehungsmodus des Vitamin-K-Mangels bleibt bei einem Teil der Fälle ungeklärt; ein anderer Teil der Fälle leidet jedoch an Krankheiten, die, wie der α_1-Antitrypsinmangel, die A-beta-Lipoproteinämie, konnatale Zytomegalie, Mukoviszidose, Zöliakie, Gallengangsatresie und Hepatitis, zu einem Vitamin-K-Mangel prädisponieren. Klinisch treten bei etwa der Hälfte der Kinder schwere Hirnblutungen auf, die bei einem Viertel der Kinder tödlich enden. Andere Blutungslokalisationen sind Hautblutungen, Gastrointestinalblutungen, Nachblutungen nach Blutentnahmen und Operationsblutungen. Die Inzidenz der Spätform läßt sich in der Bundesrepublik auf etwa 1:50 000 bei 1:100 000 Neugeborener beziffern; sie ist in den beiden letzten Jahren, unter dem Einfluß der wiederaufgenommenen Vitamin-K-Prophylaxe, noch wesentlich seltener geworden[11].

Diagnostik

Die Diagnose des Morbus haemorrhagicus neonatorum ist durch die Bestimmung des Vitamin-K-Spiegels im Blut wegen methodischer Schwierigkeiten bisher nicht zu stellen; hierfür sind nach wie vor Gerinnungsanalysen erforderlich. Kennzeichnend für einen Vitamin-K-Mangel ist, daß der *Quick*-Wert und auch die Aktivität der Vitamin-K-abhängigen Gerinnungsfaktoren (Faktoren II, VII, IX und X) gegen 0 % tendieren. Zudem lassen sich Akarboxyformen der genannten Faktoren im Plasma nachweisen. Beweiskräftig für einen Vitamin-K-Mangel ist ferner, wenn wirksame Vitamin-K-Gaben die Gerinnungssituation rasch normalisieren; so tritt nach intravenöser Injektion von 1 mg Vitamin K bereits innerhalb von 30 min eine deutliche Anhebung des *Quick*-Wertes und auch der Aktivität der Faktoren des Prothrombin-Komplexes ein. Die Akarboxyformen verschwinden dann nach Maßgabe ihrer Eliminationsrate aus dem Plasma[11].

Therapie

Die Behandlung des Morbus haemorrhagicus neonatorum ist einfach zu skizzieren. Sofern die Kinder lediglich Blutungen, keinen Blutungsschock und keine Hirnblutung haben, genügt die Verabfolgung einer ausreichenden Dosis von Vitamin K1. Als Richtdosis hat sich für Neugeborene die einmalige intravenöse Gabe von 1 mg (bis 1 mg/kg Körpergewicht) Phytomenadion empfohlen, das wegen Schockgefahren langsam injiziert werden muß. Eine gleichzeitige Therapie mit Prothrombinkomplex-Präparaten ist auf Kinder mit lebensbedrohlichen Blutungen zu beschränken. Einen höheren Bedarf an Vitamin K können diejenigen Neugeborenen haben, deren Mütter mit Cumarinen oder mit Antiepileptika behandelt wurden. Falls bei Neugeborenen Schockzeichen im Gefolge einer schweren Blutung (Melaena, Hirnblutung) auftreten, ist neben der Behebung des Volumenmangels meist wohl die kombinierte Gabe von Vitamin K und von Prothrombinkomplex-Präparaten nötig; die Einzeldosis für die Konzentrate beträgt 10 bis 20 Einheiten pro kg Körpergewicht[7].

Prophylaxe

Nachdem man Anfang der 40er Jahre zu erkennen meinte, daß Vitamin K *generell* zur Anhebung des niedrigen Prothrombinspiegels bei Neugeborenen geeignet sei und sich daher zur Verbesserung ihrer vermeintlich prekären Gerinnungssituation eigne, wurde in den 40er Jahren und auch noch in den 50er Jahren die postpartale Vitamin-K-Prophylaxe allgemein geübt. Diese Gepflogenheit geriet jedoch ins Abseits, als sich zu Beginn der 60er Jahre herausstellte, daß durch die damals verwendeten, vielfach hochdosierten, wasserlöslichen Vitamin-K-Analoga ungezählte Kinder, insbesondere Frühgeborene, über eine *Heinz*-Körper-Bildung mit nachfolgender Hämolyse und verstärkter Hyperbilirubinämie, durch einen Kernikterus schwer geschädigt wurden – ein schlimmes Beispiel einer toxischen Arzneimittelwirkung. In der Folge wurde dann in der Bundesrepublik Deutschland über viele Jahre hinweg fast nur noch eine *gezielte* Vitamin-K-Prophylaxe durchgeführt, die in erster Linie den sogenannten Risikokindern zugute kam. Diese Beschränkung schien auch deshalb berechtigt zu sein, weil kein Grund vorlag, ein »physiologisches« Defizit an Vitamin K bei Neugeborenen zu korrigieren[6].

In den letzten Jahren ist freilich das Problem der *generellen* Vitamin-K-Prophylaxe, in der Bundesrepublik und auch in anderen Ländern, erneut aktuell geworden. Den wichtigsten Anstoß für eine Revision der bis dahin gültigen Vorstellungen gab das Auftreten der Spätform des Morbus haemorrhagicus neonatorum mit ihrem oft tödlichen Ausgang. Es kam hinzu, daß alle die Länder von solchen Krankheitsfällen praktisch verschont geblieben sind, welche die generelle Vitamin-K-Prophylaxe über alle Jahre hinweg beibehalten hatten (Nordamerika, Österreich, Schweden). Und schließlich mußte mit ins Gewicht fallen, daß infolge der bereits erwähnten Veränderung der Fütterungsgewohnheiten das ohnehin knappe Vitamin-K-Angebot, insbesondere für die gestillten Kinder, weiter reduziert worden war[3].

Unter diesen Umständen setzte sich die Überzeugung durch, daß die generelle Vitamin-K-Prophylaxe bei Neugeborenen wieder eingeführt werden müsse, was bereits in einer Expertenrunde über »Physiologie und Pathophysiologie des Vitamins K« beschlossen wurde, die im Jahre 1986 in Horben bei Freiburg stattfand[11]. Allerdings wurden im Anschluß daran voneinander abweichende Empfehlungen zur praktischen Durchführung der Prophylaxe veröffentlicht, so daß einige Verwirrung entstand[8]. Um die entstandene Unsicherheit zu beenden, hat man sich im Jahre 1988 erneut zur Diskussion über die Vitamin-K-Prophylaxe in Freiburg zusammengefunden[10] und kürzlich folgende Empfehlung ausgesprochen[1]:

1. »Empfohlen wird eine Vitamin-K-Prophylaxe bei allen Neugeborenen entweder parenteral (1 mg) am ersten Lebenstag oder wiederholt oral (2 mg) im Rahmen der ersten drei Vorsorgeuntersuchungen (sofort nach der Geburt, am 3. bis 10. Lebenstag, in der 4. bis 6. Lebenswoche, vorzugsweise in der 4. Lebenswoche).
2. Frühgeborene sollen Vitamin K in einer Dosis von 0,5 bis 1 mg parenteral erhalten.
3. Säuglinge mit gestörter Vitamin-K-Resorption, wie bei Mukoviszidose, α_1-Antitrypsinmangel, Hepatitis, Gallengangsatresie und chronischen Diarrhöen, bedürfen einer individuell angepaßten Vitamin-K-Prophylaxe unter Kontrolle des *Quick*-Wertes. Allerdings dürften in der Regel 1 mg Vitamin K pro Monat ausreichen«.

Derzeit ist nicht mit Sicherheit zu beurteilen, ob das Nutzen-Risiko-Verhältnis bei der einmaligen parenteralen Prophylaxe oder bei der mehrmaligen oralen Prophylaxe günstiger ist. Eine Gegenüberstellung der wichtigsten Gesichtspunkte (Tab. 4) zeigt, was hinsichtlich Wirkung und Nebenwirkung der beiden Empfehlungen zu bedenken ist[1].

Verbrauchskoagulopathien

Definition: Die Bezeichnungen »Verbrauchskoagulopathie« und »disseminierte intravasale Gerinnung« werden synonym gebraucht; indes stellt der eine Begriff den Verbrauch von Hämostasepotential, der andere die resultierende Mikrothrombosierung in den Vordergrund. Die Namengebung kennzeichnet generell eine erworbene Blutgerinnungsstörung, die zu einem erhöhten, die Bildungsstätten überfordernden Umsatz von Gerinnungsfaktoren und Thrombozyten führt. Anlaß für ein solches Gesche-

Tab. 4 Gegenüberstellung von oraler und parenteraler Vitamin-K-Prophylaxe

Dosis	**oral (2 mg)**	**parenteral (1 mg)**
Zeitpunkt	sofort nach der Geburt 3. – 10. Lebenstag 4. – 6. Lebenswoche	sofort nach der Geburt – –
Vorteile	Akzeptanz gut Applikation einfach	Aufnahme sicher Resorption sicher Kontrolle über die durchgeführte Prophylaxe sicher
Nachteile	reduzierter Schutz bei Resorptionsstörung mehrmalige Gabe	Stichverletzung Blutung bei hämorrhagischer Diathese lokale Reaktion

hen ist eine Aktivierung des Hämostasesystems, die weit verbreitet in der Zirkulation auftritt[8].

Pathophysiologie

Verbrauchskoagulopathien sind keine selbständige Erkrankungen, sondern Sekundärphänomene bei verschiedenartigen Grundkrankheiten. Eine Reihe von Neugeborenen-Krankheiten disponiert zu solchen Störungen (Tab. 5). Von den bakteriellen Infektionskrankheiten neigen vor allem die Septikämien mit gramnegativen, weniger die mit grampositiven Erregern zu generalisierten intravasalen Verbrauchsreaktionen. Die durch gramnegative Erreger verursachte Pyelonephritis (Urosepsis) begünstigt über die Absiedelung von Mikrothromben die Entstehung schwerer Leberfunk-

Tab. 5 Neugeborenen-Erkrankungen mit Neigung zu intravaskulären Verbrauchsreaktionen

Infektionskrankheiten	*Organerkrankungen*
Septikämien Pyelonephritis konnatale Röteln konnatale Cytomegalie neonatale Herpes-simplex-Virus-Erkrankung *Geburtskomplikationen* Abruptio placentae Fruchtwasserembolie verhaltener Abort Geburtsasphyxie Geburtsblutung Mekoniumaspiration Hypothermie	idiopathisches Atemnotsyndrom Erythroblastosis fetalis diabetische Fetopathie Dehydratationssyndrom konnatale zyanotische Vitien konnatale Leukämie nekrotisierende Enterokolitis Nierenvenenthrombose Kasabach-Merritt-Syndrom

tionsstörungen (Schockleber). Virusinfektionen können bei Neugeborenen ebenfalls eine Verbrauchskoagulopathie auslösen; das gilt für das konnatale Rötelnsyndrom ebenso wie für die konnatale Cytomegalie und für die neonatale Herpes-simplex-Virus-Infektion. Neben den aufgeführten Infektionskrankheiten bilden bestimmte Schwangerschafts- und Geburtskomplikationen eine zweite, nicht minder wichtige Erkrankungsgruppe, die bei Neugeborenen intravasale Verbrauchsreaktionen triggern kann. Diese Störungen werden teils durch eine Einschwemmung thromboplastischen Materials, teils durch einen hinzutretenden Geburtsschock ausgelöst. Von den aufgeführten Organerkrankungen ist das idiopathische Atemnotsyndrom ein besonders wichtiger Auslöser einer Verbrauchskoagulopathie, und zwar über die begleitenden Störungen Hypoxie, Azidose und Kreislaufinsuffizienz. Die Nierenvenenthrombose ist bei Neugeborenen meist nicht als Ausdruck eines lokalen Geschehens, vielmehr als Teilerscheinung einer generalisierten Verbrauchsreaktion zu werten[6].

Das Gerinnungssystem kann bei den aufgeführten Krankheiten durch verschiedenartige Mechanismen aktiviert werden. Die meisten führen über den endogenen oder über den exogenen Aktivierungsweg der Gerinnung zur intravasalen Bildung von Thrombin, das seinerseits eine Proteolyse von Fibrinogen und der Gerinnungsfaktoren V, VIII und XIII induziert. Die endogene Aktivierung erfolgt dabei vorwiegend über die sogenannten Kontaktfaktoren, die exogene Aktivierung über Thromboplastin oder thromboplastinähnliche Substanzen. Von den genannten Krankheiten aktivieren die bakteriellen (viralen) Infektionen die Gerinnung über Endothelschäden, den Faktor XII sowie Leuko- und Thrombozytenaggregation, die Schwangerschafts- und Geburtskomplikationen über eingeschwemmtes Gewebsthromboplastin und die Organkrankheiten über den Schock (Tab. 6).

Klinik

Die klinischen Erscheinungen der Verbrauchskoagulopathien hängen von der Grundkrankheit ab. Indessen zwingt die Verbrauchskoagulopathie den verschiedenen Grundleiden gewisse einheitliche Züge auf. Es finden sich:

1. Schock und begleitende Kreislaufinsuffizienz sowohl als Auslöser wie auch als Folge einer disseminierten Mikrothrombosierung der Endstrombahn, kenntlich an den Symptomen kalt-blasse Haut, kleiner frequenter Puls, niedriger Blutdruck und starke Unruhe;
2. Insuffizienzzeichen von seiten lebenswichtiger Organe infolge lokaler Durchblutungsstörungen, z. B. Urämie, Leberversagen, Atemnot und zerebrale Anfälle;
3. Erscheinungen einer hämorrhagischen Diathese mit Blutungen vom gemischt thrombozytär-plasmatischen Typ[5].

Tab. 6 Auslösemechanismen der Verbrauchskoagulopathien bei Neugeborenen

Auslösevorgang	**Grundkrankheit**
Aktivierung des endogenen Gerinnungsweges über Kontaktfaktoren durch Endothelschäden	Septikämien, konnatale Viruskrankheiten, Organkrankheiten mit Schockfolgen u. a.
Aktivierung des endogenen Gerinnungssystems durch eingeschwemmtes Gewebsthromboplastin	Schwangerschafts- und Geburtskomplikationen u. a.

Tab. 7 Labordiagnostik der Verbrauchskoagulopathien (Notfallprogramm)

Gerinnungssystem	Thrombozytenzahl Partielle Thromboplastinzeit (aktiviert) *Quick*-Wert Faktor I Antithrombin III
Fibrinolysesystem	Proaktivator-Plasminogen Fibrinogen-Fibrin-Spaltprodukte
Blutausstrich	Fragmentozyten

Diagnostik

In der Diagnostik der Verbrauchskoagulopathien spielt neben den klinischen Befunden das gerinnungsanalytische Labor eine entscheidende Rolle. Zahlreiche Vorschläge zur Auswahl aussagekräftiger Parameter liegen vor. Dabei sollten nur solche Tests berücksichtigt werden, die innerhalb einer kurzen Zeit durchgeführt werden können (Tab. 7). Die Interpretation der erhobenen Befunde macht nicht selten Schwierigkeiten, weil in die Ergebnisse nicht nur die Dynamik der Verbrauchsreaktionen eingeht, sondern weil auch die Kompensationsbemühungen des Organismus um Ersatz des verbrauchten Gerinnungspotentials sowie die auftretenden Produktionsstörungen und die entwicklungsbedingten Besonderheiten der Gerinnungsfaktoren zum Ausdruck kommen. Einzelanalysen bringen daher meist nur ungenügenden Aufschluß. In der Regel sind mehrere in kürzeren Zeitabständen durchgeführte Untersuchungen notwendig, um die Dynamik der Verbrauchsreaktionen zu erfassen. Diese Forderung stößt allerdings bei Neugeborenen wegen der Schwierigkeiten bei der Erlangung der Blutproben mitunter auf schwer zu überwindende Grenzen.

Therapie

Da Verbrauchskoagulopathien stets Sekundärerkrankungen sind, müssen die zur intravasalen Umsatzstörung führenden Grunderkrankungen so rasch und so vollständig wie möglich bekämpft werden[5]. Allein dadurch und durch die Beseitigung der die Grundkrankheit oft begleitenden Kreislaufinsuffizienz gelingt es in vielen Fällen, den Verbrauchsprozeß zu stoppen und seine Folgen zu beheben. Der mit einer Verbrauchskoagulopathie einhergehende Schock erfordert Sofortmaßnahmen: Beseitigung einer Unterkühlung, Bilanzierung des Säure-, Basen- und Elektrolythaushaltes sowie die Bekämpfung von Hypovolämie, Anurie und Urämie. Dextranpräparate dienen nicht nur zur Volumenauffüllung, sondern dämpfen auch die Gerinnungsneigung des Blutes und verbessern seine Fließeigenschaften.

Die Indikation zum Einsatz spezieller Medikamente zur Gerinnungshemmung oder Aktivierung der Fibrinolyse ist gegeben, wenn die zunächst eingeleiteten Maßnahmen unwirksam bleiben, so daß die Verbrauchsreaktion weiterläuft und/oder die Mikrozirkulation in lebenswichtigen Organen nicht in Gang kommt. Die Entscheidung darüber muß am Krankenbett und nicht im Labor, also aus klinischer Sicht gefällt werden. Angezeigt sind gegebenenfalls die folgenden Medikamente: Heparin zur Gerinnungshemmung sowie Streptokinase, Urokinase oder neuerdings Gewebs-Plasminogen-Aktivator (t-PA) zur Fibrinolyseaktivierung; außerdem steht noch Antithrombin III (AT III) zur Verfügung. Da jedoch bei Neugeborenen nur wenige Erfahrungen vorliegen, ist Zurückhaltung beim Einsatz dieser Medikamente geboten. Am ehesten

Tab. 8 Verbrauchskoagulopathien im Frühstadium

Klinik	**Gerinnungslabor**	**Therapie**
Symptome der Grundkrankheit Kreislaufdepression Nierenfunktionsstörungen Blutungsneigung	Thrombozytopenie Abfall von Antithrombin III, Plasminogen und Faktoren I, V, VIII, XIII *Quick*--Wert erniedrigt, partielle Thromboplastinzeit und Blutungszeit verlängert Auftreten von Fibrinmonomeren und Fibrinogen-Fibrin-Spaltprodukten	Grundkrankheit Heparin, ggf. adjuvant Antithrombin III

sollte noch auf Heparin und gegebenenfalls adjuvant auf Antithrombin III zurückgegriffen werden.

Allerdings verspricht Heparin eigentlich nur in einer relativ frühen Phase der Verlaufskoagulopathie Erfolg. Diese Frühphase ist daran zu erkennen, daß klinisch die Symptome der Grundkrankheit noch dominieren, jedoch gewisse Folgen der intravasalen Gerinnungsaktivierung, wie Kreislaufdepression, Nierenfunktionsstörungen und Blutungsneigung, bereits evident sind (Tab. 8). Gerinnungsanalytisch besteht eine Thrombozytopenie; außerdem findet sich ein Abfall von Antithrombin III, von Plasminogen und der Faktoren I, V, VIII und XIII; der *Quick*-Wert ist erniedrigt; schließlich finden sich eine verlängerte Blutungszeit und eine verlängerte partielle Thromboplastinzeit; außerdem kommt es zum Auftreten von Fibrinmonomeren und von Fibrinogen-Fibrin-Spaltprodukten.

Die Spätphase der Verbrauchskoagulopathien (Tab. 9) ist durch eine Dekompensation der Hämostasemechanismen gekennzeichnet, die gewöhnlich auch eine manifeste Blutungsneigung verursacht. Zugleich wird durch das Auftreten von aktivierten Produkten der Hämostase infolge überlasteter Klärfunktion des retikulo-endothelialen Systems die Mikrozirkulation verlegt, so daß schwere Schockerscheinungen und massive Organfunktionsausfälle resultieren. Der Aufbrauch der gerinnungsfördern-

Tab. 9 Verbrauchskoagulopathien im Spätstadium

Klinik	**Gerinnungslabor**	**Therapie**
Symptome der Grundkrankheit Schockzeichen Organausfälle: Nieren, Lungen, Leber, ZNS u. a. Blutungen	Starker Abfall der Thrombozyten Abfall der Faktoren I, V, VIII und von Antithrombin III gegen Null Blut in Globaltests ungerinnbar Fibrinmonomere Fibrinopeptide A und B Fibrinogen-Fibrin-Spaltprodukte Plasminogen-Abfall	Grundkrankheit Schock Antithrombin III Fibrinolytika (Streptokinase, Urokinase) Faktorensubstitution unter Heparinschutz

den Faktoren spiegelt sich in den Ergebnissen der Einzelfaktorenanalysen und in den Globaltests wider, in denen die Gerinnungsaktivität gegen Null tendiert. Ferner finden sich als Ausdruck der Thrombinwirkung Fibrinmonomere und die Fibrinopeptide A und B im Plasma. Letztlich führt die reaktiv gesteigerte Fibrinolyse zum Abfall von Plasminogen und zum Auftreten von Fibrinogen-Fibrin-Spaltprodukten.

In diesem fortgeschrittenen Stadium der Verbrauchsreaktion ist von Heparin kaum noch großer Nutzen zu erwarten. Eher schon sind dann Antithrombin-III-Konzentrate angezeigt, die die perpetuierten Verbrauchsreaktionen zu bremsen vermögen, ohne die Blutungsneigung zu verstärken. Die therapeutische Fibrinolyse (Streptokinase u. a.) ist bei Neugeborenen kaum erprobt und möglicherweise deshalb problematisch, weil in dieser Altersstufe das Potential an Plasminogen entwicklungsbedingt gering ist. Auch die Substitution verbrauchter Gerinnungsfaktoren ist mit Vorsicht zu handhaben. Voraussetzung ist jedenfalls eine erfolgreiche Hemmung der Umsatzsteigerung, da sonst die Gefahr besteht, daß die Verbrauchsreaktion »angeheizt« wird[5].

Literatur

[1]*Sutor, A. H., U. Göbel, R. V. Kries, W. Künzer, G. Landbeck:* Vitamin-K-Prophylaxe. Stellungnahme der Teilnehmer am 2. Freiburger Vitamin-K-Symposion und der GTH-Arbeitsgruppe Hämostaseologie im Kindes- und Jugendalter. Pädiat. prax. *38* (1989).

[2]*Jenny, J., E. Gschwend:* Über die Blutungskrankheiten beim Neugeborenen. Geburtsh. Frauenheilk. *18:* 36 (1958).

[3]*Kries, R. V., U. Göbel:* Neue Aspekte zur Vitamin-K-Prophylaxe bei Neugeborenen und Säuglingen. Mschr. Kinderheilk. *134:* 666 (1986).

[4]*Künzer, W.:* Die Blutgerinnung bei Neugeborenen und ihre Störungen. Klin. Wschr. *1:* 49 (1971).

[5]*Künzer, W.:* Therapie der Verbrauchskoagulopathien. Mschr. Kinderheilk. *136:* 799 (1988).

[6]*Künzer, W., H. Niederhoff*: Hämorrhagische Diathesen des Neugeborenen. In *Heene, D. L.* (Ed.): Angeborene und erworbene Koagulopathien. Handbuch der inneren Medizin. Bd. II/9: Blutgerinnung und hämorrhagische Diathesen II, p. 539. Berlin 1985.

[7]*Künzer, W., H. Niederhoff:* Vitamin-K-Versorgung der Neugeborenen. Dtsch. med. Wschr. *113:* 432 (1988).

[8]*Künzer, W., H. Thaiss, H. Niederhoff:* Vitamin-K-Prophylaxe bei Neugeborenen und Säuglingen. Mschr. Kinderheilk. *135:* 787 (1987).

[9]*Lane, P., W. Hathaway:* Vitamin K in infancy. J. Pediat. *106:* 351 (1985).

[10]*Sutor, A. H., U. Göbel* (Eds.): Physiologie und Pathophysiologie des Vitamins K, Teil II. Basel 1989.

[11]*Sutor, A. H., W. Künzer* (Eds.): Physiologie und Pathologie des Vitamins K. Basel 1986.

[12]*Sutor, A. H., H. Pancochar-Thaiss, H. Niederhoff, F. Hilgenberg, D. Palm, W. Künzer:* Vitamin-K-Mangelblutungen bei vier vollgestillten Säuglingen im Alter von 4 bis 6 Lebenswochen. Dtsch. med. Wschr. *108:* 1635 (1983).

Blutgerinnungsstörungen aus der Sicht der Kinder-Richtlinien

Diagnose und Behandlung der Gerinnungsstörungen gehören nicht zur Prävention auf dem Gebiet der Kinderfrüherkennungsuntersuchungen oder der Mutterschaftsvorsorge. Das manifeste Krankheitsbild ist im Bereich der kurativen Medizin nach den Erfordernissen der ärztlichen Kunst zu behandeln. Dabei wirft auch die Gabe des hier kausaltherapeutisch wirkenden Vitamins K keine Probleme auf, obwohl die Verordnung von Vitaminpräparaten zu Lasten der gesetzlichen Krankenversicherung nach den Arzneimittel-Richtlinien des Bundesausschusses der Ärzte und Krankenkassen grundsätzlich ausgeschlossen ist. Da die Richtlinien eine Verordnung bei nachgewiesenen Vitaminmangelzuständen aber ausdrücklich auf Kosten der gesetzlichen Krankenversicherung vorsehen und es sich hier um einen solchen Mangelzustand handelt, sind die entsprechenden Präparate auch im Bereich der kassenärztlichen Versorgung verordnungsfähig.

Sollte eine Vitamin K-Gabe nach übereinstimmender Ansicht der medizinischen Wissenschaft als Prophylaxe in die Kinderfrüherkennung eingeführt werden, müßte der Bundesausschuß der Ärzte und Krankenkassen das Früherkennungsprogramm ausdrücklich um diese Maßnahme erweitern.

Im Rahmen der Mutterschaftsvorsorge kann allerdings die Prophylaxe des Morbus haemorrhagicus neonatorum eine wichtige Aufgabe der ärztlichen Beratung sein, weil einschlägige Empfehlungen zur Ernährung und zum Medikamentengebrauch Fehlverhalten mit dem Risiko, einen Morbus haemorrhagicus neonatorum zu induzieren, vermeiden helfen können.

E. Effer

Hörbehinderungen und Sprachentwicklungsstörungen

B. Renner, A. Giebel

Hören ist eine der Voraussetzungen für Spracherwerb und sprachliches Denken. Eine hochgradige Schwerhörigkeit führt ohne therapeutische Maßnahmen zur Sprachlosigkeit. Schwerhörigkeit im Kindesalter ist deshalb keine isolierte Behinderung. Sie betrifft immer die Gesamtpersönlichkeit, insbesondere die Sprach- und Kommunikationsfähigkeit und damit die geistig-emotionale und Sozialentwicklung.

Hörreaktionen lassen sich beim Feten schon in der 22. Schwangerschaftswoche nachweisen. Das Neugeborene reagiert bereits auf die menschliche Stimme und ist nach wenigen Tagen in der Lage, die Stimme seiner Mutter von anderen zu unterscheiden. Das periphere Hörorgan (Mittel- und Innenohr) ist bei der Geburt bereits voll funktionsfähig. Nicht abgeschlossen ist jedoch die Ausreifung der zentralen Sinnesfunktionen, von welchen die Wahrnehmungsleistung abhängt.

Die Differenzierung der Hörbahnen und der Hörrinde, die neuronalen Reifungsprozesse wie Dendritenverzweigung und Synapsenbildung sind von einer ausreichenden sinnesspezifischen Stimulation während einer kritischen Phase abhängig[9]. Die besonders sensible Phase für die Ausreifung der zentralen akustischen Bahnen und zugehörigen Rindenfelder liegt nach Meinung der meisten Autoren zwischen dem 6. und 18. Lebensmonat. Nach dieser Zeit ist ein teilweises Nachreifen zwar möglich, aber der günstigste Zeitpunkt für die neuronalen Reifungsprozesse ist mit Sicherheit überschritten.

Deshalb ist es wichtig, daß ein Hörverlust möglichst frühzeitig entdeckt wird, so daß durch eine frühe Hörgeräteversorgung und pädagogische Förderung die notwendige akustische Stimulation erfolgt.

Hörstörungen lassen sich in bezug auf Auswirkungen und therapeutische Möglichkeiten nach Art und Schweregrad unterscheiden. Deshalb erscheint eine Einteilung nach Lokalisation und Ausprägungsgrad zweckmäßig (Tab. 1 u. 2).

Eine Schalleitungsschwerhörigkeit beträgt in der Regel nicht mehr als 40 dB (eine Ausnahme davon bilden lediglich Fehlbildungen der Gehörknöchelchenkette). Die häufigste Ursache im Kindesalter ist die Tubenfunktionsstörung aufgrund vergrößerter Adenoide bzw. rezidivierender Infekte der oberen Luftwege. Medikamentöse oder operative Therapie ist in den meisten Fällen möglich. Bei Fehlbildungen der Gehörknöchelchenkette sollte allerdings im Säuglingsalter zunächst die Hörgeräteversorgung erfolgen und die Operation (Tympanoplastik) erst im Vorschul- bzw. Schulalter durchgeführt werden.

Zur Schallempfindungsschwerhörigkeit im engeren Sinne zählen die kochleäre sowie die retrokochleäre (durch eine Schädigung des N. acusticus bedingte) Hörstörung. Beide werden auch häufig nicht ganz korrekt als Innenohrschwerhörigkeit bezeichnet. Ihr Ausprägungsgrad kann sehr unterschiedlich sein und von der geringgradigen Schwerhörigkeit, oft mit besonderer Betonung der hohen Frequenzen, bis hin zur Resthörigkeit reichen. Als therapeutische Maßnahme kommt lediglich die Anpassung von Hörgeräten sowie die pädagogische Frühförderung in Betracht. Die Indikation zu einem *Cochlear Implant* wird bei Kleinkindern in Deutschland bisher

Tab. 1 Einteilung nach der Lokalisation der Hörstörung

Schalleitungsschwerhörigkeit	
Störungen des Schalleitungsapparates vom Beginn des äußeren Gehörgangs bis zur Steigbügelfußplatte im ovalen Fenster.	
Äußeres Ohr:	Cerumen, Fehlbildungen des äußeren Ohres mit Gehörgangsatresie, Fremdkörper im äußeren Gehörgang.
Mittelohr:	Paukenerguß infolge Infektion der oberen Luftwege, vergrößerter Adenoide, Gaumensegelparese bzw. Gaumenspalte; Otitis media, Restzustand nach Otitis media mit Trommelfelldefekten und/oder Verwachsungen in der Pauke; Fehlbildungen der Gehörknöchelchenkette.
Schallempfindungsschwerhörigkeit	
Strukturelle Veränderungen in der Hörbahn von der Kochlea bis zu den Zentren in der Hörrinde.	
Kochleär:	Schädigung der Sinneszellen (äußere und innere Haarzellen).
Neuronal:	Schädigung des N. acusticus.
Zentral:	Schädigung der zentralen Hörbahnen und der Hörrinde.

Tab. 2 Einteilung nach dem Schweregrad der Hörstörung

	Hörverlust	**Auswirkungen/Maßnahmen**
Normales Hörvermögen	0 bis 10 dB	
Geringgradige Schwerhörigkeit	10 bis 30 dB	Meist keine wesentliche Auswirkung auf den Spracherwerb, jedoch bei längerem Bestehen Verzögerung der Sprachentwicklung, Stammelfehler und Dysgrammatismus möglich. Bei Schalleitungsschwerhörigkeit Therapie durch HNO-Arzt (konservativ bzw. Adenotomie). Bei Schallempfindungsschwerhörigkeit individuelle Entscheidung über Hörgeräteanpassung, bei Sprachentwicklungsstörungen logopädische Therapie.
Mittelgradige Schwerhörigkeit	30 bis 60 dB	Spracherwerb je nach Ausprägungsgrad gering bis erheblich verzögert, multiple Stammelfehler, mittelschwerer Dysgrammatismus. Bei Schalleitungsschwerhörigkeit Therapie durch den HNO-Arzt. Bei Schallempfindungsschwerhörigkeit Hörgeräteanpassung, pädagogische Frühförderung bzw. logopädische Therapie.
Hochgradige Schwerhörigkeit	60 bis 90 dB	Sprachentwicklung bis auf einzelne, einfache Worte ohne therapeutische Maßnahmen nicht möglich. Frühestmögliche Hörgeräteanpassung und pädagogische Frühförderung (lediglich bei kombinierter Schalleitungs-Schallempfindungsschwerhörigkeit zunächst Therapie durch den HNO-Arzt).
Resthörigkeit	über 90 dB	Spracherwerb ohne therapeutische Maßnahmen nicht möglich. Frühestmögliche Hörgeräteanpassung zur Unterstützung des Mundabsehens und pädagogische Frühförderung.

überwiegend verneint, scheint aber in der Zukunft bei verbesserter Technik durchaus möglich, wenn das Kind keine Hörreste hat, die für den Spracherwerb nutzbar sind.

Bis zu einem Hörverlust von 60 dB kann ein Kind Sprache, wenn auch, je nach Ausprägungsgrad der Schwerhörigkeit, mehr oder weniger verstümmelt entwickeln. Jenseits dieser Grenze wird der Spracherwerb, abgesehen von einzelnen Worten, nicht möglich sein.

Zentrale Hörstörungen sind bei Säuglingen und Kleinkindern meist nur sehr schwer festzustellen. Eine Hörgeräteversorgung ist bei dieser Störungsform nicht sinnvoll, weil in diesem Fall Wahrnehmungsleistungen, z. B. die Differenzierung von Tonhöhe und Rhythmus, gestört sind. Wenn das periphere Hörvermögen normal ist, bringt ein Zuwachs an Lautstärke, wie sie das Hörgerät bietet, keine Verbesserung.

Die frühzeitige Erkennung von Hörstörungen bereits in den ersten Lebensmonaten wurde durch die Weiterentwicklung objektiver Verfahren (insbesondere die Ableitung akustisch evozierter Potentiale – ERA) als Ergänzung zu den früher üblichen subjektiven Verfahren (Reflexaudiometrie, Verhaltensbeobachtung) entscheidend verbessert.

Unter Früherkennung und Frühtherapie werden daher heute die Diagnostik einer hochgradigen Hörstörung bereits in den ersten 6 Lebensmonaten sowie die Hörgeräteanpassung und der Beginn einer behinderungsspezifischen Hör- und Spracherziehung ab dem 3. bis 4. Lebensmonat, spätestens jedoch vor Vollendung des 1. Lebensjahres, verstanden.

Mit diesen Maßnahmen ist allerdings die Funktion der Kochlea bzw. des Hörnerven nicht wiederherzustellen. Es kommt aber durch frühe Hörgeräteanpassung bei gleichzeitiger Hörerziehung zu einer entscheidenden Verbesserung der Wahrnehmungsfunktionen, die von der Organisation des zentralen Nervensystems abhängig sind.

Die ersten Vorsorge-Untersuchungen (U 3 bis U 5) werden von den meisten Eltern regelmäßig wahrgenommen. Dennoch wird, wie aus einer Umfrage der »Bundesgemeinschaft der Eltern und Freunde schwerhöriger Kinder« aus dem Jahre 1984 hervorgeht, auch eine hochgradige Schwerhörigkeit häufig erst im 2. Lebensjahr oder später diagnostiziert. Wie aus der Umfrage weiter hervorgeht, wird der erste Verdacht zu 64 % von den Eltern und nur zu 11 % vom Kinderarzt geäußert[4].

Ein Grund für die geringe Aussagefähigkeit der Vorsorgeuntersuchungen bei Hörstörungen ist das Fehlen leicht durchführbarer und sicherer Untersuchungsmethoden. Zudem zeigen internationale Studien, daß nur mit 1 bis 2 hochgradig schwerhörigen Kindern auf 1000 gesunde Neugeborene zu rechnen ist. Die Sensibilität des Untersuchers wird deshalb in der Regel nicht genügend ausgeprägt sein, da auch ein erfahrener Kinderarzt zu selten ein hörbehindertes Kleinstkind in seiner Praxis sieht.

Andererseits sind bestimmte Risikofaktoren bekannt, die häufig zu einer Hörstörung führen (Tab. 3). Die Prävalenz in einer solchen Risikogruppe beträgt 1:200. Die Validität einfacher Untersuchungsmethoden ist allerdings bei diesen Kindern noch unsicherer, weil die Reaktionen auf akustische Reize nur selten eindeutig und reproduzierbar sind.

Im Hinblick auf diese Problematik und die Auswirkung der akustischen Deprivation wären einfache, aussagekräftige Untersuchungsmethoden wünschenswert. Solche Screening-Verfahren, insbesondere für die ersten Lebensmonate, stehen derzeit jedoch noch nicht zur Verfügung. Screening-Verfahren auf der Grundlage akustisch evozierter Potentiale sind entweder noch zu aufwendig oder nicht hinreichend validiert. Eine breitere Anwendung scheint jedoch in naher Zukunft möglich[3]. Andere

Tab. 3 Risikoregister für Hörstörungen (modifiziert nach: American Academy of Pediatrics [1982] und [2])

hereditär	isoliert familiär autosomal dominant-rezessiv, heterosomal mit Hautveränderungen (*Waardenburg*-Syndrom) mit Fehlbildungen des Schädel- und Gesichtsbereiches (*Apert*-Syndrom, *Crouzon*-Syndrom, Dysostosis mandibulofacialis nach *Franceschetti, Pierre-Robin*-Syndrom) mit Fehlbildungen in anderen Organsystemen (*Alport*-Syndrom, *Pendred*-Syndrom, *Pfaundler-Hurler*-Syndrom, *Usher*-Syndrom)
pränatal	Chromosomenaberrationen intrauterine Virusinfektionen (Röteln, Herpes, Cytomegalie) schwerer Diabetes der Mutter schwere Blutungen und Schwangerschaftstoxikose) ototoxische Medikamente (Aminoglykoside, Chinin)
perinatal	Geburtsgewicht unter 1500 g Schwere Asphyxie Hyperbilirubinämie $>$ 20 mg% Neugeborenen-Sepsis und Meningitis
postnatal	Meningitis und Enzephalitis Schwere Mumps- und Maserninfektionen im Säuglingsalter ototoxische Medikamente (Aminoglykoside)

erfolgversprechende Bemühungen gehen dahin, evozierte otoakustische Emissionen zum Nachweis der intakten Innenohrfunktion zu nutzen. Dabei wird ein Echo im äußeren Gehörgang gemessen, das durch eine aktive Reaktion der äußeren Haarzellen auf einen akustischen Reiz hin ausgelöst wird. Eine dritte, für Neugeborene und Säuglinge speziell zu adaptierende Methode kann in der Auslösung des kontralateralen Stapediusreflexes bestehen. Entsprechende Ansätze befinden sich derzeit in der Validierung. Vorläufig ist es wichtig, die Diagnostik schwerhöriger Säuglinge und Kleinkinder folgendermaßen zu verbessern:

- Jeder Verdacht der Eltern, ihr Kind könne nicht gut hören, ist ernst zu nehmen, bis eine normale Hörfähigkeit erwiesen ist.
- Der Risikogruppe mit einer höheren Prävalenz ist besondere Aufmerksamkeit zu widmen.
- Screening-Untersuchung aller Kinder in der kinderärztlichen Praxis im Alter von 6 bis 7 Monaten (U 5) und bei allen folgenden Vorsorge-Untersuchungen.

Alle Kinder, bei denen aufgrund der Beobachtungen der Eltern oder aufgrund eines der Risikofaktoren der Verdacht auf eine Hörstörung bereits im frühen Säuglingsalter besteht, müssen innerhalb der ersten 6 Lebensmonate an ein pädaudiologisches Zentrum überwiesen werden. Eine eingehende Diagnostik einschließlich objektiver Verfahren (akustisch evozierte Potentiale – ERA) ist in diesen Fällen erforderlich.

Isolierte Schwerhörigkeit im 1. Lebensjahr ist eine unsichtbare Behinderung. Da der Anteil der genetisch bedingten Schwerhörigkeitsformen mit 30 bis 50 % aller angeborenen oder frühkindlich erworbenen Hörstörungen angegeben wird, ist die Frage nach Familienangehörigen mit bereits in der Kindheit bestehender Schwerhörigkeit für die Früherkennung besonders wichtig.

Hörscreening in der kinderärztlichen Praxis

Sichere, einfach durchzuführende Screeningmethoden zum Ausschluß einer Hörstörung im frühen Säuglingsalter bis etwa zum 6. Lebensmonat stehen derzeit nicht zur Verfügung.

In den ersten drei Monaten reagieren die Kinder zunächst überwiegend reflexhaft auf laute Reize um 70 bis 90 dB (akustischer Lidreflex, *Moro*-Reflex). Ab dem 3. bis 4. Lebensmonat erfolgt die Hinwendung zur Schallquelle – zunächst mit den Augen. Diese Reaktionen sind jedoch bis zum 6. bis 7. Lebensmonat unsicher und erfordern deutlich überschwellige Lautstärken. Eine Audiometrie durch Verhaltensbeobachtung bei Kindern in den ersten 6 Monaten ist deshalb oft nicht zuverlässig (Tab. 4).

Am sichersten zur Erkennung auffälliger Kinder scheint im 1. Lebenshalbjahr (U 2 bis U 4) die Auslösung des akustischen Lidreflexes (schnelles Schließen der Augenlider als Antwort auf einen stark überschwelligen akustischen Reiz) bei einer Lautstärke von ca. 80 dB.

Da die Lautstärke beim häufig angewandten Händeklatschen starken Schwankungen unterworfen ist und der Reflex möglicherweise durch Luftzug ausgelöst werden kann, ist hierfür auch eine Kinderfahrradhupe (Lautstärke aus 2 m Abstand: 80 dB; Frequenzbereich 1000 bis 2000 Hz) zu empfehlen. Die Auslösung darf allerdings nicht nah am Ohr, sondern muß aus 2 m Abstand erfolgen, da sonst eine Lärmschädigung möglich ist. Der Reflex ist etwa ab dem 5. Lebenstag und im Gegensatz zum *Moro*-Reflex lebenslang auslösbar. Falls der Reflex nicht sicher vorhanden ist, muß immer an eine Hörstörung gedacht werden. Bei wiederholtem Fehlen muß eine weitergehende Untersuchung eingeleitet werden. Eine gering- bis mittelgradige Schwerhörigkeit kann allerdings auch bei vorhandenem Lidreflex nicht sicher ausgeschlossen werden (z. B. bei positivem Recruitment, d. h. übermäßigem Lautheitsausgleich). Da jedoch die Störung der Sprachentwicklung vom Ausmaß der Hörstörung

Tab. 4 Hörverhalten von Säuglingen und Kleinkindern (modifiziert nach[8])

Alter	**Reaktionsschwelle in dB (auf akustische Reize im freien Schallfeld)**	**Art der Reaktion**
Neugeborenes (0–6 Wochen)	80 dB	Augen öffnen, Blinzeln, Erwachen aus dem Schlaf, Erschrecken
6 Wochen bis 4 Monate	50–60 dB	Augen öffnen, Blinzeln, Beruhigen, Beginn seitlicher Bewegungen zur Schallquelle mit den Augen
4–7 Monate	40–50 dB	Seitliche Reaktionen zur Schallquelle, Lauschen
7–9 Monate	30–40 dB	Kopfdrehung zur Schallquelle (direkte Lokalisation von Schallreizen seitlich und unterhalb der Ohren)
9–13 Monate	25–30 dB	Kopfdrehung (direkte Lokalisation von Schallreizen auf allen Ebenen)
16–21 Monate	25 dB	ebenso
21–24 Monate	25 dB	ebenso
4 Jahre und später	10 dB (mit Kopfhörern!)	Spielaudiometrie

abhängt, ist in den ersten Lebensmonaten die Entdeckung der hochgradigen Schwerhörigkeit vorrangig. Aus diesem Grund ist die Auslösung des Aureopalpebral-Reflexes als Screening-Verfahren in den ersten 6 Monaten dennoch zu empfehlen.

Im Alter von sechs bis sieben Monaten ist die Lokalisation von Schallreizen voll ausgeprägt (Tab. 4). Jetzt sollte bei allen Kindern das Gehör überprüft werden, auch wenn keine Verdachtsmomente vorliegen (U 5). Dies kann am besten mit leisen Schallreizen aus der Erfahrungswelt des Kindes erfolgen, z. B. mit standardisierten Ablenktests, wie dem modifizierten *Ewing*-Test oder auch dem BOEL-Test.

Die Verwendung von Glocken oder anderen Instrumenten, die hinsichtlich Lautstärke und Frequenz-Zusammensetzung nicht geeicht sind, sollte der Vergangenheit angehören. Zu groß ist die Versuchung, die Lautstärke zu erhöhen, wenn das Kind nicht reagiert. Dadurch kann leicht selbst eine hochgradige Schwerhörigkeit übersehen werden.

Beim BOEL-Test (Blicken-Orienterar Efter Ljud [Blickorientierung nach dem Laut])[1] wird auch die visuelle Reaktion sowie das Kontaktverhalten des Kindes geprüft. Er ist am besten geeignet für Kinder im Alter von 8 Monaten. Zunächst wird ein roter Greifstab im Abstand von einem halben Meter vor dem Kind hin- und herbewegt. Der Untersucher hält in beiden geschlossenen Händen je ein hochfrequentes kleines Glöckchen und ein tieffrequentes Bällchen (Lautstärke nicht über 45 dB). Während das Kind den Stab fixiert, läßt der Untersucher jeweils eines der Glöckchen bzw. Bällchen im Abstand von ungefähr 20 cm schräg hinter einem Ohr des Kindes erklingen. Als Reaktion wird die Drehung des Kindes zur Schallquelle gewertet. Der Test kann zwar von nur einem Untersucher durchgeführt werden, er erfordert jedoch sehr viel manuelles Geschick und führt daher leicht zu Fehlergebnissen, wenn der Untersucher wenig Routine besitzt. Gerade schwerhörige, stark visuell ausgerichtete Kinder reagieren oft auf eine auch noch so kleine Bewegung der Hand und nicht auf den akustischen Reiz.

Der *Ewing*-Test[7] scheint für den weniger geübten Untersucher einfacher in der Handhabung und deshalb sicherer. Die Überprüfung des Hörvermögens wird stets von zwei Untersuchern durchgeführt. Ein Assistent versucht mit einem kleinen Spielzeug die Aufmerksamkeit des Kindes auf sich zu lenken. Der Untersucher steht schräg hinter dem Kind und bietet aus einem Meter Entfernung vier verschiedene Testreize an:

Testreiz 1: Hochtonrassel; diese wird drehend bewegt, nicht geschüttelt, da sie sonst zu laut ist (Frequenzmaximum ca. 4000 Hz, Lautstärke ca. 40 dB).

Testreiz 2: Ein leise gesprochener – nicht geflüsterter – Satz mit acht Silben; z. B. »Ich habe einen kleinen Ball« (Frequenzmaximum 250 bis 500 Hz, Lautstärke 35 bis 40 dB).

Testreiz 3: Ein leise gesprochenes »Buh«; dadurch werden vorwiegend die tiefen Frequenzen repräsentiert (Frequenz 60 bis 125 Hz, Lautstärke ca. 40 dB).

Testreiz 4: Leises und rhythmisches Sprechen des Konsonanten »S« (Frequenzmaximum 4000 Hz, ca. 35 dB).

Alle vier Reize sind beidseitig durchzuführen. Es muß sorgfältig darauf geachtet werden, daß das Kind nicht etwa den Untersucher, sein Spiegelbild oder seinen Schatten sehen kann, daß es keinen Luftzug beim Auslösen des akustischen Reizes verspürt oder Trittschall über Vibration wahrnimmt.

Als Reaktion wird nur die Hinwendung zur Schallquelle gewertet.

Ergänzend zu diesem Test sollte auch bei Kindern im Alter von sechs bis acht Monaten der akustische Lidreflex überprüft werden.

Falls das Kind nicht eindeutig reagiert, muß der Test zwei bis drei Wochen später wiederholt werden. Falls danach ebenfalls keine eindeutige Reaktion erfolgt, ist die Überweisung an ein pädaudiologisches Zentrum zur weiteren Abklärung notwendig.

Die Sprachentwicklung läßt zu diesem Zeitpunkt noch keine Rückschlüsse auf das Vorliegen einer Hörstörung zu. Alle – auch gehörlose – Kinder lallen in den ersten Lebensmonaten (R-Ketten, Gurr-Laute, Blas- und Reibelaute bis hin zu Silbenketten: mamamama, deideidei etc.) Ein Ausbleiben dieser ersten Lallphase (3. bis 6. Monat) ist deshalb kein Zeichen für eine Hörschädigung, sondern eher Ausdruck einer Störung der Motorik, insbesondere der Mundmotorik oder der mentalen Entwicklung.

Wenn jedoch ein Kind nach anfänglich altersgemäßen Lallmonologen verstummt oder das Lallen deutlich schwächer wird, muß an eine Schwerhörigkeit gedacht werden.

Etwa ab dem 12. Lebensmonat (U 6) kann die Sprachentwicklung zunehmend in die Diagnostik einbezogen werden (Tab. 5).

Der Verdacht auf eine Hörstörung liegt nahe, wenn das Kind mit 10 bis 12 Monaten keine Doppelsilben produziert und mit 12 bis 15 Monaten noch keine ersten sinnvollen Worte bildet.

Eine Wiederholung der für die U 5 beschriebenen Überprüfung des Hörvermögens sollte bei der U 6 durchgeführt werden, auch wenn mit sechs Monaten kein Verdacht auf eine Hörstörung bestand.

Ab dem vollendeten 2. Lebensjahr (U 7) sollte unbedingt auch auf eine gering- bis mittelgradige Schwerhörigkeit geachtet werden. Oft ist eine progredient verlaufende familiäre Innenohrschwerhörigkeit in diesem Alter erstmals nachweisbar. Hinzu kommt, daß auch eine Schalleistungsschwerhörigkeit, bedingt durch Tubenfunk-

Tab. 5 Zeittafel der physiologischen Sprachentwicklung

Bis etwa 7 Wochen:	Schreiperiode
6. Woche bis 6. Monat:	Erste Lallperiode: undifferenzierte Lautproduktion (R-Ketten, Kehllaute, erste Vokale)
6. bis 9. Monat:	Zweite Lallperiode: Entwicklung der sprachspezifischen Lautdifferenzierungen, der Betonungs- und Intonationsmuster durch Selbst- und Fremdnachahmung (Silbenketten dadada, mamama)
8. bis 9. Monat:	Beginnendes Sprachverständnis
9. bis 12. Monat:	Doppelsilben, mama, papa, dada, selten schon sinnbezogen
13. bis 15. Monat:	Zunehmende Erkennung von Wortbedeutungen
12. bis 18. Monat:	Erste sinnvolle Worte (Mama, Papa, Auto, heiß, da), Einwortsätze, Wortschatz bis zu 50 Wörtern
18. bis 24. Monat:	Zweiwortsätze, Wortschatz ca. 200 Wörter; einfache Fragen werden verstanden, Beginn des ersten Fragealters, ohne Fragewörter, z. B. »is'n das?«
24. bis 36. Monat:	Geformte Mehrwortsätze, Gebrauch erster Präpositionen und Pronomina. Wortschatz ca. 900 Wörter
36. bis 60. Monat:	Komplexe Sätze, grammatische Fehler und Lautbildungsfehler immer seltener. Zweites Fragealter – Warum-Fragen. Wortschatz ca. 2000 Wörter.

tionsstörung, im 3. Lebensjahr bis hin zum frühen Schulalter besonders häufig auftritt.

Das Freifeldaudiometer (z. B. Phonak Selector) ist jetzt zur Überprüfung des Hörvermögens besonders geeignet. Prüftöne unterschiedlicher Frequenz und Lautstärke werden für das Kind unsichtbar von hinten angeboten. Wieder muß darauf geachtet werden, daß der Untersucher nicht durch Luftzug, Trittschall oder etwa seinen Schatten bzw. sein Spiegelbild auf sich aufmerksam macht.

Auch einfache Sprachtests lassen sich schon durchführen. Dem Kind wird aus 1 m Entfernung leise zugesprochen, und es soll dem Untersucher Gegenstände oder Bildkarten zeigen, die vor ihm auf dem Tisch liegen. Wichtig ist wiederum, daß das Kind den Prüfer nicht sieht, da schwerhörige Kinder unbewußt bereits im Kleinkindalter erstaunlich gut von den Lippen ablesen und kombinieren.

Zur Unterscheidung zwischen Innenohrschwerhörigkeit und Schalleitungsschwerhörigkeit ist jetzt die Impedanzmessung (als Screening-Verfahren) auch in der kinderärztlichen Praxis angezeigt. Sie besteht aus zwei Komponenten: der Tympanometrie und der Stapediusreflexmessung.

Die Tympanometrie mißt die Übertragungsverhältnisse am Trommelfell und die Druckverhältnisse in der Pauke und gibt damit Hinweise auf das Vorliegen einer Schalleitungsschwerhörigkeit. Eine abgeflachte Kurve zeigt einen erhöhten Trommelfellwiderstand und damit eine Schalleitungsschwerhörigkeit an. Als Impedanz wird dabei der Widerstand bezeichnet, den der Trommelfell-Gehörknöchelchen-Apparat dem Schall, der auf das Trommelfell auftrifft, entgegensetzt.

Die Stapediusreflexmessung erfolgt, indem eine Kontraktion des M. stapedius registriert wird, welche ebenfalls eine Impedanzänderung am Trommelfell hervorruft. Diese Muskelkontraktion wird bei hohen Schallpegeln, beim Normalhörenden ab 70 bis 90 dB ausgelöst. Ist ein Stapediusreflex auslösbar, bedeutet dies, daß das Kind nicht gehörlos ist. Eine weitere Aussage über die Hörschwelle ist damit nicht möglich. Auch bei vorhandenem Stapediusreflex kann eine hochgradige Schwerhörigkeit bestehen (Positives *Recruitment*).

Beim Vorliegen einer abgeflachten Tympanometriekurve und Verdacht auf Schwerhörigkeit sollte ein Kind, das älter als zwei Jahre ist, zunächst einem HNO-Arzt vorgestellt werden, um eine eventuelle Tuben-Mittelohr-Störung mit konsekutiver Schalleitungsschwerhörigkeit zu behandeln. Eine Hörkontrolle innerhalb von vier Wochen nach Abschluß der Therapie, spätestens jedoch drei Monate nach der ersten Hörauffälligkeit ist in jedem Fall erforderlich. Häufig besteht bei einem schwerhörigen Kleinkind eine kombinierte Schalleitungs-Schallempfindungsschwerhörigkeit. Wenn der Schalleitungsanteil durch eine HNO-ärztliche Behandlung oder operativ beseitigt wird, hören die Kinder zunächst besser. Oft wird dann eine zusätzlich bestehende Innenohrschwerhörigkeit übersehen bzw. erst sehr viel später diagnostiziert. Das bedeutet aber, daß dem Kind wertvolle Zeit, die für die Sprachentwicklung genutzt werden sollte, verloren geht.

Etwa ab dem Alter von vier Jahren (U 8) sind einfache Hörprüfungen mit Hilfe von Sinustönen auch mit Kopfhörer in der kinderärztlichen Praxis möglich. Um dem Kind die Hörprüfung angenehmer zu machen, läßt man Kleinkinder am besten eine kleine Spielhandlung ausführen, wenn sie den Ton hören (z. B. Ringe auf einen Stab oder Holzfiguren in ein Spielzeugauto stecken). In diesem Alter läßt sich bereits eine sichere Hörschwelle über den gesamten sprachrelevanten Frequenzbereich (500 bis 6000 Hz) ermitteln.

Besonders wichtig ist bei der U 8 nochmals die Frage nach der Sprachentwicklung, die jetzt weitgehend abgeschlossen sein sollte. Aber auch Fragen nach dem Verhalten können den Verdacht auf eine Hörstörung lenken. Mangelnde Konzentration und Störverhalten im Kindergarten, Unsicherheit und Ablehnung durch Gleichaltrige haben nicht selten ihre Ursache in einer nicht erkannten Schwerhörigkeit.

Diagnostische und therapeutische Maßnahmen bei Hörauffälligkeit

Alle in der kinderärztlichen Praxis verwendeten Verfahren zur Überprüfung des Hörvermögens können nur dazu dienen, auffällige Kinder herauszufinden (Aussonderungs- oder Screening-Untersuchung). Eine endgültige Diagnosestellung muß durch eine nachfolgende, eingehende pädaudiologische Untersuchung an einem audiologischen Zentrum erfolgen. Im Säuglings- und frühen Kleinkindalter bis etwa 2 1/2 bis 3 Jahren ist eine sichere Diagnostik nicht allein mit den konventionellen kinderaudiometrischen Verfahren (Ablenktests, Verhaltensbeobachtung, konditionierte Reflexe, Spielaudiometrie) möglich, es müssen immer auch objektive Messungen einschließlich der evozierten Potentiale (ERA) durchgeführt werden.

Wann immer eine Hörschädigung festgestellt ist, sollte umgehend eine Hörgeräteanpassung und behinderungsspezifische Hör-Spracherziehung eingeleitet werden. Je früher dies geschieht, um so eher wird das Kind aus der natürlichen Lallphase heraus Sprache entwickeln und um so geringer werden die Folgeschäden durch mangelnde Ausreifung der zentralen Hörbahn sein. Bei einer hochgradigen Schwerhörigkeit wird dies in den ersten Lebensmonaten, etwa ab dem 3. bis 4. Lebensmonat, notwendig. In jedem Fall sollte ein hochgradig schwerhöriges Kind vor Vollendung des 1. Lebensjahres mit einem Hörgerät versorgt und die Frühförderung eingeleitet werden.

Aus zahlreichen Beispielen ist bekannt, daß frühzeitige Hörgeräteversorgung und Früherziehung hinsichtlich der auditiven Wahrnehmung und der Sprachentwicklung Ergebnisse zeigen, die die frühe Hördiagnostik als Grundlage für die nachfolgende Therapie zu einer unabdingbar notwendigen Voraussetzung für eine positive Gesamtentwicklung des Kindes machen.

Störungen der Sprachentwicklung

Neben Hörstörungen sind motorische Störungen, insbesondere Störungen der Mundmotorik, für eine verzögerte Sprachentwicklung verantwortlich. Diese können sich schon früh in Trink- und Eßschwierigkeiten sowie in seltenem und relativ monotonem Lallen äußern.

Selbstverständlich werden Störungen in der mentalen Entwicklung auch die Sprachentwicklung ungünstig beeinflussen.

Organische Störungen, wie etwa die Lippen-Kiefer-Gaumenspalte, führen nicht selten trotz zeitgerechter Operation und im übrigen altersgemäßer Entwicklung zu einer Verzögerung der Sprachentwicklung. Hier kommen zwei Faktoren zusammen. Die gestörte Gaumensegel-Funktion kann einen gestörten Tuben-Öffnungsmechanismus und damit oft eine Schalleitungsschwerhörigkeit bedingen. Zum zweiten ist die Mundmotorik, insbesondere die Beweglichkeit der Lippen, meist trotz der Operation eingeschränkt. Sorgfältige Hörkontrollen sowie phoniatrisch-pädaudiologische Beratungen der Eltern sind deshalb bereits im 1. Lebensjahr und danach in regelmäßigen Abständen notwendig.

Wenn eine Hörstörung, eine schwere mundmotorische Störung und eine schwere Störung der geistigen Entwicklung ausgeschlossen sind, ist im 2. Lebensjahr neben einer Abklärung der Eltern-Kind-Interaktion bei Sprachentwicklungsstörungen eine

Beratung der Eltern meist ausreichend. Insbesondere ist es wichtig, den Eltern klarzumachen, daß die Vorgehensweise, sprachlich Druck auf das Kind auszuüben, häufig gerade zum Gegenteil des gewünschten Ergebnisses führt. Oft hört man den Ausspruch: »Es ist kein Wunder, daß Ihr Kind nicht spricht, es wird ihm ja jeder Wunsch von den Augen abgelesen.« Die damit stillschweigend verbundene Aufforderung, dem Kind nur noch etwas zu geben, wenn es das entsprechende Wort äußert, ist aufgrund der Ergebnisse der Kindersprachforschung nicht haltbar, sondern im Gegenteil kontraindiziert.

Am Anfang der Sprachentwicklung steht die zunächst noch non-verbale Kommunikation. So ist es wichtig, auf Kommunikationsangebote des Kindes auch einzugehen, wenn es sich mit Gesten verständlich macht. Allerdings sollten die Eltern die Wünsche und Gesten des Kindes sprachlich begleiten, um ein genügendes Sprachangebot zu schaffen.

Fehler bei der Lautbildung, sogenannte Stammelfehler, sind die häufigste Sprachstörung, die dem Kinderarzt in der Praxis begegnet. Bis zum 3. oder 4. Lebensjahr wird von einem physiologischen Stammeln gesprochen, wobei es eine Reihenfolge für die korrekte Bildung der einzelnen Laute gibt. Vordere Laute werden früher erworben als hintere. »S« und »Sch« gehören aufgrund der feinen Zungenkoordination zu den schwierigsten Lauten und werden erst verhältnismäßig spät richtig gebildet.

Die als »Lispeln« bezeichnete Störung der Zischlautbildung (s, z, sch) ist deshalb die bekannteste Unterform des Stammelns.

Als Dysgrammatismus wird eine fehlerhafte Satzbildung bezeichnet. Nach Abschluß des 4. Lebensjahres sollte das Kind die grammatischen Regeln im wesentlichen beherrschen, so daß keine groben Fehler in der Satzstruktur auftreten.

Zwischen dem 3. und 4. Lebensjahr findet sich häufig ein »physiologisches Stottern«. Die Kinder haben in dieser Zeit der beginnenden größeren Komplexität ihres Satzbaus noch Schwierigkeiten mit der Formulierung und wiederholen, während sie sprechen, deshalb Silben oder Worte solange, bis sie ihre Gedanken in die richtige grammatikalische Form gebracht haben. Hier ist es wichtig, die Eltern zu beraten, insbesondere ihnen klar zu machen, daß dies ein natürlicher Vorgang ist, und sie dahingehend zu entlasten, daß nicht sie die Schuld am Stottern ihres Kindes tragen. Allerdings sollten diese Kinder sorgfältig beobachtet werden, da sich bei einem Teil der Kinder aus dem physiologischen Stottern, das in der Regel bald wieder verschwindet, ein manifestes Stottern entwickeln kann.

Der günstigste Zeitpunkt für eine logopädische Intervention kann nicht generell bestimmt werden. Unabhängig vom Schweregrad der Sprachstörung führt diese nicht selten zu Unsicherheiten der Eltern im Umgang mit ihrem Kind oder zu Konflikten der Eltern untereinander. Auch sehr junge Kinder können bereits mit unterschiedlich ausgeprägtem Störungsbewußtsein reagieren.

In solchen Fällen ist eine therapeutische Begleitung auf jeden Fall sinnvoll. Es gilt, durch kindgerechte, spielerische Vorgehensweise und Beratung der Eltern die sprachliche Entwicklung behutsam zu fördern. Stereotype, rigide Übungssituationen sind nachdrücklich abzulehnen. Sie lähmen oder verhindern die natürliche Sprechfreude des Kindes und bewirken zum Teil schwerwiegende Mißerfolgserlebnisse, die im Extremfall ein Vermeidungsverhalten zur Folge haben können (Elektiver Mutismus).

Literatur

[1]*Barr, B.:* Früherfassung hörgeschädigter Kinder in Schweden mit Hilfe des BOEL-Tests. Sprache – Stimme – Gehör *1:* 97 (1977).

[2]*Biesalski, P.:* Frühdiagnostik hörgeschädigter Kinder. In: »Früh«erkennung? Memorandum zum Stand der Erkennung und Förderung schwerhöriger Kleinkinder in der Bundesrepublik Deutschland. Hrsg.: Bundesgemeinschaft der Eltern und Freunde schwerhöriger Kinder e. V. 1985[2].

[3]*Giebel, A.:* Akustisch evozierte Potentiale in Diagnostik und Screening bei Säuglingen. Sozialpädiatrie *8:* 557 (1986).

[4]*Hartmann, H.:* »Früh«erkennung? Memorandum zum Stand der Erkennung und Förderung schwerhöriger Kleinkinder in der Bundesrepublik Deutschland. Hrsg.: Bundesgemeinschaft der Eltern und Freunde schwerhöriger Kinder e. V. 1985[2].

[5]*Hildmann, A.:* Konservative Rehabilitationsmaßnahmen – Erfahrungsprobleme bei hörgeschädigten Kindern, Verordnung und Anpassung von Hörgeräten. In: Phoniatrie und Pädaudiologie. Köln 1989.

[6]*Kruse, E., Ch. Shafie:* Hörbehinderungen und Sprachentwicklungsstörungen. In: *Wendt, G. G.* (Hrsg.): Praxis der Vorsorge. Marburg 1984.

[7]*Loewe, A.:* Hörmessungen bei Kindern. Heidelberg 1985[2].

[8]*Northern, J. L., M. P. Downs:* Hearing in Children. Baltimore 1984[3].

[9]*Wiesel, T. N., D. H. Hubel:* Comparison of the effects of unilateral and bilateral eye closure on cortical unit response in kittens. J. Neurophysiol. *28:* 1029 (1965).

Anhang

Anamnestische Fragen nach Hinweisen auf Hörbehinderung[6]:

A. Risikoregister

1. Besteht bei einem Verwandten des Kindes eine schon seit der Kindheit bekannte Schwerhörigkeit (Auch eine nur einseitig vorhandene Schwerhörigkeit)?
2. Hat die Mutter während der Schwangerschaft eine Viruserkrankung, z. B. Röteln, Masern, Mumps oder Grippe, durchgemacht?
3. Betrug das Geburtsgewicht weniger als 1500 g?
4. Bestand eine Rhesus-Inkompatibilität bzw. eine Hyperbilirubinämie nach der Geburt?
5. Bestehen bei dem Kind irgendwelche Fehlbildungen im Bereich des Schädels, des Gesichts, der Ohren oder der Nase?
6. Ist das Kind seit der Geburt ernsthaft krank gewesen, insbesondere: hat es Infektionen mit hohem Fieber durchgemacht?
7. Haben die Eltern den Verdacht oder die Befürchtung, daß das Kind nicht gut hört?

B. Anamnestische Fragen zur Hör- und Sprachentwicklung

bis 6. Monat:

1. Erschrickt das Kind bei plötzlich einsetzenden lauten Geräuschen bzw. Lärm?
2. Läßt sich das Kind durch bekannte Stimmen beruhigen, ohne daß es die betreffende Person sehen kann?
3. Horcht das Kind auf Geräusche und Klänge (Glöckchen, Klingel, Radio, Spieluhr, Händeklatschen, Pfeifen, Rassel) oder auf Musik bzw. Singen (Kinderlieder)?
4. Wendet das Kind die Augen oder den Kopf bereits zur Schallquelle?
5. Beschäftigt sich das Kind gerne mit geräusch- oder klangproduzierendem Spielzeug?
6. Versucht das Kind aus eigenem Antrieb zu lallen?

6a. Lallt das Kind differenziert?

6b. Haben die Lallmonologe des Kindes in der letzten Zeit nachgelassen bzw. ist es nach anfänglich normalem Lallen verstummt?

bis 12. Monat:

1. Lallt das Kind vor sich hin?
2. Reagiert das Kind, wenn es gerufen wird?
3. Lauscht das Kind auf Gespräche der Erwachsenen?
4. Versucht das Kind durch Lallmonologe (»Mama«, »Dada«, »Deidei«) die Aufmerksamkeit auf sich zu lenken?
5. Benutzt das Kind schon einzelne Worte sinnbezogen (z. B. Mama, Papa, da)
6. Plappert das Kind weniger im Vergleich zu den Vormonaten?

bis 24. Monat:

1. Reagiert das Kind schlechter als früher auf akustische Reize?
2. Kann das Kind einzelne Gegenstände mit den richtigen und auch für Fremde verstehbaren Worten benennen?
3. Spricht das Kind bereits in Zwei- oder Dreiwortsätzen?
4. Haben Sie den Eindruck, daß das Kind zunehmend mehr Sprache lernt?
5. Nennt das Kind die Familienangehörigen oder seine Freunde mit Namen?

bis zum 4. Lebensjahr:

1. Kann das Kind alle Laute richtig aussprechen?
2. Ist das Kind sprechfreudig und will es spontan viel erzählen?
3. Spricht das Kind in normal gebildeten Sätzen?
4. Spricht das Kind auch für Fremde verständlich?
5. Läßt das Kind bei manchen Worten die Endsilben aus?
6. Reagiert das Kind schlechter als früher auf akustische Reize?
7. Hat das Kind sprachliche Rückschritte gemacht?
8. Singt das Kind gern Kinderlieder oder hört es gern Musik?

Hörbehinderungen aus der Sicht der Kinder-Richtlinien

Nach den Kinderrichtlinien des Bundesausschusses der Ärzte und Krankenkassen beginnt das Screening auf Hörstörungen mit der Untersuchung in der vierten bis sechsten Lebenswoche. Dabei steht die Anamnese durch Befragen der Eltern im Vordergrund. Auch wenn die Früherkennungsuntersuchungen im Laufe der Entwicklung des Kindes zunehmend diagnostische Maßnahmen einsetzen, kommt der Befragung der Eltern oder der Pflegepersonen gleichbleibend hohe Bedeutung zu.

Ziel der Früherkennungsuntersuchung ist die möglichst frühzeitige Entdeckung einer Hörstörung, weil die Entwicklung der Hörbahn nur durch frühe auditive Stimulation möglich ist. Ebenso wichtig ist es aber, durch frühe Therapie Folgewirkungen auf die Gesamtentwicklung des Kindes, insbesondere auf die Sprachentwicklung, zu vermeiden. Dabei steht die frühe Erfassung und Behandlung von Schalleitungsstörungen im Vordergrund. Bei dem seltenen Auftreten hochgradig schwerhöriger Kinder unter einer gesunden Neugeborenenpopulation liegt ein Schwerpunkt in der Früherkennungsuntersuchung bei der frühzeitigen Erfassung der Zugehörigkeit des Kindes zu einer Risikogruppe, insbesondere durch die sorgfältige Erhebung der Anamnese bei den Eltern des Kindes.

Ist eine Schwerhörigkeit diagnostiziert, steht die Versorgung mit Hörgeräten, gegebenenfalls auch ein Hörtraining, manchmal ergänzt durch logopädische Behandlung, zur Diskussion. Die Früherkennungsuntersuchung ist mit dem Verdacht auf eine »Hörstörung« abgeschlossen. Die weitere Betreuung des Kindes ist Gegenstand der kurativen Versorgung. Der Bundesausschuß der Ärzte und Krankenkassen hat für die Verordnung von Hörgeräten im Januar 1989 besondere Bestimmungen in den Heilmittel-Richtlinien erlassen. Dabei hat er die Einteilung nach dem Grad der Schwerhörigkeit in leichte bzw. geringgradige, mittelgradige und hochgradige Schwerhörigkeit sowie Resthörigkeit oder Taubheit aufgegeben und die Indikation zur Versorgung ausschließlich an dem Grad der möglichen Verbesserung der Hörfähigkeit ausgerichtet. Dabei geht der Bundesausschuß davon aus, daß die beidohrige Versorgung die Regelversorgung ist, wenn nicht besondere Gründe, die in den Richtlinien genannt werden, einer solchen Verordnung entgegenstehen.

Wird die Hörstörung so spät erkannt, daß bereits eine Verzögerung der Sprachentwicklung eingetreten ist, so ist die hier gegebenenfalls indizierte Sprachtherapie (Therapie von Stimm-, Sprech- und Sprachstörungen) ebenfalls in den Heilmittel-Richtlinien des Bundesausschusses der Ärzte und Krankenkassen geregelt. Danach kann nur ein Kassenarzt, der über besondere Kenntnisse auf dem Gebiet der Sprachtherapie verfügt und die erforderliche differenzierte Diagnostik vornehmen kann, diese Sprachtherapie verordnen. Wird die Sprachtherapie nicht von Kassenärzten durchgeführt, kann sie nur von staatlich anerkannten Logopäden sowie staatlich anerkannten Sprachtherapeuten zu Lasten der gesetzlichen Krankenkassen übernommen werden. Dazu sind mit den Trägern der gesetzlichen Krankenversicherung besondere Verträge abzuschließen. Angehörige anderer Berufe können auf Verordnung des Arztes Sprachtherapien nur dann durchführen, wenn sie eine entsprechende Qualifikation nachgewiesen haben, wobei ihr Tätigkeitsfeld auf die Behandlung bestimmter Störungen beschränkt werden kann.

E. Effer

Erkrankungen des Auges

W. D. Schäfer

Die ersten Tage und Wochen unmittelbar nach der Geburt sind für das spätere Sehen sehr wichtig. Im Tiermodell wurde nämlich festgestellt, daß der Verschluß eines Auges direkt nach der Geburt zu massiven Veränderungen in der Sehbahn und im Sehzentrum (Visueller Kortex) führt. Es kommt zu unterdurchschnittlichen Zellzahlen mit kleinen, schlecht anfärbbaren Zellen.

Diese *sensitive Phase* scheint für die Ausbildung der binokularen Verbindungen der Augen und für die monokulare Entwicklung sehr wichtig zu sein. Ein Auge, das in dieser Zeit nicht am Sehvorgang teilnimmt, kann – ohne Behandlung – später keinen vollen Visus mehr erreichen. Diese Sehschwäche nennt man Deprivationsamblyopie.

Die Konsequenz dieser Erkenntnis für die Sehentwicklung des Menschen besteht darin, optische Hindernisse schon beim Neugeborenen so rasch wie möglich zu beseitigen. Klinische Untersuchungen beim ein- und doppelseitigen konnatalen grauen Star bestätigen dieses Vorgehen. Die Ergebnisse waren um so besser, je früher die Kinder operiert wurden. Aus dem gleichen Grund wird seitdem bei Neugeborenen mit totaler Ptosis sofort operiert. Auch das Vorgehen bei Lidhämangiomen hat sich gewandelt. Diese werden so verkleinert, daß eine freie Sicht des Auges möglich ist. Schließlich wird bei Neugeborenen und in den ersten Lebenswochen auf Augenverbände verzichtet und eine Okklusionsbehandlung im 1. Lebensjahr nur etwa 30 bis 60 min pro Tag und pro Auge durchgeführt.

Die sensitive Phase der Sehentwicklung dauert beim Menschen etwa bis zum 8. Lebensjahr, wobei unklar ist, wo die obere Grenze genau liegt[8]. Innerhalb dieser Periode sind offensichtlich die Tage unmittelbar nach der Geburt entscheidend. Die Visusergebnisse bei Eingriffen zur Behebung optischer Hindernisse im 3. Lebensmonat sind deutlich schlechter als im 1. Lebensmonat. Für Fälle schwächerer Deprivationen wie Amblyopien durch Strabismus, Ametropie und Anisometropie gilt der wesentlich längere Zeitraum bis zum Einschulungsalter. Je früher etwa durch Refraktionsausgleich und Okklusion behandelt wird, desto besser sind die Resultate für die Sehschärfe und das Binokularsehen.

Erkrankungen des äußeren Auges

Lidkolobome

Die seltenen angeborenen Gewebsdefekte finden sich häufig am Oberlid und nur gelegentlich am Unterlid. Sie fallen unmittelbar bei der Geburt auf (Tab. 1). Es muß genau beobachtet werden, ob das Auge im Schlaf komplett geschlossen werden kann. Große Defekte erfordern eine rasche plastische Korrektur. Kleinere Defekte können später nur durch Gewebsanfrischung behoben werden.

Ptosis congenita

Die konnatale Lähmung des oberen Augenlides hat meist eine unvollständige Entwicklung des Lidhebers ohne weitere Erkrankungen als Ursache. Sie tritt auch bei Okulomotoriusschädigungen unter der Geburt auf. Die beidseitige Ptosis kann ein

Tab. 1: Vom Symptom zur Diagnose

Symptom	Diagnose
Lichtscheu	Buphthalmus Albinismus Achromatopsie alle Konjunktivitiden
Lidschluß	Ptosis Hämangiom
Lidschwellung	Hämangiom Einschlußblenorrhoe Gonoblenorrhoe Schwimmbadkonjunktivitis
Liddefekt	Kolobome Verletzungen
Rotes Auge	alle Konjunktivitiden Argentumkatarrh Retinoblastom
Augentränen	Dakryostenose alle Konjunktivitiden Buphthalmus
eitriges Bindehautsekret	Dakryozystitis Einschlußblenorrhoe Gonoblenorrhoe
Hornhautdurchmesser zu groß/zu klein	Buphthalmus Megalokornea/ Mikrokornea Retinopathia praematurorum (Vollbild)
Pupillenentrundung	Iriskolobom Verletzung
heller Pupillarreflex	Katarakt Retinoblastom Retinopathia praematurorum (Vollbild) Toxoplasmoseherd Aderhautkolobom Albinismus (doppelseitig!)

Zeichen für Myasthenia gravis oder ein Lidmißbildungssyndrom (z. B. *Waardenburg*-Syndrom) sein.

Wird durch die Ptosis die Pupille völlig verdeckt, dann ist eine sofortige Operation angezeigt. In den meisten Fällen genügt es, erst im Vorschulalter zu operieren.

Lidhämangiome

Es sind meist einseitige, kavernöse Hämangiome. Nach anfangs geringer Zunahme kommt es häufig zur spontanen Rückbildung dieser benignen Gefäßtumoren im Vorschulalter. Eine sofortige operative Verkleinerung ist nur dann erforderlich, wenn die

Pupille verlegt ist. – Ein halbseitiger Naevus flammeus läßt an ein *Sturge-Weber*-Syndrom denken, das mit einem Buphthalmus kombiniert ist. Ein Hämangiom der Lider und der Bindehaut verstärken den Verdacht. Die baldige Messung des Augeninnendrucks ist angezeigt. Diese seltene, im Bereich des N. trigeminus (erster oder mehrere Äste) auftretende Erkrankung muß von der bei jedem zweiten Neugeborenen auftretenden medianen Form des Naevus flammeus abgegrenzt werden[3], der den Nacken- und Stirnbereich, aber auch die Lider betrifft.

Dakryostenose

Bei etwa 10 % der Säuglinge öffnet sich nach der Geburt die *Hasner*sche Klappe im unteren Tränennasengang nicht. Es kommt zur Infektion des Tränensackes (Dakryozystitis) und zur Bindehautentzündung. Durch Massieren des Tränensackes mit Zeigefinger und Druck nach unten kann der verlegte Weg geöffnet werden. Die Behandlung besteht in antibiotischen Augentropfen und in schleimhautschwellenden Nasentropfen.

Kommt es im ersten Halbjahr unter dieser Therapie nicht zur Heilung, dann sollte ein Augenarzt die Tränenwege spülen. Die Spülung kann direkt mit einer Sondierung des Ductus nasolacrimalis kombiniert werden. Beides erfordert viel Erfahrung und muß ab dem 2. Lebenshalbjahr meist in Narkose erfolgen.

Gonoblenorrhoe

Die Gonoblenorrhoe war einst die Haupterblindungsursache in Europa. Sie fällt zwischen dem 2. und 4. Lebenstag durch eine starke Lidschwellung mit reichlicher Absonderung von Eiter auf, der bei der Inspektion in das Gesicht des Untersuchers spritzen kann (Schutzbrille!). Die Behandlung muß sofort nach Untersuchung des Bindehautabstrichs erfolgen (Notfall). Unbehandelt kommt es zur raschen Hornhautperforation mit nachfolgender Erblindung. Die Credésche Prophylaxe unmittelbar nach der Geburt hat diese Erkrankung extrem selten werden lassen.

Argentumkatarrh

Der Argentumkatarrh ist eine harmlose Chemo-Konjunktivitis nach Credéscher Prophylaxe, die in den ersten Tagen nach der Geburt nicht selten auftritt. Die Erkrankung ist rückläufig und erfordert keine Therapie. Gleiches gilt für die dabei gelegentlich zu beobachtende passagere Hornhauttrübung[6].

Chlamydienkonjunktivitis

Neben dem in unseren Breiten seltenen akuten Trachom handelt es sich bei den durch Chlamydien verursachten Bindehautentzündungen um die Schwimmbadkonjunktivitis und die Einschlußblenorrhoe. Letztere wird durch okulogenitale Chlamydien unter der Geburt übertragen. Die Credésche Prophylaxe verhindert die Erkrankung nicht. Nach sechs bis zehn Tagen kommt es zu ein- oder doppelseitigen Bindehautentzündungen mit mäßig eitriger Sekretion und Lidschwellung.

Die Schwimmbadkonjunktivitis tritt selten auf, seit das Wasser in Schwimmbädern gechlort wird. Nach einer bis zwei Wochen kommt es zu regionalen Lymphdrüsenschwellungen und zur ein- oder doppelseitigen Entzündung der Bindehaut der Lider mit Schwellung der Follikel bis zur Übergangsfalte, ohne die Bindehaut des Auges wesentlich zu tangieren.

Bei beiden Erkrankungen werden lokal antibiotische Salben und Tropfen angewendet. Die Prognose ist gut[7].

Vordere Augenabschnitte

Megalokornea-Mikrokornea

Von Megalokornea und Mikrokornea wird gesprochen, wenn der horizontale Hornhautdurchmesser beim Neugeborenen über 11,0 und unter 9,5 mm liegt. Bei Megalokornea besteht der Verdacht auf einen angeborenen grünen Star, seltener auf eine isolierte Megalokornea ohne Druckanstieg. Eine Mikrokornea kann Symptom eines Mikrophthalmus sein mit anderen Begleitsymptomen: Hornhauttrübung, Irismißbildung, Katarakt, persistierender primärer hyperplastischer Glaskörper. Ob ein Mikrophthalmus vorliegt, läßt sich durch Ultraschall-Achsenlängenmessung des Auges feststellen. Ein Mikrophthalmus kann auch Zeichen einer fortgeschrittenen Retinopathia praematurorum sein.

Buphthalmus (angeborener grüner Star)

Frühsymptome des Buphthalmus sind eine unspezifische, therapierefraktäre Konjunktivitis mit Tränen der Augen und Lichtscheu. Unbehandelt vergrößert sich der Durchmesser von Hornhaut und Bulbus, und es entwickelt sich ein Hornhautepithelödem. Schließlich kommt es zu einer atrophischen Optikusatrophie.

Zur Diagnose ist die Augeninnendruckmessung mit einem Tonometer äußerst wichtig. Die Messung muß meist in Narkose vorgenommen und mehrfach wiederholt werden. Eine medikamentöse Therapie hat nur geringen Wert. Vielmehr ist die sofortige operative Behandlung (Notfall) entscheidend. Dabei wird embryonales Gewebe, das den Kammerwinkel verlegt, eingeschnitten und der *Schlemm*sche Kanal zur Vorderkammer hin eröffnet. Mehrere Operationen können erforderlich werden, und die spätere regelmäßige Kontrolle des Augeninnendruckes ist dringend angezeigt.

Iris-Aderhautkolobome

Iris-Aderhautkolobome sind Gewebsdefekte, die der Lage der embryonalen Augenspalte entsprechen. Iriskolobome sind bei der äußeren Inspektion als nasal unten gelegene Defekte der Iris leicht zu erkennen. Dann sollte auch nach Aderhautkolobomen gesucht werden. Diese sind unterschiedlich groß und können die Papille miteinbeziehen. Im Augenspiegel zeigt sich ein hellerer Bezirk innerhalb des roten Pupillenreflexes. Der Visus kann erheblich beeinträchtigt sein. Die nach oben gelegenen Gesichtsfeldausfälle stören meist weniger.

Kongenitale Katarakt

Eine Linsentrübung entsteht durch Veränderungen des Linsenproteins und der Auflösung der normalen Strukturen des Linsengewebes. Katarakte können ein- oder beidseitig, partiell oder total auftreten. Sie sind unterschiedlich in Dichte und Lage der Trübungen; es gibt eine Fülle von Ursachen.

Katarakte können angeboren und mit anderen Anomalien verbunden sein oder als Folge einer Virusinfektion der Mutter (meist Röteln) im ersten Drittel der Schwangerschaft auftreten. Katarakte gibt es zusammen mit Hornhaut- und Iriserkrankungen, Vorderabschnittsmißbildungs-Syndromen und Glaukomen[9]. Sie treten auch bei Allgemeinerkrankungen auf: Down-Syndrom, Galaktosämie, Diabetes mellitus, seltener bei Tetanie oder Neurodermitis.

Je nach Lage und Dichte der Linsentrübungen können die Symptome variieren. Der Visus kann mäßig oder deutlich reduziert sein. Der weiße Reflex in der Pupille (Leukorie) wird leicht erkannt. Diskrete hintere Poltrübungen können nur beim Durchleuchten mit dem Ophthalmoskop oder an der Spaltlampe gesehen werden.

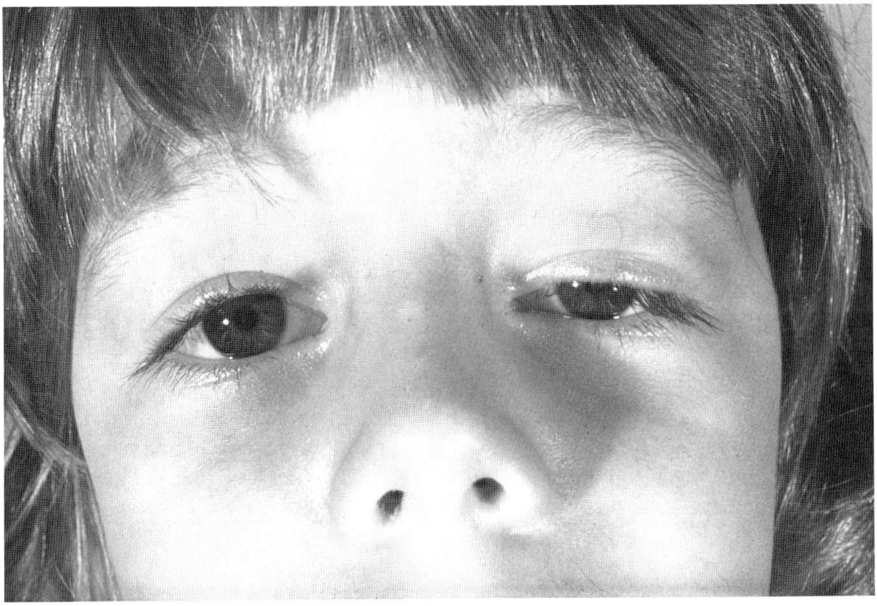

Abb. 1 Ptosis congenita links. Durch geringe Kopfneigung ist die Pupille links nicht verdeckt. Deshalb kann die Lidoperation im Vorschulalter erfolgen.

Eine medikamentöse Therapie gibt es derzeit nicht. Die sofortige operative Entfernung ist bei ein- und beidseitigen dichten Katarakten dringend indiziert, da sich sonst therapierefraktäre Deprivationsamblyopien entwickeln. Dies gilt nicht für kleinere, nicht zentral gelegene Katarakte. Bei nicht totalen Trübungen kann die Operationsentscheidung schwierig sein. Sehschärfenbestimmungen helfen bei der Entscheidung.

Die Operation erfolgt in Narkose. Postoperativ wird sofort eine Kontaktlinse oder eine Starbrille verordnet, die in den folgenden Jahren in kurzen Abständen immer wieder überprüft und der Augenentwicklung angepaßt werden muß. Außerdem wird eine Okklusionsbehandlung eingeleitet.

Hintere Augenabschnitte

Konnatale Toxoplasmose

Nach einer Toxoplasmose-Erkrankung der Mutter während der Schwangerschaft kommt es am Auge zu großen, am hinteren Pol gelegenen ein- oder beidseitigen Narbenherden von Netzhaut und Aderhaut. Da die Makula mit einbezogen ist, sinkt die Sehschärfe meist unter 0,1. Wie beim Aderhautkolobom kann der Herd durch Ophthalmoskopie oder schon bei der Durchleuchtung mit dem Augenspiegel wegen des hellen Bezirkes im roten Pupillarreflex diagnostiziert werden. Da gelegentlich noch funktionierende Retinazellen in der Narbe vorhanden sind, sollte ein Okklusionsversuch unternommen werden. Die allgemeine Behandlung von Mutter und Kind ist erforderlich.

Juvenile Makuladegenerationen

Juvenile Makuladegenerationen fallen entweder durch unterschiedliche Pigmentierungen im Makulabereich auf oder man findet die diskreten Veränderungen bei der Differentialdiagnose beidseitiger therapierefraktären Amblyopien. Es sollten sinnes-

und elektrophysiologische Untersuchungen zur genauen Abklärung veranlaßt werden[5].

Retinoblastom

Der seltene, höchst maligne Tumor wird zu 90 % in den ersten vier Lebensjahren beobachtet und geht von der Netzhaut aus. 95 % der Fälle treten spontan auf. Die restlichen sind vererbt, bei einem Viertel der Patienten sind beide Augen betroffen. Häufig ist das erste Symptom, ein weißer Fleck in der Pupille (Leukorie), bereits das Zeichen eines weit fortgeschrittenen Tumorwachstums. Schlechter Visus oder Strabismus, ein rotes Auge, Hornhauttrübungen, eine Uveitis mit Hypopyon oder ein Sekundärglaukom können ebenfalls erste Anzeichen der Erkrankung sein[10]. Bei der Ophthalmoskopie erscheint der Tumor prominent und weißlich-gelblich.

Die Diagnose wird durch Ultraschall und Computertomographie gesichert. Die Therapie besteht bei großen Tumoren in der Enukleation des Auges. Kleine einseitige Tumoren können durch Photokoagulation behandelt werden. Wegen der Rezidivgefahr sind Kontrolluntersuchungen beider Augen etwa vierteljährlich bis ins Schulalter erforderlich. Geschwister und Kinder Erkrankter sollten diesem Untersuchungsrhythmus sofort nach der Geburt unterworfen werden.

Retinopathia praematurorum

Der Name Retinopathia praematurorum für die Erkrankung der Netzhautgefäße bei früh- und neugeborenen Kindern ist dem alten Begriff (*retrolentale Fibroplasie*) vorzuziehen. Erkrankungsursache scheint zu niedrig oder zu hoch konzentrierter Sauerstoff in den ersten Lebenstagen zu sein. Die Retinopathia praematurorum tritt überwiegend bei Frühgeborenen mit Geburtsgewicht unter 1500 g und gelegentlich bei Termingeborenen (besonders bei Atemnotsyndrom oder nach Operationen) auf. Die Ausbildung der peripheren Netzhautgefäße ist temporal bei normaler Schwangerschaftsdauer erst zwei Wochen nach der Geburt abgeschlossen. Bei der Erkrankung kommt es zu Spasmen der noch unvollständig ausgebildeten peripheren Netzhautgefäße. In der Folge erweitern sich diese, es kommt zu Gefäßobliterationen und zur Bildung neovaskulärer fibröser Membranen von der Netzhautoberfläche bis in den Glaskörper hinein. Eine Netzhautablösung durch Traktion dieser fibrovaskulären Membranen kann die weitere Folge sein. Im fortgeschrittenen Stadium ist die Vorderkammer abgeflacht und der Glaskörperraum mit Gewebsproliferationen angefüllt. Unvollständige Formen zeigen oft eine Myopie unterschiedlicher Stärke beider Augen oder einen Strabismus. Die akuten Anfangsstadien der Erkrankung bilden sich in über 80 % der Fälle spontan zurück.

Eine gesicherte medikamentöse Therapie gibt es nicht. Wichtig ist deshalb die Früherkennung. Bilden sich die Anfangsstadien nicht zurück, kann eine Behandlung der peripheren Netzhaut mit Kryotherapie angezeigt sein. Die Häufigkeit der Funduskontrollen richtet sich nach den Risikofaktoren des Kindes und den okulären Befund.

Okulärer Albinismus

Das erste Symptom des okulären Albinismus ist die ausgesprochene Lichtscheu. Bei der Durchleuchtung kommt ein hellroter Reflex aus der Pupille; auch die Iris läßt sich durchleuchten, so daß sogar der Linsenrand zu erkennen ist. Der Augenhintergrund ist pigmentlos. Der Foveolarreflex fehlt wegen unterentwickelter Makula.

Die Sehschärfe kann etwa bei 0,1, aber auch darüber liegen. Der rein okuläre Albinismus ist selten. Er ist häufiger mit der kutanen Form kombiniert.

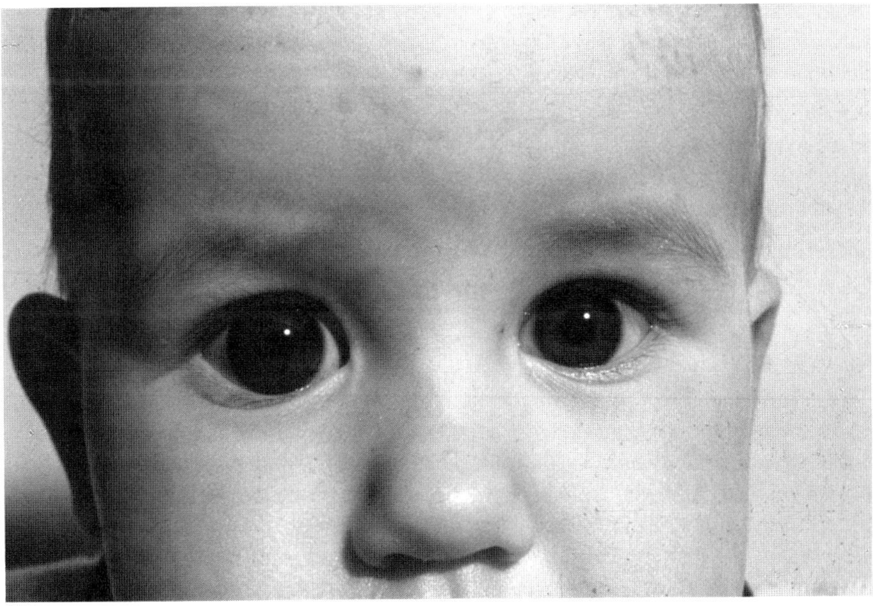

Abb. 2 Buphthalmus rechts. Zustand nach Operation im 1. Lebenshalbjahr. Der Augeninnendruck ist jetzt reguliert.

Achromatopsie

Bei der totalen Farbenblindheit sind die Kinder extrem blendungsempfindlich, und selbst bei bedecktem Himmel öffnen sie die Augen kaum oder sie blinzeln. Die Diagnose am Fundus (meist fehlender Foveolarreflex) kann schwierig sein. Die Farbsinnprüfung bei Kindern ist noch unzuverlässig. Die Sehschärfe liegt höchstens bei 0,1.

Optikusatrophie

Die dominant vererbte, infantile Optikusatrophie kann sich schon im Vorschulalter durch beidseits therapierefraktäre Amblyopien manifestieren. Am Augenhintergrund sieht man temporale Abblassungen der Papille. Falls Gesichtsfelduntersuchungen möglich sind, ergibt sich ein Zentralskotom. Die Sehschärfe liegt um 0,3 bis 0,1. Die Optikusatrophie kann auch mit allgemeinen Symptomen kombiniert oder Folge eines unbehandelten Glaukoms, einer länger bestehenden Stauungspapille oder einer Sehnervenentzündung (postneuritische Form) sein.

Refraktionsfehler und binokulare Störungen

Hyperopie

Bei einer Weitsichtigkeit werden die Gegenstände im Ruhezustand des Auges (ohne Akkommodation) hinter der Netzhaut abgebildet. Die Bilder können jedoch durch Akkommodation auf der Retina fokussiert werden. Bei fast 80 % der Neugeborenen mit regulärer Schwangerschaftsdauer liegt eine Hyperopie vor. Sie kann in den ersten sieben bis acht Lebensjahren noch zunehmen, geht dann aber zurück. Bei ein- oder beidseitiger Hyperopie besteht immer die Gefahr einer bleibenden Sehschwäche, insbesondere bei den höhergradigen Formen oder denen mit unterschiedlicher Brechkraft beider Augen. Die erhöhte Akkommodationsanspannung ist immer mit einem erhöhten Konvergenzimpuls verbunden, so daß die Hyperopie ein Innenschielen mitverursachen kann. Da bei unterschiedlich starker Hyperopie beider Augen nur soweit akkommodiert wird, bis die Umwelt in einem Auge scharf abgebildet ist, nimmt das andere Auge nur unscharfe Bilder auf[2]. Eine einseitige Amblyopie (Schwachsichtigkeit) kann die Folge sein.

Die Diagnose »Hyperopie« ist bei Kindern nicht leicht zu stellen, da sie den Fehler durch Akkommodation ausgleichen können. Dieser Refraktionsfehler kann bei Kleinkindern und Säuglingen nur mit Zykloplegika (Atropin oder Cyclopentolat) exakt gemessen werden.

Die Behandlung erfolgt durch Anpassung einer kindgerechten, bequemen, kleinen Brille. Refraktionskontrollen werden anfangs halbjährlich, später jährlich vorgenommen.

Myopie

Bei der Kurzsichtigkeit werden entfernte Objekte vor der Netzhaut abgebildet und somit unscharf erkannt. Gegenstände in der Nähe können ohne Akkommodation scharf gesehen werden. Nur wenige Neugeborene – meist solche mit erblicher Belastung – sind von Geburt an myop. Die Kurzsichtigkeit entwickelt sich selten vor dem 8. Lebensjahr und nimmt bis Ende der Pubertät deutlich zu. Bei Frühgeborenen tritt häufiger eine oft unterschiedlich stark ausgeprägte Myopie auf (Ursache: Retinopathia praematurorum). Die ein- oder beidseitige Kurzsichtigkeit führt meist nicht zu bleibenden Sehschädigungen. Bei hochgradigen Kurzsichtigkeiten kommt es jedoch meist zu Netzhautveränderungen mit deutlicher Beeinträchtigung der Sehschärfe.

Eine Myopie ist leichter zu diagnostizieren als eine Hyperopie. Die Kinder haben oft die Angewohnheit, sehr nahe an die Objekte heranzugehen. Sie haben große Schwierigkeiten, entferntgelegene Gegenstände – soweit diese nicht bewegt sind – zu erkennen; sie blinzeln.

Für die exakte Diagnose und die Therapie gilt das über die Hyperopie Gesagte.

Astigmatismus

Der Astigmatismus (Stabsichtigkeit, Brennpunktlosigkeit) ist ein Refraktionsfehler als Folge unterschiedlichen Brechungsvermögens in den einzelnen Radien der brechenden Medien (Hornhaut, Linse). Am häufigsten geht der Astigmatismus von der Hornhaut aus. Er tritt fast immer zusammen mit einer Hyperopie oder einer Myopie auf. Ein unbehandelter Astigmatismus führt zu Bildunschärfen in einer bestimmten Achse des Auges (z. B. bei 0 ° oder bei 30 °). Auch dadurch kommt es zu erheblichen Sehstörungen und unbehandelt zu Amblyopien.

Für die Diagnose durch Refraktionsbestimmung und die Therapie mit Brillenverordnung gilt ebenfalls das über die Hyperopie Gesagte. Bei einigen Kindern im Vorschulalter läßt sich der Hornhautastigmatismus gut durch harte Kontaktlinsen ausgleichen.

Anisometropie

Geringe Unterschiede (bis 0,5 Dioptrien) in der Refraktion beider Augen sind häufig. Hohe Anisometropien (über 3 Dioptrien) sind selten. Sie werden aber von Kindern gut toleriert. In jedem Falle ist ein exakter Refraktionsausgleich durch eine Brille, seltener eine Kontaktlinse, erforderlich. Bei hohen Anisometropien muß zusätzlich meist eine Okklusionsbehandlung ausgeführt werden.

Kongenitaler Nystagmus

Der Nystagmus wird häufig erst um das 3. Lebensjahr deutlich erkennbar; latente Formen sogar erst viel später. Zur Diagnose ist eine exakte Beobachtung der Augen auch mit wechselseitiger Okklusion erforderlich. Ein Nystagmus kann ruckartig, pen-

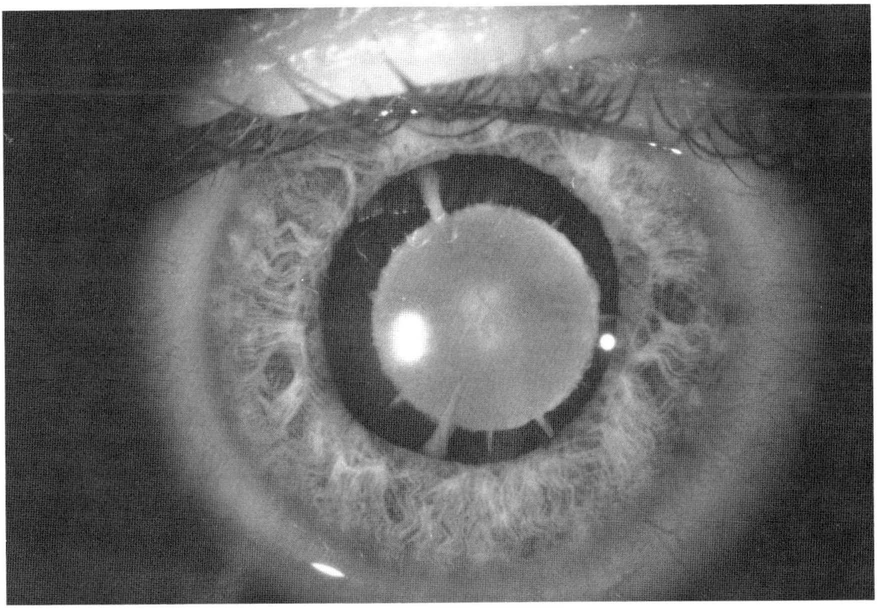

Abb. 3 Cataracta congenita. Typischer Schichtstar (Cat. zonularis) »mit Reiterchen« (schmale getrübte Faserbüschel, die den Trübungsäquator umgreifen). Indikation zur sofortigen Operation.

delnd sowie mit oder gegen den Uhrzeigersinn auftreten. Kombinationen dieser Richtlinien sind häufig. Je nach Amplitude und Frequenz kommt es zu einer wechselnd starken Beeinträchtigung der Sehschärfe.

Der isolierte okuläre Nystagmus ist selten. Meist ist er Begleitsymptom einer Augenerkrankung der vorderen Abschnitte oder des Augenhintergrundes, eines Refraktionsfehlers oder eines Schielens. Immer jedoch ist er Zeichen dafür, daß in den ersten Lebenswochen die Fixation durch okuläre Veränderungen, aber auch durch allgemeinen Sauerstoffmangel des Gehirns gestört war.

Ein Nystagmus sollte deshalb eine genaue okuläre Untersuchung zur Folge haben. Die Therapie besteht in einer Behandlung der Grundkrankheiten sowie in einem exakten Refraktionsausgleich. Besteht außerdem eine Kopfzwangshaltung, weil der Nystagmus in bestimmten Blickrichtungen sich eher beruhigt, kann eine operative Korrektur angezeigt sein.

Strabismus

Ein Strabismus kommt bei 4 bis 7 % aller Kinder vor. Die Folgen unbehandelten Schielens sind: praktische Einäugigkeit durch Amblyopie des schielenden Auges, fehlendes beidäugiges Sehen, muskuläre Veränderungen und eine kosmetisch auffällige Augenstellung, die zu seelischen Problemen führen kann. Dadurch kann es zu beruflichen Einschränkungen kommen.

Beim Strabismus convergens weichen die Augen nach innen, beim Strabismus divergens nach außen ab. Dazu kommen Höhenabweichungen nach oben und unten sowie Verrollungen des Auges mit und gegen den Uhrzeigersinn. Das Ausmaß der Abweichung ist beim Begleitschielen (Strabismus concomitans) in allen Blickrichtungen gleich groß und beim Lähmungsschielen (Strabismus incomitans) verschieden groß. Der Strabismus convergens tritt nach der Geburt, in den ersten Lebensmonaten oder bis zum 3. Lebensjahr auf. Danach ist er sehr selten. Der Strabismus divergens ist dagegen vor dem 3. Lebensjahr selten. Beim Strabismus convergens findet sich oft ein erheblicher Refraktionsfehler (Hyperopie, Astigmatismus), während der Strabismus divergens gelegentlich mit einer Myopie kombiniert ist.

Ein Schielen kann durch den breiten Nasenrücken des Kindes (Epikanthus) vorgetäuscht werden. Ein wechselndes Schielen bei Säuglingen sollte genau erforscht werden.

Bei der Diagnose des Strabismus vergleicht man die Lage der Lichtreflexe einer Taschenlampe auf der Hornhaut beider Augen (*Hirschberg*-Test). Sie sollte etwa über der Pupillenmitte liegen. Dazu wird noch der Abdecktest ausgeführt. Die Prüfung der Motilität der Augen und der Konvergenzreaktion kann beim Strabismus convergens eine überschießende Adduktions- und eine verminderte Abduktionsbewegung ergeben. Beim Strabismus divergens kann eine Konvergenzschwäche auffallen. Die schlechtere Sehschärfe eines Auges mit Abwehr bei Verschluß des guten Auges läßt zusätzlich an einen Strabismus, eine Amblyopie oder eine Anisometropie denken. Ein akut auftretender Strabismus nach dem 3. Lebensjahr sollte – neben der Augenarztzuweisung – eine sofortige neuropädiatrische Untersuchung induzieren (Tumorausschluß!). Schließlich muß geklärt werden, ob der Strabismus nur ein Symptom einer intraokularen Erkrankung (Katarakt, Netzhauterkrankungen, Retinoblastom) ist.

Die Therapie beginnt mit der Verordnung einer Brille, die nach Refraktionsbestimmung in Zykloplegie gemessen wurde. Mit der Okklusionsbehandlung sollen die Sehschärfe und die Fixationsfähigkeit des schielenden Auges dem guten Auge angeglichen werden. Diese Behandlung erfolgt mit Pflastern auf der Haut oder Folien auf der Brille. Im 1. Lebensjahr wird nur stundenweise, später aber tageweise, je nach Befund, okkludiert. Schieloperationen werden meist im Vorschulalter in Narkose vorgenommen. – Insgesamt erfordert der Strabismus eine intensive mehrjährige Überwachung und Behandlung.

Paresen

Ein Lähmungsschielen ist angeboren oder tritt nach Entzündung, Verletzungen, Tumoren oder anderen Erkrankungen des Zentralnervensystems und der Orbita auf. Es muß dann immer eine ausgiebige neuropädiatrische Untersuchung erfolgen. Neben der Untersuchung wie beim Strabismus sollte besonders bei der Motilitätsprüfung auf Bewegungseinschränkungen geachtet werden. Auch Kopfzwangshaltungen (Torticollis ocularis) sind häufig.

Die Behandlung von Paresen richtet sich nach der Ursache. Nach Verletzungen kommt es oft zu spontaner Rückbildung, so daß es zweckmäßig ist, ein Jahr abzuwarten, den Befund zu kontrollieren und erst dann eine Schieloperation vorzunehmen.

Untersuchung der Augen

Inspektion und Palpation

Die einfache Untersuchung der Augen wird am besten mit Taschenlampe und Lupe durchgeführt. Man inspiziert die Lider, die Augenhöhle, die Bindehaut und die vorderen Augenabschnitte. Verdächtige Befunde können im abgedunkelten Raum durch die Lampe kontrastreich erleuchtet und mit der Lupe gut beobachtet werden. Durch Palpation läßt sich der Augeninnendruck grob abschätzen (weich, normal, steinhart). Dazu muß das Kind nach unten sehen, und man palpiert den Bulbus mit beiden Zeigefingern. Zum Vergleich können die eigenen Augen überprüft werden.

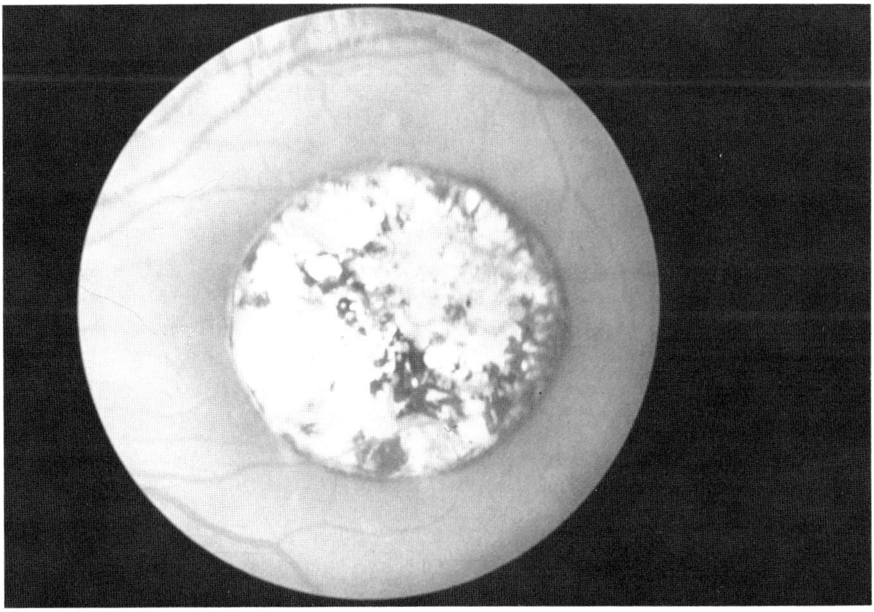

Abb. 4 Konnatale Toxoplasmose. Großer Herd in der Makula. Die Papille liegt links jenseits des Bildrandes.

Abdecktest

Mit dem Abdecktest wird ein Strabismus diagnostiziert. Der Augenarzt bietet dem Kind ein kleines Fixationsobjekt an, hält ein Auge zu und beobachtet, ob das andere beim Zuhalten seine Stellung ändert (Einstellbewegung). Bewegt es sich von innen zur Mitte, liegt ein Innenschielen vor. Kommt es von außen, besteht ein Strabismus divergens.

Prüfung der Augenbewegungen

Für die Motilitätsprüfung in den Hauptblickrichtungen läßt man das Kind einem Licht oder einem interessanten, kleinen Spielzeug folgen und beobachtet, ob beide Augen dem Objekt nachsehen. Benutzt man eine Taschenlampe, kann man gut die Lage der Lichtreflexe in beiden Augen miteinander vergleichen. Bei der Konvergenzprüfung bietet man ein kleines, interessantes Objekt in etwa 70 cm Augenabstand an und nähert dieses dann bis zum Gesicht. Dabei beobachtet man die zunehmende Konvergenz der Augenachsen auf das Objekt und die engerwerdenden Pupillen. Danach divergieren die Augenachsen wieder hin zum Blick in die Ferne, und die Pupillen erweitern sich gleichzeitig wieder.

Durchleuchtung und Ophthalmoskopie

Für die Durchleuchtung kann eine helle Taschenlampe gebraucht, für beides sollte aber besser ein Ophthalmoskop benutzt werden. Man stellt zunächst den Lichtkegel auf die Nasenwurzel des Kindes (*Brückner*-Test 1. und 2. Teil). Die Hornhautreflexbilder der Lichtquelle sind symmetrisch in beiden Augen erkennbar. Dann betrachtet man durch das Ophthalmoskop den Fundus beider Augen und vergleicht die Farbe. Fixiert das Kind mit der Fovea, dann wird beidseits ein dunkelroter Reflex sichtbar. Wird nicht mit der Fovea fixiert, ist der Reflex hellrot bis blaß, da andere Netzhautbezirke heller sind. Toxoplasmoseherde, Kolobome oder Retinoblastome können weißgrau erscheinen. Bei totaler Katarakt erscheint kein Rotlicht. Kleinste Linsentrübungen werden als schwarze Aussparungen im roten Fundusreflex erkannt.

Visusprüfung

Die Prüfung der Sehschärfe ist zwar die wichtigste Untersuchung der Sehfunktionen, sie ist aber in den ersten beiden Lebensjahren schwierig und vor dem 4. Lebensjahr häufig noch sehr unsicher. Deshalb sollte bei offensichtlichen Auffälligkeiten, bei Seitendifferenzen und bei Fehlsichtigkeit und Schielen in der Familie eine augenärztliche Überprüfung veranlaßt werden. Bei der Visusprüfung verwendet man Buchstaben oder andere Symbole wie Kreis, Kreuz, Dreieck oder den *Landolt*-Ring[4]. Jedes Auge muß einzeln geprüft werden. Oft läßt sich auch aus der Abwehr beim Abdecken eines Auges auf dessen bessere Sehschärfe schließen. Bei Säuglingen muß beobachtet werden, ob einem Licht oder einem interessanten Objekt gefolgt wird. Aus der Größe dieser Gegenstände und ihrer Entfernung zum Auge läßt sich auf die Sehschärfe schließen.

Literatur

[1]*Brückner, R.:* Exakte Strabismusdiagnostik bei 1/2–3jährigen Kindern mit einem einfachen Verfahren, dem »Durchleuchtungstest«. Ophthalmologica *144:* 184 (1962).

[2]*Hohmann, A.:* Früherkennung kindlicher Sehstörungen – Stand und Perspektiven. Köln 1987.

[3]*Hollwich, F.:* Augenlider. In: *François, J., F. Hollwich:* Augenheilkunde in Klinik und Praxis, Band 1, 6.1. Stuttgart 1977.

[4]*Karch, D.:* Anleitung zur Früherkennung von Sehstörungen. Kinderarzt *20:* 691 (1989).

[5]*Kaufmann, H., W. Weder:* Erkrankungen des Auges. In: *Wendt, G. G.* (Ed.): Praxis der Vorsorge, pp. 93 u. 178. Marburg 1984.

[6]*Krieglstein, G. K.:* Bindehautentzündungen bei Neugeborenen. Therapiewoche *28:* 7837 (1978).

[7]*Pau, H.:* Erkrankungen der Bindehaut. In: *François, J., F. Hollwich:* Augenheilkunde in Klinik und Praxis, Band 1, 8.28. Stuttgart 1977.

[8]*Schäfer, W. D.:* Visuelle Probleme bei Behinderten. In: *Klett, M., E. Klaus-Mackiw:* Visuelle Orientierung, p. 77. Stuttgart 1989.

[9]*Schäfer, W. D., P. P. Ellis, P. J. Goscienski:* Ophthalmologie. In: *Ströder, J., H. Eichenwald:* Grundlagen und Praxis der Therapie bei Kindern und Jugendlichen, p. 1275. Weinheim 1987.

[10]*Stehr, K., U. Mayer, D. Harms:* Erkrankungen der Augen im Kindesalter. Erlangen 1987.

Erkrankungen des Auges aus der Sicht der Kinder-Richtlinien

Nach den Kinderrichtlinien des Bundesausschusses der Ärzte und Krankenkassen wird angestrebt, behandelbare Sehstörungen so rechtzeitig zu erkennen, daß irreversible Schädigungen des Auges oder Sehbehinderungen vermieden werden können. Deshalb wird im Untersuchungsprogramm ein Screening auf hochgradige Sehbehinderung oder Blindheit, Schielkrankheit oder andere, die Entwicklung im besonderen Maße gefährdende Fehlbildungen oder Erkrankungen der Augen durchgeführt. Da offenbar immer noch Sehstörungen erst bei der Einschulung erkannt werden, kommt dem sorgfältig durchgeführten Screening auf Sehstörungen im Rahmen des gesamten Früherkennungsprogramms außerordentlich große Bedeutung zu. Für die Durchführung dieses Screening können die »Anleitungen zu den Krankheitsfrüherkennungs-Untersuchungen für Kinder« hilfreich sein, die vom Beraterkreis »Krankheitsfrüherkennung im Kindesalter« des Zentralinstituts für die Kassenärztliche Versorgung in der Bundesrepublik Deutschland herausgegeben worden sind. In der Anleitung zur Früherkennung von Sehstörungen wird von U 1 bis U 8 dargestellt, wie der Untersuchungsgang im Rahmen des Screenings aussehen könnte und welche Konsequenzen bei auffälligen Befunden in bezug auf weiterführende Diagnostik zu ziehen sind.

Werden Sehstörungen festgestellt und ist die Verordnung von Sehhilfen notwendig, so richtet sich diese nach den Heilmittel-Richtlinien des Bundesausschusses der Ärzte und Krankenkassen. Danach ist z. B. die Verordnung von Kunststoffgläsern bei Kindern im Vorschulalter unabhängig von der Gläserstärke uneingeschränkt möglich. Bei älteren Kindern bis zum 14. Lebensjahr können Kunststoffgläser erst ab ± 5,0 Dioptrien verordnet werden. Die Verordnung von Kontaktlinsen richtet sich ebenfalls nach diesen Richtlinien.

E. Effer

Psychische Störungen

H. Remschmidt

Psychische Störungen und Erkrankungen im Kindesalter können durch eine Vielzahl von Faktoren verursacht, ausgelöst oder unterhalten werden. Bei vielen Störungsmustern (z. B. bei manchen organisch bedingten Erkrankungen) ist der ursächliche Zusammenhang eindeutig zu klären, bei anderen jedoch nicht. In diesen Fällen müssen oft mehrere Ursachen angenommen werden. Deren Einteilung ist nach sehr unterschiedlichen Gesichtspunkten möglich, z. B. nach dem Zeitpunkt der Schädigung, nach der Art der einwirkenden Schädigung, ihrer Herkunft, ihrer Intensität, ihren Auswirkungen und nach den beeinträchtigten Funktionen und Interaktionen. Stets zu berücksichtigen ist auch die Wechselwirkung bzw. gegenseitige Beeinflussung der verschiedenen Bedingungsfaktoren sowie der jedem Einteilungsprinzip zugrundeliegende Normbegriff.

Damit ergeben sich verschiedene Klassifikationsmöglichkeiten für diese Störungen und Erkrankungen einschließlich ihrer Konsequenzen (Tab. 1).

In den letzten Jahren hat sich eine dynamische Betrachtungsweise durchgesetzt, die davon ausgeht, daß das Wechselspiel verschiedener Faktoren für den Verlauf psychischer Störungen und Erkrankungen in Betracht gezogen werden muß. Unter ihnen spielen Lebensereignisse (z. B. Tod eines Elternteils, Leistungsversagen) eine sehr wichtige Rolle, ebenso die *Risikofaktoren* (viele Lebensereignisse sind solche) und *protektive Faktoren.* Unter den letzteren verstehen wir günstige Einflüsse, die die Manifestation von Erkrankungen verzögern, abmildern oder verhindern können.

Was die Wirkung protektiver Faktoren betrifft, so lassen sich folgende Mechanismen unterscheiden[13]:

1. Sie wirken nicht punktuell, sondern entlang der Zeitachse. Dies bedeutet, daß sie auch mit noch so ausgeklügelten multivariaten Untersuchungsplänen, die auf Querschnittserhebungen hinauslaufen, nicht erfaßt werden können.
2. Viele protektive Faktoren wirken indirekt über Interaktionsprozesse des jeweiligen Individuums mit seiner Umgebung.
3. Individuelle Unterschiede und Temperamentseigenschaften sind insofern von entscheidender Bedeutung, als sie die sozialen Beziehungen eines Individuums mitbestimmen und auf diese Weise auch die Qualität dieser Beziehungen beeinflussen.

Im Hinblick auf die Entstehung psychischer Störungen und Erkrankungen wird heute eine Wechselwirkung zwischen Risikofaktoren und protektiven Faktoren angenommen, wobei aber auch Eigendynamik und Selbstregulation des reifer werdenden Kindes eine sehr wichtige Rolle spielen.

Aus einer Studie über diese Thematik wurde ein Modell zur Wirkung und Wechselwirkung von Risikofaktoren und protektiven Faktoren gebildet[16]. In diesem Modell werden Risikofaktoren zum Zeitpunkt der Geburt von Belastungsfaktoren und protektiven Faktoren unterschieden. Als Risikofaktoren zum Zeitpunkt der Geburt werden angesehen: chronische Armut, geringer Bildungsgrad der Mutter, perinatale Komplikationen, Entwicklungsverzögerungen, genetische Anomalien und psychopathologische Auffälligkeiten der Eltern. Das Vorhandensein mehrerer solcher Faktoren stellt einen Risikofaktor für weitere belastende Ereignisse dar und macht auf

Tab. 1 Klassifikationsmöglichkeiten psychischer Störungen und Erkrankungen bei Kindern und Jugendlichen[6]

Zeitpunkt der Schädigung	pränatal	Fetopathien, Embryopathien, Chromosomenstörungen, auch psychische Einflüsse usw.
	perinatal	Sauerstoffmangel, Verletzungen usw.
	postnatal	Entzündungen, Verletzungen, psychische, psychosoziale, pädagogische und soziokulturelle Faktoren
Art der Schädigung	somatisch	z. B. Entzündungen, Hypoxämien, Verletzungen, Tumoren, Mißbildungen
	psychisch	psych. Traumen, Konflikte
	psychosozial	sozioökonom. Benachteiligung, Diskriminierung, familiäre (pädagog.) Einflüsse
	soziokulturell	Subkultur, Normen, kulturspezifische Sitten und Gebräuche, epochale Einflüsse
Herkunft der schädigenden Einwirkungen	endogen	genetische und konstitutionelle Einflüsse
	exogen	Umweltfaktoren (somatische, psychische, pädagogische, psychosoziale und soziokulturelle)
Art der Auswirkung	Läsion	organ. Substrat nachweisbar
	Reifungsverzögerung	organ. Substrat nicht immer nachweisbar
	Funktionsstörung	organ. Substrat meist nicht nachweisbar, aber funktionelle Ausfälle (z. B. pathol. Befund im Elektroenzephalogramm)
	Interaktionsstörung	keine
Intensität der Auswirkung	Normvariante	noch in den Normbereich zu rechnen
	Grenzfall	bereits pathologische Anzeichen
	Pathol. Fall	eindeutig pathologische Zeichen
Beeinträchtigte Funktionen der Interaktionen	Hirnfunktion	hirnorganisches Psychosyndrom, neuropsychologische Syndrome
	Entwicklung	Entwicklungs- und Reifungsverzögerungen
	Intelligenz	Oligophrenien und Demenzprozesse
	Sprache	Sprach- und Sprachentwicklungsstörungen
	Affektivität	Störungen der Affektivität (z. B. Depression, Antriebsarmut)
	Psychomotorik	univers. und umschrieb. Störungen der Psychosomatik

diese Weise ein Kind vulnerabel, wodurch die Wahrscheinlichkeit für das Auftreten psychischer Erkrankungen erhöht ist. Nun kann im Sinne der Manifestation einer psychischen Erkrankung eine Reihe von Belastungsfaktoren eine große Rolle spielen (z. B. längere Trennung im ersten Lebensjahr, Erkrankung der Eltern, Ehescheidung). Diese Belastungsfaktoren stehen aber in Wechselwirkung mit protektiven Faktoren, die wiederum als »Persönlichkeitseigenschaften« des Kindes oder als schützende Umgebungsfaktoren angesehen werden können (Abb. 1).

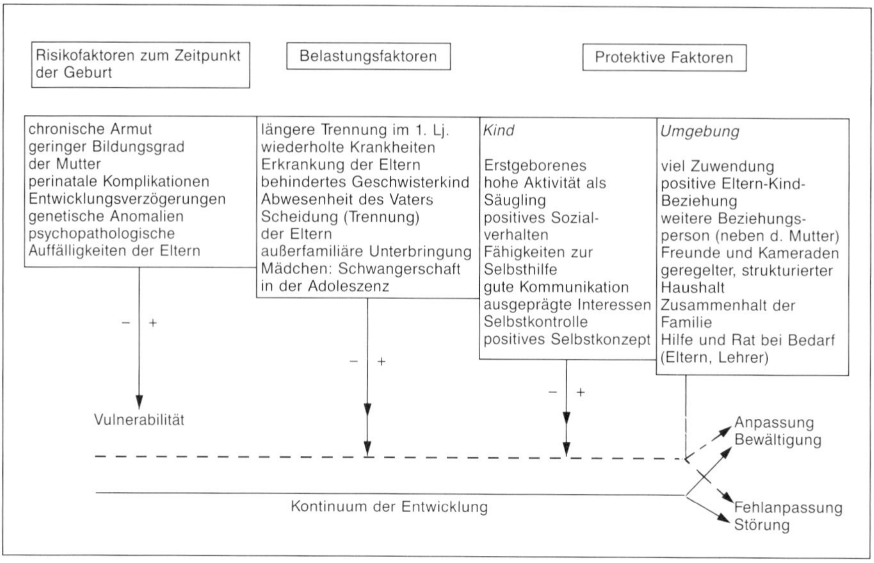

Abb. 1 Modell zur Wirkung und Wechselwirkung von Risiko-, Belastungs- und protektiven Faktoren[16]

Durch das Zusammenspiel von Risiko- und Belastungsfaktoren einerseits und protektiven Faktoren andererseits entsteht letztlich eine Fehlanpassung bzw. psychiatrische Erkrankung oder auch eine Anpassung bzw. Bewältigung des Risikos, psychisch krank zu werden.

Entwicklungsvarianten und -störungen in den ersten sechs Lebensjahren

Die Früherkennung psychischer Störungen in den ersten sechs Lebensjahren (und darüber hinaus) setzt eine möglichst genaue Kenntnis normaler Entwicklungsvorgänge voraus, ferner eine Kenntnis der Entwicklungsvarianten sowie die Beherrschung diagnostischer Methoden, die eine einigermaßen zuverlässige Abgrenzung zwischen normalen Entwicklungsvorgängen, Entwicklungsvarianten und klaren Störungsmustern erlauben.

Gesundes Verhalten und Erleben ist, ebenso wie krankhaftes Verhalten und Erleben, ein ganzheitliches Geschehen. Sprache und Motorik, Denken und Fühlen, Verstehen und Handeln sind im Sinne eines derartigen ganzheitlichen Konzeptes eng miteinander verknüpft. Für die Diagnostik und Früherkennung ist es aber zweckmäßig, die einzelnen Funktionen im Sinne einer Schwerpunktbildung voneinander zu unterscheiden, weil nur auf diese Weise der Blick des Untersuchers auf den jeweils »verdächtigen Bereich« gelenkt werden kann, womit die Sicherheit erhöht wird, eine vorhandene Entwicklungsvariante oder Störung und Erkrankung wirklich zu erfassen. In diesem Sinne wurde eine Einteilung vorgenommen, die sechs Funktionsbereiche unterscheidet (Tab. 2).

Darin sind dem jeweiligen Funktionsbereich die wichtigsten Entwicklungsvarianten und -störungen der ersten 6 Lebensjahre zugeordnet. Die Übersicht kann nicht vollständig sein, soll aber Schwerpunkte markieren, die sich an der Häufigkeit und Bedeutsamkeit der jeweiligen Störungsmuster ausrichten.

Im übrigen können die folgenden Ausführungen nur als Orientierungsrichtlinien betrachtet werden. Es hängt von der Vorbildung und der Erfahrung des einzelnen Arztes ab, ob er sich zutraut, Entwicklungsvarianten oder Störungen der hier beschrie-

Tab. 2 Entwicklungsvarianten und Störungen in den ersten sechs Lebensjahren

Funktionsbereich	Entwicklungsvarianten und Störungen in den ersten sechs Lebensjahren
Motorik/Psychomotorik	Allgemeiner psychomotorischer Entwicklungsrückstand Motorische Ungeschicklichkeit Mitbewegungen Stereotypien Jaktationen Tics Hyperaktivität Hypoaktivität Lateralisationsprobleme
Sprache und Sprechen	Sprachentwicklungsstörungen Verzögerte Sprachentwicklung Audimutitas (Hörstummheit) Stammeln (Dyslalie) Agrammatismus und Dysgrammatismus Sprechstörungen Stottern Poltern Sprachabbau- und Sprachverlustsyndrome Sprachabbau bei kindlichen Demenzprozessen Sprachverlust bei Aphasien
Intelligenz und kognitive Entwicklung	Intelligenzminderungen und Oligophrenien Umschriebene Ausfälle der kognitiven Entwicklung (Teilleistungsschwächen)
Emotionale Entwicklung	Frühkindliche Deprivation (psychischer Hospitalismus) Kindliche Depression Impulsivität Phobische Ängste (z. B. Tierphobien) Trennungsangst und ihre Varianten (Kindergarten- und Schulphobie) Pavor nocturnus Mutismus Autismus
Vegetative Funktionen	Eß- und Appetitstörungen Rumination Pica Extremes Eßverhalten (Ablehnung vieler Speisen und einseitiges Essen) Schlafstörungen Einschlafstörungen Durchschlafstörungen Verschiebung des Schlafrhythmus Pavor nocturnus Noctambulismus Enuresis Enkopresis

Tab. 2 (Fortsetzung) Entwicklungsvarianten und Störungen in den ersten sechs Lebensjahren

Funktionsbereich	**Entwicklungsvarianten und Störungen in den ersten sechs Lebensjahren**
Kontakt- und Sozialverhalten	Gestörte moralische Entwicklung (mangelhafte Gewissensbildung) Aggressives und destruktives Verhalten Weglaufen Extremes Trotzverhalten Lügen und Stehlen Hyperaktivität/Impulsivität Störverhalten in Gleichaltrigengruppen (Kindergarten, Schule) Zündeln und Brandstiftung

benen Altersstufen zu beurteilen. In Zweifelsfällen sollte sich kein Arzt scheuen, den Spezialisten aus dem Nachbargebiet zu konsultieren.

Entwicklungsvarianten und Störungen der Motorik

Im frühen Kindesalter kommt der Motorik insofern eine besondere Bedeutung zu, als sich viele seelische Vorgänge motorisch äußern; Motorik und Psychomotorik gestatten daher auch Einblick in die psychischen Abläufe eines Kindes. Die wichtigste Untersuchungsmethode ist dabei die Beobachtung, wobei der Spontanmotorik in unterschiedlichen Situationen (Liegen, Sitzen, Gehen, beim Spiel) eine entscheidende Bedeutung zukommt.

Die Untersuchung der Motorik ist ein gemeinsames Aufgabenfeld mit der Neurologie. Kinder- und Jugendpsychiatrie und Neuropädiatrie müssen sich hier ergänzen.

Die wichtigsten entwicklungsabhängigen Störungen der Motorik sind:

- allgemeiner psychosomatischer Entwicklungsrückstand
- hyperkinetisches Syndrom
- Tics
- Schreibkrampf (erst im Schulalter)
- motorische Stereotypien
- Jactatio.

Die wichtigsten hirntopisch geprägten Störungen von Motorik und Psychomotorik sind:

- pyramidale Störungen (spastische Diplegie, Hemiplegie, Tetraplegie)
- extrapyramidale Störungen (langsamerer Bewegungsablauf, deutlich hervortretende Koordinationsstörungen, choreatische und athetotische Bewegungen, Hyper-, Hypo- und Akinesen)
- zerebelläre Störungen der Motorik.

Entwicklungsvarianten und Störungen des Sprechens und der Sprache

Bei der Früherkennung von Entwicklungsvarianten oder Störungen des Sprechens und der Sprache stellen sich im wesentlichen drei Fragen:

- Entspricht der sprachliche Entwicklungsstand eines Kindes der jeweiligen Altersnorm?

Zur Beurteilung dieser Frage ist eine genaue Kenntnis der sprachlichen Entwicklung von Kindern von der Geburt bis zum 6. Lebensjahr erforderlich. Dabei ist es sinnvoll, zwischen Sprachverständnis und Expressivsprache zu unterscheiden und ferner, infolge des engen Zusammenhanges zwischen Sprache und motorischer Entwicklung, auch die Lateralisation mit zu berücksichtigen.

- Weichen die sprachlichen Äußerungen qualitativ von den altersentsprechenden Sprachäußerungen ab?

Auch dabei sind wiederum zwei Aspekte zu beachten:

die Aussprache (Artikulation) und
die Ausrichtung des Sprechens an den grammatikalischen Regeln.

Ist erstere gestört, so spricht man von einer Dyslalie (Stammeln). Beim Stammeln handelt es sich um eine Sammelbezeichnung für sehr heterogene Formen der Artikulationsstörungen, die in Fehlbildungen, Auslassungen, Ersetzungen von Lauten (Konsonanten und Vokalen) bestehen. Die Klassifikation der verschiedenen Gruppen richtet sich nach der Symptomatik und Ätiologie.

Bei Abweichungen vom grammatikalisch korrekten Sprechen handelt es sich um einen Dysgrammatismus (schwere Form: Agrammatismus), der dadurch gekennzeichnet ist, daß die Kinder unfähig sind, grammatikalisch korrekt zu sprechen. Die Regelabweichungen betreffen dabei Einzelelemente eines Satzes, Konjunktion, Deklination und Zeitbildungen oder die Wortstellung im Satz, die Syntaxstruktur.

Die schwerste Form ist durch Einwort-Sätze, Telegrammstil, Echolalien und fehlende Satzstruktur gekennzeichnet.

Dysgrammatismus und Agrammatismus treten selten als isolierte Störung auf, meist sind sie kombiniert mit anderen Störungen der Sprache und des Sprechens.

Der Oberbegriff für Störungen der Sprachentwicklung ist der der Sprachentwicklungsstörung, der wiederum untergliedert werden kann[4] in Sprachentwicklungsbehinderungen und Sprachentwicklungsverzögerungen (Tab. 3). Bei ersteren wird die Entwicklung der Sprache behindert durch erworbene organische Schädigungen, bei letzteren tritt, zum Teil aufgrund extremer Reifungsverzögerungen, ohne nachweisbare organische Ursache eine extreme Verlangsamung bzw. Erschwernis der Sprachentwicklung ein.

Tab. 3 Einteilung der Sprachentwicklungsstörungen

Sprachentwicklungsstörungen

Sprachentwicklungsbehinderungen	*Sprachentwicklungsverzögerungen*
(erworbene organische Ursachen)	(z. T. extreme Reifungsverzögerung des Spracherwerbs ohne nachweisbare organische Ursachen)
erworbene Aphasie	Verzögerte Sprachentwicklung
erworbene Agraphie	Stammeln
erworbene Alexie	Agrammatismus (Dysgrammatismus)
(erworbene Apraxie)	Hörstummheit (Entwicklungsaphasie/sogenannte Aphasie)
	angeborene Schreibleseschwäche (konnat. Wortblindheit)

- Hat nach altersgemäßer oder verzögerter Sprachentwicklung eine Rückentwicklung des Sprechens stattgefunden?

Eine derartige »Rückentwicklung« kann sich äußern in einem Sprachentwicklungsstillstand, einem Sprachabbau und einem Sprachverlust.

Ursachen für derartige Sprachabbau- und Sprachverlustsyndrome sind im wesentlichen organische Erkrankungen des Zentralnervensystems, Hirntraumen und Demenzprozesse (z. B. Dementia infantilis *Heller, Rett*-Syndrom).

Bei allen Beurteilungen der sprachlichen Entwicklung ist zu beachten, daß die Sprachentwicklung nicht erst mit Lautäußerungen und Sprechen beginnt, sondern eine korrekte Entwicklung in der vorsprachlichen Phase zur Voraussetzung hat. Aus dieser Sicht ist das Auftreten der sprachlichen Verständigung nur eine Fortsetzung präverbaler Intentions- und Handlungsstrukturen.

Voraussetzung für ihre Entwicklung sind die genetische Programmierung, Vorgänge der Hirnreife, aber ebenso die ersten Lautäußerungen und die sozialen Kontakte, z. B. zwischen Mutter und Kind. Diese Vorgänge und ihre Wechselwirkungen führen zur Ausbildung einer Intentions- bzw. Handlungsstruktur, die, angestoßen durch äußere (sprachliche und nicht-sprachliche) Reize, aus ihrer Latenz tritt und in die realisierte Sprachstruktur transformiert wird.

Entwicklungsvarianten und Störungen der kognitiven Funktionen

Kognitive Entwicklung und sprachliche Entwicklung hängen eng miteinander zusammen. Insofern ist für die Beurteilung der kognitiven Entwicklung auch der Stand der Sprachentwicklung maßgebend. Für beides wiederum sind intakte Sinnesfunktionen Voraussetzung. Von daher ist sowohl für die Beurteilung der sprachlichen Entwicklung als auch für die der kognitiven Entwicklung eine sorgfältige Prüfung der Sinnesfunktionen notwendig.

Intakte Sinnesfunktionen vorausgesetzt, stellen sich bei der Beurteilung der kognitiven Entwicklung im wesentlichen zwei Fragen:

- Ist das intellektuelle Entwicklungsniveau altersentsprechend?
- Sind Teilausfälle im kognitiven Bereich nachweisbar?

Die Schwierigkeit bei der Beurteilung der kognitiven Entwicklung liegt darin, daß sie nicht nur von der sprachlichen und motorischen Entwicklung abhängig ist, sondern daß darüber hinaus zahlreiche andere Faktoren (z. B. Aufmerksamkeit, Gedächtnis, Denken) miteinander interagieren.

- *Intellektuelle Entwicklung:* Die verschiedenen Einflußfaktoren fließen in dem Sammelbegriff »intellektuelle Entwicklung« zusammen. Es ist üblich, das intellektuelle Entwicklungsniveau in Form des Intelligenz- oder Entwicklungsquotienten zusammenzufassen. Während dies etwa ab dem 3. bis 4. Lebensjahr mit Hilfe von Intelligenztests möglich ist, wird die Entwicklung in den ersten drei Lebensjahren mit Hilfe sogenannter Entwicklungstests beurteilt. Letztere haben den Nachteil, daß sie das allgemeine Entwicklungsniveau und nicht speziell die kognitive Entwicklung zu messen versuchen. Andererseits ist gerade in den ersten drei Lebensjahren der allgemeine Entwicklungsstand am ehesten auch ein Abbild der kognitiven Entwicklung.

Zu den bekanntesten Entwicklungstests (Tab. 4) wurden ausführliche Darstellungen und Übersichten publiziert[12, 15].

Tab. 4 Entwicklungstests[15]

Testbezeichnung	Alter in Jahren	Inhalt
Bayley Scales of Infant Development (*Bayley* 1969)	0–2;6	• mentale Fähigkeiten (Wahrnehmung, Objektkonstanz, Gedächtnis, Sprachverständnis, Sprachproduktion, Generalisierung, Klassifikation, Imitation u. a.) • motorische Fähigkeiten (Körperkontrolle, Grob- und Feinmotorik) • Infant behavior record (Ausdauer, Aufmerksamkeit, Interesse, Kooperation u. a.)
Denver-Entwicklungstest (*Frankenburg u. Dodds* 1967; Deutsche Bearbeitung: *Flehmig* 1979)	0–6	Entwicklungsscreening-Verfahren mit den Bereichen: sozialer Kontakt, Feinmotorik und Adaptation, Sprache, Grobmotorik
Gesell-Entwicklungsskalen (Revision durch *Knobloch* et al. 1980)	0–6	Grobmotorik, Feinmotorik, Anpassungsverhalten, sprachliches Verhalten, soziales Verhalten
Griffiths-Entwicklungsskalen (Deutsche Bearbeitung: *Brandt* 1983)	0–2	Grobmotorik, Sozial- und Selbständigkeitsentwicklung, Sprachverständnis und Sprachproduktion, Feinmotorik, Wahrnehmungsverarbeitung
Münchener Funktionelle Entwicklungsdiagnostik (*Hellbrügge* et al. 1978; *Köhler* u. *Egelkraut* 1984)	0–1 1–3	Grobmotorik, Handgeschicklichkeit, Perzeption, aktive Sprache, Sprachverständnis, Sozialverhalten, Selbständigkeit
Ordinal Scales of Psychological Development (*Uzgiris* u. *McHunt* 1975; *Dunst* 1980)	0–2	visuelles Verfolgen, Mittel-Zweck-Verbindungen, Laut- und Gestenimitation, Wahrnehmung kausaler Zusammenhänge u. räumlicher Beziehungen, Umgang mit Objekten
Beobachtungsbogen für Kinder im Vorschulalter (BBK 4–6; *Duhm* u. *Althaus* 1979)	4–6	soziales und emotionales Verhalten, Spielverhalten, Sprach- und Arbeitsverhalten
Fragebogen zur Erfassung praktischer und sozialer Selbständigkeit 4- bis 6jähriger Kinder (FPSS; *Duhm* u. *Huss* 1979)	4–6	Verhalten bei alltäglichen Verrichtungen, Verhalten anderen Menschen gegenüber
Testbatterie für entwicklungsrückständige Schulanfänger (TES; *Kornmann* 1977)	5–7	Peabody Picture Vocabulary Test, Perlen aufreihen, Figur-Grund-Erfassung, Raum-Lage-Erkennen, Konzentration, Wahrnehmungsgenauigkeit, Weitsprung u. a. m.

Bei der Bewertung der Testergebnisse sollte berücksichtigt werden:

Bei Abweichungen von den in den Entwicklungstests angegebenen Normen sollte eine zweite Untersuchung im Abstand von einigen Monaten durchgeführt werden.

Ist die zweite Untersuchung ebenfalls auffällig, so liegt der Verdacht auf eine Störung der intellektuellen Entwicklung nahe.

Die Stufen der intellektuellen Behinderung lassen sich nach dem Multiaxialen Klassifikationssystem (MAS) darstellen (Tab. 5).

- *Umschriebene Ausfälle der kognitiven Funktionen (Teilleistungsschwächen):* Unter Teilleistungsschwächen werden umschriebene »Ausfälle« unterschiedlicher Funktionen, die aus dem übrigen Leistungsniveau bzw. Entwicklungsstand des Kindes herausfallen, verstanden[8].

Der Begriff der Teilleistungsschwächen bezieht sich im allgemeinen Gebrauch nicht nur auf Störungen der kognitiven Entwicklung, sondern ebenso auf Ausfälle in der motorischen oder der sprachlichen Entwicklung, im Lesen, Rechtschreiben und Rechnen sowie auf Lernschwächen im allgemeinen.

Die Diagnose einer Teilleistungsschwäche ist nicht erst im Schulalter möglich, wenngleich einzelne Formen der Teilleistungsschwächen (z. B. umschriebene Lese-Rechtschreibschwäche, umschriebene Rechenschwäche) erst im Schulalter diagnostiziert werden.

Die wichtigsten Teilleistungsschwächen lassen sich übersichtlich nach dem Multiaxialen Klassifikationsschema wiedergeben[11] (Tab. 6).

Außer diesen Teilleistungsschwächen sind in diesem Zusammenhang auch andere umschriebene Ausfälle zu erwähnen wie Gedächtnisstörungen, Konzentrations- und Aufmerksamkeitsstörungen und globale Lernstörungen, die sich in verschiedenen Bereichen zeigen.

Entwicklungsvarianten und Störungen im emotionalen Bereich

Auch bei Entwicklungsvarianten und Störungen im emotionalen Bereich stellen sich die beiden Fragen:

- Ist die emotionale Entwicklung des jeweiligen Kindes altersentsprechend? und
- Existieren qualitative Abweichungen gegenüber dem normalen Entwicklungsgang?

Tab. 5 Stufen der intellektuellen Behinderung nach dem Multiaxialen Klassifikationssystem[11]

0	Durchschnittliche Intelligenz	IQ zw. 85 und 114
1	Leichte intellektuelle Behinderung	IQ zw. 50 und 69
2	Mäßige intellektuelle Behinderung	IQ zw. 35 und 49
3	Schwere intellektuelle Behinderung	IQ zw. 20 und 34
4	Schwerste intellektuelle Behinderung	IQ unter 20
5	Nicht näher bezeichnete intellektuelle Behinderung	
6	Niedrige Intelligenz	IQ zw. 70 und 84
7	Hohe Intelligenz	IQ zw. 115 und 129
8	Sehr hohe Intelligenz	IQ über 129
9	Intelligenzniveau nicht bekannt	

IQ = Intelligenzquotient

Tab. 6 Vergleich der umschriebenen Entwicklungsrückstände und der spezifischen Entwicklungsstörungen im Multiaxialen Klassifikationsschema (MAS) und im DSM-III[11]

Umschriebene Entwicklungsrückstände (Achse II des MAS)	**Spezifische Entwicklungsstörungen (Achse II des DSM-III)**
0 Kein umschriebener Entwicklungsrückstand	–
1 Umschriebene Lese-Rechtschreibschwäche	315.00 Entwicklungsbedingte Lesestörung
2 Umschriebene Rechenschwäche	315.10 Entwicklungsbedingte Rechenstörung
3 Andere umschriebene Lernschwächen	–
4 Umschriebener Rückstand in der Sprech- und Sprachentwicklung	315.31 Entwicklungsbedingte Sprachstörung 315.39 Entwicklungsbedingte Artikulationsstörung
5 Umschriebener Rückstand in der motorischen Entwicklung	–
6 Multiple Entwicklungsrückstände (Mischform)	315.50 Mischform spezifischer entwicklungsbedingter Störungen 315.90 Atypische spezifische entwicklungsbedingte Störung

Die Beantwortung der Frage, ob ein Kind emotional altersentsprechend entwickelt ist, ist ungleich schwieriger als die Beurteilung seines kognitiven, sprachlichen und motorischen Entwicklungsniveaus. Feste Zeitmarken sind hierbei nur schwer anzugeben. Sehr wichtig für die Beurteilung dieser Sphäre ist die Interaktion eines Kindes mit einer nahen Bezugsperson oder auch mit dem Untersucher.

Ein Versuch, die Ausdifferenzierung der Emotionen in den ersten beiden Lebensjahren in Relation zum Alter des Kindes festzulegen (Abb. 2), zeigt, daß sich aus einer

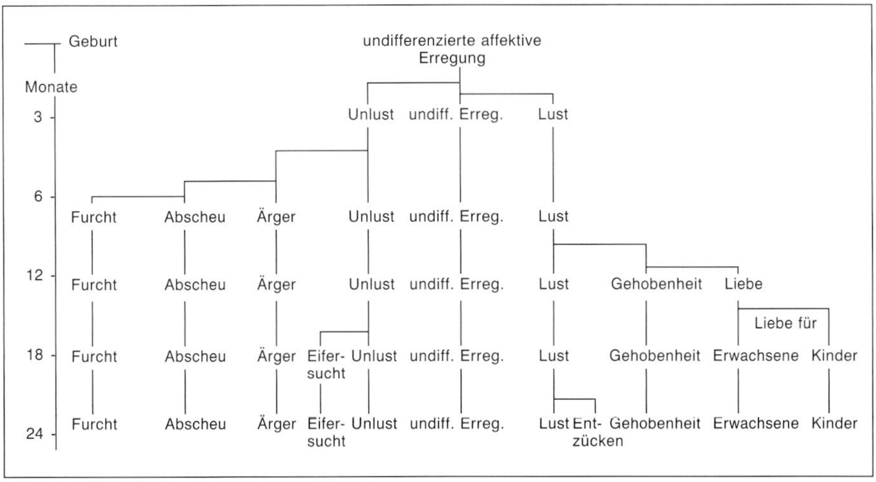

Abb. 2 Differenzierung der emotionalen Entwicklung in den ersten beiden Lebensjahren[1]

undifferenzierten affektiven Erregung einerseits Lust- und Unlustgefühle entwickeln und immer weiter differenzieren, zum anderen aber auch, daß die undifferenzierte Erregung als eine emotionale Qualität über alle Lebensaltersstufen weiter erhalten bleibt.

Entwicklungsvarianten und Störungen der emotionalen Entwicklung äußern sich in verschiedenen Verhaltensweisen (Tab. 2):

- als frühkindliche Deprivation in Form von Passivität, Teilnahmslosigkeit, Stereotypien und einem allgemeinen Entwicklungsrückstand,
- als kindliche Depression in Form von Rückzug, Schlaf- und Appetitstörungen, Weinerlichkeit, Spielstörung und Antriebsarmut,
- als Impulsivität und Frustrationsintoleranz, verbunden mit Aufmerksamkeitsstörungen und überschießender Motorik beim hyperkinetischen Syndrom,
- als phobische Ängste in Form von Tierphobien und anderen, auf bestimmte Objekte oder Situationen bezogenen Angstzuständen,
- als Trennungsangst, die sich stets auf vertraute Personen bezieht und insbesondere beim ersten Kindergartenbesuch und bei der Einschulung sichtbar wird,
- als Mutismus, der häufig eine Reaktion auf belastende Erlebnisse ist und durch familiäre Sprech- und Sprachstörungen »gebahnt« werden kann,
- als frühkindlicher Autismus, der als schwerste Form der frühkindlichen Kontaktstörungen bereits in den ersten 30 Lebensmonaten diagnostiziert werden kann und der mit Verweigerung des Blickkontaktes, verzögerter Sprachentwicklung, Veränderungsängsten, Stereotypien und einer Reihe anderer motorischer und sprachlicher Besonderheiten einhergeht.

Entwicklungsvarianten und Störungen im Bereich der vegetativen Funktionen

Die im Bereich der vegetativen Funktionen vorkommenden Entwicklungsvarianten und Störungen (Tab. 2) konzentrieren sich im wesentlichen auf das Eßverhalten, das Schlafverhalten sowie auf die Ausscheidungsvorgänge.

Wegen der hohen Variabilität der Verhaltensweisen auf den einzelnen Altersstufen kann kein klarer Entwicklungsgang angegeben werden.

Störungen des Eßverhaltens im Kleinkindesalter (generelle Essensverweigerung, Verweigerung bestimmter Speisen) sind meist Ausdruck einer Interaktionsstörung zwischen Mutter und Kind. Bei ausgeprägten Störungen ist, nach einer Beobachtung der Essenssituation, sehr rasch eine erfolgreiche therapeutische Intervention möglich.

Die *Rumination* findet sich fast ausschließlich im Säuglingsalter und bei Jungen häufiger als bei Mädchen.

Ein Teil der Kinder leidet an einer Fehlernährung, vielfach findet sich auch hier eine Störung der Mutter-Kind-Beziehung.

Gleiches gilt für die *Pica* (Essen nicht genießbarer Substanzen). Auch bei dieser Störung wurden erhebliche familiäre Belastungen vorgefunden, wenn das Symptom nicht bei geistig behinderten Kindern auftrat.

Schlafstörungen entstehen meist reaktiv oder als Ausdruck einer verzögerten zerebralen Reifung. Einschlafstörungen entstehen häufig bei ängstlichen Kindern wegen der mit dem Einschlafen verbundenen Trennung von Bezugspersonen. Dieser Trennung wird häufig durch sogenannte »Übergangsobjekte« seitens der Kinder begegnet. Durchschlafstörungen werden zum Teil durch körperliche Krankheiten ausgelöst, häufig spielen auch Angstzustände eine Rolle. Eine Sonderform ist der Pavor nocturnus, der im Non-REM (*rapid eye movements*)-Schlaf (Stadium 3 bis 4) auftritt, meist im ersten Drittel der Nacht. Er geht oft mit einem Aufschrei einher, es kommt, noch im umdämmerten Zustand, zu massiven Angstzuständen, motorischen Automatismen, Tachykardie und Tachypnoe. Wenn das Kind erwacht, kann es sich häufig nicht genau an den Angstzustand erinnern. Am nächsten Morgen besteht meist eine Amnesie. Der Pavor nocturnus kommt etwa bei 4 % aller Kinder vor, bei Jungen häufiger als bei Mädchen. Er muß abgegrenzt werden vom Alptraum, der stets aus dem REM-Schlaf heraus entsteht, eher nach Mitternacht auftritt und an den sich die Kinder oft recht genau erinnern können[5].

Das Schlafwandeln (Somnambulismus, Noctambulismus) tritt ebenfalls im Non-REM-Schlaf auf, wie der Pavor nocturnus meist vor Mitternacht. Die Kinder verlassen das Bett und vollziehen automatisierte Handlungen, ohne das Wachbewußtsein erlangt zu haben. Am nächsten Morgen besteht für den gesamten Vorgang eine Amnesie. Kinder mit Noktambulismus weisen häufig noch andere Auffälligkeiten auf, die mit einem gestörten Schlafverhalten einhergehen, z. B. Pavor nocturnus, Enuresis. Die Störung ist am häufigsten zwischen dem 6. und 12. Lebensjahr und verschwindet meist in der beginnenden Adoleszenz. Die Differentialdiagnose zur Epilepsie (Schlafanfälle) ist wesentlich.

Von einer *Enuresis* oder *Enkopresis* sollte erst dann gesprochen werden, wenn ein Kind nach dem 4. Lebensjahr die Kontrolle von Blasen- und Mastdarmschließmuskulatur noch nicht beherrscht. Zwischen dem 3. und 4. Lebensjahr spielen sich die Vorgänge in der Regel ein, was stets mit »Rückfällen« nach bereits erfolgreicher Blasen- und Mastdarmbeherrschung einhergeht. Nach dem 4. Lebensjahr ist bei einem sonst normal entwickelten Kind bei Weiterbestehen der Symptomatik eine Behandlung erforderlich.

Entwicklungsvarianten und Störungen des Kontakt- und Sozialverhaltens

Das Kontaktverhalten ist sehr eng mit der motorischen, sprachlichen und emotionalen Entwicklung verquickt. Diagnostisch sind zur Beobachtung des Kontaktverhaltens folgende Situationen wertvoll: Interaktion mit der Mutter oder einer vertrauten Bezugsperson, Interaktion mit Gleichaltrigen und Interaktion mit fremden Personen. Diese drei Situationen sollten bei der Diagnose von Störungen des Kontakt- und Sozialverhaltens sowohl erfragt als auch möglichst direkt beobachtet werden.

Die auffälligste Störung des Kontaktverhaltens in den ersten beiden Lebensjahren ist der frühkindliche Autismus. Aber auch beim psychischen Hospitalismus kann das Kontaktverhalten im Sinne eines massiven Rückzuges, mangelnder emotionaler Resonanz, Fehlen von Antizipationsgesten und eingeschränkter Aktivität gestört sein.

Sowohl für das Kontaktverhalten als auch für die Entwicklung des Sozialverhaltens spielen die frühesten Bezugspersonen im Sinne der »Modellbildung« eine führende Rolle. Sie haben dabei sowohl eine Vorbildfunktion als auch die Funktion des »Belohners oder Verstärkers« erwünschter und des »Bestrafers« unerwünschter Verhaltensweisen. Die Vernachlässigung von Kindern, Fehlen erzieherischer Kompetenz und damit fehlende Vorbildwirkung führt häufig auch dazu, daß sowohl das Kontakt- als auch das Sozialverhalten gestört ist. Dabei können langfristig zwei große Dimensionen unterschieden werden: sogenanntes Rückzugsverhalten und introversives Verhalten einerseits und andererseits extraversives (nach außen gerichtetes) Verhalten.

Introversive Entwicklungsvarianten und Störungen zeigen sich in Form von Rückzug, Depressionsneigung, Ängstlichkeit, Vermeidungsverhalten, Einschränkung der Initiative, Antriebsarmut.

Extraversive Verhaltensweisen und Störungen äußern sich in expansivem Verhalten, fehlender Hemmung, aggressivem Verhalten, übertriebenem Selbstvertrauen sowie in Verhaltensweisen, die als »dissozial« oder »delinquent« bezeichnet werden (Weglaufen, Stehlen, Zerstören, Schlagen).

Für die Entstehung eines angemessenen Sozialverhaltens ist die moralische Entwicklung von ausschlaggebender Bedeutung. Diese vollzieht sich über verschiedene Stadien[3] (Tab. 7).

Danach durchläuft ein Kind eine Entwicklung von einem prämoralischen Stadium (auch präkonventionelles Stadium genannt) über ein konventionelles Stadium der Rollenkonformität zum postkonventionellen Stadium, in dem moralische Prinzipien an mehr oder weniger allgemeingültigen Vorstellungen (z. B. an der Idee der Gerechtigkeit) orientiert sind. Es ist schwer, einen klaren Altersbezug der einzelnen Phasen festzustellen, jedenfalls kann das dritte Stadium erst zum Zeitpunkt der Pubertät erreicht werden. Sowohl Kinder als auch Erwachsene, die vermehrt dissoziale und delinquente Handlungen begehen, sind in ihrer moralischen Entwicklung zurückgeblieben.

Zur Entwicklung dissozialen Verhaltens tragen bei: Duldung aggressiven Verhaltens durch die Eltern, Fehlen angemessener Grenzsetzungen gegenüber dem kindlichen Verhalten, einschlägige Modelle in der Familie, gewaltstimulierender Effekt von Fernseh- und Videofilmen, Anhalten von Kindern zur tätlichen Auseinandersetzung mit Gleichaltrigen, Förderung aggressiver Phantasien.

Das Erlernen und Übernehmen der moralischen Normen ist allerdings für manche Kinder leichter als für andere. Kinder mit starkem Expansionsdrang und hyperaktivem Verhalten (z. B. hyperkinetische Kinder) tun sich wesentlich schwerer in der Übernahme solcher Normen als Kinder, die primär stärker zu einem introvertierten Verhalten neigen. Bei diesen Kindern muß also pädagogisch ein höherer Aufwand betrieben werden, um ein gleichartiges Verhalten zu erzielen. Diesen Kindern müssen in der Erziehung kontinuierlich, allerdings in liebevoller und verständnisvoller Weise, Grenzen gesetzt werden, damit sie dadurch und möglichst auch durch ein entsprechendes Vorbild lernen, die in einer Gesellschaft gültigen Normen sich zu eigen zu machen und sich entsprechend zu verhalten.

Tab. 7 Stadien der moralischen Entwicklung[3]

I. Prämoralisches Stadium (präkonventionelles Stadium)

- 1. Stufe: Orientierung an Gehorsam und Strafe
- 2. Stufe: Naive egoistische Orientierung
  (Richtig ist, was die eigenen Bedürfnisse befriedigt)

II. Stadium der konventionellen Rollenkonformität

- 3. Stufe: »*Good-boy*-Orientierung«, man tut, was erwartet wird (Rollenerwartung)
- 4. Stufe: Autoritätsorientierung

III. Stadium selbst akzeptierter moralischer Prinzipien
(Definition moralischer Werte unabhängig von Rollen und Autorität)

- 5. Stufe: »Vertragsartige gesetzliche Orientierung«
- 6. Stufe: Prinzipien-Orientierung mit dem Anspruch auf Universalität
  (»Idee der Gerechtigkeit«).

Diagnostisches Vorgehen

Für die meisten Entwicklungsvarianten und Störungen der psychischen Entwicklung sind hinsichtlich der Genese mehrere Faktoren verantwortlich. Für die Diagnostik bedeutet dies, daß auf mehreren Ebenen gezielte Untersuchungen stattfinden müssen. Unumgänglich sind dabei folgende Bereiche:

- Eine sorgfältige Anamneseerhebung, die Schwangerschaftsverlauf, Geburtsablauf und die Entwicklung in den ersten Lebensjahren einschließt, aber ebenso das Verhalten des Kindes in verschiedenen Situationen berücksichtigt (zu Hause, im Kindergarten, in der Schule, gegenüber vertrauten Personen, gegenüber fremden Personen etc.),
- eine sorgfältige neurologische und internistische Untersuchung und eine ebenso sorgfältige kinderpsychiatrische Untersuchung.

Im Rahmen der letzteren sollte stets unterschieden werden zwischen berichteten Symptomen (Angaben der Eltern oder anderer Personen) und beobachteten Symptomen. Vielfach stimmen die berichteten Symptome mit den beobachteten nicht überein. Andererseits ist die Beobachtung dadurch begrenzt, daß man in der Untersuchungssituation schwerlich verschiedene Situationen herstellen kann. Es ist aber möglich, das Kind zusammen mit seiner Mutter zu beobachten. Ferner läßt sich das Verhalten des Kindes gegenüber der fremden Person des Untersuchers recht gut in die Beobachtung einbeziehen. Ist auf diese Weise eine Beschreibung des derzeitigen Zustandsbildes erreicht, so stellen sich zwei wichtige Fragen:

- die Abgrenzung von Entwicklungsvarianten und krankhaften Störungen und
- die Ermittlung von Risikofaktoren und protektiven Faktoren, um daraus ein therapeutisches Vorgehen abzuleiten.

Feststellung von Entwicklungsvarianten und Störungen

Entwicklungsvarianten und Störungen von Krankheitswert sind bewußt gemeinsam behandelt worden (Tab. 2). Denn Entwicklungsvarianten sind häufig, aber nicht immer Vorstufen entsprechender Krankheitsbilder. Die wichtigste Voraussetzung für die Abgrenzung der Störungen von Entwicklungsvarianten sind die Kenntnisse und Erfahrungen des Untersuchers. Ohne eine differenzierte Kenntnis normaler Entwicklungsvorgänge ist diese Unterscheidung nicht möglich.

Alle Abgrenzungsfragen dienen dazu, festzustellen, ob eine Störung so schwerwiegend ist, daß sie einer Intervention bedarf. Bei Entwicklungsvarianten ist dies in aller Regel nicht der Fall. Hier kann abgewartet werden. Bei Störungen von Krankheitswert ist jedoch eine Intervention erforderlich.

In allgemeiner Form kann die Notwendigkeit des Interventionsbedarfs durch die Beantwortung der Frage geklärt werden: Ist das Kind durch ein bestimmtes Verhalten in seiner altersentsprechenden Entwicklung behindert oder beeinträchtigt?

Diese allgemeine Frage muß im Hinblick auf den jeweiligen Funktionsbereich sehr spezifisch gestellt werden; bei diesem Vorgehen sind jeweils recht plausible Antworten möglich.

Zum Beispiel ist ein fünfjähriges Kind, das sich kontinuierlich nicht länger als 10 min allein beschäftigen kann, in seiner altersentsprechenden Entwicklung behindert. Dies trifft auch auf andere »Fälle« zu:

- noch nicht abgeschlossene Sauberkeitsentwicklung nach dem 4. Lebensjahr,
- dysgrammatisches Sprechen mit 4 1/2 Jahren,
- massive Trennungsängstlichkeit im Alter von 4 Jahren, die den Kindergartenbesuch verhindert,

- permanente tätliche Auseinandersetzungen mit gleichaltrigen Kindern im Alter von 3 1/2 bis 4 Jahren,
- extremer Rückzug eines dreijährigen Kindes vom Spiel mit Gleichaltrigen oder von der Bezugsperson usw.

Ermittlung von Risikofaktoren und protektiven Faktoren

Ein Großteil der im Abschnitt über Risiko- und protektive Faktoren behandelten Entwicklungsvarianten und Störungen wird durch Risiko- und Belastungsfaktoren verursacht, die zum Teil nicht mehr beeinflußbar sind (z. B. Geburtsschädigung oder Vaterverlust), zum Teil aber durchaus beeinflußt werden können (z. B. Depression der Mutter, Ehekrise der Eltern, mangelnde Förderung des Kindes).

Für die Planung von Interventionsmaßnahmen sind daher zwei wichtige Schritte erforderlich:

- Ermittlung von Risikofaktoren und Versuch, diese positiv zu beeinflussen und
- Ermittlung von protektiven Faktoren und ihre Nutzbarmachung für eine Intervention.

Die Bedeutung von Risikofaktoren ist allgemein bekannt und entspricht dem klassischen ärztlichen Denken. Als protektive Faktoren haben sich bislang erwiesen:

- Zugehörigkeit zum weiblichen Geschlecht. Mädchen sind bis zur Pubertät in nahezu allen Bereichen (dies betrifft sowohl Entwicklungsvarianten als auch Störungen) seltener auffällig als Jungen.
- Temperaments- und Persönlichkeitseigenschaften. Säuglinge und Kleinkinder mit sehr irregulären frühen Verhaltensweisen (Schlafstörungen, übermäßig leichte Irritation, unausgeglichene Stimmung, Unzufriedenheit) sind eher zu Verhaltensauffälligkeiten disponiert als Kinder, die eine ausgeglichene Temperamentslage aufweisen.
- Fähigkeit zur Konfliktbewältigung (*Coping*-Verhalten). Die Fähigkeit, mit Belastungssituationen fertigzuwerden, ist bei verschiedenen Kindern unterschiedlich ausgeprägt. Hilfemaßnahmen können von solchen Bewältigungsmechanismen Gebrauch machen und diese verstärken.
- Gute Beziehung zu mindestens einem Elternteil oder einer anderen erwachsenen Bezugsperson. Es wurde gezeigt, daß eine tragfähige und vertrauensvolle Beziehung zu einem Elternteil oder einer anderen erwachsenen Bezugsperson, auch bei sonst sehr ungünstigen Entwicklungsbedingungen, einen erheblichen protektiven Einfluß ausüben kann. Von dieser Möglichkeit kann auch in der Behandlung und bei allen Hilfemaßnahmen stärker Gebrauch gemacht werden.
- Erfolge und günstige Erfahrungen außerhalb des familiären Kreises. Erfolge im Kindergarten oder in der Schule wirken sich sowohl begünstigend auf Selbstkonzept und Selbstvertrauen als auch auf die soziale Stellung unter Gleichaltrigen aus und erhöhen die psychische Stabilität des Kindes. Daher sollten gerade Kinder aus sehr ungünstigen sozialen Verhältnissen die Gelegenheit erhalten, außerhalb ihrer Familie in eine Gruppensituation integriert zu werden und Erfolgserlebnisse zu haben.
- Verbesserung einer zuvor defizitären Entwicklungssituation für das Kind. Wenngleich an der großen Bedeutung der ersten Lebensjahre für eine gesunde kindliche Entwicklung nicht gezweifelt werden kann, so ist andererseits festzustellen, daß in den ersten Lebensjahren nicht die gesamte Entwicklung irreversibel festgelegt wird. Vielmehr zeigen mehrere Studien, daß die Verbesserung einer vorher sehr ungünstigen Situation oder das Verbringen des Kindes in eine gute Pflegefamilie vieles an vorheriger Fehlentwicklung wieder kompensieren kann.

Die Ärzte sind nicht nur aufgerufen, körperliche und seelische Erkrankungen frühzeitig zu diagnostizieren; sie sollten auch die protektiven Faktoren der kindlichen Persönlichkeit und ihrer Umgebung in ihre therapeutischen und präventiven Maßnahmen einbeziehen.

Literatur

[1]*Bridges, K. M. B.:* Emotional development in early infancy. Child Develop. *3:* 324 (1932).
[2]*Hinde, R. A.:* Family influences. In: *Rutter, M.* (Ed.): Scientific foundations of developmental psychiatry. London 1980.
[3]*Kohlberg, L.:* The development of moral character. In: *Hoffmann, M. L.* (Ed.): Child development, Vol. I. New York 1964.
[4]*Leischner, A.:* Sprachentwicklungsbehinderung. In: *Hager, H., H. Lange-Cosack, R. Kunze, R. Ch. Behrend* (Eds.): Sensomotorische Störungen bei frühkindlichen Hirnschäden. Lübeck 1976.
[5]*Martinius, J.:* Affektkrämpfe und Parasomnien – Symptom oder Diagnose? In: *Gross-Selbeck, G.* (Ed.): Das anfallskranke Kind, Bd. 4. Hamburg 1986.
[6]*Remschmidt, H.:* Therapeutische Probleme in der Kinder- und Jugendpsychiatrie. In: *Vogel, Th., J. Vliegen* (Eds.): Diagnostische und therapeutische Methoden in der Psychiatrie. Stuttgart 1977.
[7]*Remschmidt, H.:* Was sind Teilleistungsschwächen? Mschr. Kinderheilk. *135:* 290 (1987).
[8]*Remschmidt, H.* (Ed.): Kinder- und Jugendpsychiatrie. Eine praktische Einführung. Stuttgart 1987[2].
[9]*Remschmidt, H.:* Anlage-Umwelt-Problem. In: *Remschmidt, H., M. H. Schmidt* (Ed.): Kinder- und Jugendpsychiatrie in Klinik und Praxis, Bd. I. Stuttgart 1988.
[10]*Remschmidt, H., M. H. Schmidt* (Eds.): Neuropsychologie des Kindesalters. Stuttgart 1981.
[11]*Remschmidt, H., M. Schmidt* (Eds.): Multiaxiales Klassifikationsschema für psychiatrische Erkrankungen im Kindes- und Jugendalter nach *Rutter, Shaffer* und *Sturge*. Bern 1977, 1986[2].
[12]*Rennen-Allhoff, B., P. Allhoff:* Entwicklungstests für das Säuglings-, Kleinkind- und Vorschulalter. Heidelberg 1987.
[13]*Rutter, M.:* Resilience in the face of adversity. Protective factors and resistance to psychiatric disorder. Brit. J. Psychiat. *147:* 598 (1985).
[14]*Schmidt, M. H.:* Entwicklung und ihre Varianten in der Kindheit. In: *Kisker, P., H. Lauter, J. E. Meyer, C. Müller* (Eds.): Psychiatrie der Gegenwart, Bd. 7, Kinder- und Jugendpsychiatrie. Berlin 1988.
[15]*Warnke, A.:* Früherkennung. In: *Remschmidt, H., M. H. Schmidt* (Eds.): Kinder- und Jugendpsychiatrie in Klinik und Praxis, Bd. I. Stuttgart 1988.
[16]*Werner, E. E.:* Stress and protective factors in children's lives. In: *Nicol, A. R.* (Ed.): Longitudinal studies in child psychology and psychiatry. New York 1985.

Psychische Störungen aus der Sicht der Kinder-Richtlinien

Die Kinderrichtlinien des Bundesausschusses der Ärzte und Krankenkassen sehen ein isoliertes gezieltes Screening auf psychische Störungen nicht vor. Soweit Störungen der somatischen Entwicklung, insbesondere in der Entwicklung der Sinnesorgane, Ausdruck einer psychischen Störung sind oder sich als Ursache einer solchen Störung darstellen, sind die Zusammenhänge in einem psychosomatischen und gegebenenfalls dann auch einer weiterführenden psychiatrischen oder neurologischen Diagnostik zu klären. Bei entsprechenden Auffälligkeiten, wobei auch die sorgfältige Anamnese der Eltern eine große Rolle spielt, sollten die Kinder möglichst frühzeitig entsprechend qualifizierten Gebietsärzten zugewiesen werden. Insbesondere, was die Entwicklung der Intelligenz, die kognitive Entwicklung und die emotionale Entwicklung angeht, sind alle Angaben der Eltern oder Erziehungspersonen ernst zu nehmen und sorgfältig diagnostisch und differentialdiagnostisch zu reflektieren.

Liegen entsprechende Verdachtsmomente vor, sind die weiterführenden Untersuchungen und gegebenenfalls auch therapeutischen Maßnahmen nicht mehr Bestandteil des Kinderfrüherkennungsprogramms. Für die Versorgung dieser Kinder ist ein differenziertes Spektrum von Maßnahmen der Psychiatrie, Psychosomatik, Psychotherapie und von besonderen Testverfahren im Kapitel G der Vertragsgebührenordnungen BMÄ/E-GO zur Verfügung gestellt worden. Dabei ist die psychotherapeutische Versorgung zusätzlich durch die Psychotherapie-Richtlinien des Bundesausschusses der Ärzte und Krankenkassen geregelt worden. Aufgrund dieser Richtlinien wurden besondere Psychotherapievereinbarungen mit den Ersatzkassenverbänden einerseits und den Bundesverbänden der Pflichtkrankenkassen andererseits getroffen. Darin werden sowohl Aussagen zum Krankheitsbegriff als auch zu den geeigneten Therapiemethoden bei Vorliegen psychischer Krankheiten gemacht. Darüber hinaus werden die Therapiekontingente geregelt, die dann, wenn der Antrag über eine Kurzzeitpsychotherapie hinausgeht, in einem Gutachterverfahren auf Übereinstimmung mit den Vorgaben der Psychotherapie-Richtlinien überprüft werden. Auch die Einbeziehung der Bezugspersonen, die im Rahmen der Psychotherapie bei Kindern und Jugendlichen durchgeführt werden kann, ist in den Richtlinien und Vereinbarungen festgelegt.

Daneben bemüht sich der Bundesausschuß der Ärzte und Krankenkassen um die sachgerechte Bewertung von Therapiemaßnahmen, die nicht eindeutig der Psychotherapie zuzuordnen sind, wie z. B. der Hippotherapie, der Mototherapie, der Tanz- und Musiktherapie. Da aufgrund der gesetzlichen Vorgaben die gesetzliche Krankenversicherung Kosten nur für solche Maßnahmen übernehmen darf, die zur gezielten Behandlung von Krankheit geeignet sind, wird sich mit diesen Fragen künftig der nach dem Sozialgesetzbuch V in der Fassung des Gesundheitsreformgesetzes besonders eingerichtete Arbeitsausschuß des Bundesausschusses der Ärzte und Krankenkassen beschäftigen müssen, der im Einzelfall zu prüfen hat, ob neue Maßnahmen und Methoden zur Krankenbehandlung in das Leistungsspektrum der gesetzlichen Krankenversicherung aufgenommen werden müssen.

E. Effer

HIV-Infektionen bei Kindern von HIV-positiven Müttern

C. Rosendahl

Das humane Immundefekt-Virus (HIV), das 1983 als kausales Agens für die erworbene Immunschwäche (AIDS) entdeckt wurde, gehört zu den Viren, welche durch diaplazentaren und/oder perinatalen Übergang von der Schwangeren zur Infektion des Neugeborenen führen können. Von diesen sind bekannt:

- Das Rötelnvirus
- Das Parvovirus B 19;
- Aus der Gruppe der Herpes-Viren:
  Cytomegalie-Virus (CMV),
  Herpes simplex-Virus (HSV),
  Varicella-Zoster-Virus (VZV)
- Das Hepatitis B-Virus

Dabei ist es vor allem wichtig, die Besonderheiten der vertikalen Übertragung der HIV-Infektion und ihre Diagnose bei Kindern HIV-positiver Mütter darzustellen.

Charakteristika der vertikalen Transmission

Das HI-Virus passiert während der Schwangerschaft die Plazenta-Schranke.

Sowohl das HI-Virus (HIV) als auch die Antikörper gegen die Virusproteine gehen diaplazentar zu jedem Zeitpunkt der Schwangerschaft auf den Feten über. Dies bestätigen virologische Untersuchungen aus fetalen Blutproben und aus Abortmaterial verschiedener Schwangerschaftsstadien[1, 2].

Die Krankheitsphase der Mutter scheint für die Transmission des Virus maßgebend zu sein.

Die Gefahr des Virusübertritts ist in der ersten virämischen Phase der Mutter, also bei Serokonversion, wahrscheinlich besonders groß. Im Verlauf der HIV-Erkrankung der Mutter ist sie dann umso größer, je fortgeschrittener das Krankheitsstadium während der Schwangerschaft ist. Oder, anders ausgedrückt: Gibt es virämische Phasen während der Schwangerschaft, so ist ein diaplazentarer Virusübergang wahrscheinlicher, als wenn die Schwangere sich in einer Infektionsphase ohne Virämie befindet[3]. Diese Annahme bestätigen auch Studien, die eine Transmissionsrate der HIV-Infektion von 65 % angeben, wenn die Mütter bereits ein älteres HIV-positives Kind geboren haben, hingegen nur von 35 %, wenn die Mütter das erste Kind zur Welt bringen[4]. Indirekt ist dies Ausdruck der fortgeschritteneren Erkrankung der Mütter und der damit verbundenen häufigeren virämischen Phasen.

Die zeitlichen Phasen von Antikörperentwicklung und Virämie im Ablauf einer HIV-Infektion lassen sich in einem Diagramm anschaulich wiedergeben (Abb. 1).

Der Entbindungsmodus hat keinen Einfluß auf die Virustransmission.

Daß die Virämie der Mutter ein wesentlicher Faktor für einen Infektionsübergang ist, ergibt sich auch aus der Tatsache, daß kein Unterschied in der Transmissionsrate durch Schnittentbindung zu erreichen ist[5]. Die HIV-Positivität der Mutter ist also keine medizinische Indikation zur Sectio caesarea. Einige Kliniken bevorzugen diese aber aus hygienisch-organisatorischen Gründen und wegen der besseren Geburtsüberwachung. Denn bei der Vaginalentbindung sollte – um keine zusätzlichen hämatogenen Eintrittspforten zu schaffen – auf die Kopfschwartenlektrode verzichtet werden.

HIV-positive Mütter sollten nicht stillen.

Eine postnatale Infektion des Kindes über die Muttermilch wurde in Einzelfällen beobachtet. Das HI-Virus ist in der Muttermilch sowohl zellgebunden (z B. in Lymphozyten) als auch im zellfreien Zentrifugat nachgewiesen worden[6, 7].

Aus diesem Grunde sollten HIV-positive Mütter in Ländern, in denen Fertigmilch zur Verfügung steht, ihre Kinder nicht stillen. Es wäre denkbar, daß es während der Schwangerschaft nicht zur Virustransmission gekommen ist (keine virämische Phase!) und das Kind möglicherweise erst postpartal einer Kontamination mit dem HI-Virus ausgesetzt wäre. Dieses Still-Problem hat verständlicherweise in Entwicklungsländern einen völlig anderen Stellenwert als in der Bundesrepublik Deutschland. In einigen afrikanischen Ländern wird das vergleichsweise kleine Risiko, das Neugeborene beim Stillen anzustecken, hinter dem großen Vorteil, es monatelang ausreichend zu ernähren, zurücktreten.

Keine gepoolte Muttermilch mehr.

Aus den gleichen Gründen muß auch seit Kenntnis des HI-Virus auf ein Muttermilch-Pooling oder Verfüttern von fremder Muttermilch (z. B. auf Frühgeborenenstationen) verzichtet werden, solange die »Muttermilch-Spenderinnen« und die Muttermilch nicht den gleichen Tests wie im Blutspendewesen unterzogen werden.

Wie groß ist die vertikale Transmissionsrate?

Die Häufigkeit der vertikalen Transmission der HIV-Infektion wurde in den letzten Jahren durch Studien in verschiedensten Ländern der Erde immer genauer bestimmt. Für Verhältnisse wie in der Bundesrepublik Deutschland und anderen europäischen Ländern scheint sie zwischen 20 und 40 % zu liegen[8, 9].

Das ist niedriger, als in den ersten Jahren nach 1983 zunächst angenommen wurde. Die früheren Transmissionsraten schienen um 50 bis 60 % zu liegen. Eine Erklärung

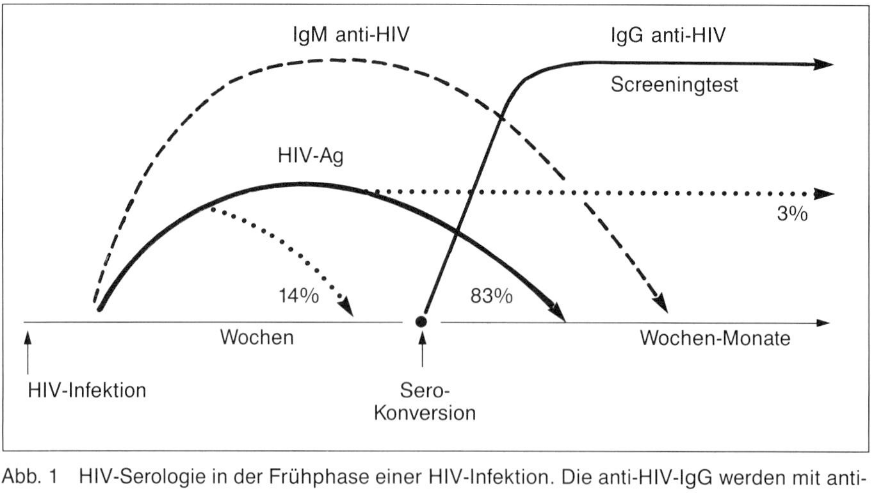

Abb. 1 HIV-Serologie in der Frühphase einer HIV-Infektion. Die anti-HIV-IgG werden mit anti-HIV-Screeningtests (anti-gp41 und anti-p24) bestimmt, mittels monospezifischer Enzymimmunoassays anti-gp41 vor anti-p24.

für die fallende Tendenz dürfte sein, daß anfangs nur die Kinder, deren Mütter an AIDS oder HIV-assoziierten Symptomen erkrankten, gezählt wurden. Die jüngeren Zahlen umfassen immer mehr Mutter/Kind-Paare, auf die man durch ein Schwangeren-Screening schon prospektiv aufmerksam wurde, nicht erst durch die Symptomatik der Mutter. Daher dürften die jetzt beobachteten Mütter in einem früheren Stadium der Erkrankung sein und ihre Kinder seltener während der Schwangerschaft infizieren.

HIV-Antikörper sind bei Neugeborenen HIV-positiver Mütter postpartal immer nachweisbar.

Die Neugeborenen HIV-Antikörper-positiver Mütter (was bei Erwachsenen gleichbedeutend ist mit »HIV-infiziert«; synonym auch »seropositiv« oder »HIV-positiv«) sind postpartal stets auch HIV-Antikörper-positiv. Nur ist dies beim Kind nicht identisch mit »HIV-infiziert«. Denn die mütterlichen Antikörper der IgG-Klasse passieren – wie bei anderen Virusinfektionen auch – die Plazenta ungehindert, so daß das Neugeborene einer HIV-Antikörper-positiven Mutter immer auch HIV-Antikörper aufweist. Die Frage, ob dies »Leih-Antikörper« oder bereits vom Kind selbst gebildete Antikörper sind, läßt sich noch nicht beantworten.

Nachweis der HIV-Infektion des Kindes

Der einfachste Weg zum Nachweis der HIV-Infektion des Kindes ist die wiederholte Bestimmung der Antikörper im Blut des Kindes während des ersten Lebensjahres. Verschwinden die Antikörper, so waren es mütterliche. Das Abfallen der Leihantikörper kann aber bis zu 15 Monaten dauern; während dieser Zeit bleibt die Ungewißheit über den Infektionsstand des Kindes bestehen. Eine andere Möglichkeit ist die, das Blut der Mutter zum Zeitpunkt der Geburt mit dem des Kindes im *Western-Blot*-Test zu vergleichen. Bei abfallendem Titer verändert sich auch das Bandenmuster im kindlichen Blut. Die Banden werden schwächer oder einzelne Banden verschwinden ganz. Die HIV-Infektion bei Kindern muß daher differenzierter definiert werden (Tab. 1).

Sind infizierte Kinder immer HIV-Antikörper-positiv?

Im Regelfall sind infizierte Kinder HIV-Antikörper-positiv. Das bedeutet, das Immunsystem des Kindes reagiert auf den Viruskontakt mit der Bildung von Antikörpern wie

Tab. 1 HIV-Infektion bei Kindern

Säuglinge und Kinder bis zu 15 Monaten mit perinataler Infektion
1.) Virusnachweis in Blut oder Gewebe
2.) HIV-Antikörper *und* bereits immunologischer Defekt oder bereits klinische Symptome der Klasse P-2
3.) Symptome der CDC-Fall-Definition für AIDS
Kinder über 15 Monaten mit perinataler Infektion und Kinder mit HIV-Infektion über andere Transmissionswege
1.) Virusnachweis in Blut oder Gewebe oder
2.) HIV-Antikörper oder
3.) Symptome der CDC-Fall-Definition für AIDS

das der Erwachsenen. Bei den Kontroll-Bestimmungen aus kindlichem Blut sind die ELISA-Tests weiter reaktiv, der *Western-Blot*-Test zeigt eigene Banden und der Immunfluoreszenz-Test ist positiv. Darüber hinaus kann (muß aber nicht) Virus-Antigen, z. B. p24, frei im Serum nachweisbar sein, es ist möglich, daß die Virusisolierung in der Zellkultur gelingt und im Zellkultur-Überstand ebenfalls Virus-Antigen sowie die reverse Transkriptase nachweisbar sind. Weitere Tests wie Hybridisierung der Provirus-DNA oder die Polymerase-Ketten-Reaktion (PCR) werden in einigen Forschungslabors als Virus-Nachweis durchgeführt, weisen aber noch große Unsicherheiten auf.

Es werden aber seltene Fälle von Kindern beschrieben, die nach Verschwinden der HIV-Antikörper dennoch an typischen HIV-assoziierten Symptomen, typischen opportunistischen Infektionen und schließlich AIDS erkrankten[10].

In diesen Fällen wird ein besonders früher intrauteriner HI-Virusübergang postuliert. Das HIV wird vom fetalen unreifen Immunsystem nicht als »fremd« erkannt, sondern toleriert, ohne daß es zur Bildung kindlicher Antikörper kommt. Dieser Mechanismus ist aus der vertikalen Übertragung des Hepatitis B-Virus (HBV) bekannt. Bei der perinatalen HBV-Infektion kommt es daher unter den Neugeborenen besonders häufig zu chronischen HBV-Trägern, also Kindern, die HBV-Partikel aufweisen, aber keine Antikörper dagegen bilden.

In geringerem Ausmaß wurde dieses »Tolerieren«, »Nicht-als-fremd-Erkennen« der Viren, auch bei der Infektion unter Erwachsenen sowohl bei HIV als auch bei HBV beobachtet.

Klassifikation der HIV-Infektion des Kindes

Für die kindliche HIV-Infektion gilt daher eine andere Klassifikation.

Die *Centers for Disease Control* (CDC) haben wegen der Besonderheiten bei der vertikalen Transmission des HI-Virus für die Klassifikation der kindlichen HIV-Infektion eine Einteilung aufgestellt, in der eine unbestimmte, eine asymptomatische und eine symptomatische Infektion unterschieden werden (Tab. 2).

Virusnachweise beim Neugeborenen, durch die sich die Infektion sichern läßt?

Bei der Absicherung der Diagnose »HIV-Infektion ohne Nachweis von Antikörpern« werden jetzt große Hoffnungen in den Virusnachweis durch die Polymerase-Ketten-

Tab. 2 Klassifikation der kindlichen HIV-Infektion

Klasse P – 0:	Infektion unbestimmt
Klasse P – 1:	*Asymptomatische Infektion*
	normale Immunfunktion
	gestörte Immunfunktion
	Immunfunktion nicht getestet
Klasse P – 2:	*Symptomatische Infektion*
	unspezifische Befunde
	fortschreitende neurologische Erkrankung
	Lymphoide interstitielle Pneumonie (LIP)
	Sekundäre Infektionen
	Sekundäre Krebserkrankungen
	Andere mit HIV-Inf. assoz. Erkrankungen

reaktion (PCR) gesetzt. Die hohe Sensitivität dieses Nachweises ist aber derzeit noch mit einigen falsch-positiven Ergebnissen verknüpft, so daß dieser Test *allein* nicht für den HIV-Infektionsnachweis bei einem Säugling herangezogen werden kann.

Unterscheidung zwischen seronegativen gesunden und seronegativen infizierten Kindern

Die Kinder mit abfallenden HIV-Antikörper-Titern sollten weiter klinisch, virologisch und vor allem immunologisch untersucht werden, bis sicher von »nicht-infiziert« trotz HIV-positiver Mutter gesprochen werden kann.

Im Rahmen der nationalen multizentrischen Studie »AIDS und Kinder« des Bundesministeriums für Jugend, Familie, Frauen und Gesundheit (BMJFFG) werden seit dem 1. 4. 1988 prospektiv Neugeborene HIV-positiver Mütter untersucht. Die teilnehmenden Zentren (Berlin, Hamburg, Düsseldorf, Frankfurt, Heidelberg und München) beobachten im Rahmen dieser Untersuchungen neben den eindeutig infizierten Kindern auch HIV-Antikörper-*negativ* gewordene Kinder.

In München sind es 16; alle sind bisher klinisch und immunologisch unauffällig. Auch virologische Hinweise auf eine bestehende HIV-Infektion wie z. B. den Nachweis von p24, reverser Transskriptase, einer positiven Virus-Kultur o. ä. gab es bei diesen 16 Kindern nicht (virologische Untersuchungen des Max-v.-Pettenkofer-Instituts, München).

In der Universitäts-Kinderklinik Düsseldorf hingegen werden 7 seronegativ gewordene Kinder weiterbeobachtet, von denen 6 eine positive in-situ-Hybridisierung aufweisen. HIV p24 wurde bei einem von ihnen, eine positive HIV-Kultur bei keinem nachgewiesen. Auch diese 7 Kinder sind klinisch und immunologisch unauffällig, die Diagnose »HIV-infiziert« wird derzeit noch weiter geprüft.

Aus Berlin wird von 13 Kindern berichtet, die keine HIV-Antikörper mehr aufweisen, bei denen aber eine positive Viruskultur zu beobachten war. Zwei dieser Kinder sind klinisch symptomatisch geworden, 11 sind klinisch und immunologisch unauffällig.

Immunologische Merkmale sicher infizierter Kinder

Die Kinder mit gesichert nachgewiesener Infektion (Tab. 2, Klassifikation P–1 mit gestörter Immunfunktion und P–2) zeigen bei den immunologischen Untersuchungen als erste Auffälligkeit eine B-Zell-Proliferation und/oder -Stimulation, die zu erhöhten Serum-Immunglobulinspiegeln führt. Sie haben – im Gegensatz zu erwachsenen Patienten – sehr lange recht hohe T4- und T8-Zellzahlen. Bis zum Alter von 20 Monaten zeigte sich in dem Münchener Patientenkollektiv kein Unterschied zwischen den HIV-negativ gewordenen und den infizierten Kindern. Erst in sehr weit fortgeschrittenem Krankheitsstadium fallen die T4-Zellen ab in pathologische Bereiche. Die T4/T8-Rate fällt eher in den pathologischen Bereich unter 1 ab. Sehr früh sind die natürlichen Killerzellen niedriger als dem Alter entsprechend.

Bei kindlichen Patienten müssen daher für Aussagen über ihre Immuninfektion Lymphozyten-Stimulationstests durchgeführt werden. Hier zeigen sich relativ früh verminderte Stimulationswerte für Mitogene, PWM, PHA, SAC. Auch die Antigen-Stimulierbarkeit (Tetanus, Vakzinia, Mumps und Streptolysin-0) verschlechtert sich bei den infizierten Kindern im Vergleich zu den nicht infizierten. Weitere immunologische Besonderheiten kommen hinzu (Tab. 3).

Behandlung infizierter Kinder

Zur Zeit wird versucht, die symptomfreie Phase so weit wie möglich frei von Bagatell-Infektionen und Kinderkrankheiten zu halten. Dies wird durch regelmäßige Infusio-

Tab. 3 Immunologische Besonderheiten

Unspezifische B-Zell-Stimulation
Anstieg der Immunglobuline G, A, M, E, D
vermehrte zirkulierende Immunkomplexe
niedrige NK (*natural-killer*)-Zellzahl
abnehmende T 4-Zellzahl
abnehmende Rate T 4/T 8 (Helfer/Suppressor)
verminderte Antigen-Stimulierbarkeit
verminderte Mitogen-Stimulierbarkeit
Thrombopenie, Anämie, Lymphopenie
Lymphknoten-Hyperplasie

nen mit polyvalenten Immunglobulinen erreicht. 400 mg/kg Körpergewicht i. v. in 4wöchigen Abständen sind die meist angewendete Dosierung.

Bei voller Ausprägung des AIDS-Krankheitsbildes oder nach überstandenen Indikatorkrankheiten, die zur Diagnose AIDS geführt haben, werden auch Kinder jetzt mit Zidovudin behandelt in der Dosierung 3,5 mg/kg Körpergewicht. Die Verträglichkeit ist nach den ersten Beobachtungen besser als bei Erwachsenen.

Konsequenzen für die Beratung von Schwangeren

Es hat sich in den fortlaufenden Statistiken des AIDS-Zentrums im Bundesgesundheitsamt und durch die anonymen Labormeldungen von HIV-positiven Befunden gezeigt, daß der Anteil von Frauen an den Infizierten und AIDS-Kranken kontinuierlich zunimmt. Da 80 % dieser Frauen im gebärfähigen Alter (16 bis 49 Jahre) sind, heißt dies, daß auch in Zukunft infizierte Frauen schwanger werden. Unter ihnen nimmt der Anteil derer zu, die sich keines besonderen »HIV-Infektions-Risikos« bewußt sind, also durch die Anamnese allein nicht einer Risikogruppe zugeordnet würden. Es sollte daher unbedingt auf ein möglichst vollständiges und frühes Schwangeren-Screening hingearbeitet werden aus folgenden Gründen:

- Die aufklärenden Gespräche, die vor der freiwilligen Blutentnahme für den HIV-Test geführt werden müssen, könnten eine echte Prävention für die noch nicht infizierten Frauen darstellen. Sie tragen zu besserem Wissen bei und sind damit Voraussetzung für ein bewußteres Verhalten bei der sexuell aktiven weiblichen Bevölkerung.
- Es gibt Hinweise dafür, daß eine Schwangerschaft bei HIV-infizierten Frauen den Verlauf der Erkrankung ungünstig beeinflußt[11, 12]. Auch werden tödliche Verläufe opportunistischer Infektionen während Schwangerschaften beschrieben[13].
- Nur durch ein Screening können sich Frauen, die von ihrer HIV-Infektion nichts ahnten, zu einem Schwangerschaftsabbruch entschließen[14]. Dies wird in vielen Fällen der Frau selbst, ihrem Partner und auch dem eventuell infizierten Kind großes Leid ersparen – oder hinausschieben in der Hoffnung auf eine kausale Therapie.
- Nur durch die Kenntnis der HIV-Infektion der Mutter kann man die Kinder, die ausgetragen werden, von Geburt an optimal betreuen.

Optimale Betreuung der Neugeborenen

Beim derzeitigen Stand des Wissens gehört zur Betreuung von HIV-exponierten Neugeborenen:

Sie sollten vor der BCG-Impfung bewahrt werden, die in vielen Geburtskliniken am 3. Lebenstag durchgeführt wird. Es kann zu schlimmen disseminierten Mykobakteriosen kommen[15]. Auch der weitere Impfplan der ersten 2 Lebensjahre sollte modifiziert durchgeführt werden[16].

Die HIV-exponierten Kinder sollten nicht gestillt werden.

Ihre Infektion kann frühzeitig gesichert oder ausgeschlossen werden. Im Infektionsfall können sie der Immunglobulinprophylaxe zugeführt werden, durch die die Latenzzeit verlängert wird[17]. Auch werden seltene Symptome eher als HIV-assoziiert erkannt und der richtigen Behandlung zugeführt.

Literatur

[1] *Daffos, S., F. Forestier, L. Mandelbrot* et al.: Prenatal Diagnosis of HIV-Infection: Two Attempts Using Fetal Blood Sampling. J. Acquir. Imm. Def. Syndr. *2:* 205 (1989).

[2] *Jovaisias, E., M. A. Koch, A. Schäfer* et al.: LAV/HTLV-III in 20-week fetus. Lancet *II:* 1129 (1985).

[3] *Peuchmaur, M., J. C. Pons, R. Vazeux* et al.: Prospective study for immunodetection of HIV viral proteins in 55 placentas. IV International Conference on AIDS, Abstract Nr. 6587. Stockholm 1988.

[4] *Rubinstein, A., L. Bernstein:* The epidemiology of pediatric acquired immunodeficiency syndrome. Clin. Immunol. Immunopathol. *40:* 115 (1986).

[5] *Mok, J. O., C. Giaquinto, A. De Rossi* et al.: Infants born to mothers seropositive for human immunodeficiency virus. Lancet *I:* 1164 (1987).

[6] *Thiry, L., S. Spencer-Goldberger, T. Jonckheer* et al.: Isolation of AIDS virus from cell-free breast milk of three healthy virus carriers. Lancet *II:* 891 (1985).

[7] *Ziegler, J. B., D. A. Cooper, R. O. Johnson* et al.: Postnatal transmission of AIDS-associated retrovirus from mother to infant. Lancet *I:* 896 (1985).

[8] *Italian Multicenter Study:* Epidemiology, clinical features, and prognostic factors of pediatric HIV infection. Lancet *II:* 1043 (1988).

[9] The European Collaborative Study: Mother-to-child-transmission of HIV-infection. Lancet *II:* 1039 (1988).

[10] *Goetz, D. W., S. E. Hall, R. W. Harbison* et al.: Pediatric Acquired Immunodeficiency Syndrome With Negative Human Immunodeficiency Virus Antibody Reponse by Enzyme-Linked Immunosorbent Assay and Western Blot. Pediatrics *81:* 356 (1988).

[11] *Minkoff, H., D. Nanda, R. Menez* et al.: Pregnancies resulting in Infants with acquired immunodeficiency syndrome or AIDS-Related Complex. Obstet. Gynecol. *69:* 285 (1987).

[12] *Scott, G. B., M. A. Fischl, N. Klimas* et al.: Mothers of Infants with the acquired immunodeficiency syndrome. Evidence for both symptomatic and asymptomatic carriers. J. Amer. Med. Ass. *253:* 363 (1985).

[13] *Koonin, L. M., T. V. Ellerbrock, H. K. Atrash* et al.: Pregnancy-associated deaths due to AIDS in the United States. J. Amer. Med. Ass. *261:* 1306 (1989).

[14] *Sunderland, A., G. Moroso, M. Berthaud* et al.: Influence of HIV infection on pregnancy decision. In: Program and abstracts of the Fourth International Conference on AIDS, Abstract 6607. Stockholm, June 12–16, 1988.

[15] Centers for Disease Control: Disseminated M. bovis infection from BCG vaccination of a patient with acquired immunodeficiency syndrome. Morb. Mort. Wkly. Rep. *34:* 227 (1986).

[16] *Von Reyn, C. F., C. J. Clements, J. M. Mann:* Human immunodeficiency virus infection and routine childhood immunisation. Lancet *II:* 669 (1987).

[17] *Ochs, H. D.:* Intravenous immunoglobulin treatment and prevention of acute infections in pediatric acquired immunodeficiency syndrome patients. Pediat. Inf. Dis. *6:* 509 (1987).

HIV-Infektionen bei Kindern von HIV-positiven Müttern aus der Sicht der Mutterschafts-Richtlinien

Zum Umfang der ärztlichen Beratung nach Feststellung der Schwangerschaft gehört auch eine Beratung über die Risiken einer HIV-Infektion und der AIDS-Erkrankung. Dabei soll der Arzt auch über die Infektionsmöglichkeiten und deren Häufung bei bestimmten Verhaltensweisen informieren.

Ein routinemäßiges Screening auf HIV-Infektionen ist nicht vorgesehen. Stimmt die Schwangere der Untersuchung zu, kann der Arzt aus der Blutprobe, aus der ohnehin die üblichen serologischen Bestimmungen zu Beginn der Schwangerschaft durchgeführt werden, auch einen Test zum Ausschluß einer HIV-Infektion durchführen lassen. Die Bestimmung erfolgt durch einen immunchemischen Antikörpernachweis, bei dessen positivem Ausfall das Ergebnis durch weiterführende Laboratoriumsuntersuchungen, in der Regel durch den Western-blot, aus derselben Blutprobe gesichert werden muß. Erst wenn dadurch der positive Befund gesichert ist, muß die Schwangere über das Untersuchungsergebnis informiert werden.

Bei den Beratungen zur Einführung eines HIV-Tests in die Mutterschaftsvorsorge ist der Bundesausschuß der Ärzte und Krankenkassen noch von der Vorstellung ausgegangen, daß der Entbindungsmodus für den Verlauf einer HIV-Infektion des Kindes bedeutsam sein könnte. Der Test wurde auch deshalb in das Vorsorgeprogramm aufgenommen, um HIV-infizierten Kindern unmittelbar post partum die bestmögliche Therapie zu sichern. Bestätigt sich der Verdacht auf HIV-Infektion beim Kind, sind sämtliche Maßnahmen, die zur weiteren Diagnostik und Behandlung notwendig sind, nicht mehr Gegenstand des Präventionsprogramms, sondern Bestandteil der kurativen Krankenbehandlung.

E. Effer

IV. Infektionsprophylaxe

Empfehlungen zur Schutzimpfung im Kindesalter

W. Dahlmann

Der aktiven Immunisierung (Schutzimpfung) kommt als Möglichkeit der Infektionsprophylaxe für Kinder und Erwachsene hohe Bedeutung zu. Der Gesetzgeber hat dem durch die Einrichtung der »Ständigen Impfkommission des Bundesgesundheitsamtes« (STIKO) Rechnung getragen. Die STIKO erarbeitet aufgrund sorgfältiger Nutzen-Risiko-Abwägungen Impfempfehlungen bzw. einen Impfkalender für die Durchführung der Impfungen. Die Gesundheitsbehörden der Bundesländer können diese Impfempfehlungen unverändert übernehmen oder sie der jeweiligen epidemiologischen Situation in den Bundesländern anpassen.

Die Empfehlungen der STIKO für Kinder bis zur Einschulung: Für alle Säuglinge und Kleinkinder ab dem 3. Lebensmonat ist die Diphtherie-Tetanus-Impfung (DT) vorgesehen. Die Impfung muß zweimal im Abstand von mindestens 6 Wochen erfolgen.

Ebenfalls sollten alle Säuglinge und Kleinkinder ab dem 3. Lebensmonat gegen Poliomyelitis (Kinderlähmung) zweimal eine Schluckimpfung im Abstand von mindestens 6 Wochen erhalten. Diese Impfung kann auch mit der 1. und 2. DT-Impfung verabreicht werden.

Im 2. Lebensjahr (ab dem 15. Lebensmonat) erhalten alle Kinder eine dritte Diphtherie-Tetanus-Impfung und eine dritte Schluckimpfung gegen Poliomyelitis. Darüber hinaus sollen alle Kleinkinder ab dem 15. Lebensmonat einmal mit einem Kombinationsimpfstoff gegen Masern, Mumps und Röteln geimpft werden.

Während diese Impfungen für *alle* gesunden Kinder empfohlen werden, gibt es für Säuglinge in Gemeinschaftseinrichtungen oder ungünstigen sozialen Verhältnissen oder bei denen, für die Keuchhusten eine besondere Gefährdung bedeutet, eine zusätzliche Empfehlung zur Impfung gegen Keuchhusten. Es wird dann mit einem Dreifachimpfstoff gegen Diphtherie, Tetanus und Keuchhusten geimpft. Die Impfung erfolgt dreimal im Abstand von 4 Wochen (ab dem 3. Lebensmonat, auf jeden Fall aber vor Abschluß des 1. Lebensjahres).

Eine weitere DPT-Impfung erfolgt bei diesen Kindern ab dem 15. Lebensmonat. Wie bei der DT-Impfung kann auch die Dreifachimpfung DPT mit der Schluckimpfung gegen Kinderlähmung kombiniert werden.

Zwischen dem 6. und 8. Lebensjahr können versäumte Impfungen (außer der Keuchhustenimpfung) nachgeholt werden.

In diesem Zeitraum wird auch die Auffrischimpfung gegen Diphtherie, zweckmäßigerweise als Kombinationsimpfung mit Tetanus-Diphtherie-Impfstoff (mit gering dosiertem Diphtherieanteil), durchgeführt.

Die Impfung gegen Tuberkulose (BCG-Impfung) wird ebenfalls nicht mehr für alle Säuglinge, sondern nur für ansteckungsgefährdete Neugeborene empfohlen.

Neugeborene, deren Mütter an Hepatitis B erkrankt sind, sollen unmittelbar nach der Geburt eine aktiv-passive Immunisierung gegen Hepatitis B erhalten (sowohl Impfstoff als auch ein spezielles Immunglobulin).

Es ist anzunehmen, daß in der Bundesrepublik Deutschland jährlich 1000 Neugeborene von ihren Müttern infiziert werden. Die aktiv-passive Immunisierung bietet hier sicheren Schutz.

Impfungen sind in bestimmten Situationen auch für Schwangere bzw. für Frauen mit Kinderwunsch angezeigt. Grundsätzlich gilt, daß Frauen mit Kinderwunsch Impfschutz gegen Tetanus, Diphtherie, Poliomyelitis haben sollten. Nach Eintritt der Schwangerschaft können die Tetanus-Impfung und die Poliomyelitis-Impfung (diese aber nicht im letzten Schwangerschaftsdrittel) gegebenenfalls gefahrlos nachgeholt werden. Die Diphtherie-Impfung sollte bei Schwangeren nur dann durchgeführt werden, wenn eine erhöhte Gefährdung, z. B. bei einer Epidemie, vorliegt.

Ganz besondere Bedeutung kommt bei Frauen mit Kinderwunsch aber der Impfung gegen Röteln zu. Durch eine Rötelninfektion der Mutter besteht für das Ungeborene ein hohes Mißbildungsrisiko. Trotz aller Aufklärungsmaßnahmen muß aber in der Bundesrepublik Deutschland noch mit 150 bis 300 Fällen von Rötelnembryopathien bzw. Fetopathien pro Jahr gerechnet werden. Ohne Impfung im Kindesalter sind 10 bis 12 % der jüngeren Frauen im gebärfähigen Alter für Röteln empfänglich. Der einzig wirksame Schutz liegt in der konsequenten Impfung aller gefährdeten Frauen. Die STIKO empfiehlt die Röteln-Impfung deshalb für alle gebärfähigen Frauen, die keine Rötelninfektion durchgemacht haben. Nach einer Röteln-Impfung sollte für zwei Zyklen eine Konzeptionsverhütung vorgenommen werden.

Bei Schwangeren ist eine Röteln-Impfung kontraindiziert. Bei Ansteckungsgefahr kann eine Prophylaxe mit Röteln-Immunglobulin durchgeführt werden.

Anhang: Empfehlungen zur Durchführung von Schutzimpfungen bei HIV-Infizierten und AIDS-Kranken

HIV-infizierte Kinder ohne klinische Symptome (und Kinder HIV-infizierter Mütter):

- Allgemein empfohlene Schutzimpfungen
  DT-Impfung: kann entsprechend Impfkalender durchgeführt werden,
  Polio-Impfung: dreimalige Verabreichung von inaktiviertem Polio-Impfstoff im Abstand von jeweils 4–8 Wochen (eine Booster-Dosis kann nach 6–12 Monaten erforderlich sein),
  Mumps-, Masern-, Röteln-Impfung: kann entsprechend Impfkalender durchgeführt werden.
- Impfungen bei besonderer Indikation
  BCG-Impfung: kontraindiziert,
  Pertussis-Impfung: gleiche Indikationen und Kontraindikationen wie bei Nicht-Infizierten,
  Hepatitis B-Impfung: gleiche Indikationen und Kontraindikationen wie bei Nicht-Infizierten,
  Influenza-Impfung: gleiche Indikationen und Kontraindikationen wie bei Nicht-Infizierten.

HIV-infizierte Erwachsene
Mit Ausnahme von BCG können alle Impfungen wie bei Gesunden durchgeführt werden. BCG-Impfung ist kontraindiziert. Die Schutzimpfung gegen Poliomyelitis wird nur bei Reisen in Endemiegebiete empfohlen.

HIV-infizierte Personen mit AIDS- oder ARC-Symptomen
Die unter A 1. und 2. aufgeführten Tot- und Toxoidimpfstoffe können bei Beachtung der angegebenen Indikationen und Kontraindikationen verwendet werden. Lebendimpfstoffe sollten vermieden und nur in Einzelfällen bei besonderer Indikation angewendet werden.
Passive Immunisierungsmaßnahmen werden empfohlen.
Zur Zeit ist in der Bundesrepublik Deutschland kein inaktivierter Polio-Impfstoff im Handel, voraussichtlich wird dieser Impfstoff in absehbarer Zeit wieder verfügbar sein.

Tab. 1 Impfempfehlungen der Ständigen Impfkommission des Bundesgesundheitsamtes (STIKO): Impfkalender für Kinder

Wann?	**Was?**	**Wen?**
ab 3. Lebensmonat	Diphtherie-Tetanus 2 × im Abstand von mindestens 6 Wochen oder Diphtherie-Pertussis-Tetanus 3 × im Abstand von 4 Wochen (Der Beginn nach vollendetem 1. Lebensjahr ist kontraindiziert)	alle Säuglinge und Kleinkinder Säuglinge in Gemeinschaftseinrichtungen oder ungünstigen sozialen Verhältnissen oder bei denen der Keuchhusten eine besondere Gefährdung bedeutet
	Poliomyelitis 2 × trivalente Schluckimpfung im Abstand von mindestens 6 Wochen, ggf. in Kombination mit der 1. und 2. DT-Impfung oder mit der 1. und 3. DPT-Impfung oder Teilnahme an Impfaktionen der Gesundheitsämter im folgenden Winter (November/Januar)	alle Säuglinge und Kleinkinder Die 2. DT-Polio oral Kombination ist auch im Rahmen der U 4/5 möglich. Der Mindestabstand beträgt 6 Wochen. Die 3. DT-Polio oral Kombination ist im Rahmen der U 6 möglich. Der Mindestabstand zur 2. Impfung beträgt 3 Monate
2. Lebensjahr (ab 15. Lebensmonat)	Masern; Mumps und Röteln Poliomyelitis 3. trivalente Schutzimpfung 3. Diphtherie-Tetanus oder 4. Diphtherie-Pertussis-Tetanus	alle Kleinkinder und Kinder (Abschluß der Grundimmunisierung s. oben)
7. Lebensjahr	Nachhol-Impfungen (bisher versäumte Impfungen außer gegen Pertussis) Tetanus-Diphtherie (Auffrischimpfung mit verringerter Dosis [Td]	alle Kinder
10. Lebensjahr	Poliomyelitis (Wiederimpfung)	alle Kinder
5–16. Lebensjahr	Röteln Tetanus (Auffrischimpfung) Diphtherie (Auffrischimpfung mit gering dosiertem Impfstoff) zweckmäßig als Kombinationsimpfung mit Td	alle Mädchen, auch wenn im Kleinkindesalter bereits (allein oder in Kombination) gegen Röteln geimpft

* Stand: September 1988

Tab. 2 Arten der Schutzimpfung

Impfung gegen	Lebensalter Anwendung	Personenkreis
Diphtherie-Tetanus	ab 3. Lebensmonat: 2 × im Abstand von mindestens 6 Wochen 1 × im 2. Lebensjahr (Abschluß der Grundimmunisierung) oder bereits im Rahmen der U 6.	alle Säuglinge und Kleinkinder
oder Diphtherie-Pertussis-Tetanus	ab 3. Lebensmonat: 3 × im Abstand von 4 Wochen (Beginn nicht nach vollendetem 1. Lebensjahr) 1 × im 2. Lebensjahr (Abschluß der Grundimmunisierung)	Säuglinge in Gemeinschaftseinrichtungen, unter ungünstigen sozialen Verhältnissen oder bei denen der Keuchhusten eine besondere Gefährdung darstellt
Diphtherie	7. Lebensjahr (1 Auffrischimpfung mit gering dosiertem Impfstoff) zweckmäßig als Kombinationsimpfung mit Td-Impfstoff	alle Kinder alle Kinder
Poliomyelitis	ab 3. Lebensmonat: 2 × trivalent im Abstand von mindestens 6 Wochen, ggf. in Kombination mit der 1. und 2. DT-Impfung oder mit der 1. und 3. DPT-Impfung oder Teilnahme an Impfaktionen der Gesundheitsämter im folgenden Winter (November/Januar) ab Beginn des 2. Lebensjahres: 3. Impfschluck trivalent, falls nicht bereits im Rahmen der U 6 erfolgt 10. Lebensjahr: 1 × trivalent (Wiederimpfung)	alle Säuglinge und Kleinkinder alle Säuglinge und Kleinkinder alle Kleinkinder und Kinder
Masern (ggf. Masern-Mumps-Röteln-Kombination)	mit Lebendimpfstoff ab 15. Lebensmonat	alle Kleinkinder und Kinder
Mumps (ggf. Masern-Röteln-Kombination)	ab Beginn des 2. Lebensjahres	alle Kleinkinder und Kinder
Röteln (ggf. Masern-Mumps-Röteln-Kombination)	2. Lebensjahr 15.–16. Lebensjahr	alle Kinder alle Mädchen, auch wenn im Kleinkindesalter bereits (allein oder in Kombination) gegen Röteln geimpft

Impfungen bei Risikokindern

B. Stück

Auch bei behinderten und chronisch kranken Kindern stellt die Infektionsprophylaxe durch aktive Immunisierung einen wesentlichen Faktor der ärztlichen Betreuung dar. Die Impfung solcher Kinder setzt jedoch eine individuelle Beratung und Abwägung von Impfrisiko und Erkrankungsrisiko voraus. Einige Impfungen sind für behinderte oder chronisch kranke Kinder besonders wichtig, es ist deshalb nicht immer Zurückhaltung zu empfehlen. Verbindliche Vorschriften können jedoch nicht gegeben werden. Jedes Kind muß für sich betrachtet werden bei Abwägung des Risikos der Erkrankung und der sie verhütenden Impfung. Voraussetzung ist, daß jeder Impfung eine ausführliche Anamnese, eine gründliche Untersuchung und ein ausführliches Gespräch mit dem Impfling oder seinen Eltern vorausgeht. Hierbei müssen Risiko der Impfung und Risiko der Erkrankung genau dargestellt werden. Entschließt man sich für die Empfehlung einer Impfung, kann man sich an der Einteilung in Routine- oder Standard-, Indikations- und Reiseimpfungen orientieren.

Routine- oder Standardimpfungen (Tab. 1) sind solche, die eine hohe Wirksamkeit gegen gefährliche und weitverbreitete Infektionskrankheiten haben. Diese sollte jedes gesunde Kind erhalten. *Indikationsimpfungen* (Tab. 1) sind solche, die sich aus der besonderen Situation des einzelnen zu Impfenden (Pertussis, Tollwut, Virusgrippe, Pneumokokken, Varizellen) oder der epidemiologischen Situation (BCG, Hepatitis B, FSME) ergeben. Bei den *Reiseimpfungen* schließlich handelt es sich um Impfungen gegen Erkrankungen, die bei der augenblicklichen epidemiologischen Situation nur bei Reisen ins außereuropäische Ausland in Erwägung zu ziehen sind.

Impfschäden regeln die §§ 51 ff BSeuchG. Danach übernimmt der Staat die Haftung, wenn eine oberste Landesgesundheitsbehörde eine Impfung »öffentlich empfohlen« hat und diese in ihrem Bereich durchgeführt wurde. Die Standardimpfungen (Tab. 1) sind in allen Bundesländern »öffentlich empfohlen«, während für die übrigen Impfungen unterschiedliche Regelungen gelten, z. T. mit Einschränkung auf bestimmte Alters- bzw. Personengruppen. Führt ein Arzt eine Impfung durch, die nicht durch die zuständige oberste Landesgesundheitsbehörde für den zu Impfenden »öffentlich empfohlen« ist, trägt er allein das Haftungsrisiko. Die Frage der *Verträglichkeit* einer

Tab. 1 Impfstoffe

Standard-impfungen	**Indikations-impfungen**	**Impfstoffe mit Parvokationscharakter stärkeren Grades**	**schwächeren Grades**
Tetanus Diphtherie Poliomyelitis Masern Mumps Röteln	BCG Pertussis FSME Hepatitis B Influenza Pneumokokken Tollwut Varizellen	Pertussis	Tuberkulose Diphtherie

Impfung ist dabei grundsätzlich in Beziehung zur Erkrankung bzw. Behinderung des zu Impfenden zu setzen. So gibt es Impfstoffe, die aufgrund unterschiedlicher Wirkungen, wie Histamin-Ausschüttung oder unspezifische Stimulierung des retikulohistiozytären Systems, stärkere Allgemeinreaktionen hervorrufen und dabei oft einen deutlichen Provokationscharakter (Tab. 1) zeigen. Hier besteht die Gefahr der Aktivierung von chronischen Prozessen. Auch können Impfstoffe Substanzen, Allergene, enthalten, die bei Menschen mit einer entsprechenden Disposition zu Unverträglichkeitserscheinungen führen.

Impfungen bei Kindern mit Hirnschäden und Hirnerkrankungen

Zerebral geschädigte Kinder mit und ohne Krampfanfälle sollen und können ohne Bedenken alle *Standardimpfungen* erhalten, wenn das Leiden keine Progredienz zeigt. Von erfahrenen Impf- und Kinderärzten wird immer wieder darauf hingewiesen, daß bei Beachtung der aktuellen Kontraindikationen Standardimpfungen auch von Risikokindern gut vertragen werden[28, 31, 34]. Es ist dabei aber zu beachten, daß alle Impfstoffe zu fieberhaften Reaktionen führen können und somit möglicherweise einen Anfall provozieren. Von Antipyretika ist deshalb bei diesen Kindern großzügig Gebrauch zu machen. Wie Impfrisiko und Krankheitsrisiko abgeschätzt werden können, läßt sich besonders gut bei der Masernschutzimpfung zeigen: Masern sind hoch kontagiös, so daß fast jeder Infizierte auch erkrankt. Die Durchimpfungsrate bei ein- bis zweijährigen Kleinkindern ist in der Bundesrepublik in den letzten drei Jahren zwar auf ca. 90% angestiegen, die durchschnittliche Durchimpfungsrate beträgt aber nur ca. 60%[12]. Das bedeutet, daß heute noch alle Nicht-Immunen bei entsprechendem Kontakt an Masern erkranken. Jedes erkrankte Kind fiebert über 38,4 °C, bei ungefähr jedem zweiten Kind sind auch bei unkompliziertem Verlauf Veränderungen im EEG nachzuweisen, bei ca. 1 von 100 bis 200 Erkrankten tritt ein Krampfanfall und bei etwa 1 auf 2000 bis 3000 Masernerkrankten eine Enzephalitis auf, deren Häufigkeit mit steigendem Lebensalter zunimmt[12]. Dagegen beobachten wir bei den heute verwendeten attenuierten Impfstämmen nur in ca. 15% erhöhte Körpertemperaturen von mehr als 38,4 °C, abnorme EEG-Befunde bei ca. 3%, Krampfanfälle bei ca. 0,05%[4] und Enzephalopathien bei ca. 1 von 1.000.000 »gesunden« Impflingen[12]. Die Gefährdung durch eine Masern-Erkrankung ist also für ein zerebral geschädigtes Kind mit oder ohne Krampfleiden sehr viel höher als durch eine Masernimpfung.

Die Indikation zur Mumpsschutzimpfung ergibt sich aus der häufigen ZNS-Beteiligung: jeder 2. Erkrankte zeigt eine Liquorpleozytose, jeder 10. hat eine Meningoenzephalitis. Mit Dauerschäden ist bei einer Meningoenzephalitis in ca. 5% zu rechnen. Eine weitere ernstzunehmende Komplikation ist die Orchitis, die bei einer Erkrankung nach der Pubertät in ca. 25% auftritt.

Die Mumpsschutzimpfung ist gut verträglich, Fieberkrämpfe sind im Gegensatz zur Erkrankung an Mumps sehr selten, eine Meningoenzephalitis wird nur in Ausnahmefällen beobachtet[12, 33]. Die möglicherweise nach Anwendung eines Kombinationsimpfstoffes (Masern-Mumps-Röteln oder Masern-Mumps) auftretenden Nebenwirkungen entsprechen denen nach Injektion der monovalenten Impfstoffe.

Die gelegentlich empfohlene Durchführung der Lebendimpfungen bei zerebral geschädigten Kindern erst nach dem 3. Lebensjahr bringt keine Vorteile. Einerseits sind diese Kinder länger als ein Jahr der Gefahr einer Masern- oder Mumpsinfektion ausgesetzt, andererseits besteht weiterhin die Gefahr eines »Fieberkrampfes«. Wichtiger ist deshalb, durch Gabe von Antipyretika einem solchen vorzubeugen.

Auch für die spätere Durchführung der Poliomyelitis-Schluckimpfung nach *Sabin* oder den Ersatz durch den Totimpfstoff nach *Salk* gibt es keine Gründe. Wenn nach einer Schluckimpfung auch gelegentlich erhöhte Körpertemperaturen beobachtet werden, so treten »Fieberkrämpfe« extrem selten auf. Das kann u. a. daran liegen, daß die Grundimmunisierung in der Regel im ersten Lebenshalbjahr begonnen wird, einer Zeit, in der »Fieberkrämpfe« noch nicht auftreten. Die in einer Erhebung[11] beobachteten konvulsiven Reaktionen konnten in ihrer Häufigkeit andernorts nicht bestätigt werden[27]. Es bestehen zwar enge Beziehungen zwischen Nervensystem und Immunsystem; jedoch sind bisher keine Hinweise bekannt geworden, daß paralytische oder Poliomyelitis-ähnliche Erkrankungen bei Impflingen mit hirnorganischen Schädigungen zwangsläufig auftreten müssen[20, 41]. Nach einer Schluckimpfung sollte sich der Impfling eine Woche lang jeder ungewohnten körperlichen Belastung oder Anstrengung enthalten[20]. Der bei einer Phenytoin-Behandlung vor allem bei Kindern gelegentlich zu beobachtende IgA-Mangel[1] erfordert keinen Verzicht auf die orale Impfung, da es sich fast immer um einen selektiven Immunglobulinmangel handelt. Ob es dadurch zu einer verlängerten Ausscheidung von Impfviren kommen kann, ist nicht bekannt. Besteht eine Gingivahyperplasie, hervorgerufen durch eine chronische Entzündung, ist die Diphtherieschutzimpfung aufgrund ihres Provokationscharakters besser zu unterlassen oder nur mit einer geringeren Dosis durchzuführen[34].

Alle Impfungen mit Lebendimpfstoffen während einer ACTH- oder einer Kortikosteroid-Behandlung sind wegen der dabei eintretenden Immunsuppression kontraindiziert. Bei der Verwendung von Totimpfstoffen muß eine Kontrolle der Antikörperbildung vorgenommen werden.

Unter den *Indikationsimpfungen* wird die BCG-Impfung gut vertragen. Mußte aber ein Neugeborenes wegen einer prä- oder perinatalen Schädigung intensiv behandelt werden, sollte diese Impfung nur bei strenger Indikation und frühestens sechs bis acht Wochen nach der Geburt vorgenommen werden. Dagegen ist bei der Durchführung der Pertussisimpfung schon bei den geringsten Hinweisen auf eine hirnorganische Erkrankung größte Vorsicht nötig. Alle Kinder mit angeborenem oder erworbenem Hirnschaden sowie mit hirnorganischen Anfallsleiden dürfen unter keinen Umständen gegen Pertussis geimpft werden. Das gilt auch für gesunde Kinder, bei denen eine familiäre Belastung mit Epilepsie besteht[18]. Oligophrenie ohne organischen Hirnschaden sowie »unkomplizierte« Fieberkrämpfe sind keine Kontraindikationen. Dabei ist zu beachten, daß Kinder mit angeborenen Stoffwechseldefekten und gleichzeitiger Hirnbeteiligung (z. B. Phenylketonurie) ein erhöhtes Anfallsrisiko haben. Bei den »unkomplizierten« Fieberkrämpfen ist in der Regel das Kriterium »nicht jünger als 12 Monate« nicht erfüllt, so daß die Indikation nur für die Auffrischimpfung im zweiten Lebensjahr gilt. Wegen der Möglichkeit einer Hirnschädigung ist bei Kindern nach Risikoschwangerschaften, Risikogeburten und Frühgeburten besondere Vorsicht geboten[18]. Die Entscheidung zur Pertussisimpfung sollte hier auf das zweite Lebenshalbjahr verschoben werden. Da ein monovalenter Pertussis-Impfstoff nicht zur Verfügung steht, müssen auch die Impfungen gegen Tetanus und Diphtherie später durchgeführt werden[36].

Die Empfehlung, Kinder nicht zu impfen, wenn in der Familienanamnese Anfallsleiden angegeben werden, legt nicht fest, wie weit der Verwandtenkreis gezogen werden soll[18]. Jedoch wird man sich in der Regel auf Verwandte ersten Grades beschränken. Nach amerikanischen Beobachtungen soll, wenn Geschwister oder Eltern an einer Epilepsie leiden, das Risiko, auf eine Pertussisimpfung mit einem Krampfanfall oder anderen neurologischen Komplikationen zu reagieren, ca. 3,2 mal höher sein als bei gesunden Geschwistern oder Eltern. Das amerikanische Impfkomitee betrachtet die Pertusis als äußert gefährliche Krankheit. Daher rät es aus epidemiologischen Gründen zur Pertussisimpfung auch der Kinder, deren Geschwister und Eltern Krampfanfälle haben oder hatten[3]. Zu empfehlen ist eine aktive Prophylaxe gegen die Frühsommermeningoenzephalitis bei längeren Aufenthalten in Endemiegebieten. Bei der Feststellung der Impfindikation sollten dabei objektiv erstellte Karten der Endemiegebiete zu Rate gezogen werden[23]. Zwar wurden zahlreiche Kinder und Erwachsene mit Anfallsleiden bisher komplikationslos geimpft[19], jedoch wurde in den letzten Jahren auch bei »gesunden« Impflingen sehr vereinzelt über Impfstoffnebenwirkungen am Nervensystem in Form von Neuritiden, meningealen Reizungen und Krampfanfällen berichtet. Auch wenn es sich bisher bei den Meldungen nur um Verdachtsfälle handelt, sollten sie doch Anlaß sein, die Indikation zur Impfung bei Kindern mit Hirnschäden und Hirnerkrankungen sorgfältig abzuwägen. Wie auch bei anderen Adsorbat-Impfstoffen kann es gelegentlich zu Temperaturerhöhungen kommen, die aber in der Regel nur nach der ersten Impfung auftreten.

Die Hepatitis B-Impfung sollten vor allem Kinder und Erwachsene erhalten, die in Heimen oder Institutionen für körperlich oder geistig Behinderte leben[31]. Das gilt auch für die Influenzaimpfung, da die Erkrankungsrate bei Schulkindern erfahrungsgemäß besonders hoch ist. Für die Pneumokokkenimpfung besteht dagegen nur eine eingeschränkte Indikation, da einerseits schwere Erkrankungen durch Pneumokokken vorwiegend in den ersten beiden Lebensjahren auftreten, andererseits der zur Verfügung stehende Polysaccharid-Impfstoff erst nach dem zweiten Lebensjahr zu einer ausreichenden Antikörperbildung führt. Über die Varizellenimpfung gibt es bisher keine Erfahrungen bei Kindern mit neurologischen Erkrankungen. Dagegen ist die Tollwut-Prophylaxe bei entsprechender Indikation lebensrettend und wird bei Verwendung einer HDC-Vakzine auch komplikationslos vertragen.

Als *Reiseimpfungen* können die orale Typhus- und die Gelbfieberimpfung unbedenklich durchgeführt werden. Bei beiden Impfstoffen handelt es sich um attenuierte Lebendimpfstoffe. Dagegen ist eine Impfung gegen Cholera mit dem derzeit zur Verfügung stehenden Impfstoff wegen der häufigen Allgemeinreaktionen kontraindiziert. Auch ist die Schutzwirkung fraglich[32].

Der in der Bundesrepublik Deutschland zugelassene Meningokokken-Impfstoff ist eine kombinierte Vakzine gegen die Serotypen A und C. Er besitzt einen schwachen Provokationseffekt und wird von Kindern mit Anfallsleiden gut vertragen. Gegen den bei uns vorwiegend vorkommenden Serotyp B gibt es noch keinen wirksamen Impfstoff[34].

Nach akuten bakteriellen Erkrankungen des Zentralnervensystems sind – ein Jahr nach Abklingen der entzündlichen Erscheinungen – Standardimpfungen möglich. Über Impfungen mit Provokationscharakter oder starken Allgemeinreaktionen muß individuell und nach eingehender Untersuchung entschieden werden. Pertussisimpfungen sind kontraindiziert.

Nach einem Schädelhirntrauma mit Bewußtlosigkeit und nach Operationen im Schädelbereich gelten die gleichen Empfehlungen. Je nach Schwere des Traumas oder des Eingriffs sind Standardimpfungen frühestens sechs Monate danach möglich. Ausgenommen sind Tetanus- und Tollwutprophylaxe im Verletzungsfall. Dagegen können nach komplikationslos verlaufenden virusbedingten Meningitiden ohne neurologische Residuen Schutzimpfungen 3 bis 6 Monate später durchgeführt werden.

Impfungen bei Kindern mit Down-Syndrom

Bei Patienten mit einem *Down*-Syndrom besteht eine hohe Infektanfälligkeit, in den späteren Lebensjahren eine auffällige Neigung zur Entwicklung von Autoimmunerkrankungen. Störungen der Immunabwehr treten inkonstant und mit wechselnder

Stärke auf und werden vorwiegend nach dem zweiten Lebensjahrzehnt beobachtet[7, 25, 40]. Die primäre Antikörperantwort, z. B. nach Tetanustoxoid-Gaben, scheint gelegentlich gestört zu sein[26], doch dürften wiederholte Stimulierungen eine schützende Immunantwort hervorrufen. Kinder mit *Down*-Syndrom können und sollen daher alle *Routineimpfungen* einschließlich der mit Lebendimpfstoffen erhalten. Von den *Indikationsimpfungen* sind die gegen Pertussis nicht zu empfehlen, obwohl gerade diese Kinder oft schwer erkranken. Dagegen sollten Jugendliche, vor allem wenn sie in Heimen leben, gegen Hepatitis B geschützt werden, da die Gefahr einer Chronizität bedeutend höher ist als bei Gesunden. So wurde bei Patienten mit *Down*-Syndrom fast siebenmal so häufig ein chronischer HBsAg-Trägerstatus festgestellt wie bei Patienten, die im gleichen Heim wegen mentaler Retardierung untergebracht waren[30]. Wegen der Neigung zu Infektionen der Luftwege sind Influenza- und Pneumokokkenimpfung unbedingt zu empfehlen. Dagegen ist bei allen älteren Patienten wegen der Häufigkeit von Autoimmunerkrankungen bei Anwendung von Impfstoffen mit Provokationscharakter Vorsicht geboten.

Impfungen bei Kindern mit Immundefekten

Bei krankheits- und therapiebedingten oder anderen erworbenen oder angeborenen Immunmangelzuständen sind Lebendimpfstoffe nur mit größter Zurückhaltung anzuwenden und in der Regel kontraindiziert. Das gilt insbesondere für die BCG[31]- und die orale Poliomyelitisimpfung nach *Sabin*[20], bei denen mehrfach über schwere und tödlich verlaufende Komplikationen immundefizienter Impflinge berichtet wurde. Bei selektiven Immunglobulindefekten, die keine zellulären Störungen (T-Zell-Defekte) aufweisen und bei denen eine Anwendung von Gammaglobulin nicht erforderlich ist, kann eine Masern-Mumps-Röteln-Impfung vorgenommen werden. Erhalten die Patienten regelmäßig Gammaglobulin, ist eine aktive Immunisierung mit Lebendimpfstoffen wegen der sofort eintretenden Neutralisierung nicht sinnvoll. Der sehr häufige selektive IgA-Mangel, bei dem das fehlende sekretorische IgA durch sekretorisches IgM oder IgG ersetzt wird, ist keine Kontraindikation für Lebendimpfstoffe, auch nicht für eine orale Poliomyelitisschutzimpfung. Das gleiche gilt in der Regel auch für Störungen der Phagozytose und für Komplementdefekte. Bei immunsupprimierten Kindern mit Malignomen oder Leukosen ist die Varizellenimpfung zu empfehlen, jedoch nicht während der Induktionsphase der Chemotherapie und nicht während der Strahlentherapie. Eine Woche vor bis eine Woche nach der Impfung sollte die Chemotherapie unterbrochen werden. Je nach Grundkrankheit und Zeitpunkt der Impfung wird eine Schutzwirkung von 80 bis 90% erreicht[14]. Eine zweite Impfung bei diesen Kindern im Abstand von sechs Monaten scheint die Persistenz der humoralen und zellulären Immunität zu verlängern[5]. Totimpfstoffe können Kinder mit Immundefekten unbedenklich erhalten, jedoch ist wegen der Beeinträchtigung der Immunantwort eine Kontrolle der Antikörperbildung unbedingt zu empfehlen.

Neben den Routineimpfungen gegen Tetanus und Poliomyelitis mit dem Totimpfstoff nach *Salk* sind auch *Indikationsimpfungen* gegen Influenzaviren und Pneumokokken wegen der oft schweren Erkrankungsverläufe erforderlich. Dasselbe gilt für Impfungen gegen Hepatitis B wegen der Gefahr der chronischen HBs-Antigenämie. Bei älteren Patienten ist dagegen wegen der Neigung zu Autoimmunerkrankungen Zurückhaltung bei der Anwendung von Impfstoffen mit Provokationscharakter geboten.

Wenige Erfahrungen bestehen bis heute bei Impfungen von HIV-positiven Kindern. Auch fehlen systematische Untersuchungen über das Auftreten von Infektionen, gegen die wir routinemäßig impfen. Ähnlich wie bei Kindern mit angeborenen Immundefekten ist jedoch in Abhängigkeit von der Stärke der Immunsuppression mit einer erhöhten Morbidität und Letalität zu rechnen. So wird aus den USA über eine Zunahme von Tuberkuloseerkrankungen bei Erwachsenen mit AIDS berichtet. Auch sind dort seit vielen Jahren erstmals wieder Kinder an Masern verstorben. In Abwägung des Risikos einer Provozierung der HIV-Infektion durch Impfungen und der Gefährlichkeit der durch sie zu verhütenden Erkrankungen wird in der Bundesrepublik Deutschland in Anlehnung an die Empfehlungen in den USA[2] folgendes Vorgehen empfohlen: Kinder mit AIDS oder Symptomen, die mit einer HIV-Infektion in Zusammenhang stehen[24, 37], dürfen keine Lebendimpfstoffe erhalten. Bei einer erhöhten Ansteckungsgefahr mit Masern und Windpocken ist eine passive Immunisierung mit einem entsprechenden Gammaglobulin vorzunehmen, wenn nicht schon aus therapeutischen Gründen eine Dauertherapie durchgeführt wird. Zu empfehlen sind die Impfungen mit einem Totimpfstoff gegen Tetanus, Diphtherie, Poliomyelitis (nach *Salk*) sowie Hepatitis B in Form einer Simultanimpfung bei der Geburt, wenn bei der Mutter ein HBs-Ag-Trägerstatus besteht oder vermutet wird. HIV-infizierte Kinder ohne Symptome und HIV-exponierte Kinder, d. h. bei denen eine Infektion durch die Mutter noch nicht ausgeschlossen werden konnte, können und sollen Lebendimpfstoffe gegen Masern, Mumps und Röteln erhalten. Dagegen ist eine Schluckimpfung gegen Poliomyelitis nach *Sabin* kontraindiziert. Im Gegensatz zu den attenuierten Impfviren im Masern-Mumps-Röteln-Impfstoff ist hier eine horizontale Übertragung möglich. Es besteht somit die Gefahr der Kontaktinfektion für im Haushalt lebende bereits erkrankte Personen. Deshalb soll die Poliomyelitisschutzimpfung nur mit der inaktivierten Vakzine nach *Salk* durchgeführt werden. Auch ist von einer BCG-Impfung grundsätzlich abzuraten, da nach Einsetzen der Immunabwehrschwäche Disseminierungen auftreten können[13]. Dagegen gelten für HIV-exponierte Säuglinge und Kleinkinder für die Pertussisschutzimpfung die gleichen Indikationen und Kontraindikationen wie für Gesunde. Bestehen jedoch bereits Anzeichen einer Immunschwäche, ist wegen der sehr frühzeitig und häufig auftretenden neurologischen Symptomatik von einer Pertussisschutzimpfung abzuraten. Dagegen ist bei älteren Kindern, auch wenn sie bereits Symptome aufweisen, eine Impfung gegen Influenza wie auch gegen Haemophilus influenzae Typ b zu empfehlen. Bestehen bereits Symptome einer Immunsuppression ist unabhängig vom Impfstatus eine postexpositionelle Prophylaxe in Form von normalen oder speziellen Immunglobulinen angebracht.

Im übrigen sollten Krankheitsverlauf und Impfreaktionen bei HIV-positiven Kindern genau dokumentiert werden, um mögliche Einflüsse auf die Erkrankung kennenzulernen.

Impfung bei Allergikern

Impfungen, insbesondere solche mit Provokationscharakter, führen bei Allergikern häufig zu verstärkten Reaktionen. Selten kommt es auch zu einer Verstärkung einer bestehenden allergischen Manifestation, wie z. B. einer Neurodermitis oder eines Asthma bronchiale[34]. Allergiker können aber auf die in den Impfstoffen enthaltenen Allergene reagieren. Dabei sind es weniger die Konservierungsmittel und die zur Inaktivierung verwendeten Stoffe, wie Phenol und Formaldehyd, als Reste von Ovalbumin und von Antibiotika. Obwohl eine Hühnereiweiß-Allergie als Kontraindikation für eine Impfung mit Impfviren, die auf Zellen von Hühnerembryonen gezüchtet wurden, auf den Beipackzetteln angegeben wird, sind nachgewiesene Reaktionen sehr selten[38]. Insbesondere besteht keine Kontraindikation für Impfstoffe mit Impfviren, die auf Hühnerfibroblasten gezüchtet wurden, da es zwischen Hühnerprotein und Hühnerfibroblasten keine Kreuzreaktion gibt[39]. Wird jedoch auf dem Beipackzettel trotzdem eine bestehende Hühnereiweiß-Allergie als Kontraindikation angegeben, ist besser auf einen Gewebekulturimpfstoff auf der Basis humaner diploider Zellen

(HDC) auszuweichen. Es gibt jedoch in der Bundesrepublik Deutschland keine entsprechenden Impfstoffe gegen Masern und Mumps. Bei der Verwendung nicht durch das Paul-Ehrlich-Institut zugelassener Impfstoffe ist jedoch zu bedenken, daß beim Auftreten von Impfschäden die meisten Bundesländer eine Haftung ablehnen. Im übrigen ist nur dann eine Kontraindikation gegeben, wenn es beim Genuß von Hühnereiweiß zu anaphylaktischen Reaktionen (Nesselfieber, Schleimhautschwellung, Atemnot usw.) kommt. Da Nahrungsmittelallergien oft ausheilen, können entsprechende Impfstoffe zu einem späteren Zeitpunkt, z. B. nach dem dritten Lebensjahr, gegeben werden. Allergiker sollten geimpft werden, da sie auch bei Erkrankungen oft andersartig reagieren können.

Im übrigen sind folgende Empfehlungen zu beachten: Lebendimpfstoffe sind während einer Kortikosteroidtherapie kontraindiziert. Auch wenn bisher keine gegenseitige Beeinflussung bekannt geworden ist, sollten Impfungen nicht während einer Hyposensibilisierung vorgenommen werden. Ausgenommen sind Impfungen aus vitaler Indikation (Tetanus, Tollwut). Frühestens fünf Tage nach Abklingen der lokalen bzw. allgemeinen Reaktionen nach der letzten Hyposensibilisierungsinjektion und nach allergologischen Tests kann dann geimpft werden[10, 16]. Grundsätzlich muß bei der Impfung von Allergikern immer mit einer Überempfindlichkeitsreaktion gerechnet werden.

Impfungen bei Kindern mit Diabetes mellitus

Bei gut eingestellter Stoffwechsellage bestehen keine Bedenken gegen die Anwendung von Tot- oder Lebendimpfstoffen. Treten nach einer Impfung Allgemeinreaktionen auf, ist wie bei jeder Infektion auf eine Entgleisung des Stoffwechsels zu achten. Diskussionen sind in letzter Zeit über einen möglichen Kausalzusammenhang zwischen dem Auftreten eines insulinpflichtigen Diabetes mellitus (Typ I) und einer vorausgegangenen Mumpsschutzimpfung aufgekommen. An der Pathogenese des Diabetes mellitus Typ I sind wesentlich drei Faktoren beteiligt: eine genetische Disposition, ein die insulinproduzierenden Pankreaszellen zerstörender Autoimmunprozeß und Virusinfektionen, die diesen auslösen bzw. verstärken[21]. Dafür werden u. a. auch Mumpserkrankungen verantwortlich gemacht. Mehrfach wurde über das gehäufte Auftreten von Diabetes mellitus nach Mumpsepidemien berichtet[15]. Hierbei handelt es sich aber ausschließlich um retrospektive Untersuchungen, bei denen Zeitintervalle von mehr als 3 bis 4 Jahren bestanden. Die bisherigen epidemiologischen Untersuchungen geben keine Hinweise oder Verdachtsmomente auf eine erhöhte Erkrankungsrate an Diabetes mellitus Typ I nach einer Mumpserkrankung. Auch wurde weder in der Bundesrepublik Deutschland noch in anderen europäischen Ländern und den USA ein vermehrtes Auftreten eines insulinpflichtigen Diabetes mellitus in zeitlichem Zusammenhang mit einer Mumpsschutzimpfung beobachtet. Die bisher bekannten Daten geben weder Hinweise noch Verdachtsmomente für einen solchen Kausalzusammenhang. Es besteht daher kein Anlaß zu speziellen Untersuchungen auf das Vorliegen eines Autoimmunprozesses (z. B. Inselzellantikörper) bei Kindern aus Familien mit einer Diabetesbelastung bevor eine Mumpsschutzimpfung durchgeführt wird[21]. Jedoch sollte der Arzt dem Impfling bzw. den Eltern mitteilen, daß eine Impfung wie jeder beliebige Infekt die Manifestation eines latenten Diabetes auslösen kann.

Es wird deshalb weiterhin generell eine Mumpsschutzimpfung ab dem 15. Lebensmonat empfohlen[6, 21].

Impfungen bei Kindern mit Herzerkrankungen

Das Risiko einer Infektionskrankheit bei einem angeborenen oder erworbenen Herzfehler ist unverhältnismäßig größer als bei Gesunden, so daß bei diesen Kindern neben *Standardimpfungen* auch eine Reihe von *Indikationsimpfungen* nötig sind[35]. Eine absolute Kontraindikation ist die Herzinsuffizienz, eine relative sind die Impfungen mit Provokationscharakter nach einer Karditis. Bei den Indikationsimpfungen ist vor allem an die Pertussisimpfung zu denken, da eine Pertussis-Erkrankung, insbesondere bei Herzfehlern verbunden mit vermehrter Lungendurchblutung, eine große Gefahr bedeutet. Schwierig ist die Entscheidung bei zyanotischen Säuglingen. Hier sollte bei einem Hämatokrit von über 55% auf eine Pertussisimpfung verzichtet werden[35]. Dagegen sollten Herzrhythmusstörungen nicht unbedingt und grundsätzlich eine Kontraindikation sein, wie es im Merkblatt des Bundesgesundheitsamtes vom April 1984[18] angegeben wird. Wenn es auch Berichte über das Auftreten von paroxysmalen, supraventrikulären Tachykardien nach einer Pertussisimpfung gibt[22, 29], so kann jeder Fieberanstieg zu einer Rhythmusstörung führen. Wichtig ist es deshalb, gleichzeitig Antipyretika zu verordnen und Kontrolluntersuchungen innerhalb der nächsten 48 Stunden vorzunehmen. Auch können gelegentlich während einer Pertussis-Erkrankung supraventrikuläre Tachykardien beobachtet werden. Schließlich sollten Kinder mit komplizierten Herzfehlern unbedingt auch vor Grippe und u. U. vor Infektionen mit Pneumokokken und Haemophilus influenzae Typ b geschützt werden. Ist eine Operation mit Anschluß an eine Herz-Lungen-Maschine vorgesehen, ist eine Hepatitis B-Impfung anzuraten.

Impfungen bei Kindern mit chronischen Lungenerkrankungen

Auch Kinder mit broncho-pulmonalen Erkrankungen, wie Mukoviszidose, Bronchiektasen, rezidivierenden obstruktiven Bronchitiden, Zustand nach broncho-pulmonaler Dysplasie u. a., bedürfen eines weitgehenden Schutzes vor Infektionen, die das Grundleiden verschlechtern können. Neben den Standardimpfungen, für die abgesehen von den aktuellen keine Kontraindikationen bestehen, sollten diese Kinder vor Pertussis, Grippe, Pneumokokken- und H. influenzae Typ b-Infektionen geschützt werden, vor allem wenn sie Kindergärten besuchen oder in größeren Wohngemeinschaften leben. Die Pertussisimpfung wird für diese Kinder von der Ständigen Impfkommission des Bundesgesundheitsamtes besonders empfohlen[18]. Ist jedoch das Grundleiden Folge einer Atemstörung in der Neugeborenenperiode, muß das gleichzeitige Bestehen einer Zerebralparese unbedingt ausgeschlossen werden. Da diese oft erst im zweiten Lebenshalbjahr erkannt werden kann, ist der Beginn der Impfungen auch gegen Tetanus und Diphtherie auf diesen Zeitpunkt zu verschieben, da ein monovalenter Pertussis-Impfstoff in der Bundesrepublik nicht zur Verfügung steht. Nach dem ersten Lebensjahr sollte die Pertussis-Immunisierung aber nicht mehr begonnen werden, obwohl die Impfung auch nach dem zweiten Lebensjahr gut vertragen wird und nach den Empfehlungen der Ständigen Impfkommission des Bundesgesundheitsamtes (STIKO) in Ausnahmefällen möglich ist.

Impfungen bei Kindern mit chronischen Leber- und Nierenerkrankungen

Bei diesen Kindern muß die Indikation zu Impfungen in Abhängigkeit von der Grundkrankheit gestellt werden. So sind bei Autoimmunerkrankungen Impfstoffe mit Provokationscharakter und Adsorbatimpfstoffe vorsichtig anzuwenden. Lebendimpfstoffe werden, wenn die zelluläre Immunabwehr intakt ist, gut vertragen. Während einer immunsuppressiven Therapie sind sie jedoch kontraindiziert. Kinder, die noch empfänglich sind, sollten im Intervall gegen Varizellen geimpft werden. Das gilt insbesondere auch für das nephrotische Syndrom im Kindesalter, da hier in einem hohen Prozentsatz mit einem Rezidiv zu rechnen ist. Größte Vorsicht ist bei Impfungen von Kindern nach einer Erkrankung mit einem hämolytisch-urämischen Syndrom geboten, da Impfungen anscheinend zu einem Rezidiv führen können[9]. Besondere Aufmerksamkeit muß den dialysepflichtigen Patienten gelten, da sie einerseits dem Risiko einer Hepatitis B-Infektion ausgesetzt sind, andererseits aber auch bei Infektionen oft schwerer erkrankten[8]. Da als Folge der chronischen Urämie häufig eine Einschränkung der Immunantwort besteht[17], sollten die notwendigen Impfungen noch in der präurämischen Phase durchgeführt werden. Im übrigen wird bei Dialysepatienten zur Hepatitis B-Prophylaxe eine Impfung mit der doppelten Dosis empfohlen. Das gilt auch für Kinder. Nach der dritten Injektion sollte eine Antikörperbestimmung erfolgen, um u. U. durch eine vierte und fünfte Injektion eine belastbare Immunität zu erhalten. Schließlich sollten diese Kinder auch vor Influenza-Viren und u. U. vor Infektionen mit Pneumokokken und H. influenzae Typ b geschützt werden. Grundsätzlich muß bei urämischen Patienten nach einer Impfung die ausreichende Immunantwort durch Bestimmung der Antikörper kontrolliert werden.

Medikamente zur Schock-Behandlung

Bei Impfungen muß immer mit dem Auftreten eines Schocks gerechnet werden. Es sollten deshalb grundsätzlich Adrenalinlösung (vorteilhaft in einer gebrauchsfertigen Dosierspritze in einer Verdünnung von 1:10.000), Kortikosteroid- und Antihistaminikapräparate zur intravenösen Injektion sowie Plasmaproteinlösungen zur Volumensubstitution vorhanden sein.

Literatur

[1]*Aarli, J. A.:* Immunoglobulins in epilepsy. Springer Semin. Immunopathol. *8:* 5 (1985).

[2]ACIP: Immunization of children infected with human T-lymphotropic virus type III/lymphadenopathy-associated virus. Morb. Mort. Wkly. Rep. *35:* 595 (1986), Pediatr. Infect. Dis. *6:* 209 (1987).

[3]ACIP: Pertussis immunization; family history of convulsions and use of antipyretics. Supplementary ACIP Statement. Morb. Mort. Wkly. Rep. *36:* 281 (1987).

[4]*Allerdist, H.:* Über zentralnervöse Komplikationen nach Masernschutzimpfung. Mschr. Kinderheilk. *127:* 23 (1979).

[5]*Austgulen, R.:* Immunization of children with malignant diseases with the Oka-strain varicella vaccine. Postgrad. Med. J. *61* (Suppl. 4): 93 (1985).

[6]*Bertrams, J.* et al.: Mumpsschutzimpfung und Diabetes Typ I. paed. prax. *34:* 288 (1986).

[7]*Burgio, G. R., A. G. Ugazio:* Das Down-Syndrom als Immunmangel-Modell. Ergebnisse und Hypothesen. Helv. paediat. Acta *33:* 5 (1978).

[8]*Deinhardt, F.:* Hepatitisschutzimpfung. In: *Spiess, H.* (Ed.): Impfkompendium. Stuttgart 1987.

[9]*de Jong, M. C. J. W., L. A. H. Monnens:* Recurrent haemolytic uraemic syndrome. Paediat. Paedol. *11:* 521 (1976).

[10]*Ehrengut, W.:* Schutzimpfungen bei Allergikern. Med. Klin. *68:* 939, 972 (1973).

[11]*Ehrengut, W., J. Ehrengut-Lange:* Über konvulsive Reaktionen nach Polioschluckimpfung. Klin. Pädiat. *191:* 261 (1979).

[12]*Enders, G.:* Masern, Mumps, Röteln. In: Bundesvereinigung für Gesundheitserziehung e.V. (Ed.): Impfen nützt Impfen schützt. Bonn 1987.

[13]Epidemiologic Notes and Reports: Disseminated Mycobacterium bovis infection from BCG vaccination of a patient with acquired immunodeficiency syndrome. Morb. Mort. Wkly. Rep. *34:* 227 (1985).

[14]*Gershon, A. A.* et al. and the MIAID Varicella Collaborative Study Group: A multicentre trial of live attenuated varicella vaccine in children with leukaemia in remission. Postgrad. Med. J. *61* (Suppl. 4): 73 (1985).

[15]*Gundersen, E.:* Is diabetes of infectious origin? J. Infect. Dis. *41:* 197 (1927).

[16]*Holzner, A.:* Aktuelle Impfpraxis. Mainz 1985.

[17]*Jilg, W.* et al.: Impfung gegen Hepatitis B. Passiv-aktive Immunisierung, Impfung von Neugeborenen und Dialysepatienten, Dauer des Impfschutzes, Wiederimpfung und erste Ergebnisse mit einem rekombinanten Impfstoff. In: *Deinhardt, F., H. Spiess* (Eds.): Immunprophylaxe der Hepatitis B. Marburg 1984.

[18]Keuchhustenschutzimpfung. Bundesgesundheitsamt (Ed.): Ratschläge an Ärzte. Köln 1984.

[19]*Kunz, Ch.:* Pers. Mitt.

[20]*Maas, G.:* Schutzimpfung gegen Poliomyelitis. In: *Spiess, H.* (Ed.): Schutzimpfungen. Marburg 1985.
[21]*Maas, G.* et al.: Mumps, mumps vaccination, islet cell antibodies and the first manifestation of diabetes mellitus type I. Paed. prax. *39:* 107 (1989).
[22]*Park, J. M.* et al.: J. Pediat. *102:* 883 (1983).
[23]*Roggendorf, M.* et al.: Dtsch. Ärztebl. *86:* 1418 (1989).
[24]*Rubinstein, A.:* Curr. Probl. Paediat. *16:* 365 (1986).
[25]*Seger, R.* et al.: Europ. J. Pediat. *124:* 77 (1977).
[26]*Siegel, M.:* nach *Whittingham, S.* et al.: Lancet *I:* 163 (1977).
[27]*Sitzmann, F. C.:* Sozialpäd. *5:* 304 (1983).
[28]*Sitzmann, F. C.:* Dtsch. Ärztebl. *82:* 2489 (1985).
[29]*Sitzmann, F. C.:* unveröff.
[30]*Smith, A.* et al.: Am. J. Ment. Defic. *87:* 223 (1982).
[31]*Spiess, H.:* Impfkompendium. Stuttgart 1987.
[32]*Stehr, K.:* Choleraschutzimpfung. In: *Spiess, H.* (Ed.): Impfkompendium. Stuttgart 1987.
[33]*Stehr, K.:* Mumpsschutzimpfung. In: *Spiess, H.* (Ed.): Impfkompendium. Stuttgart 1987.
[34]*Stickl, H., H.-G. Weber:* Schutzimpfungen. Stuttgart 1987.
[35]*Stoermer, J.:* Sozialpäd. *6:* 552 (1984).
[36]*Stück, B.:* Immunität und Impfungen des durch Erkrankungen des Zentralnervensystems behinderten Kindes. In: *Hellbrügge, Th.* (Ed.): Erkrankungen mit Immunschwäche, einschließlich AIDS. Lübeck 1987.
[37]*Stück, B.:* HIV-Infektion und AIDS im Kindesalter. In: *Spiess, H.* (Ed.): HIV-Infektion und AIDS bei Kindern. Marburg 1988.
[38]*Quast, U.:* Hundert knifflige Impffragen. Stuttgart 1986.
[39]*Quast, U.:* Impfungen bei besonderen Gesundheits- und Krankheitszuständen. In: Bundesvereinigung für Gesundheitserziehung (Ed.): Impfen nützt Impfen schützt. Bonn 1987.
[40]*Whittingham, S.* et al.: Lancet *I:* 163 (1977).
[41]*Windorfer, A., B. Bucke, E. Hirschmann:* Dtsch. med. Wschr. *89:* 2221 (1964).

V. Anhang

Mutterschafts-Richtlinien

Richtlinien des Bundesausschusses der Ärzte und Krankenkassen über die ärztliche Betreuung während der Schwangerschaft und nach der Entbindung (Mutterschafts-Richtlinien)

in der Neufassung vom 10. Dezember 1985 und der geänderten Fassung vom 3. Juli 1987, 12. Januar 1989 und 9. November 1989 (Veröffentlicht im Bundesanzeiger Nr. 60a vom 27. März 1986, im Bundesanzeiger Nr. 156a vom 25. August 1987, im Bundesarbeitsblatt 3/1989 vom 1. März 1989 sowie im Bundesarbeitsblatt 12/1989 vom 30. November 1989)

Die vom Bundesausschuß der Ärzte und Krankenkassen gemäß § 368 p Abs. 1 in Verbindung mit § 196 der Reichsversicherungsordnung (RVO) bzw. § 23 des Gesetzes über die Krankenversicherung der Landwirte (KVLG)*) beschlossenen Richtlinien dienen der Sicherung einer nach den Regeln der ärztlichen Kunst zweckmäßigen, ausreichenden und wirtschaftlichen ärztlichen Betreuung (§ 182 Abs. 2 RVO bzw. § 13 Abs. 2 KVLG und § 368 e RVO)**) der Versicherten und ihrer Angehörigen während der Schwangerschaft und nach der Entbindung. Die Kosten trägt die Krankenkasse. Zur sinnvollen Verwendung der Mittel sollen die folgenden Richtlinien beachtet werden.

Allgemeines

1. Durch die ärztliche Betreuung während der Schwangerschaft und nach der Entbindung sollen mögliche Gefahren für Leben und Gesundheit von Mutter oder Kind abgewendet sowie Gesundheitsstörungen rechtzeitig erkannt und der Behandlung zugeführt werden.

Vorrangiges Ziel der ärztlichen Schwangerenvorsorge ist die frühzeitige Erkennung von Risikoschwangerschaften und Risikogeburten.

2. Zur notwendigen Aufklärung über den Wert dieser den Erkenntnissen der medizinischen Wissenschaft entsprechenden ärztlichen Betreuung während der Schwan-

---

*) § 196 RVO und § 23 KVLG
(1) Die Versicherte hat während der Schwangerschaft und nach der Entbindung Anspruch auf ärztliche Betreuung und auf Hebammenhilfe. Zur ärztlichen Betreuung während der Schwangerschaft gehören insbesondere Untersuchungen zur Feststellung der Schwangerschaft, Vorsorgeuntersuchungen einschließlich der laborärztlichen Untersuchungen; das Nähere über die Gewähr für ausreichende und zweckmäßige ärztliche Betreuung sowie über die dazu erforderlichen Aufzeichnungen und Bescheinigungen während der Schwangerschaft und nach der Entbindung regelt der Bundesausschuß der Ärzte und Krankenkassen im Rahmen seiner Richtlinien (§ 368 p).
(2) Bei der Entbindung wird Hilfe durch eine Hebamme und, falls erforderlich, durch einen Arzt gewährt.

**) § 182 Abs. 2 RVO und § 13 Abs. 2 KVLG
Die Krankenpflege muß ausreichend und zweckmäßig sein; sie darf jedoch das Maß des Notwendigen nicht überschreiten.

§ 368 e RVO
Der Versicherte hat Anspruch auf die ärztliche Versorgung, die zur Heilung oder Linderung nach den Regeln der ärztlichen Kunst zweckmäßig und ausreichend ist (§ 182 Abs. 2 und § 13 Abs. 2 KVLG). Leistungen, die für die Erzielung des Heilerfolges nicht notwendig oder unwirtschaftlich sind, kann der Versicherte nicht beanspruchen, der an der kassenärztlichen Versorgung teilnehmende Arzt darf sie nicht bewirken oder verordnen; die Kasse darf sie nachträglich nicht bewilligen. Die Sätze 1 und 2 gelten bei Maßnahmen zur Früherkennung von Krankheiten und bei ärztlichen Maßnahmen nach den §§ 200 e und 200 f entsprechend.

gerschaft und nach der Entbindung sollen Ärzte, Krankenkassen und Hebammen zusammenwirken.

3. Die an der kassenärztlichen Versorgung teilnehmenden Ärzte treffen ihre Maßnahmen der ärztlichen Betreuung während der Schwangerschaft und nach der Entbindung nach pflichtgemäßem Ermessen innerhalb des durch Gesetz bestimmten Rahmens. Die Ärzte sollten diese Richtlinien beachten, um den Versicherten und ihren Angehörigen eine nach den Regeln der ärztlichen Kunst zweckmäßige und ausreichende ärztliche Betreuung während der Schwangerschaft und nach der Entbindung unter Vermeidung entbehrlicher Kosten zukommen zu lassen.

4. Die Maßnahmen nach diesen Richtlinien dürfen nur diejenigen Ärzte ausführen, welche die vorgesehenen Leistungen auf Grund ihrer Kenntnisse und Erfahrungen erbringen können, nach der ärztlichen Berufsordnung dazu berechtigt sind und über die erforderlichen Einrichtungen verfügen. Sofern ein Arzt Maßnahmen nach Abschnitt A. 5. sowie Einzelmaßnahmen nach Abschnitt B., C. und D. nicht selbst ausführen kann, sollen diese von solchen Ärzten ausgeführt werden, die über die entsprechenden Kenntnisse und Einrichtungen verfügen.

5. Die an der kassenärztlichen Versorgung teilnehmenden Ärzte haben darauf hinzuwirken, daß für sie tätig werdende Vertreter diese Richtlinien kennen und beachten.

6. Es sollen nur Maßnahmen angewendet werden, deren diagnostischer und vorbeugender Wert ausreichend gesichert ist; eine Erprobung auf Kosten der Versichertengemeinschaft ist unzulässig.

7. Ärztliche Betreuung im Sinne der §§ 196 RVO und 23 KVLG sind solche Maßnahmen, welche der Überwachung des Gesundheitszustandes der Schwangeren bzw. Wöchnerinnen dienen, soweit sie nicht ärztliche Behandlung im Sinne der §§ 182 RVO und 13 KVLG darstellen. Im einzelnen gehören zu der Betreuung:

a) Untersuchungen zum Zwecke der Feststellung der Schwangerschaft sowie Untersuchungen und Beratungen während der Schwangerschaft (s. Abschnitt A.)

b) Frühzeitige Erkennung und besondere Überwachung von Risikoschwangerschaften – amnioskopische und kardiotokographische Untersuchungen, Ultraschalldiagnostik, Fruchtwasseruntersuchungen usw. – (s. Abschnitt B.)

c) Serologische Untersuchungen auf Infektionen
   - z. B. Lues, Röteln
   - bei gefährdeten Personen auf Hepatitis B
   - bei begründetem Verdacht auf Toxoplasmose und andere Infektionen
   - zum Ausschluß einer HIV-Infektion; auf freiwilliger Basis nach vorheriger ärztlicher Beratung der Schwangeren

   sowie

   - blutgruppenserologische Untersuchungen während der Schwangerschaft (s. Abschnitt C.)

d) Blutgruppenserologische Untersuchungen nach Geburt oder Fehlgeburt und Anti-D-Immunglobulin-Prophylaxe (s. Abschnitt D.)

e) Untersuchungen und Beratungen der Wöchnerinnen (s. Abschnitt F)

f) Medikamentöse Maßnahmen und Verordnungen von Verband- und Heilmitteln (s. Abschnitt G.)

g) Aufzeichnungen und Bescheinigungen (s. Abschnitt H.).

A.
Feststellung der Schwangerschaft, Untersuchungen und Beratungen sowie sonstige Maßnahmen während der Schwangerschaft

1. Die Feststellung der Schwangerschaft soll in der Regel durch die bimanuelle Untersuchung erfolgen. Ein immunochemischer Schwangerschaftsnachweis soll nur bei medizinischer Indikation durchgeführt werden.

Nach Feststellung der Schwangerschaft soll die Schwangere in ausreichendem Maße ärztlich untersucht und beraten werden. Die Beratung soll sich auch auf die Risiken einer HIV-Infektion bzw. AIDS-Erkrankung erstrecken. Dabei soll der Arzt auch über die Infektionsmöglichkeiten und deren Häufung bei bestimmten Verhaltensweisen informieren.

2. Die erste Untersuchung nach Feststellung der Schwangerschaft sollte möglichst frühzeitig erfolgen. Sie umfaßt:

a) Die Familienanamnese,
die Eigenanamnese,
die Schwangerschaftsanamnese,
die Arbeits- und Sozialanamnese;

b) Die Allgemeinuntersuchung,
die gynäkologische Untersuchung und weitere diagnostische Maßnahmen:
Blutdruckmessung,
Feststellung des Körpergewichts,
Untersuchung des Mittelstrahlurins auf Eiweiß, Zucker und Sediment, ggf. bakteriologische Untersuchungen (z. B. bei auffälliger Anamnese, Blutdruckerhöhung, Sedimentbefund),
Hämoglobinbestimmung und – je nach dem Ergebnis dieser Bestimmung (bei weniger als 11,2 g pro 100 ml = 70 % Hb) – Zählung der Erythrozyten.

3. Ergeben sich im Rahmen der Mutterschaftsvorsorge Anhaltspunkte für ein genetisch bedingtes Risiko, so ist der Arzt gehalten, die Schwangere über die Möglichkeiten einer humangenetischen Beratung und/oder humangenetischen Untersuchung aufzuklären.

4. Die nachfolgenden Untersuchungen sollen – unabhängig von der Behandlung von Beschwerden und Krankheitserscheinungen – im allgemeinen im Abstand von 4 Wochen stattfinden und umfassen:

Gewichtskontrolle,
Blutdruckmessung,
Untersuchung des Mittelstrahlurins auf Eiweiß, Zucker und Sediment, ggf. bakteriologische Untersuchungen (z. B. bei auffälliger Anamnese, Blutdruckerhöhung, Sedimentbefund),

Hämoglobinbestimmung – im Regelfall ab 6. Monat, falls bei Erstuntersuchung normal –; je nach dem Ergebnis dieser Bestimmung (bei weniger als 11,2 g je 100 ml = 70 % Hb) Zählung der Erythrozyten,

Kontrolle des Standes der Gebärmutter,
Kontrolle der kindlichen Herzaktionen,
Feststellung der Lage des Kindes.

In den letzten zwei Schwangerschaftsmonaten sind im allgemeinen je zwei Untersuchungen angezeigt.

5. Es sollen zwei Ultraschalluntersuchungen (Sonographie) zur Beurteilung der Schwangerschaft (Entwicklung der Schwangerschaft, intrauteriner Sitz der Schwangerschaft, Abortivei, Kindslage, Mehrlinge, Placentasitz usw.) durchgeführt werden; diese Untersuchungen sollen möglichst in der 16. bis 20. Schwangerschaftswoche und in der 32. bis 36. Schwangerschaftswoche erfolgen. Über diesen Rahmen hinaus sind weitere Ultraschalluntersuchungen nur nach Abschnitt B. 4. berechtigt.

6. Untersuchungen nach Nr. 4 können auch von einer Hebamme im Umfang ihrer beruflichen Befugnisse (Gewichtskontrolle, Blutdruckmessung, Urinuntersuchung auf Eiweiß und Zucker, Kontrolle des Standes der Gebärmutter, Feststellung der Lage, Stellung und Haltung des Kindes, Kontrolle der kindlichen Herztöne sowie allgemeine Beratung der Schwangeren) durchgeführt und im Mutterpaß dokumentiert werden, wenn der Arzt dies im Einzelfall angeordnet hat oder wenn der Arzt einen normalen Schwangerschaftsverlauf festgestellt hat und daher seinerseits keine Bedenken gegenüber weiteren Vorsorgeuntersuchungen durch die Hebamme bestehen. Die Delegierung der Untersuchungen an die Hebamme entbindet den Arzt nicht von der Verpflichtung zur Durchführung der von ihm vorzunehmenden Untersuchungen (Untersuchung des Urinsediments, ggf. bakteriologische Untersuchung, Hämoglobinbestimmung, Ultraschalluntersuchung sowie die Untersuchungen bei Risikoschwangerschaft).

B.
Erkennung und besondere Überwachung der Risikoschwangerschaften und Risikogeburten

1. Risikoschwangerschaften sind Schwangerschaften, bei denen auf Grund der Vorgeschichte oder erhobener Befunde mit einem erhöhten Risiko für Leben und Gesundheit von Mutter oder Kind zu rechnen ist. Dazu zählen insbesondere:

I. Nach Anamnese

a) Schwere Allgemeinerkrankungen der Mutter (z. B. an Niere und Leber oder erhebliche Adipositas)
b) Zustand nach Sterilitätsbehandlung, wiederholten Aborten oder Frühgeburten
c) Totgeborenes oder geschädigtes Kind
d) Vorausgegangene Entbindungen von Kindern über 4000 g Gewicht, hypotrophen Kindern (small for date babies), Mehrlingen
e) Zustand nach Uterusoperationen (z. B. Sectio, Myom, Fehlbildung)
f) Komplikationen bei vorangegangenen Entbindungen (z. B. Placenta praevia, vorzeitige Lösung der Placenta, Rißverletzungen, Atonie oder sonstige Nachgeburtsblutungen, Gerinnungsstörungen, Krämpfe, Thromboembolie)
g) Erstgebärende unter 18 Jahren oder über 35 Jahre
h) Mehrgebärende über 40 Jahre, Vielgebärende mit mehr als 4 Kindern (Gefahren: Genetische Defekte, sog. Placentainsuffizienz, geburtsmechanische Komplikationen).

II. Nach Befund (jetzige Schwangerschaft)

a) EPH-Gestose (d. h. Blutdruck 140/90 oder mehr, Eiweißausscheidung 1 ‰ bzw. 1 g/24 Std. oder mehr, Ödeme oder Gewichtszunahme von mehr als 500 g je Woche im letzten Trimenon); Pyelonephritis (Keimzahlen über 100 000 im Mittelstrahlurin)
b) Anämie unter 10 g/100 ml (g %)
c) Diabetes mellitus
d) Uterine Blutung
e) Blutgruppen-Inkompatibilität (Früherkennung und Prophylaxe des Morbus haemolyticus fetalis bzw. neonatorum)

f) Diskrepanz zwischen Uterus- bzw. Kindsgröße und Schwangerschaftsdauer (z. B. fraglicher Geburtstermin, retardiertes Wachstum, Riesenkind, Gemini, Molenbildung, Hydramnion, Myom)
g) Drohende Frühgeburt (vorzeitige Wehen, Zervixinsuffizienz)
h) Mehrlinge; pathologische Kindslagen
i) Überschreitung des Geburtstermins bzw. Unklarheit über den Termin.

2. Aus Risikoschwangerschaften können sich Risikogeburten entwickeln. Bei folgenden Befunden ist mit einem erhöhten Risiko unter der Geburt zu rechnen:

a) Frühgeburt
b) Placenta praevia, vorzeitige Placentalösung
c) Jede Art von Mißverhältnis Kind/Geburtswege.

3. Bei Risikoschwangerschaften können häufigere als vierwöchentliche Untersuchungen (bis zur 32. Woche) bzw. häufigere als zweiwöchentliche Untersuchungen (in den letzten 8 Schwangerschaftswochen) angezeigt sein.

4. Bei Risikoschwangerschaften können neben den üblichen Untersuchungen noch folgende in Frage kommen:

a) Ultraschalluntersuchungen (Sonographie)
(Über Abschnitt A. 5. hinausgehende Ultraschalluntersuchungen sind nur nach Maßgabe des Indikationskataloges nach Anlage 1 der Richtlinien angezeigt)
b) Kardiotokographische Untersuchungen (CTG)
(Kardiotokographische Untersuchungen können in der Schwangerenvorsorge nicht routinemäßig durchgeführt werden. Sie sind nur nach Maßgabe des Indikationskataloges nach Anlage 2 der Richtlinien angezeigt)
c) Amnioskopien
d) Fruchtwasseruntersuchungen nach Gewinnung des Fruchtwassers durch Amniozentese
e) Hormonanalysen bei Verdacht auf Placenta-Insuffizienz (z. B. Östrogenbestimmungen im Urin oder Plasma)

5. Von der Erkennung eines Risikomerkmals ab soll ein Arzt die Betreuung einer Schwangeren nur dann weiterführen, wenn er die Untersuchungen nach Nr. 4 .a) bis d) erbringen oder veranlassen und die sich daraus ergebenden Maßnahmen durchführen kann. Anderenfalls soll er die Schwangere einem Arzt überweisen, der über solche Möglichkeiten verfügt.

6. Der betreuende Arzt soll die Schwangere bei der Wahl der Entbindungsklinik unter dem Gesichtspunkt beraten, daß die Klinik über die nötigen personellen und apparativen Möglichkeiten zur Betreuung von Risikogeburten und/oder Risikokindern verfügt. Er soll die Risikoschwangere rechtzeitig, spätestens vier Wochen vor der zu erwartenden Geburt, in der Entbindungsklinik vorstellen, damit diese die erhobenen Befunde so früh wie möglich vorliegen hat.

C.
Serologische Untersuchungen und Maßnahmen während der Schwangerschaft

1. Bei jeder Schwangeren sollte in einem möglichst frühen Zeitpunkt aus einer Blutprobe

a) Der TPHA (Treponema-pallida-Hämagglutinationstest) als Lues-Suchreaktion (LSR),
b) der Röteln-Hämagglutinationshemmungstest (Röteln-HAH),
c) gegebenenfalls ein HIV-Test,
d) die Bestimmung der Blutgruppe und des Rh-Faktors D,

e) ein Antikörper-Suchtest (AK)

durchgeführt werden.

Zu a): Ist die Lues-Suchreaktion positiv, so sollen aus derselben Blutprobe die üblichen serologischen Untersuchungen auf Lues durchgeführt werden.

Bei der Lues-Suchreaktion ist lediglich die Durchführung und nicht das Ergebnis der Untersuchung im Mutterpaß zu dokumentieren.

Zu b): Immunität und damit Schutz vor Röteln-Embryopathie für die bestehende Schwangerschaft ist anzunehmen, wenn spezifische Antikörper rechtzeitig vor Eintritt dieser Schwangerschaft nachgewiesen worden sind und der Befund ordnungsgemäß dokumentiert worden ist. Der Arzt ist gehalten, sich solche Befunde vorlegen zu lassen und sie in den Mutterpaß zu übertragen. Auch nach erfolgter Rötelnschutzimpfung ist der Nachweis spezifischer Antikörper zu erbringen und entsprechend zu dokumentieren. Liegen Befunde aus der Vorschwangerschaftszeit vor, die auf Immunität schließen lassen (s. Abs. 2), so besteht Schutz vor einer Röteln-Embryopathie.

Liegen entsprechende Befunde nicht vor, so ist der Immunstatus der Schwangeren unverzüglich mittels des HAH-Tests zu bestimmen. Ein positiver Antikörpernachweis gilt ohne zusätzliche Untersuchungen als erbracht, wenn der HAH-Titer mindestens 1:32 beträgt. Bei niedrigeren HAH-Titern ist die Spezifität des Antikörpernachweises durch eine andere geeignete Methode zu sichern, für welche die benötigten Reagenzien staatlich zugelassen*) sind. Bestätigt diese Untersuchung die Spezifität des Ergebnisses, kann auch dann Immunität angenommen werden. Im serologischen Befund ist wörtlich auszudrücken, ob Immunität angenommen werden kann oder nicht.

Wird Immunität erstmals während der laufenden Schwangerschaft festgestellt, kann Schutz vor Röteln-Embryopathie nur dann angenommen werden, wenn sich aus der gezielt erhobenen Anamnese keine für diese Schwangerschaft relevanten Anhaltspunkte für Röteln-Kontakt oder eine frische Röteln-Infektion ergeben. Der Arzt, der die Schwangere betreut, ist deshalb gehalten, die Anamnese sorgfältig zu erheben und zu dokumentieren sowie Auffälligkeiten dem Serologen mitzuteilen. Bei auffälliger Anamnese sind weitere serologische Untersuchungen erforderlich (Nachweis rötelnspezifischer IgM-Antikörper und/oder Kontrolle des Titerverlaufs). Die weiterführenden serologischen Untersuchungen sind nicht notwendig, wenn innerhalb von 11 Tagen nach erwiesenem oder vermutetem Röteln-Kontakt spezifische Antikörper nachgewiesen werden.

Schwangere, bei denen ein Befund vorliegt, der nicht auf Immunität schließen läßt, sollen aufgefordert werden, sich unverzüglich zur ärztlichen Beratung zu begeben, falls sie innerhalb der ersten vier Schwangerschaftsmonate Röteln-Kontakt haben oder an rötelnverdächtigen Symptomen erkranken. Auch ohne derartige Verdachtsmomente soll bei diesen Schwangeren in der 16. bis 17. Schwangerschaftswoche eine erneute Antikörper-Untersuchung gemäß Abs. 2 durchgeführt werden.

Wird bei einer Schwangeren ohne Immunschutz oder mit ungeklärtem Immunstatus Röteln-Kontakt nachgewiesen oder vermutet, so sollte der Schwangeren zur Vermeidung einer Röteln-Embryopathie unverzüglich Röteln-Immunglobulin injiziert werden. Die Behandlung mit Röteln-Immunglobulin ist aber nur sinnvoll bis zu sieben Tagen nach der Exposition.

---

*) Zulassung der Reagenzien durch das Bundesamt für Sera und Impfstoffe (Paul-Ehrlich-Institut), Frankfurt

Eine aktive Rötelnschutzimpfung soll während der Schwangerschaft nicht vorgenommen werden.

Zu c): Aus dem Blut der Schwangeren ist ein immunochemischer Antikörper-Test vorzunehmen, für welchen die benötigten Reagenzien staatlich zugelassen*) sind. Ist diese Untersuchung positiv, so muß das Ergebnis mittels *Immuno-Blot* aus derselben Blutprobe gesichert werden. Alle notwendigen weiterführenden Untersuchungen sind Bestandteil der kurativen Versorgung.

Die AIDS-Beratung und die sich gegebenenfalls daran anschließende HIV-Untersuchung werden im Mutterpaß nicht dokumentiert.

Zu d): Ergibt sich die Blutgruppe 0, so soll bei der im Rahmen der AB0-Bestimmung notwendigen Kontrolle der Serum-Eigenschaften auf Hämolysine geachtet werden. Der einsendende Arzt soll auf einen positiven Hämolysinbefund schriftlich aufmerksam gemacht werden. Weitere Untersuchungen zur Erkennung der AB0-Unverträglichkeit sind nicht indiziert – ausgenommen bei Verdacht auf bereits abgelaufene AB0-Unverträglichkeit (Anamnese, frühere AK-Befunde).

Ist bei Rh-(D-)negativen Blutproben das Merkmal C und/oder E vorhanden (positive Reaktion mit dem als zweiten Anti-D-Serum mitzuführenden Testserum Anti-CDE), so muß aufD^u untersucht werden.

Wird C und/oder D^u nachgewiesen, so ist dieser Befund durch die Bestimmung der gesamten Rhesusformel zu sichern.

Die Bestimmung der Blutgruppe und des Rh-Faktors entfällt, wenn entsprechende Untersuchungsergebnisse bereits vorliegen und von einem Arzt bescheinigt wurden.

Zu e): Der Antikörpersuchtest wird mittels des indirekten Antiglobulintests gegen zwei Test-Blutmuster mit den Antigenen D, C, c, E, e, Kell, Fy und S durchgeführt. Bei Nachweis von Antikörpern sollen möglichst aus derselben Blutprobe deren Spezifität und Titerhöhe bestimmt werden.

Gegebenenfalls müssen in solchen Fällen auch das Blut des Kindsvaters und die Bestimmung weiterer Blutgruppen-Antigene der Mutter in die Untersuchung einbezogen werden. Eine schriftliche Erläuterung der Befunde an den überweisenden Arzt kann sich dabei als notwendig erweisen.

Auch nicht zum Morbus haemolyticus neonatorum führende Antikörper (IgM und/oder Kälte-Antikörper) sind in den Mutterpaß einzutragen, da sie ggf. bei einer Bluttransfusion für die Schwangere wichtig sein können.

2. Ein weiterer Antikörper-Suchtest ist in der 24. bis 28. Schwangerschaftswoche durchzuführen. Bei Rh-negativen Schwangeren sollte der zweite Antikörpersuchtest bereits in der 20. bis 24. Schwangerschaftswoche durchgeführt werden. Bei diesen Schwangeren soll ein dritter Antikörpersuchtest in der 30. bis 34. Schwangerschaftswoche erfolgen.

3. Gehört die Schwangere einem Personenkreis an, der in bezug auf eine Infektion mit Hepatitis B als besonders gefährdet anzusehen ist (s. Anlage 4), so ist nach der 32. Schwangerschaftswoche, möglichst nahe am Geburtstermin, ihr Blut auf HBsAg**) zu untersuchen. Dabei ist eine immunchemische Untersuchungsmethode zu verwenden, die mindestens 5 ng/ml HBsAg nachzuweisen in der Lage ist. Ist das

---

*) Zulassung der Reagenzien durch das Bundesamt für Sera und Impfstoffe (Paul-Ehrlich-Institut), Frankfurt

**) HBsAg = Hepatitis B surface antigen

Ergebnis positiv, soll das Neugeborene unmittelbar post partum gegen Hepatitis B aktiv/passiv immunisiert werden.

Die Untersuchung auf HBsAg entfällt, wenn Immunität (z. B. nach Schutzimpfung) nachgewiesen ist.

D.
Blutgruppenserologische Untersuchungen nach Geburt oder Fehlgeburt und Anti-D-Immunglobulin-Prophylaxe

1. Bei jedem Kind einer Rh-negativen Mutter ist unmittelbar nach der Geburt der Rh-Faktor D unter Beachtung der Ergebnisse des direkten Coombstests zu bestimmen. Ist dieser Rh-Faktor positiv, so ist aus derselben Blutprobe auch die Blutgruppe des Kindes zu bestimmen. Ist das Neugeborene Rh-positiv und sind bei der Rh-negativen Mutter keine oder erst am Tage der Geburt schwache Antikörper gefunden worden, so soll der Wöchnerin innerhalb von 72 Stunden post partum Anti-D-Immunglobulin injiziert werden, um einen schnellen Abbau der insbesondere während der Geburt in den mütterlichen Kreislauf übergetretenen fetalen Rh-positiven Erythrozyten zu bewirken und die Bildung von Antikörpern zu verhindern.

2. Rh-negativen Frauen mit Fehlgeburt bzw. Schwangerschaftsabbruch sollte so bald wie möglich, jedoch innerhalb 72 Stunden post partum Anti-D-Immunglobulin injiziert werden. Entsprechende blutgruppenserologische Untersuchungen sind erforderlichenfalls durchzuführen.

E.
Voraussetzungen für die Durchführung serologischer Untersuchungen

Die serologischen Untersuchungen nach den Abschnitten C und D sollen nur von solchen Ärzten durchgeführt werden, die über die entsprechenden Kenntnisse und Einrichtungen verfügen. Dieselben Voraussetzungen gelten für Untersuchungen in Instituten.

F.
Untersuchungen und Beratungen der Wöchnerin

1. Eine Untersuchung soll innerhalb der ersten Woche nach der Entbindung vorgenommen werden. Dabei soll das Hämoglobin bestimmt werden.

2. Eine weitere Untersuchung soll etwa 6 Wochen, spätestens jedoch 8 Wochen nach der Entbindung durchgeführt werden. Die Untersuchung umfaßt:

Allgemeinuntersuchung (falls erforderlich einschließlich Hb-Bestimmung),
Feststellung des gynäkologischen Befundes,
Blutdruckmessung,
Untersuchung des Mittelstrahlurins auf Eiweiß, Zucker und Sediment, ggf. bakteriologische Untersuchungen (z. B. bei auffälliger Anamnese, Blutdruckerhöhung, Sedimentbefund) sowie Beratung der Mutter.

G.
Medikamentöse Maßnahmen und Verordnungen von Verband- und Heilmitteln

Medikamentöse Maßnahmen sowie die Verordnung von Verband- und Heilmitteln sind im Rahmen der Mutterschaftsvorsorge nur zulässig zur Behandlung von Beschwerden, die schwangerschaftsbedingt sind, aber noch keinen Krankheitswert haben. Bei Verordnungen wegen Schwangerschaftsbeschwerden und im Zusammenhang mit der Entbindung ist die Versicherte von der Entrichtung der Verordnungsblattgebühr befreit.

H.
Aufzeichnungen und Bescheinigungen

1. Nach Feststellung der Schwangerschaft stellt der Arzt der Schwangeren einen Mutterpaß (Anlage 3)*) aus, sofern sie nicht bereits einen Paß dieses Musters besitzt.

2. Nach diesem Mutterpaß richten sich auch die vom Arzt vorzunehmenden Eintragungen der Ergebnisse der Untersuchungen im Rahmen der ärztlichen Betreuung während der Schwangerschaft und nach der Entbindung. Darüber hinausgehende für die Schwangerschaft relevante Untersuchungsergebnisse sollen in den Mutterpaß eingetragen werden, soweit die Eintragung durch die Richtlinien nicht ausgeschlossen ist (Lues-Suchreaktion, AIDS-Beratung sowie HIV-Untersuchung).

3. Die Befunde der ärztlichen Betreuung und der blutgruppenserologischen Untersuchungen hält der Arzt für seine Patientenkartei fest und stellt sie bei evtl. Arztwechsel dem anderen Arzt auf dessen Anforderung zur Verfügung, sofern die Schwangere zustimmt.

4. Beim Anlegen eines weiteren Mutterpasses sind die Blutgruppenbefunde zu übertragen. Die Richtigkeit der Übertragung ist ärztlich zu bescheinigen.

5. Der Arbeitsausschuß Mutterschafts-Richtlinien des Bundesausschusses der Ärzte und Krankenkassen ist berechtigt, Änderungen am Mutterpaß vorzunehmen, deren Notwendigkeit sich aus der praktischen Anwendung ergibt, soweit dadurch der Mutterpaß nicht in seinem Aufbau und in seinem wesentlichen Inhalt verändert wird.

I.
Inkrafttreten

Die Richtlinien in der geänderten Fassung treten am Tage nach der Bekanntmachung im Bundesanzeiger in Kraft.**) ***) ****)

Der neugefaßte Mutterpaß gemäß Anlage 3 soll zum 1. April 1986 eingeführt werden. Vorhandene Bestände des bisherigen Musters können längstens bis zum 30. Juni 1986 aufgebraucht werden.

Köln, den 10. Dezember 1985

Bundesausschuß der Ärzte und Krankenkassen
Der Vorsitzende
Dr. Matzke

Anlage 1 zu den Mutterschaftsrichtlinien (Abschnitt B 4a)
Indikationen zur Ultraschalluntersuchung in der Schwangerschaft (Sonographie)

Über die regelmäßig durchzuführenden Ultraschalluntersuchungen in der 16. bis 20. Schwangerschaftswoche und in der 32. bis 36. Schwangerschaftswoche hinaus können unter den nachfolgend aufgeführten Voraussetzungen weitere Ultraschalluntersuchungen angezeigt sein, sofern der Befund durch andere klinische Untersu-

---

*) auf einen Abdruck wurde verzichtet
**) Veröffentlicht im Bundesanzeiger Nr. 60a vom 27. März 1986
***) Änderung vom 3. Juli 1987 in Kraft getreten am 26. August 1987
****) Änderung vom 12. Januar 1989 in Kraft getreten am 2. März 1989

chungsmethoden nicht zu klären ist und eine der nachfolgend aufgeführten Indikationen vorliegt:

A. **I. Trimenon**

1. Verdacht auf gestörte intrauterine Frühschwangerschaft (z. B. bei liegendem IUP, Uterus myomatosus, Adnextumor, uterine Blutung)
2. Nachweis einer intrauterinen Schwangerschaft bei zwingendem Verdacht auf extrauterine Schwangerschaft (EU)
3. Diskrepanz zwischen Uterusgröße und Gestationsalter
4. Schwangerschaftsgefährdende Unfälle und Verletzungen sowie Intoxikationen

B. **II. Trimenon**

5. Als notwendige Ergänzung zu anderen diagnostischen Maßnahmen (z. B. Amniozentese)
6. Bei Verdacht auf intrauterinen Fruchttod

C. **III. Trimenon**

7. Rh-Inkompatibilität (Placenta-Diagnostik)
8. Verdacht auf intrauterine Retardierung (z.B. EPH-Gestose)
9. Verdacht auf Hydramnion
10. Diabetes mellitus
11. Drohende Frühgeburt (vorzeitige Wehen, Zervixinsuffizienz)
12. Lageanomalien (nur nach Durchführung der zweiten Routineuntersuchung)

D. **Unabhängig vom Schwangerschaftszeitraum**

13. Uterine Blutung.

Anlage 2 zu den Mutterschaftsrichtlinien (Abschnitt B 4b)
Indikationen zur Kardiotokographie (CTG) während der Schwangerschaft

Die Kardiotokographie ist im Rahmen der Schwangerenvorsorge nur angezeigt, wenn eine der nachfolgend aufgeführten Indikationen vorliegt:

A. Indikationen zur erstmaligen CTG (ab der 28. SSW)

a) Auskultatorisch festgestellte Herztonalterationen
b) Verdacht auf vorzeitige Wehentätigkeit.

B. Indikationen zur CTG-Wiederholung

CTG-Alterationen

a) Anhaltende Tachykardie (>160/Minute)
b) Bradykardie (<100/Minute)
c) Dezeleration(en) (auch wiederholter Dip null)
d) Hypooszillation, Anoszillation
e) Unklarer Kardiotokogramm-Befund bei Verdacht auf vorzeitige Wehentätigkeit
f) Mehrlinge
g) Intrauteriner Fruchttod bei früherer Schwangerschaft
h) Verdacht auf Placenta-Insuffizienz nach klinischem oder biochemischem Befund
i) Verdacht auf Übertragung
j) Uterine Blutung

Anlage 4 zu den Mutterschafts-Richtlinien (Abschnitt C 3)

Untersuchung auf HBsAg*) in der Schwangerschaft

Die Untersuchung auf HBsAg ist nur bei Schwangeren durchzuführen, die in bezug auf das Infektionsrisiko mit Hepatitis B einem besonders gefährdeten Personenkreis angehören.

Im folgenden sind die Personengruppen aufgeführt, die als besonders infektionsgefährdet gelten können. Schwangere, die Immunität (z. B. nach Schutzimpfung) nachweisen, gelten nicht mehr als Angehörige der besonders gefährdeten Personenkreise.

1. Personen, die durch ihre medizinische und zahnmedizinische Tätigkeit infektionsgefährdet sind, einschließlich derer in psychiatrischen Anstalten, und zwar:

a) Beschäftigte, die bei ihrer Arbeit Kontakt mit Blut, Serum, Gewebsflüssigkeit usw. haben, z. B. beim Blutabnehmen, beim Verbandwechsel, bei medizinischen Laboratoriumsarbeiten
b) Beschäftigte, die kontaminierte, nicht wirksam desinfizierte Gegenstände reinigen oder entsorgen
c) Beschäftigte in anderen Arbeitsbereichen, in denen ein besonders hohes Hepatitisrisiko besteht, unabhängig vom Kontakt gemäß a) oder b), z. B.

- Dialysestationen (alle Beschäftigten)
- medizinische Laboratorien (alle Beschäftigten)
- OP-Einrichtungen (Behandlungs- und Pflegepersonal)
- Intensivstationen (Behandlungs- und Pflegepersonal)
- Infektionsabteilungen (Behandlungs- und Pflegepersonal)

2. Personen, die aus Hepatitis B-Endemiegebieten stammen, oder Personen, die sich dort aufgehalten haben, sofern bei ihnen ein enger Kontakt zur einheimischen Bevölkerung bestanden hat

3. Personen, die regelmäßigen engen körperlichen Kontakt (wie er z. B. zwischen Familienmitgliedern üblich ist) mit Hepatitis B-Virus-positiven (HBsAg oder HBeAg**)) Personen haben

4. Personen, denen häufig Blut oder Blutbestandteile übertragen werden

5. Patienten in psychiatrischen Anstalten oder vergleichbaren Einrichtungen mit erhöhtem Auftreten von Hepatitis B-Infektionen

6. Dialysepatienten und Partner bei der Durchführung von Heimdialysen

7. Personen mit häufigem Wechsel der Sexualpartner

8. Drogenabhängige

9. Länger einsitzende Strafgefangene in Strafvollzugsanstalten mit erhöhter Häufigkeit von Hepatitis B-Erkrankungen

*) HBsAg = Hepatitis B surface antigen
**) HBeAg = Hepatitis Be-Antigen

Kinder-Richtlinien

Richtlinien des Bundesausschusses der Ärzte und Krankenkassen über die Früherkennung von Krankheiten bei Kindern bis zur Vollendung des 6. Lebensjahres (Kinder-Richtlinien)

in der geänderten Fassung vom 24. August 1989 (*Fassung vom 26. April 1976, veröffentlicht in der Beilage zum Bundesanzeiger Nr. 214 v. 11. 11. 1976, Lfd. Nr. 28/76, zuletzt geändert am 24. August 1989, veröffentlicht im Bundesarbeitsblatt 10/1989 vom 29. September 1989)*

Die vom Bundesausschuß der Ärzte und Krankenkassen gemäß § 26 Abs. 2 i.V.m. § 92 Abs. 1 und 4 des Fünften Buches Sozialgesetzbuch (SGB V) beschlossenen Richtlinien bestimmen das Nähere über die den gesetzlichen Erfordernissen des § 26 SGB V entsprechenden ärztlichen Maßnahmen zur Früherkennung von Krankheiten bei Kindern bis zur Vollendung des 6. Lebensjahres.

A. Allgemeines

(1) Die nach diesen Richtlinien durchzuführenden ärztlichen Maßnahmen bei Kindern bis zur Vollendung des 6. Lebensjahres dienen der Früherkennung von Krankheiten, die eine normale körperliche oder geistige Entwicklung des Kindes in nicht geringfügigem Maße gefährden. Ärztliche Maßnahmen haben sich daher zu richten auf:

Störungen in der Neugeborenenperiode

01 Früh-, Mangelgeburt, Übertragung
02 Asphyxie
03 Schwere Hyperbilirubinämie
04 Andere, die Entwicklung in nicht geringfügigem Maße gefährdende Störungen in der Neugeborenenperiode (z. B. Krämpfe, Sepsis, andere intrauterin/perinatal erworbene Infektionen)

Angeborene Stoffwechsel-Störungen

05 Mukoviszidose
06 Phenylketonurie
07 Andere, die Entwicklung in nicht geringfügigem Maße gefährdende angeborene Stoffwechselstörungen (z. B. Galaktosämie)

Endokrine Störungen, Vitaminosen

08 Hypo- oder Hypervitaminosen (z. B. Rachitis, D-Hypervitaminose)
09 Diabetes mellitus des Kindes
10 Hypothyreose
11 Andere, die Entwicklung in nicht geringfügigem Maße gefährdende endokrine Störungen (z. B. AGS)
12 Blutkrankheiten (z. B. Hämophilien, Antikörpermangelsyndrome)

Entwicklungs- und Verhaltensstörungen

13 Somatische Entwicklungsstörungen (z. B. Dystrophie, Minderwuchs, Fettsucht)
14 Kognitiver Entwicklungsrückstand
15 Störungen der emotionellen oder sozialen Entwicklung (z. B. Verhaltensstörungen)
16 Störungen der motorischen Entwicklung oder andere, die Entwicklung in nicht geringfügigem Maße gefährdende funktionelle Störungen

Nervensystem

17 Cerebrale Bewegungsstörungen (zentrale Tonus- und Koordinationsstörungen, Cerebralparesen)
18 Fehlbildungen des Zentralnervensystems (z. B. Spina bifida und Hydrozephalus)
19 Anfallsleiden
20 Andere, die Entwicklung in nicht geringfügigem Maße gefährdende Erkrankungen des Nervensystems (z. B. neuromuskuläre Erkrankungen, periphere Lähmungen)

Sinnesorgane

21 Hochgradige Sehbehinderung, Blindheit
22 Schielkrankheit
23 Andere, die Entwicklung in nicht geringfügigem Maße gefährdende Fehlbildungen oder Erkrankungen der Augen
24 Hochgradige Hörbehinderung, Gehörlosigkeit
25 Andere, die Entwicklung in nicht geringfügigem Maße gefährdende Fehlbildungen oder Erkrankungen der Ohren
26 **Sprachstörungen oder Sprechstörungen**
z. B. verzögerte Sprachentwicklung, Artikulationsstörungen, Stottern
27 **Zähne, Kiefer, Mundhöhle**
Fehlbildungen oder Erkrankungen
28 **Herz/Kreislauf**
Fehlbildungen oder Erkrankungen des Herzens oder der herznahen Gefäße
29 **Atmungsorgane**
Fehlbildungen oder Erkrankungen
30 **Verdauungsorgane**
Fehlbildungen oder Erkrankungen
31 **Nieren und Harnwege**
Fehlbildungen oder Erkrankungen
32 **Geschlechtsorgane**
Fehlbildungen oder Erkrankungen

Skelett und Muskulatur

33 Hüftgelenksanomalien
34 Andere, die Entwicklung in nicht geringfügigem Maße gefährdende Fehlbildungen oder Erkrankungen des Skelettsystems
35 Myopathien (z. B. progressive Muskeldystrophie)
36 **Haut**
Fehlbildungen oder Erkrankungen
37 **Multiple Fehlbildungen,** einschließlich **chromosomaler Aberrationen** (z. B. Down-Syndrom)

Die laufenden Nummern dieser Aufstellung sind zugleich die Kennziffern nach Abschnitt C Abs. 3.

(2) Die Maßnahmen sollen mögliche Gefahren für die Gesundheit der Kinder dadurch abwenden, daß aufgefundene Verdachtsfälle eingehend diagnostiziert und erforderlichenfalls rechtzeitig behandelt werden können.

(3) Es werden die Untersuchungen durchgeführt, die im Abschnitt B festgelegt und im Untersuchungsheft für Kinder (Anlage)*) aufgeführt sind. Dabei sollen die in Abschnitt C aufgestellten Richtlinien über Aufzeichnungen und Dokumentationen beachtet werden.

(4) Ergeben diese Untersuchungen das Vorliegen oder den Verdacht auf das Vorliegen einer Krankheit, so soll der Arzt dafür Sorge tragen, daß diese Fälle im Rahmen der Krankenbehandlung einer weitergehenden, gezielten Diagnostik und ggf. Therapie zugeführt werden.

(5) Untersuchungen nach diesen Richtlinien sollen diejenigen Ärzte durchführen, welche die vorgesehenen Leistungen aufgrund ihrer Kenntnisse und Erfahrungen erbringen können, nach der ärztlichen Berufsordnung dazu berechtigt sind und über die erforderlichen Einrichtungen verfügen.

(6) Die bei diesen Maßnahmen mitwirkenden Ärzte haben darauf hinzuwirken, daß für sie tätig werdende Vertreter diese Richtlinien kennen und beachten.

B. Untersuchungen

Die Früherkennungsmaßnahmen bei Kindern in den ersten sechs Lebensjahren umfassen insgesamt neun Untersuchungen gemäß den im Untersuchungsheft für Kinder gegebenen Hinweisen. Die Untersuchungen können nur in den jeweils angegebenen Zeiträumen unter Berücksichtigung folgender Toleranzgrenzen in Anspruch genommen werden:

Untersuchungsstufe			Toleranzgrenze		
U2	3.–10.	Lebenstag	U2	3.–14.	Lebenstag
U3	4.–6.	Lebenswoche	U3	3.–8.	Lebenswoche
U4	3.–4.	Lebensmonat	U4	2.–4 1/2.	Lebensmonat
U5	6.–7.	Lebensmonat	U5	5.–8.	Lebensmonat
U6	10.–12.	Lebensmonat	U6	9.–13.	Lebensmonat
U7	21.–24.	Lebensmonat	U7	20.–27.	Lebensmonat
U8	43.–48.	Lebensmonat	U8	43.–50.	Lebensmonat
U9	60.–64.	Lebensmonat	U9	58.–66.	Lebensmonat

1. Neugeborenen-Erstuntersuchung (Erste Untersuchung)

Die erste Untersuchung soll unmittelbar nach der Geburt vorgenommen werden. Ist ein Arzt nicht anwesend, soll die Hebamme diese Untersuchung durchführen. Diese Untersuchung hat im wesentlichen zum Ziel, lebensbedrohliche Zustände zu erkennen und augenfällige Schäden festzustellen, ggf. notwendige Sofortmaßnahmen einzuleiten. Dabei ist auf Kolorit, Atmung, Tonus, Reflexe beim Absaugen, Herzschläge, den Asphyxie-Index, auf Gelbsucht, Ödeme, die Reife sowie auf sofort behandlungsbedürftige Mißbildungen des Neugeborenen zu achten, insbesondere nach Risikoschwangerschaften (Risikokinder).

---

*) Wurde in die Vertragssammlung nicht aufgenommen.

2. Neugeborenen-Basisuntersuchung vom 3. bis 10. Lebenstag einschließlich Blutabnahme zur TSH-Bestimmung am 5. Lebenstag
(Zweite Untersuchung)

Erhebung der Vorgeschichte

Atemstillstand oder Krämpfe
Schwierigkeiten beim Trinken, Schluckstörungen
Guthrie-Test durchgeführt
BCG-Impfung durchgeführt
Rachitis/Fluoridprophylaxe besprochen

Verdachtsdiagnosen der letzten Früherkennungsuntersuchung

Eingehende Untersuchung

Körpermaße
Reifezeichen
Haut
Brustorgane
Geschlechtsorgane
Skelettsystem
Sinnesorgane
Motorik und Nervensystem

Screening auf angeborene Hypothyreose

TSH-Bestimmung nach Maßgabe der in Anlage 2 dieser Richtlinien getroffenen Durchführungsbestimmungen

3. Untersuchung in der 4. bis 6. Lebenswoche
(Dritte Untersuchung)

Erhebung der Vorgeschichte

Krampfanfälle
Schwierigkeiten beim Trinken, Schluckstörungen
abnorme Stühle
schreit schrill oder kraftlos
Reaktion auf laute Geräusche fehlt
keine altersgemäße Ernährung
Rachitis/Fluoridprophylaxe nicht eingeleitet
Eltern unzufrieden mit Entwicklung und Verhalten des Kindes

Verdachtsdiagnosen der letzten Früherkennungsuntersuchung

Eingehende Untersuchungen

Körpermaße
Haut
Brustorgane
Bauchorgane
Geschlechtsorgane
Skelettsystem
Sinnesorgane
Motorik und Nervensystem

4. Untersuchung im 3. bis 4. Lebensmonat
(Vierte Untersuchung)

Erhebung der Vorgeschichte

Krampfanfälle
Schwierigkeiten beim Trinken und Füttern
Erbrechen, Schluckstörungen
abnorme Stühle
reaktives Lächeln fehlt
Kopfbewegung zur Schallquelle fehlt
Zusammenführen der Hände in der Mittellinie fehlt
keine altersgemäße Ernährung
Rachitis/Fluoridprophylaxe nicht fortgeführt
Eltern unzufrieden mit Entwicklung und Verhalten des Kindes
seit der letzten Früherkennungsuntersuchung entwicklungsgefährdende Erkrankung oder Operation

Verdachtsdiagnosen der letzten Früherkennungsuntersuchung

Eingehende Untersuchungen

Körpermaße
Haut
Brustorgane
Bauchorgane
Geschlechtsorgane
Skelettsystem
Sinnesorgane
Motorik und Nervensystem

5. Untersuchung im 6. bis 7. Lebensmonat
(Fünfte Untersuchung)

Erhebung der Vorgeschichte

Krampfanfälle
Schwierigkeiten beim Trinken und Füttern
Erbrechen, Schluckstörungen
abnorme Stühle
Blickkontakt fehlt
stimmhaftes Lachen fehlt
Reaktion auf Klingel/Telefon/Zuruf der Eltern fehlt
Interesse für angebotenes Spielzeug fehlt
aktives Drehen von Rücken- in Seiten- oder Bauchlage fehlt
keine altersgemäße Ernährung
Rachitis/Fluoridprophylaxe nicht fortgeführt
Eltern unzufrieden mit Entwicklung und Verhalten des Kindes
seit der letzten Früherkennungsuntersuchung entwicklungsgefährdende Erkrankung oder Operation

Verdachtsdiagnosen der letzten Früherkennungsuntersuchung

Eingehende Untersuchungen

Körpermaße
Haut

Brustorgane
Bauchorgane
Geschlechtsorgane
Skelettsystem
Sinnesorgane
Motorik und Nervensystem

6. Untersuchung im 10. bis 12. Lebensmonat
(Sechste Untersuchung)

Erhebung der Vorgeschichte

Krampfanfälle
Schwierigkeiten beim Trinken und Essen
Erbrechen, Schluckstörungen
abnorme Stühle
Miktionsstörungen
gehäufte Infektionen
Blickkontakt fehlt
verzögerte Sprachentwicklung (keine Silbenverdoppelung wie »dada«)
Reaktion auf leise Geräusche fehlt
Stereotypien (z. B. rhythmisches Kopfwackeln)
keine altersgemäße Ernährung
Rachitis/Fluoridprophylaxe nicht fortgeführt
Eltern unzufrieden mit Entwicklung und Verhalten des Kindes
seit der letzten Früherkennungsuntersuchung entwicklungsgefährdende Erkrankung oder Operation

Verdachtsdiagnosen der letzten Früherkennungsuntersuchung

Eingehende Untersuchungen

Körpermaße
Haut
Brustorgane
Bauchorgane
Geschlechtsorgane
Skelettsystem
Sinnesorgane
Motorik und Nervensystem

7. Untersuchung im 21. bis 24. Lebensmonat
(Siebte Untersuchung)

Erhebung der Vorgeschichte

Krampfanfälle
Schwierigkeiten beim Trinken und Essen
Erbrechen, Schluckstörungen
abnorme Stühle
Miktionsstörungen
gehäufte Infektionen
altersgemäße Sprache fehlt (z. B. keine Zweiwortsätze, kein Sprechen in der 3. Person wie »Peter essen«)
altersgemäßes Sprachverständnis fehlt (z. B. kein Zeigen auf Körperteile nach Befragen, kein Befolgen einfacher Aufforderung)

Verhaltensauffälligkeiten (z. B. Schlafstörungen)
erste freie Schritte nach 15. Lebensmonat
Treppensteigen mit Festhalten am Geländer fehlt
Fluoridprophylaxe nicht fortgeführt
Schutzimpfungen nicht durchgeführt
Eltern unzufrieden mit Entwicklung und Verhalten des Kindes
seit der letzten Früherkennungsuntersuchung entwicklungsgefährdende Erkrankung oder Operation

Verdachtsdiagnosen der letzten Früherkennungsuntersuchung

Eingehende Untersuchungen

Körpermaße
Haut
Brustorgane
Bauchorgane
Geschlechtsorgane
Skelettsystem
Sinnesorgane
Motorik und Nervensystem

8. Untersuchung im 43. bis 48. Lebensmonat ($3^1/_2$ Jahre)
(Achte Untersuchung)

Erhebung der Vorgeschichte

Krampfanfälle
Miktionsstörungen
gehäufte Infektionen
altersgemäße Sprache fehlt (z. B. kein Sprechen in Sätzen in der »Ich-Form«)
Aussprachestörungen (z. B. Stottern, schwere Stammelfehler, unverständliche Sprache)
Verhaltensauffälligkeiten (z. B. Einnässen, ausgeprägte nächtliche Durchschlafstörungen, Störungen des sozialen Kontaktes, Stereotypien, unkonzentriertes Spielen)
auffällige motorische Ungeschicklichkeit
Fluoridprophylaxe nicht fortgeführt
Schutzimpfungen unvollständig
Tuberkulinprobe durchgeführt
Eltern unzufrieden mit Entwicklung und Verhalten des Kindes
seit der letzten Früherkennungsuntersuchung entwicklungsgefährdende Erkrankung oder Operation

Verdachtsdiagnosen der letzten Früherkennungsuntersuchung

Eingehende Untersuchungen

Körpermaße
Haut
Brustorgane
Bauchorgane
Geschlechtsorgane
auffälliger Harnbefund

Skelettsystem
Sinnesorgane
Motorik und Nervensystem

9. Untersuchung im 60. bis 64. Lebensmonat (5 Jahre)
(Neunte Untersuchung)

Erhebung der Vorgeschichte

Eltern besorgt über die Entwicklung des Kindes
Krampfanfälle
gehäufte Infektionen
Sprachstörungen
Aussprachestörungen
Sprachverständnis
Verhaltensauffälligkeiten
auffällige motorische Ungeschicklichkeit
Atemnot in Ruhe und/oder bei Belastung
Fluoridprophylaxe nicht fortgeführt
Schutzimpfungen unvollständig
Tuberkulinprobe durchgeführt
Mitarbeit und/oder Verständnis bei der Untersuchung auffällig
seit der letzten Früherkennungsuntersuchung entwicklungsgefährdende Erkrankung oder Operation

Verdachtsdiagnosen der letzten Früherkennungsuntersuchung

Eingehende Untersuchungen

Körpermaße
Haut
Brustorgane
Bauchorgane
Geschlechtsorgane
auffälliger Harnbefund
Skelettsystem
Sinnesorgane
Motorik und Nervensystem

C. Aufzeichnungen und Dokumentation

(1) Die Eintragungen im Untersuchungsheft für Kinder erfolgen auf den für die einzelne Untersuchung vorgesehenen Seiten (Verwendung von Kohlepapier zum Durchschreiben möglich). Auf die Vollständigkeit der Eintragung ist zu achten.

(2) Die Angaben zur Vorgeschichte und die bei den Untersuchungen erhobenen Befunde sollen durch Ankreuzen der hierfür im Untersuchungsheft für Kinder jeweils vorgesehenen Kästchen gekennzeichnet werden.

(3) Beim Vorliegen einer unter Abschnitt A. Abs. 1 aufgeführten Krankheit oder eines entsprechenden Krankheitsverdachts soll die dort genannte Kennziffer in dem dafür vorgesehenen Kästchen eingetragen werden.

(4) Durch Ankreuzen der hierfür vorgesehenen Kästchen ist im Untersuchungsheft für Kinder anzugeben, ob aufgrund der Untersuchungen weitere Maßnahmen veranlaßt oder empfohlen wurden.

(5) Die für die jeweilige Untersuchung vorgesehene und ausgefüllte Zweitschrift ist aus dem Untersuchungsheft für Kinder herauszunehmen und zusammen mit der Abrechnung der Kassenärztlichen Vereinigung zur Erfassung und Aufbereitung zuzuleiten.

(6) Die Krankenkassen und die Kassenärztlichen Vereinigungen sollen die im Zusammenhang mit der Durchführung von Maßnahmen nach diesen Richtlinien anfallenden Ergebnisse sammeln und auswerten. Dabei ist sicherzustellen, daß Rückschlüsse auf die Person des Untersuchten ausgeschlossen sind. Die Spitzenverbände der Krankenkassen und die Kassenärztliche Bundesvereinigung sollen sich über eine bundeseinheitliche Zusammenfassung, Auswertung und Veröffentlichung der Ergebnisse verständigen.

D. Berechtigungsschein

(1) Bei Inanspruchnahme der zweiten bis neunten Untersuchung ist dem Arzt jeweils ein Berechtigungsschein auszuhändigen, wobei der Berechtigungsschein für die zweite Untersuchung (U 2) auch nachgereicht werden kann. Der Berechtigungsschein verbleibt beim Arzt und ist von diesem mindestens zwei Jahre nach Durchführung der Untersuchung aufzubewahren.

(2) Die Spitzenverbände der Krankenkassen und die Kassenärztliche Bundesvereinigung verständigen sich über Form und wesentlichen Inhalt des Berechtigungsscheines. Er soll insbesondere Aufschluß geben über den Leistungsinhalt und über die Notwendigkeit der regelmäßigen Teilnahme an den Früherkennungsuntersuchungen.

E. Inkrafttreten

Die Richtlinien treten am 1. Januar 1977 in Kraft.*)

*) Letzte Änderung vom 24. August 1989 ist am 1. Oktober 1989 in Kraft getreten.

Aufgaben des Arztes bei der Vermittlung von Sozialhilfen für behinderte Kinder

K. Hartung

Durch ein gut ausgebautes Netz von Sozialhilfen für Behinderte sollen körperliche, geistige oder seelische Behinderungen beseitigt oder gemildert werden. Auch wenn in einigen Positionen noch Verbesserungen gefordert werden, so ist doch das in der Bundesrepublik Deutschland bestehende System an Behindertenhilfen besonders leistungsfähig. Dies gilt selbstverständlich auch für behinderte Kinder und Jugendliche.

Da dem behandelnden Arzt auf diesem Sektor eine besondere Position zukommt und er verschiedene Aufgaben im Interesse des Behinderten durchzuführen hat, ist die Kenntnis der einschlägigen Gesetze und Verordnungen erforderlich. Offenbar besteht hier zur Zeit aber noch ein erheblicher Nachholbedarf. Die direkte Mitwirkung des niedergelassenen Arztes bei der Aufstellung eines »Gesamtplanes« für die Rehabilitation eines Behinderten ist bisher mehr oder weniger die Ausnahme. An die ärztliche Primärtherapie sollen sich die kombinierten ineinander verzahnten multidisziplinären Rehabilitationsmaßnahmen möglichst nahtlos anschließen. Damit werden zunehmend Probleme außerhalb des medizinischen Bereiches bedeutsam, die dem Arzt primär nicht so nahe stehen und über die er meist weniger informiert ist.

Schlüsselstellung des behandelnden Arztes

»Die Schlüsselstellung im Kreis der an der Rehabilitation Beteiligten hat der behandelnde Arzt, allerdings nicht expressis verbis und im allgemeinen ohne es zu wissen. Von Ausnahmen abgesehen sieht der behandelnde Arzt das behinderte Kind zuerst; er erkennt zuerst seine besondere Hilfsbedürftigkeit. Wohl besteht seine eigentliche Aufgabe in der diagnostischen Klärung und ärztlichen Behandlung, aber daneben sollte er daran denken, daß jedes erheblich behinderte Kind einen Rechtsanspruch auf Eingliederungshilfe hat[2]«. Diese noch auf § 4 BSHG abgestellte Aussage hat ihre Bedeutung nach Inkrafttreten des Rehabilitationsangleichungsgesetzes mit Einbeziehen der gesetzlichen Krankenkassen zu Rehabilitationsträgern nicht verloren.

Welche Erwartungen werden hier nun an den behandelnden Arzt gestellt? Zunächst soll er den Eltern das amtliche Merkblatt für Behinderte nach § 125 BSHG Abs. 1 aushändigen.

Hiermit werden dem Behinderten oder seinen Eltern bereits frühzeitig Informationen über die Möglichkeiten gesetzlicher Hilfe einschließlich Berufsberatung und über die Durchführung von Eingliederungsmaßnahmen ärztlicher, schulischer und beruflicher Art vermittelt.

Weiterhin muß man heute verlangen, daß der behandelnde Arzt die verschiedenen Rehabilitationsgesetze und die Richtlinien kennt, nach denen die ärztliche Begutachtung Behinderter erfolgt. Es sind dies die »Anhaltspunkte für die ärztliche Begutachtung Behinderter nach dem Schwerbehindertengesetz, herausgegeben vom

Bundesminister für Arbeit und Sozialordnung, 1983«, in denen die verschiedenen Behinderungen von Kindern bewertet und die Besonderheiten einer Begutachtung im Bereich der Pädiatrie herausgestellt sind. Zudem sind Grundkenntnisse über die verschiedenen Hilfen auf medizinischem, pädagogischem, möglichst auch auf finanziellem und steuerrechtlichem Sektor notwendig, auch wenn es infolge der komplizierten Gesetzgebung und der unterschiedlichen Zuständigkeiten schwierig ist, sich einen Überblick zu verschaffen.

Für die Angehörigen eines behinderten Kindes bedeutet es stets eine wesentliche Hilfe, wenn sie sich mit Eltern aussprechen können, die selbst ein behindertes Kind haben. In der Regel sind sie in Elternverbänden zusammengeschlossen, in denen behinderungsspezifische Probleme aufgrund von Erfahrung und Sachkenntnis besprochen werden. Heute muß vom Arzt verlangt werden, daß er die Eltern seiner Patienten auf diese Hilfsmöglichkeiten hinweist und ihnen möglichst auch entsprechende Anschriften vermittelt.

Begriffsdefinition für Behinderung

Es gibt keine für alle Bereiche verbindliche einheitliche Definition des Begriffes Behinderung. Die verschiedenen möglichen Betrachtungsweisen weichen so weit voneinander ab, daß es auch in Zukunft nicht zu erwarten ist, zu einer einheitlichen Definition zu kommen. Mit Recht wurde darauf aufmerksam gemacht, daß »Behinderung« keine exakte medizinische Diagnose darstellt. Eine der Praxis angemessene Bestimmung des Begriffes »Behinderung« sollte sich an zwei Kriterien orientieren:

- einmal am Erfordernis von medizinischen und pädagogischen, von schulischen und beruflichen Rehabilitationsmaßnahmen;
- zum anderen am Erfordernis von Anspruch auf öffentliche Leistungen für das Kind und seine Familie im sozialen und wirtschaftlichen Bereich.

Rehabilitationsrecht und »Behinderung«

Aus der Sicht des Rehabilitationsrechts ist Behinderung ein regelwidriger Zustand von mehr als 6monatiger Dauer, der die Eingliederung des Betroffenen in die Gesellschaft infolge körperlicher Regelwidrigkeit, Schwäche der geistigen Kräfte oder seelischer Störungen in erheblichem Umfang beeinträchtigt. Den Behinderten stehen die von einer Behinderung Bedrohten gleich (Eingliederungshilfeverordnung §§ 1–4).

Regelwidrig ist der Zustand, der von dem für das Lebensalter typischen abweicht. Regelwidrige Zustände unter 6 Monaten werden als Krankheiten eingestuft. Die Übergänge von Krankheit zu Behinderung können in der Praxis allerdings fließend sein.

Begriff: »Schwerbehinderter«

Dieser Begriff ist im Schwerbehindertengesetz festgelegt, nach dem Personen, die infolge Krankheit, anderer Gebrechen oder Schwächen der körperlichen oder geistigen Kräfte auf weniger als die Hälfte der Erwerbsfähigkeit eines gesunden Berufstätigen mit ähnlicher Ausbildung, gleichwertigen Kenntnissen und Fähigkeiten gemindert sind, als Schwerbehinderte eingestuft werden. In bestimmten Fällen können Behinderte mit einem Grad der Behinderung von mindestens 30 v. H. den Schwerbehinderten gleichgestellt werden.

Der Grad der Behinderung (GdB) wird für den Einzelfall aus den Aufstellungen »Anhaltspunkte für die ärztliche Begutachtung Behinderter nach dem »Schwerbehindertengesetz« entnommen. Die dort genannten GdB-Sätze sind Anhaltswerte. Entsprechende Anträge sind bei den Versorgungsämtern zu stellen. Die Schwere der Behinderung wird in Prozentsätzen gemessen, um die die Erwerbsfähigkeit des Betroffenen gemindert ist.

Wie wird eine Behinderung festgestellt?

Säuglinge und Kleinkinder haben bis zur Vollendung des sechsten Lebensjahres Anspruch auf neun kostenlose Vorsorgeuntersuchungen im Rahmen der gesetzlichen Krankenversicherung (ab 1. 1. 89 § 26 SGBV). Hiermit ist eine nahezu lückenlose ärztliche Überwachung der ersten Jahre gegeben und damit die Voraussetzung geschaffen, daß Behinderungen zum frühestmöglichen Zeitpunkt erkannt, Risikokinder sorgfältig beobachtet und Maßnahmen der Frühtherapie zum optimalen Zeitpunkt eingeleitet werden. Liegt ein solches Versicherungsverhältnis nicht vor, so erfolgt die Untersuchung im Rahmen der Sozialhilfe (§§ 36ff BSHG). Die betreuenden Ärzte sind verpflichtet, den Kassen die festgestellte Behinderung zu melden, allerdings nur mit dem Einverständnis des Betroffenen. Die Krankenkassen müssen dafür Sorge tragen, daß der Behinderte oder seine Eltern rechtzeitig über alle Rehabilitationsmöglichkeiten unterrichtet wird und daß die erforderlichen Maßnahmen von den zuständigen Trägern eingeleitet werden (§ 26 SGBV; § 36 BSHG).

Was bedeutet Rehabilitation?

Unter Rehabilitation oder Eingliederung versteht man die Gesamtheit aller Maßnahmen, die eine Behinderung verhüten, beseitigen oder mildern, dem Behinderten die Ausübung eines Berufes oder einer angemessenen Tätigkeit ermöglichen, ihn so weit wie möglich unabhängig von Pflege machen und ihm die Teilnahme am Leben in der Gemeinschaft erleichtern. Hier wird dem Betroffenen (§§ 1–4 Eingliederungshilfeverordnung) Eingliederungshilfe nach §§ 9–12 Reha G, §§ 39, 40 BSHG, § 29 SGBI gewährt.

Überprüfung der Zuständigkeit und Leistungsvoraussetzungen

Die Zuständigkeit der Träger und die Leistungsvoraussetzungen weichen voneinander ab: Bei einem Teil der Träger ist die *Ursache* der Behinderung entscheidend. Wer durch einen Unfall geschädigt wurde, gehört zur gesetzlichen Unfallversicherung, Kriegsopfer werden von der Kriegsopferversorgung/Kriegsopferfürsorge betreut. Bei anderen Trägern kommt es auf die *Zugehörigkeit des Behinderten zu einer Personengruppe* an: Dies ist bei der gesetzlichen Rentenversicherung der Fall.

Weitere Träger sind zwar allgemein leistungspflichtig; es darf aber ein anderer nicht vorrangig verpflichtet sein. Dies gilt u. a. für die *Sozialhilfe.* Dabei hat die Sozialhilfe nach dem BSHG einen *qualifizierten Nachrang,* das heißt, sie kommt an letzter Stelle. Praktisch hat dies zur Folge, daß Sozialhilfe nur dann zu leisten ist, wenn die eigenen Kräfte und Mittel des Hilfesuchenden nicht ausreichen und die erforderliche Hilfe von anderen, besonders auch von Angehörigen oder von Trägern anderer Sozialleistungen nicht erbracht werden (§ 2, Abs. 1 BSHG). Andererseits aber bedeutet dieser Nachrang der Sozialhilfe eine *Garantstellung:* als letztverantwortliche Stelle muß das BSHG dafür einstehen, daß die erforderlichen Maßnahmen durchgeführt werden, wenn dem Hilfesuchenden die Mittel fehlen oder andere Stellen diese nicht erbringen.

Nachdem durch das Rehabilitationsangleichungsgesetz die Krankenkassen zu Rehabilitationsträgern geworden sind, haben diese immer häufiger entsprechende Leistungen zu erbringen. Ziel dieses Gesetzes war es ja, die einzelnen medizinischen, beruflichen und sonstigen Rehabilitationsmaßnahmen der verschiedenen Versicherungsträger besser als bisher aufeinander abzustimmen und zu koordinieren. Gleichzeitig war hiermit jedoch auch eine Erweiterung des Leistungsanspruchs bei der gesetzlichen Krankenversicherung verbunden:

- Übernahme der Folgekosten für Heilmittel und bestimmte Hilfsmittel (orthopädische Apparate, Krankenfahrstühle, Hörgeräte etc.),
- Kostenübernahme für die Durchführung besonderer Therapieformen wie Arbeitstherapie, Behindertensport u. ä.,
- Beitrittsrecht für behinderte Kinder zu den gesetzlichen Krankenkassen, nachdem ihr Anspruch auf Familienhilfe erloschen ist.

Rehabilitations-Träger

Je nach der Ursache der Behinderung beziehungsweise nach der Zugehörigkeit werden die einzelnen Sozialhilfen und Rehabilitationsleistungen gewährt.

Für Kinder kommen die Kostenträger ihrer Familien aber auch die Schülerunfallversicherung oder die Sozialhilfe für eine Kostenübernahme in Frage.

Gegenüber geburtsbehinderten Kindern und Jugendlichen sind in der Regel Krankenkassen und Arbeitsämter vorrangig leistungspflichtig[6].

Im aktuellen und konkreten Rehabilitationsfall bei Kindern ist die Überprüfung der Leistungsberechtigung und das Feststellen des zuständigen Trägers eine entscheidende Voraussetzung.

Die Aufgaben der einzelnen Rehabilitationsbereiche

Erst durch Zusammenfügen von medizinischer, pädagogischer, beruflicher und sozialer Rehabilitation mit bestimmten materiellen Hilfen ergibt sich die Möglichkeit zu umfassenden Hilfsmaßnahmen. Je nach Besonderheiten des Einzelfalls treten bestimmte Leistungen mehr in den Vordergrund. Auch das Lebensalter spielt dabei -eine Rolle. Für Kinder haben pädagogische Aspekte, bei Jugendlichen Fragen der beruflichen Rehabilitation Vorrang. Auf die einzelnen Rehabilitationsbereiche entfallen dabei folgende Aufgaben:

Die medizinische Rehabilitation umfaßt alle medizinischen Maßnahmen und Leistungen der Diagnostik und Behandlung, die notwendig sind, um einer drohenden Behinderung vorzubeugen, eine Behinderung zu beseitigen, zu verbessern oder eine Verschlimmerung zu verhüten.

Die pädagogische Rehabilitation umfaßt alle Maßnahmen und Leistungen der pädagogisch-psychologischen Förderung, die notwendig sind, um einer drohenden Behinderung vorzubeugen, eine Behinderung zu beseitigen, zu verbessern, oder eine Verschlimmerung zu verhüten.

Die berufliche Rehabilitation bildete lange Zeit den Kernbereich der Rehabilitation, da die Eingliederung in das Arbeitsleben als wichtigste Voraussetzung für eine volle gesellschaftliche Integration galt, während heute zunehmend bereits die *Teilnahme am Leben in der Gemeinschaft als Rehabilitationsziel* angesehen wird.

Die soziale Rehabilitation faßt alle Rehabilitationsmaßnahmen mit dem Ziel der Integration des Behinderten in Familie, Beruf und Gesellschaft zusammen.

Materielle Hilfen umfassen u. a. Hilfsmittel zur Pflegeerleichterung, zur Fortbewegung, Gewährung einer Haushaltshilfe, Krankengeld oder Übergangsgeld.

Interdisziplinäre Zusammenarbeit erforderlich

Das Rehabilitationsziel und die Entwicklung eines Gesamtplans hängen vordringlich von einer möglichst präzisen medizinischen Diagnose und Prognose ab, im weiteren sind psychologische Gesichtspunkte und die sozialen Daten mit einzubeziehen. Grundsätzlich ist die moderne Rehabilitation nur in interdisziplinärer Zusammenarbeit denkbar. Das bedeutet das Zusammenwirken von Ärzten verschiedener Fachdisziplinen mit Pädagogen, Psychologen, Sozialarbeitern und den Mitarbeitern der verschiedenen medizinischen Fachberufe.

Entwicklungs-Rehabilitation in Sozialpädiatrischen Zentren

Nach § 119 GRG können Sozialpädiatrische Zentren, die fachlich-medizinisch unter ständiger ärztlicher Leitung stehen und die Gewähr für eine leistungsfähige und wirtschaftliche sozialpädiatrische Behandlung bieten, zur ambulanten sozialpädiatrischen Behandlung von Kindern ermächtigt werden. Diese umfaßt die ärztlichen und nichtärztlichen Leistungen, insbesondere auch psychologische Leistungen, sowie ergänzende Leistungen zur Rehabilitation, die erforderlich sind, um eine Krankheit zum frühestmöglichen Zeitpunkt zu erkennen, zu verhindern, zu heilen oder in ihren Auswirkungen zu mildern. Durch Sozialpädiatrische Zentren sollen vor allem die Kinder versorgt werden, die wegen der Art, Schwere oder Dauer ihrer Krankheit oder einer drohenden Krankheit nicht von geeigneten Ärzten behandelt werden können. Sozialpädiatrische Zentren i.S. des GRG sind kinderärztlich geleitete, interdisziplinär ambulant arbeitende Einrichtungen, die der Prävention, Diagnostik, Behandlung und sozialen Eingliederung von Kindern und Jugendlichen mit krankhaften Entwicklungsstörungen sowie mit drohenden und manifesten Behinderungen dienen. Der Zugang zum Ambulanzbereich eines Sozialpädiatrischen Zentrums erfolgt grundsätzlich im Rahmen der Überweisungstätigkeit eines Kassenarztes[8].

Arten der Hilfe nach dem BSHG

Das Bundessozialhilfegesetz regelt die individuelle Betreuung und Hilfe für den einzelnen im Falle seiner Bedürftigkeit durch Angebote und Leistungen der Sozialhilfe. Im Mittelpunkt aller Regelungen steht die Hilfe für den einzelnen, *um ihm eine der Würde des Menschen entsprechende Lebensführung zu ermöglichen.* Für Kinder jeden Alters kommt außerdem die Förderung der körperlichen und geistigen Entwicklung sowie die Anleitung zu den notwendigen Verrichtungen des täglichen Lebens hinzu.

Im Leistungsrecht (§§ 11–75) unterscheidet das BSHG zwischen den beiden großen Leistungsgruppen:

- Hilfe zum Lebensunterhalt. Sie ist dem zu gewähren, der seinen notwendigen Lebensunterhalt nicht oder nicht ausreichend aus eigenen Kräften und Mitteln, vor allem aus seinem Einkommen und Vermögen beschaffen kann.
- Hilfe in besonderen Lebenslagen. Die Hilfe spielt heute nicht mehr die Rolle wie in wirtschaftlich schlechten Zeiten. Der Schwerpunkt des Gesetzes liegt daher in der Hilfe in besonderen Lebenslagen. Für behinderte Kinder sind davon in erster Linie folgende Leistungen zu nennen: Eingliederungshilfe für Behinderte, Hilfe zur Pflege, ebenso aber auch Hilfen zur Überwindung besonderer sozialer Schwierigkeiten (z. B. durch ambulante Sozialstationen, familienentlastende Dienste).

Eingliederungshilfe für behinderte Kinder

Nach § 39 Abs. 1 BSHG und §§ 1–4 der Eingliederungshilfeverordnung sind anspruchsberechtigt[5]

- Kinder mit körperlichen Behinderungen.
- Kinder mit wesentlichen geistigen Behinderungen, hierzu gehört auch die Legasthenie.
- Kinder und Jugendliche mit wesentlichen seelischen Behinderungen und Störungen.
- Kinder, bei denen eine der genannten Behinderungen einzutreten droht.

Dem vorgenannten Personenkreis steht *Eingliederungshilfe* nach § 39, Abs. 3 BSHG zur Verfügung, definiert in §§ 6–24 der Eingliederungshilfeverordnung.

Aufgabenumgrenzung

Zur Eingliederungshilfe gehören alle Maßnahmen der Verhütung, Beseitigung oder Milderung einer Behinderung oder ihrer Folgen mit dem Ziel, den Behinderten in die Gesellschaft einzugliedern und ihm die Teilnahme am Leben in der Gemeinschaft zu ermöglichen. Hierzu sind zahlreiche spezielle Maßnahmen der klinischen und ambulanten Hilfe zu rechnen, wobei in den letzten Jahren besonderer Wert auf den *Ausbau ambulanter Hilfen* für Behinderte gelegt wurde. Zu den spezifischen, erfolgversprechenden stationären Maßnahmen im Kindesalter gehören auch die Klimakuren.

Hilfe zur Pflege

Hilfe zur Pflege wird dann gewährt, wenn der Behinderte so hilflos ist, daß er nicht ohne Wartung und Pflege bleiben kann. Die Sozialhilfe gewährt nach Vollendung des ersten Lebensjahres Hilfe zur Pflege in drei Stufen: in Fällen leichterer Pflegebedürftigkeit werden dem Behinderten die angemessenen Aufwendungen für die Pflegeperson ersetzt, die im Wege der Nachbarschaftshilfe seine Pflege übernommen hat. Ist die Behinderung so schwer, daß der Behinderte für die regelmäßig wiederkehrenden Verrichtungen des täglichen Lebens dauernd im erheblichen Umfang der Wartung und Pflege bedarf, wird ein pauschaliertes Pflegegeld in Höhe von zur Zeit* DM 330,– gezahlt. Bei außergewöhnlicher Pflegebedürftigkeit, die bei Blinden und Schwerstbehinderten gegeben ist, beträgt es bis zu DM 880,–.

Auch die Bereitstellung von Hilfsmitteln, die die Beschwerden erleichtern und dem Behinderten die Möglichkeit zu einer angemessenen Bildung und Teilnahme am kulturellen Leben bietet, gehört zur Hilfe zur Pflege.

Hilfe zur angemessenen pädagogischen Förderung

In jeder Phase des Kindes- und Jugendalters gehört neben die medizinische auch die pädagogische Förderungsmaßnahme. Dies gilt nicht nur für das Schulalter, sondern speziell auch für die Zeit der frühkindlichen Entwicklung und für die Vorschulphase.

Hier nicht voll ausgenutzte Rehabilitationsleistungen können für das Kind nachteilige Auswirkungen haben. Später nachgeholt, können sie oft nicht mehr zu dem gewünschten Effekt führen. Hierzu gehören:

- heilpädagogische Maßnahmen im Vorschulalter,
- angemessene Schulbildung einschließlich der Vorbereitung hierzu

---

* Stand: 1. 7. 1989

- Berufsausbildung in besonderen Einrichtungen für Behinderte (Werkstätten, Berufsbildungswerk).

Grad der Behinderung (GdB)

Der Grad der Behinderung wird bestimmt durch den Umfang der Behinderung im täglichen Leben (Schule, häuslicher Bereich) und bei der Entwicklung der Kinder im Vergleich mit gleichaltrigen gesunden Kindern.

Die *Hilflosigkeit* wird definiert nach dem Umfang von Hilfe, die das behinderte Kind im Ablauf des täglichen Lebens benötigt, die über die für das Lebensalter üblichen Hilfen hinausgehen und von Eltern oder anderen Bezugspersonen geleistet werden. Zu dieser Hilfeleistung gehört auch die Förderung der körperlichen und geistigen Entwicklung bei Kindern jeden Alters und die Anleitung zu den notwendigen Verrichtungen des täglichen Lebens. Die Besonderheiten des Kindesalters führen weiterhin dazu, daß zwischen dem Ausmaß der Behinderung und dem Umfang der erforderlichen Hilfeleistung nicht immer eine Korrelation besteht. So kann – anders als beim Erwachsenen – auch schon bei niedrigeren GdB-Graden eine Hilflosigkeit vorliegen. Andererseits kann sich das Ausmaß der Hilflosigkeit mit der Zeit ändern, oder die Hilflosigkeit kann entfallen, wenn infolge der Besserung der Gesundheitsstörungen der Behinderte ausreichend gelernt hat, sich selbst zu versorgen.

Inzwischen wurden für alle Arten von Behinderungen Anhaltswerte für die GdB-Sätze erarbeitet. Hierzu liegen umfangreiche Listen vor, aus denen sich auch der Grad der Hilflosigkeit entnehmen läßt.

Arbeitsfreistellung der Eltern behinderter Kinder

Den Mitgliedern einer gesetzlichen Krankenkasse stehen jährlich bis zu fünf Tagen unbezahlter Arbeitsfreistellung für Kinder unter acht Jahren zu, wenn diese erkrankt sind und nicht durch andere Haushaltsangehörige betreut werden können. Beamte haben die Möglichkeit, sich wegen der Pflegebedürftigkeit eines Angehörigen auf drei Jahre beurlauben oder ihre Dienstzeit auf die Hälfte der regelmäßigen Arbeitszeit verkürzen zu lassen[6].

Anspruch auf Kindergeld

Kindergeld wird über das 16. längstens bis zur Vollendung des 27. Lebensjahres nur gewährt, wenn sich das Kind in einer Schul- oder Berufsausbildung z. B. einem Förderlehrgang in einer Behindertenwerkstatt befindet. Hat es eigene Einkünfte in Höhe von 750,– bzw. 580,–DM*, so entfällt das Kindergeld. Für behinderte Kinder, die sich selbst unterhalten könnten, aber ohne Ausbildungs- oder Arbeitsplatz sind, wird bis zur Vollendung ihres 21. Lebensjahres Kindergeld weitergezahlt. Bei Schwerbehinderten wird Kindergeld ohne altersmäßige Begrenzung weitergewährt, soweit keine eigenen Einkünfte von mtl. mehr als DM 690,– vorliegen.

Freibeträge: Solange Anspruch auf Kindergeld besteht, wird den Eltern im Falle auswärtiger Unterbringung ein Steuerfreibetrag von DM 1200,– eingeräumt.

Ausgleich behinderungsbedingter Belastungen durch Vergünstigungen

Außer den genannten Sozialhilfen existiert in der BRD noch ein umfassendes System von Vergünstigungen, die einen gewissen Ausgleich der besonderen Belastung erbringen sollen, die sich für einen Behinderten und dessen Familie zwangsläufig erge-

* Stand: 11. 9. 89

ben. Es sind dies *Vorteile im Steuerrecht, bei Beförderung, Bauen und Wohnen, Postverkehr, Rundfunk/Fernsehen und Telefon.* Im einzelnen handelt es sich um eine Sonderstellung bei Einkommens- und Lohnsteuer, Erbschafts-, Schenkungs- und Vermögenssteuer, Kraftfahrzeugsteuer, Ausweise zur unentgeltlichen Beförderung im Nahbereich, Bundesbahn, Lufthansa, Sonderparkgenehmigungen, Wohngeld, Wohnungsbaudarlehen, Bauordnungen, Fernsehen- und Rundfunkgebühren, Fernsprechanschlüssen, Telefongebühren.

Zusammenfassung

Sozialhilfen können die Situation behinderter Kinder wesentlich verbessern helfen. Die gesetzlichen Voraussetzungen hierfür wurden geschaffen. Das unübersichtliche Sozial- und Rehabilitationsrecht erschwert allerdings den Zugang zu den verschiedenen Leistungen. Der Arzt hat eine Schlüsselstellung insofern, als er Behinderte, speziell behinderte Kinder, meist frühzeitig sieht und über die Art ihrer Behinderung und die notwendigen Maßnahmen sein fachliches Urteil abgeben kann. Jeder Behinderte muß individuell beurteilt werden, Pauschallösungen gibt es nicht. Um das »Genehmigungsverfahren« so bald wie möglich in Gang bringen zu können, bedarf es subtiler Kenntnisse des Sozial- und Versicherungsrechts. Für den Arzt, speziell den Pädiater, ist es selbstverständlich, daß neben medizinischen auch die pädagogischen und sozialen Aspekte berücksichtigt werden. Ohne interdisziplinäre Zusammenarbeit mit Hausärzten, Fachärzten, Gesundheitsämtern, Sozial- und Jugendbehörden, mit Vorschul-, Schul- und Sonderschuleinrichtungen unter maßgeblicher Beteiligung verschiedener Kostenträger läßt sich das Ziel nicht erreichen. In den verschiedenen Phasen des Rehabilitationsvorgangs und des Einflusses anderer Sozialhilfen soll der Arzt jeweils die richtigen Aktivitäten entfalten. Dies ist vor allem in den Fällen notwendig, in denen die Eltern den Aufgaben, vor die sie durch ihr behindertes Kind gestellt werden, nicht genügend nachkommen.

Literatur

[1]*Hartung, K.:* Sozialhilfen für behinderte Kinder. In: *Olbing, H., D. Palitzsch* (Eds.:) Pädiatrische Fortbildung. Bd. 2. Stuttgart 1981.

[2]*Maier, E.:* Gesundheitshilfe für das behinderte Kind als Aufgabe des öffentlichen Gesundheitsdienstes. Öff. Gesundh.-Wesen *31:* 578 (1969).

[3]*Maneke, M.:* Sozialpädiatrie. München 1979.

[4]*Masur, R.:* Sozialarbeit in einer sozialpädiatrischen Institution. In: *Hellbrügge, Th.* (Ed.): Klinische Sozialpädiatrie. Berlin 1981.

[5]*Petersen, K.:* Die Eingliederungshilfe für Behinderte. 2. Aufl. Frankfurt/M. 1978.

[6]*Thust, W.:* Die Rechte der Behinderten und ihrer Angehörigen. Schriftenreihe der Bundesarbeitsgemeinschaft »Hilfe für Behinderte« Düsseldorf, Band 5, 1980«.

[7]*Wolf, H.:* Soziale Hilfen. Fortbildungsseminar »Diagnostisch-therapeutische Möglichkeiten für das behinderte Kind« am 3. 6. 1977 in Bremen. Wissensch. Information Friedrichsdorf/Ts. *3:* 81 (1977).

[8]*Pechstein, J.:* Sozialpädiatrische Zentren. Organisation und Aufbau der ambulanten Entwicklungs-Rehabilitation. Sozialpädiatrie *11:* 297 (1989).

Herrn Dir. *R. Schmidtchen* vom Deutschen Paritätischen Wohlfahrtsverband Frankfurt/M. danke ich für wertvolle Hinweise.

VI. Verzeichnisse

Behindertenorganisationen

AG Allergiekrankes Kind e.V.
Hilfen für Kinder mit Asthma, Ekzem oder Heuschnupfen e.V.
6348 Herborn, Hauptstraße 29

Elternvereinigung Asthmakranker Kinder und Jugendlicher e.V.
2000 Hamburg 60, Dorotheenstraße 174

Hilfe für das autistische Kind e.V., Bundesverband
2000 Hamburg 60, Bebelallee 141

Bundesarbeitsgemeinschaft »Hilfe für Behinderte« e.V.
4000 Düsseldorf 1, Kirchfeldstraße 149

Stiftung »Hilfswerk für behinderte Kinder«
5300 Bonn 2, Wielandstraße 4

Blindenhilfswerk Berlin
1000 Berlin 41, Rothenburgstraße 15

Bundes- und Interessengemeinschaft Geburtshilfegeschädigter
3061 Heuerßen, Gartenstraße 3

Deutsche Gesellschaft zur Förderung der Gehörlosen und Schwerhörigen e.V.
6000 Frankfurt/Main 60, Rothschildallee 16 a

Bundesvereinigung »Lebenshilfe für geistig Behinderte«
3550 Marburg, Raiffeisenstraße 18

Deutscher Kinderschutzbund Bundesverband e.V.
3000 Hannover 1, Drostestraße 14–16

Aktionskomitee Kind im Krankenhaus e.V., Bundesverband
6370 Oberursel, Kirchstraße 34

Deutsche Leukämie-Forschungs-Hilfe, Aktion für krebskranke Kinder
1000 Berlin 22, Grimmelshausenstraße 29

Deutsche Gesellschaft zur Bekämpfung der Mukoviszidose e.V.
5300 Bonn, Adenauerallee 11

Deutsche Gesellschaft »Bekämpfung der Muskelkrankheiten« e.V.
7800 Freiburg, Hohenzollernstraße 11

Deutsche Interessengemeinschaft für Kinder mit Phenylketonurie (PKU) und verwandten angeborenen Stoffwechselstörungen
6900 Heidelberg, Bergstraße 139

Bundesverband für spastisch Gelähmte und andere Körperbehinderte e.V.
4000 Düsseldorf, Brehmstraße 5

Deutsches Taubblindenzentrum
3000 Hannover 71, Albert-Schweitzer-Straße 27

Deutsche Zöliakie-Gesellschaft e.V.
7000 Stuttgart, Filderhauptstraße 61

Genetische Beratungsstellen

Die Aufstellung beschränkt sich auf Beratungsstellen bei den Universitäten. Die Anschriften weiterer Beratungsstellen und von Ärzten mit der Zusatzqualifikation »Medizinische Genetik« können dort oder bei den Ärztekammern und kassenärztlichen Vereinigungen erfragt werden.

Aachen
Abt. Klinische Cytogenetik des Klinikums der RWTH Aachen
Pauwelsstraße, 5100 Aachen
Tel. 0241/800

Berlin
Institut für Humangenetik der FU Berlin
Heubnerweg 6, 1000 Berlin 19
Tel. 030/3203376

Cytogenetisches Labor der Frauenklinik und Poliklinik Charlottenburg der FU Berlin
Pulsstraße 4–14, 1000 Berlin 19
Tel. 030/3203567

Bochum
Abt. Humangenetik der Ruhr-Universität Bochum
Universitätsstraße 150, 4630 Bochum 1
Tel. 0234/7005600

Bonn
Institut für Humangenetik der Universität Bonn
Wilhelmstraße 31, 5100 Bonn 1
Tel. 0228/652981, App. 269

Braunschweig
Fach Humangenetik und Cytogenetik der Technischen Universität Braunschweig
Gaußstraße 17, 3300 Braunschweig
Tel. 0531/3912530

Bremen
Zentrum für Humangenetik und Genetische Beratung der Universität Bremen
Leobenerstraße, 2800 Bremen 33
Tel. 0421/2182925 oder 2877

Düsseldorf
Institut für Humangenetik und Anthropologie der Universität Düsseldorf
Universitätsstraße 1, Gebäude 23.12, 4000 Düsseldorf 1
Tel. 0211/3112355/50

Humangenetische Beratungsstelle des Gesundheitsamtes,
Kölner Straße 180, 3. Etage, 4000 Düsseldorf 1
Tel. 0211/899-2687

Erlangen
Institut für Humangenetik der Universität Erlangen-Nürnberg
Schweabachanlage 10, 8520 Erlangen
Tel. 09131/854257

Essen
Institut für Humangenetik, Universitäts-Klinikum
Hufelandstraße 55, 4300 Essen 1
Tel. 0201/7234560

Frankfurt
Institut für Humangenetik und Genetische Poliklinik der Universität Frankfurt
Theodor-Stern-Kai 7, 6000 Frankfurt/Main 70
Tel. 069/63016008 od. 6301-5678

Freiburg
Institut für Humangenetik und Anthropologie der Universität Freiburg
Albertstraße 11, 7800 Freiburg
Tel. 0761/2034659

Gießen
Institut für Humangenetik der Universität Gießen
Schlangenzahl 14, 6300 Gießen
Tel. 0641/7024145 oder 4146

Göttingen
Institut für Humangenetik der Universität Göttingen
Goßlerstraße 12d, 3400 Göttingen
Tel. 0551/397595

Hamburg
Institut für Humangenetik der Universität Hamburg
Martinistraße 20–35, 2000 Hamburg 20
Tel. 040/4683120

Humangenetische Untersuchungsstelle der Gesundheitsbehörde Hamburg
Bülowstraße 9, 2000 Hamburg 50
Tel. 040/882861

Humangenetische Untersuchungsstelle des Allgemeinen Krankenhauses Barmbek
Rübenkamp 148, 2000 Hamburg 60
Tel. 040/6385303400

Hannover
Abt. Humangenetik im Zentrum Kinderheilkunde und Humangenetik
Konstanty-Gutschow-Straße 8, 3000 Hannover 61
Tel. 0511/5323200

Heidelberg
Institut für Humangenetik und Anthropologie der Universität Heidelberg
Im Neuenheimer Feld 328, 6900 Heidelberg 1
Tel. 06221/563884

Homburg (Saar)
Institut für Humangenetik der Universität des Saarlandes
Bau 68, 6650 Homburg (Saar)
Tel. 06841/162272

Kiel
Abteilung für Humangenetik der Universität Kiel
Schwanenweg 24, 2300 Kiel
Tel. 0431/5972790 oder 2791

Klinische Genetik und Cytogenetik
Universitäts-Kinderklinik Kiel
Schwanenweg 20, 2300 Kiel
Tel. 0431/5973945 oder 3878

Köln
Cytogentisches Labor
Universitäts-Frauenklinik Köln
Kerpener Straße 34, 5000 Köln 41
Tel. 0221/4784996

Lübeck
Abteilung für Humangenetik
Klinikum der Medizinischen Hochschule Lübeck
Ratzeburger Allee 160, 2400 Lübeck
Tel. 0451/5002620

Mainz
Genetische Beratungsstelle des Landes Rheinland-Pfalz
Hafenstraße 6, 6500 Mainz
Tel. 06131/679055 oder 56

Marburg
Institut für Humangenetik und Genetische Poliklinik der Universität Marburg
Bahnhofstraße 7a, 3550 Marburg
Tel. 06421/283576

München
Humangenetische Beratungsstelle der Gesundheitsbehörde
Dachauer Straße 90, 8000 München 2
Tel. 089/5207-1

Genetisches Labor der Kinderpoliklinik der Universität München
Goethestraße 29, 8000 München 2
Tel. 089/5996629

Münster
Institut für Humangenetik der Universität Münster
Vesaliusweg 12–14, 4400 Münster
Tel. 0251/835421

Oberhausen
Abteilung für klinische Genetik und Cytologie am Evangelischen Krankenhaus Oberhausen
Virchowstraße 20, 4200 Oberhausen
Tel. 0208/8216554

Oldenburg
Städtische Kliniken
Abt. für klinische Genetik und Cytogenetik
Dr. Eden-Straße 10, 2900 Oldenburg
Tel. 0441/4032406

Stuttgart
Chromosomenlabor der Medizinischen Klinik I des Bürgerhospitals
Tunzhoferstraße 14–16, 7000 Stuttgart
Tel. 0711/2025501

Abt. für Klinische Genetik, Städtische Frauenklinik Berg
Obere Straße 2, 7000 Stuttgart 1
Tel. 0711/26632-206

Tübingen
Institut für Anthropologie und Humangenetik der Universität Tübingen,
Abt. für Klinische Genetik
Wilhelmstraße 27, 7400 Tübingen
Tel. 07071/296458

Ulm
Abteilung Klinische Genetik der Universität Ulm
Frauenstraße 29, 7900 Ulm/Donau
Tel. 0731/178-203

Würzburg
Institut für Humangenetik der Universität Würzburg
Koellickerstraße 2, 8700 Würzburg
Tel. 0931/31294

Pädaudiologische Zentren

Aachen
Audiologisches Zentrum Aachen
Vetschauer Straße 16–18, 5100 Aachen
Tel. 0241/171071

Berlin
Abteilung f. Audiologie und Phoniatrie, Klinikum Steglitz der Freien Universität
Hindenburgdamm 30, 1000 Berlin 43
Tel. 030/7982449

Bochum
Abt. f. Phoniatrie und Pädaudiologie, St.-Elisabeth-Hospital
Bleichstraße 15, 4630 Bochum 1
Tel. 0234/612337

Datteln
Institut für Phoniatrie und Pädaudiologie, Vestische Kinderklinik
Lloydstraße 5, 4354 Datteln/Westf.
Tel. 02363/607330

Düsseldorf
Abteilung Phoniatrie und Pädaudiologie, Universitäts-HNO-Klinik
Moorenstraße 5, 4000 Düsseldorf
Tel. 0211/3117584

Audiologisches Zentrum der Stadt, Krankenhaus Gerresheim
Gräulinger Straße 120, 4000 Düsseldorf 12
Tel. 0211/2800650

Erlangen
Abteilung f. Phoniatrie und Pädaudiologie, Universitäts-HNO-Klinik
Waldstraße 1, 8520 Erlangen
Tel. 09131/851

Freiburg
Abteilung f. Phoniatrie und Pädaudiologie, Universitäts-HNO-Klinik
Kilianstraße 5, 7800 Freiburg
Tel. 0761/2703248

Göttingen
Abt. für Stimm- und Sprachkranke, Universitäts-HNO-Klinik
Geiststraße 10, 3400 Göttingen
Tel. 0531/392811

Hamburg
Abteilung f. Stimm-, Sprach- und kindl. Hörstörungen, Werner-Otto-Institut
Alstendorfer Straße 440, 2000 Hamburg 60
Tel. 040/50771

Abteilung f. Hör-, Stimm- und Sprachkranke, Universitäts-HNO-Klinik
Martinistraße 52, 2000 Hamburg 20
Tel. 040/468-2380

Hannover
Klinik und Poliklinik für Phoniatrie und Pädaudiologie der Med. Hochschule
Karl-Wiechert-Allee, 3000 Hannover 61
Tel. 0511/5326104

Heidelberg
Abt. f. Stimm- und Sprachstörungen sowie Pädaudiologie der Univ.
Luisenstraße 5 (Geb. 9), 6900 Heidelberg
Tel. 06221/565377

Phoniatrisch-Logopädisches Zentrum der Stiftung Rehabilitation
Bonhoeffer-Straße 1, 6900 Heidelberg
Tel. 06221/882057

Karlsruhe
Abteilung f. Phoniatrie und Pädaudiologie, HNO-Klinik d. Städt. Klinikums
Moltkestraße 14, 7500 Karlsruhe
Tel. 0721/797296

Köln
Universitäts-HNO-Klinik
Joseph-Stelzmann-Straße 9, 5000 Köln 41
Tel. 0221/4784754

Mainz
Universitäts-Klinik f. Kommunikationsstörungen
Langenbeckstraße 1, 6500 Mainz
Tel. 06131/172473

Marburg
Abt. f. Phoniatrie und Pädaudiologie, Med. Zentrum HNO-Heilkunde
Deutschhausstraße 5, 3550 Marburg
Tel. 06421/282824

München
Audiologische Abteilung d. Klinik u. Poliklinik d. Universität München-Großhadern
Marchioninistraße 15, 8000 München 70
Tel. 089/7095-1

Stimm- und Sprachabteilung, Universitäts-HNO-Klinik Innenstadt
Pettenkoferstraße 4a, 8000 München 2
Tel. 089/5160-3971

Sprachabteilung des Kinderzentrums
Heiglhofstraße 63, 8000 München 70
Tel. 089/71009-0

Münster
Abteilung f. Phoniatrie und Pädaudiologie, Audiologisches Zentrum, Universitäts-HNO-Klinik
Kardinal-von-Galen-Ring 10, 4400 Münster
Tel. 0251/836871

Tübingen
Abteilung für Phoniatrie und Audiologie der Universitäts-HNO-Klinik
Silcherstraße 5, 7400 Tübingen 1
Tel. 07071/29-4432

Ulm
Phoniatrische Ambulanz, Klinikum der Universität
Frauensteige 14a, 7900 Ulm
Tel. 0731/1794006

Würzburg
Abteilung f. Phoniatrie und Pädaudiologie, Universitäts-HNO-Klinik
Josef-Schneider-Straße 2, 8700 Würzburg
Tel. 0931/2012372

Kinder- und jugendpsychiatrische Einrichtungen

Augsburg
Abteilung für Kinder- und Jugendpsychiatrie der Kinderklinik »Josephinum«
Kapellenstraße 30, 8900 Augsburg

Bayreuth
Abteilung für Kinder- und Jugendpsychiatrie des Psychiatrischen Krankenhauses
8580 Bayreuth

Bedburg-Hau
Kinder- und jugendpsychiatrische Abteilung der Rheinischen Landesklinik Bedburg-Hau
Schmelenheide 1, 4194 Bedburg-Hau 1

Berlin
Abteilung für Psychiatrie und Neurologie des Kindes- und Jugendalters, Universitätsklinikum Charlottenburg (FB3) der Freien Universität Berlin
Platanenallee 23, 1000 Berlin 19

Klinik für Kinder- und Jugendpsychiatrie Wiesengrund, Humboldt-Krankenhaus
Stuhmer Allee 3, 1000 Berlin 19

Abteilung für Kinder- und Jugendpsychiatrie der Nervenklinik Spandau
Griesingerstraße 27–33, 1000 Berlin 20

Max Bürger Krankenhaus, Pädagogisch psychiatrisches Rehabilitationszentrum für Kinder und jugendpsychiatrische Tagesklinik
Rudolf-Mosse-Straße 9, 1000 Berlin 33

Bochum
St.-Josefs-Hospital Bochum-Linden, Klinik für Kinder- und Jugendpsychiatrie
Axstraße 35, 4630 Bochum 5

Bonn
Rheinische Landesklinik für Kinder- und Jugendpsychiatrie
Kaiser-Karl-Ring 20, 5300 Bonn 1

Bremen
Klinik für Kinder- und Jugendpsychiatrie, Zentralkrankenhaus Bremen Ost
Züricherstraße 40, 2800 Bremen 44

Brühl
Institut für Psychohygiene, Beratungs- und Behandlungszentrum für Kinder, Jugendliche und Eltern
Kaiserstraße 6, 5060 Brühl

Calw-Hirsau
Kinder- und jugendpsychiatrische Abteilung am Psychiatrischen Landeskrankenhaus, Nordschwarzwald
7260 Calw-Hirsau

Datteln
Kinder- und jugendpsychiatrische Abteilung an der Vestischen Kinderklinik
Lloydstraße 5, 4354 Datteln

Dortmund
Abteilung für Kinder- und Jugendpsychiatrie der Elisabeth-Klinik
Schwerter Straße 240, 4600 Dortmund 40

Düsseldorf
Kinder- und jugendpsychiatrische Abteilung der Rheinischen Landesklinik Düsseldorf
Bergische Landstraße 2, 4000 Düsseldorf 12

Duisburg
Psychosomatische Abteilung für Kinder und Jugendliche der Städtischen Kliniken Duisburg
Zu den Rehwiesen 9, 4100 Duisburg 1

Eltville
Klinik für Kinder- und Jugendpsychiatrie des LWV »Rheinhöhe«
Postfach, 6228 Eltville

Erlangen
Abteilung für Kinder- und Jugendpsychiatrie der Universität Erlangen-Nürnberg
Schwabachanlage 6 + 10, 8520 Erlangen

Essen
Jugendpsychiatrische Abteilung des Ev. Krankenhauses Essen-Werden
Pattbergstraße 1–3, 4300 Essen-Werden

Klinik für Kinder- und Jugendpsychiatrie der Rheinischen Landes- und Hochschulklinik Essen
Hufelandstraße 55, 4300 Essen

Jugendpsychiatrisches Institut der Stadt Essen
Papestraße 1, 4300 Essen 1

Tagesklinik für neurotische Kinder im Schulalter im Jugendpsychiatrischen Institut der Stadt Essen
Papestraße 1, 4300 Essen 1

Frankfurt
Abteilung für Kinder- und Jugendpsychiatrie an der Johann-Wolfgang-Goethe-Universität
Deutschordenstraße 50, 6000 Frankfurt 71

Freiburg
Psychiatrische und Neurologische Universitätsklinik, Abteilung für Kinder- und Jugendpsychiatrie
Hauptstraße 5, 7800 Freiburg

Ganderkesee
Klinik für Kinder- und Jugendpsychiatrie des Wichernstiftes Delmenhorst
2875 Ganderkesee 1

Göttingen
Psychosomatische Abteilung der Kinderklinik der Universität Göttingen
Humboldt-Allee 38, 3400 Göttingen

Abteilung für Kinder- und Jugendpsychiatrie der Georg-August-Universität
von-Siebold-Straße 5, 3400 Göttingen

Großen-Buseck
Heilpädagogisches Kinder- und Jugendheim Leppermühle, Jugendpsychiatrische Wohngruppen
6305 Großen-Buseck

Hamburg
Kinder- und jugendpsychiatrische Abteilung, Kinderkrankenhaus Wilhelmsstift
Liliencronstraße 130, 2000 Hamburg 72

Psychosomatische Abteilung des Kinderkrankenhauses Rothenburgsort
Marckmannstraße 127–135, 2000 Hamburg 28

Abteilung für Kinder- und Jugendpsychiatrie an der Psychiatrischen Klinik der Universität Hamburg
Martinistraße 52, 2000 Hamburg 20

Psychosomatische Abteilung an der Universitäts-Kinderklinik
Martinistraße 52, 2000 Hamburg 20

Hamm
Westfälisches Institut für Jugendpsychiatrie und Heilpädagogik
Heithofer Allee 64, 4700 Hamm 1

Hannover
Abteilung für Kinder- und Jugendpsychiatrie am Kinderkrankenhaus auf der Bult
Janusz-Korczak-Allee 10, 3000 Hannover 1

Heidelberg
Klinikum der Universität Heidelberg, Psychiatrische Klinik, Abteilung für Kinder- und Jugendpsychiatrie
Blumenstraße 8, 6900 Heidelberg

Herborn
Klinik für Kinder- und Jugendpsychiatrie Rehberg des Landeswohlfahrtsverbandes Hessen
Austraße 40, 6348 Herborn

Herdecke
Kinder- und jugendpsychiatrische Abteilung am Gemeinschaftskrankenhaus Herdecke
5804 Herdecke

Hildesheim
Niedersächsische Fachklinik für Kinder- und Jugendpsychiatrie Hildesheim
Goslarsche Landstraße 60, 3200 Hildesheim

Holzminden
Albert-Schweitzer-Therapeutikum, Fachklinik für Kinder und Jugendliche
Pipping 5, 3450 Holzminden

Homburg
Abteilung für Kinder- und Jugendpsychiatrie der Universitäts-Nervenklinik Homburg
6650 Homburg

Karlsruhe
Abteilung für Kinder- und Jugendpsychiatrie der Städtischen Kinderkliniken
Karl-Wilhelm-Straße 1, 7500 Karlsruhe

Kiel
Abteilung für Kinder- und Jugendpsychiatrie im Klinikum der Universität Kiel
Niemannsweg 147, 2300 Kiel

Kleinblittersdorf
Zentrum für Psychologische Medizin, Abteilung für Kinder- und Jugendpsychiatrie, Psychotherapie
Waldstraße 40, 6601 Kleinblittersdorf 1

Klingenmünster
Kinder- und jugendpsychiatrische Klinik Landeck
Weinstraße 100, 6749 Klingenmünster

Köln
Klinik für Kinder- und Jugendpsychiatrie der Universität zu Köln
Josef-Stelzmann-Straße 9, 5000 Köln 41

Tagesklinik für Kinder- und Jugendpsychiatrie
Pionierstraße, 5000 Köln 60

Königslutter
Klinik für Kinder- und Jugendpsychiatrie Königslutter am Landeskrankenhaus
Vor dem Kaiserdom 1, 3308 Königslutter

Lübeck
Klinik für Kinder- und Jugendpsychiatrie, Medizinische Universität zu Lübeck
Triftstraße 139, 2400 Lübeck

Lüdenscheid
Kinder- und jugendpsychiatrische Abteilung am Kreiskrankenhaus Lüdenscheid, Akademisches Lehrkrankenhaus
Paulmannshoher Straße 21, 5880 Lüdenscheid

Lüneburg
Fachkrankenhaus für Psychiatrie, Neurologie, Kinder- und Jugendpsychiatrie des Niedersächsischen Landeskrankenhauses Lüneburg
Am Wienebütteler Weg 1, 2120 Lüneburg

Mannheim
Zentralinstitut für Seelische Gesundheit, Kinder- und jugendpsychiatrische Klinik
J 5, 6800 Mannheim

Marburg
Klinik für Kinder- und Jugendpsychiatrie des LWV »Lahnhöhe«
Cappeler Straße 98, 3550 Marburg

Klinik und Poliklinik für Kinder- und Jugendpsychiatrie der Philipps-Universität
Hans-Sachs-Straße 6, 3550 Marburg

Marl-Sinsen
Fachkrankenhaus für Kinder- und Jugendpsychiatrie des Westfälischen Landeskrankenhauses in der Haard
Halterner Straße 525, 4370 Marl-Sinsen

Marsberg
St.-Johannes-Stift, Westfälisches Fachkrankenhaus für Kinder- und Jugendpsychiatrie
Bredelarer Straße 33, 3538 Marsberg

Meckenbeuren
Fachkrankenhaus für Behinderte der Stiftung Liebenau, Kinder- und jugendpsychiatrische Abteilung
7996 Meckenbeuren

München
Abtlg. für Kinder- und Jugendpsychiatrie am Städtischen Krankenhaus München-Schwabing
Kölner Platz 1, 8000 München

Heckscher Klinik Institut (Lehrstuhl) für Kinder- und Jugendpsychiatrie der Universität München und Klinik des Bezirks Oberbayern
Heckscherstraße 4, 8000 München 40

Kinder- und jugendpsychiatrische Abteilung am Max-Planck-Institut für Psychiatrie
Kraepelinstraße 10, 8000 München 40

Münster
Psychosomatische Abteilung der Universitäts-Kinderklinik
Robert-Koch-Straße 31, 4400 Münster

Abteilung für Kinder- und Jugendpsychiatrie der Westfälischen Wilhelms-Universität
Schmeddingstraße 50, 4400 Münster

Neuenkirchen
Fachkrankenhaus für Kinder- und Jugendpsychiatrie der Clemens-August-Jugendklinik
Postfach 1260, Bergstraße, 2846 Neuenkirchen

Neuenweg
Ebereschenhof-Dachshof, Therapeutische Gemeinschaft für Kinder- und Jugendpsychiatrie, Sonderkrankenhaus
7861 Neuenweg

Nürnberg
Abteilung für Kinder- und Jugendpsychiatrie der Städtischen Krankenanstalten Nürnberg
Flurstraße 17, 8500 Nürnberg

Osnabrück
Kinder- und jugendpsychiatrische Abteilung am Kinderhospital Osnabrück
Iburger Straße 187, 4500 Osnabrück

Ravensburg
Psychiatrisches Landeskrankenhaus Weißenau, Abteilung für Kinder- und Jugendpsychiatrie der Universität Ulm
7980 Ravensburg-Weißenau

Riedstadt
Klinik für Kinder- und Jugendpsychiatrie des LWV Hofheim
6086 Riedstadt

Rotenburg
Rotenburger Anstalten der Inneren Mission
Lindenstraße 14, 2720 Rotenburg

Schleswig-Hesterberg
Kinder- und jugendpsychiatrisches Landeskrankenhaus
Friedrich-Ebert-Straße 5, 2380 Schleswig-Hesterberg

Schwarzach
Kinder- und jugendpsychiatrische Abteilung der Johannesanstalten, Schwarzacherhof
6951 Schwarzach

Stuttgart
Kinder- und jugendpsychiatrische Abteilung am Olgahospital
Mörikestraße 9, 7000 Stuttgart

Tiefenbrunn
Dept. für Psychotherapie bei Kindern und Jugendlichen am Niedersächsischen Fachkrankenhaus
3405 Tiefenbrunn

Titisee
Psychosomatische Klinik für Kinder- und Jugendpsychiatrie, Haus Vogt
Dennenbergstraße 5, 7820 Titisee-Neustadt

Tübingen
Abteilung für Kinder- und Jugendpsychiatrie der Universität Tübingen
Osianderstraße 14, 7400 Tübingen

Viersen
Rheinische Landesklinik für Kinder- und Jugendpsychiatrie
Horionstraße 14, 4060 Viersen 12

Waldbronn
Kinder- und jugendpsychiatrische Abteilung der St.-Josef-Stiftung
Pfarrer-Fröhlich-Straße 5, 8702 Waldbronn

Warburg
St.-Laurentius Heim mit Klinik für Kinder- und Jugendpsychiatrie
Stiepenweg 70, 3530 Warburg

Weinsberg
Abteilung für Kinder- und Jugendpsychiatrie am Psychiatrischen Landeskrankenhaus
7102 Weinsberg

Wülfrath
Fachklinik für Kinder- und Jugendpsychiatrie, Heilpädagogisch-psychotherapeutisches Zentrum
Otto-Ohl-Weg 10, 5603 Wülfrath

Wunstorf
Kinder- und jugendpsychiatrische Klinik Wunstorf am Landeskrankenhaus
Gustav-Grone-Straße 21, 3050 Wunstorf

Würzburg
Klinik und Poliklinik für Kinder- und Jugendpsychiatrie der Universität Würzburg
Füchsleinstraße 15, 8700 Würzburg

Wuppertal
Kinder- und Jugendpsychiatrische Abteilung der städtischen Kinderklinik Wuppertal
Heusnerstraße 40, 5600 Wuppertal 2

Register

ABO-Inkompatibilität 85
Abortus imminens 121
Ahornsirupkrankheit (MSUD) 211
Allergiker
— Impfungen 290
Alpha-1 (α_1)-Fetoprotein (AFP) 34, 44
Amnion-Infektions-Syndrom 109
Amniozentese 27, 46
Anenzephalie 127
Anti-D-Immunglobulin 91, 94
— Indikationen 94
Antikörpersuchtest 77
Apathiesyndrom 190
Appetitstörungen 257
Arzneimittel 153, 156ff
— Risiko-Klassen
— — Aminoglykosid-Antibiotika 153
— — Androgene 153
— — Antidiabetika, parenterale 153
— — Antiepileptika 156
— — Antihistaminika 157
— — Gestagene 157
— — Glucocorticoide 158
— — Prostaglandine 158
— — Schilddrüsenhormone 158
— — Tetracycline 158
— — Thyreostatika 159
Atemnot 171
Augenerkrankungen 241ff
— Achromatopsie 246
— Anisometropie 247
— Argentumkatarrh 243
— Astigmatismus 247
— Buphthalmus (angeborener grüner Star) 244
— Chlamydienkonjunktivitis 243
— Dakryostenose 243
— Gonoblenorrhoe 243
— Hyperopie 246
— Iris-Aderhautkolobome 244
— Juvenile Makuladegenerationen 245
— Kongenitaler Katarakt 244
— Kongenitaler Nystagmus 248
— Konnatale Toxoplasmose 245
— Lidhämangiome 242
— Lidkolobome 241
— Megalokornea-Mikrokornea 244
— Myopie 247
— Okulärer Albinismus 246
— Optikusatrophie 246
— Paresen 249
— Ptosis congenita 241
— Retinoblastom 245
— Retinopathia praematurorum 245
— Strabismus 248
Austauschtransfusion
— Indikation 90
Autismus 264, 265

Bacteroides sp. 107
Bakterielle Infektionen 107
Bauchumfangmessung in Nabelhöhe 77
Bauchwanddefekte 133
BCG 285
— -Impfung 281
Behindertenorganisationen 329
Behinderung, Grad der 325
Behinderung, festgestellte
— Leistungsvoraussetzungen 321
Behinderungen 21, 320
— Begriffsdefinition 320
— Häufigkeit 21
— Rehabilitationsrecht 320
— Ursachen 21
Belastungen, behinderungsbedingt 325
Beratungsstellen:
— genetische 331
— kinder-jugendpsychiatrische 337
— klinisch-pädaudiologische 334
Bewegungsapparat 176, 187
— Erkrankungen 187
— — aus der Sicht der Mutterschafts-Richtlinien 187
Blasenmole 124,125
Blasensprung 108
— aszendierende Infektionen 108
Blutdruck 77
Blutgerinnungsstörungen 215, 227
— Häufigkeit 215
— aus der Sicht der Kinder-Richtlinien 227
Blutgruppenunverträglichkeit 84f
— aus der Sicht der Mutterschafts-Richtlinien 97
Blutzuckerkontrollen 171
BOEL-Test 233
Borreliose 98, 102
Bundessozialhilfegesetz (BSHG) 323
Buphthalmus 244

Campylobacter 98
Candida albicans 107
Cataracta congenita 252
Chorea Huntington 42
Chorionzottenbiopsie 30, 47
Chromosomenanomalien 43, 49
Chromosomendiagnostik
— Indikationen 31
Connatale Toxoplasmose 252
Coping-Verhalten 268
Cytomegalie 61
Cytomegalievirus-Infektion 10, 271

Depression
— kindliche 264
Deprivation
— frühkindliche 264

Diabetes mellitus 291
— Impfungen 291
Diphtherie 283, 285
Diphtherie-Tetanus-Impfung 281
Doppler-Sonographie 136
Double bubble-Phänomen 133
Down-Syndrom 38, 45, 288
— Impfungen 288
Duodenalatresie 133
Dysgrammatismus 237
Dyskinesien
— Häufigkeit 22
Dyskinetische Syndrome 191

Eingliederungshilfe 324
Eltern behinderter Kinder
— Arbeitsfreistellung 325
Embryotoxische Wirkungen 148
Emotionale Entwicklung
Enkopresis 265
Enterobacteriaceae 107
Entwicklungsdiagnostik 189
Entwicklungsrückstand 263
Entwicklungsstörungen
— Ultraschall 120
Entwicklungstests 260, 261
Entwicklungsvarianten 256
Enuresis 257, 265
Enzephalitis 286
Enzephalozele 129
Erbkrankheiten
— autosomal-dominante 36
— autosomal-rezessive 37
Erkrankungen des Auges
— aus der Sicht der Kinder-Richtlinien 253
Erstversorgung
— Ablauf 169
— Dokumentation 173
— Wärmeverlust 167
Eßverhalten
— Störungen 264
Ewing-Test 233
Extrauteringravidität 120
Extremitäten
— Anomalien 185

Familienanamnese 44, 57
— Checkliste 57
— spezielle Belastungen 57
Familienberatung
— genetische 27
Farb-Flow-Codierung 136
Fehlbildungen
— Spontaninzidenz 149
Fehlgeburten 42
Fehltransfusionen 92
Fetaler Hämatokrit 89
Fetale Herzaktion 77
Fetoskopie 49
Formen des Morbus haemorrhagicus neonatorum 219
Fruchtwasserdiagnostik
— sh. Amniozentese 46
Frühschwangerschaft 124
Frustrationsintoleranz 264
FSME 285
Fundusstandbeurteilung 77
Funktionen
— kognitiv 260
Fußdeformitäten 181
— Hackenfuß 182
— Klumpfuß 182
— Plattfuß 182
— Sichelfuß 182

Galaktosämie 211
Gardnerella vaginalis 107
Gastroschisis 132
Gehirnentwicklung 195
Genanalysen 42, 50
— DNA-Analyse 42
Genetische Beratung 40
— aus der Sicht der Mutterschafts-Richtlinien 53
genetische Beratungsstellen 331
Genetische Erkrankungen 33
Genetische Prävention 27, 36, 38
— ethische Probleme 38
Geschlechtsdiagnostik
— pränatal 50
Gestationsalter
— Berechnung 174
— Bestimmung 173
Gewichtskontrolle 77
Gonorrhoe 98

Habitueller Abort 62
Harnwegsfehlbildungen 134
HBsAg 77
Hepatitis B 98, 101, 116, 285
— -Virus 271
Herpes simplex-Virus (HSV) 271
— Infektion 112
Herztöne
— Kontrolle 170
HIV 98, 101, 272
— postnatale Infektion 272
— — über Muttermilch 272
HIV-Infektion
— bei Kindern 273
— bei Kindern von HIV-positiven Müttern 271, 278
— — aus der Sicht der Kinder-Richtlinien 278
— immunologische Besonderheiten 276
— immunologische Merkmale 275
— Klassifikation 274
— Nachweis 273
— Schwangeren-Beratung 276
— Virustransmission 271
— vertikale Transmission 271
HIV-positive Mütter
— HIV-Antikörper 273
HIV-Test 77
Hilfen
— materielle 322
Hirnnervenfunktionen
— Prüfung der 194
Hörauffälligkeit

— Maßnahmen 236
Hörbehandlung
— aus der Sicht der Kinder-Richtlinien 240
Hörbehinderungen 228, 238
— anamnestische Fragen 238
Hörscreening 232
Hörstörungen
— Häufigkeit 24
— Lokalisation 229
— Risikoregister 231
— Schweregrad 229
Hörverhalten 232
Homozystinurie 211
Hüftgelenksdysplasie 179
Hüftgelenksluxation 179
Humangenetische Beratung
— Indikationen 41
Hydrops congenitus universalis 85
Hydrops fetalis 126
Hydrozephalie 129
Hyperexzitabilitätssyndrom 190
Hyperphenylalaninämien 211
Hypoglykämien 171
— Differentialdiagnose 214
Hypothyreose 211

IgG anti-HIV 272
IgM anti-HIV 272
Immundefekte
— Impfungen 289
Impfempfehlungen 283
Impfkalender für Kinder 283
Impfschäden 285
Impfstoffe 285
Impfungen
— öffentlich empfohlen 285
Indikationsimpfungen 287
Infektionen
— aus der Sicht der Mutterschafts-Richtlinien 115
Infektionsprophylaxe 279, 285
Infektmorbidität 111
Infektmortalität 111
Influenza 285
Intellektuelle Behinderung 262
Intellektuelle Entwicklung 260
Intervention
— logopädische 237
Introversive Entwicklung 265

Kardiale Anomalien 131
Kardiotokographie 80
— Symphysen-Fundus 81
Keimaszension 110
— vorzeitiger Blasensprung 110
Keuchhusten-Impfung 281
Kinder mit Herzerkrankungen
— Impfungen 291
Kinder- und jugendpsychiatrische Einrichtungen 337
Kinder-Richtlinien 309
Kindliche Indikation 34
Klinefelter-Syndrom 38
Klumpfuß 182
Koagulopathien
— hereditäre 215ff.
— — Häufigkeit 215
— erworbene 216
— — Morbus haemorrhagicus neonatorum 217
— hereditäre
— — Laborbefunde 216
Konnatale Ataxie
— Häufigkeit 22
Kopfumfang 195

LCM 101
Leber- und Nierenerkrankungen, chronische
— Impfungen 292
Lernschwäche 263
Liley-Schema 88
Liquorpleozytose 286
Listeriose 98
— Häufigkeit 99
Lues 98, 102
Lungenerkrankungen, chronische
— Impfungen 292
Lymphochoriomeningitis 98

Malaria 98
Masern 283, 285
Masern-Impfung 281
Maximale Arbeitsplatz-Konzentrationen 58
Mehrlings-Schwangerschaften 124
Meningoenzephalitis 286
Meningokokken-Impfstoff 288
Missed Abortion 122
Mobiluncus sp. 107
Moralische Entwicklung 266
Morbus haemolyticus neonatorum 84
Moro-Reflex 201
Mukoviszidose 210, 211
Mumps 283, 285
Mumps-Impfung 281
Muskelhypotonie
— Differentialdiagnose 193
Mutagene 140
Mutterpaß 74
Mutterschafts-Richtlinien 73, 297
Mutterschaftsvorsorge
— Zielsetzung 71
— Risikominimierung 71
Mycoplasma hominis 107
Myome 61

Neugeborene
— Erstversorgung
— — Organisation 165
— — technische Voraussetzungen 165
— Impfungen 105
— Virusnachweis 274
— — Klassifikation 274
Neuralrohrdefekte 33, 44, 50
— Pränatale Diagnostik 33
Neurologische Erkrankungen 188, 196, 207
— aus der Sicht der Kinder-Richtlinien 207
— Frühdiagnose 196

Neurologische Funktionsdiagnostik 198
Neurologische Störungen
— Mentale Retardation 22
— — Ätiologie 23
— Minimale zerebrale Funktionsstörungen 23
— Spina bifida 23
— Zerebralparesen 21
Neurologische Untersuchungen 200
Neuromuskuläre Erkrankungen 188
Nierenerkrankung 134
— autosomal rezessive polyzystische 134

Ophthalmoskopie 250

Pädagogische Förderung 324
Pädaudiologische Zentren 334
Papillomaviren 113
Parvovirus 271
Peptostreptococci sp. 107
Perinatale Sterblichkeit 72
Pertussis 281, 283, 285
Phenylketonurie 37
Phototherapie 91
Pica 264
Pilze
— Geburtskanal
— — Gefährdung des Kindes 113
Plazentainsuffizienz 82
Plazentapunktion
— Zytogenetische Untersuchung 47
Pneumokokken 285
Poliomyelitis 283, 285
Pränatale Diagnostik 27, 40, 45, 49
— Indikation 49
Primäre Cytomegalie 98
Psychische Störungen
— aus der Sicht der Kinder-Richtlinien 270
— Klassifikation 255
— protektive Faktoren 254
— Risikofaktoren 254
Ptosis congenita 251

Reaktivierte Cytomegalie 98
Rehabilitation 321
— Leistungsvoraussetzungen 321
Reiseimpfungen 288
Rh-Faktor D 77
Rhesus-Erythroblastose 84
Rhesus-Sensibilisierung 94
Rhesusfaktor 84
Ringelröteln 98, 100
Risikofaktoren
— aus der Sicht der Mutterschaftsrichtlinien 68
Risikokinder
— Impfungen 285
Röteln 60, 98, 100, 115, 283, 285
— -Hämagglutinationshemmungstest 77
— -Impfung 281
— -Virus 271
Routineimpfungen 289

Säuglingssterblichkeit 73
Sakralteratome 134

Schlafstörungen 257, 264
Schlafwandeln 265
Schutzimpfung
— im Kindesalter 281
— trivalent 283
Schwangerenvorsorge 117
— Ultraschalldiagnostik 117
Schwangerschaft
— Amnioskopie 78
— akzeptables Risiko 147
— belastete 76
— Hb-Bestimmung 78
— Impfungen 105
— Infektionen 103, 108
— — Antibiotikaprophylaxe 108
— — Diagnostik 59
— Prophylaxe 103
— Kardiotokographie 78
— Karzinome 62
— Kindsbewegungen 78
— Kindslage 78
— Konsumgifte
— — Alkohol 143
— — Drogen 143
— — Nikotin 144
— Lokale Infektionen 107
— Medikamente
— — Risiken 150
— — Aminopterin, Methotrexat 140
— — Anästhetika 140
— — Hormone 140
— — Antiepileptika 141
— — Cumarinderivate 141
— — Lithium 141
— — Retinoide 141
— — Tetrazykline 141
— — Vitamin A 142
— Mittelstrahlurin 78
— mütterliche Krankheiten 144
— — Embryopathia diabetica 144
— — Embryopathie durch Phenylketonuriekranke Mütter 144
— nach Organtransplantation 62
— Risiken der Umwelt
— — Nichtionisierende elektromagnetische Wellen 57
— — Maximale Arbeitsplatzkonzentration 59
— — UV-Licht 59
— — Ultraschall 59
— Risikoberatungen 56
— — Bedarf 56
— Risikofaktoren 55
— Systemische Infektionen 98
— Ultraschallkontrolle 78
— Umwelt
— — Quecksilberverbindungen 142
— — Ionisierende Strahlen 142
— Virusinfektionen 43, 99
— — Häufigkeit 99
Schwangerschaftsabbruch 46
Schwangerschaftsfeststellung
— Erstuntersuchung 75

Schwangerschaftsvorsorge 74
— Zielsetzung 74
Schwerbehinderte
— Begriff 320
Sehstörungen
— Häufigkeit 24
Sensomotorik 188
Sepsis
— Campylobacter 102
Skelettmuskelhypertonie 190
Skelettmuskelhypotonie 192
Sozialhilfen
— behinderte Kinder 319
Sozialpädiatrische Zentren 323
Spastische Diplegie
— Häufigkeit 22
Spastische Hemiplegie
— Häufigkeit 22
Spastische Tetraplegie
— Häufigkeit 22
Spina bifida 128
Spontanatmung 170
Sprachentwicklung 228, 234, 236, 237
— Störungen 236
— Zeittafel 234
Sprachentwicklungsstörungen 257, 259
Sprachverlustsyndrome 257
Sprechstörungen 257
Ständige Impfkommission des Bundesgesundheitsamtes 281
Stammelfehler 237
Standardimpfungen 286
Staphylococci 107
StIKO 281
Stoffwechsel-Screening 210
Stoffwechseldiagnostik 33
— pränatale 33
Stoffwechselerkrankungen
— Anamnese 208
— Diagnostik 209
— Häufigkeit 208
— Screening 209
— Symptome 209
Stoffwechselstörungen
— Häufigkeit 211
Streptococci 107
Symphysenabstand 77

Teratogene 140
Tetanus 283, 285
Tollwut 285
Totgeburten 42
Toxoplasmose 60, 98, 102, 116
TPHA 77
Transfusion 89
— intrauterine 89
Trennungsangst 264
Tuberkulose 281

Ultraschall 78, 123
— Ausschluß einer Mehrlingsschwangerschaft 123
— Ausschluß pathologischer Schwangerschaftsbefunde 123
— Fehlbildungsdiagnostik 123
— Gestationsalter 123
— Screening 118
— Vitalitätsnachweis 123
Ultraschalldiagnostik 117
Ultraschallwellen 59
Ureaplasma urealyticum 107
Uro-genitale Infektionen 107
— Erreger 107
Uterusfehlbildungen 61
UV-Licht 59

Varicella-Zoster-Virus 271
Varizellen 98, 285
Veillonella parvula 107
Verbrauchskoagulopathien 221, 224
— Labordiagnostik 224
Verbrauchsreaktionen
— intravaskuläre 222
Verdauungstrakt, fetaler
— Obstruktionen 132
Verhalten
— dissoziales 266
Versorgung von Neugeborenen
— Empfehlungen 168
Verwandtenehe 42
Vierkammerblick 132
Viren
— im Geburtskanal 112
— — Gefährdung des Kindes 112
Virusprüfung 250
Vitamin-K-Funktion 218
Vitamin-K-Mangel 219
Vitamin-K-Prophylaxe 222
— orale/parenterale 222
Vitamin-K-Versorgung 218
Vorsorge im Kindesalter
— aus der Sicht der Mutterschafts-Richtlinien 163
Vorsorge vor Schwangerschaft 25

Wachstumsretardierung 82
Wirbelsäule
— Deformitäten 185

Xeroderma pigmentosum 37

Zervixkontrolle 77
ZNS-spezifische Acetyl-Cholinesterase 34
— Neuralrohrdefekt 34
Zwerchfellhernie 130,131